논어
이기석·한백우 譯解 이가원 감수

홍신문화사

■ 머리말

　왕일(往日)의 문호(文豪) 산강(山康) 변영만(卞榮晩)은 "동방의 인류로서 적어도 사서(四書)를 읽지 않고는 얘기할 수 없을 것이다." 하고 강조하였다.
　참 그렇다. 사서가 이방인의 손에서 이룩된 것이라 하여 잠시라도 소홀히 여겨서는 아니 될 것이다. 이는 비단 변옹(卞翁) 한 사람만의 주장은 아니다. 실로 우리 선철(先哲)로부터 멀리 흘러내려온 전통적인 견해이다.
　그러나 사서만으로는 만족하기 어렵다. 하나의 예로서 음식을 먹는 데 있어서 고(膏)와 양(粱)이 곁들어져야 바야흐로 맛이 갖추어지는 것과 마찬가지로, 사서에다 삼경(三經)을 곁들여야만 더욱 아름다운 맛이 갖추어지리라 생각된다.
　그러므로 유가(儒家)의 경전을 말할 때는 반드시 사서와 삼경을 아울러 일컬었던 것이다. 사서는 〈대학(大學)〉·〈중용(中庸)〉·〈논어(論語)〉·〈맹자(孟子)〉를 말함이요, 삼경은 〈시(詩)〉·〈서(書)〉·〈역(易)〉을 말함은 이미 널리 알려진 사실인 만큼 이에 길게 설명할 것은 없다. 삼경은 오경(五經) 중에서 〈예기(禮記)〉·〈춘추(春秋)〉의 이경이 제외된 것인데, 이것이 다소 유감이지만 사실상 〈춘추(春秋)〉

는 너무 간고(簡古)하고, 〈예기(禮記)〉는 그 중에서 중요한 〈대학〉·〈중용〉의 두 편이 사서로 옮겨져 있다.

  이제 홍신문화사에서 이 사서·삼경을 완역, 공간(公刊)함에 즈음하여 서(序)를 청하므로, 감히 평소에 느꼈던 일단(一端)을 써서 그 노고에 답하는 바이다.

문학박사 이가원

머리말 _ 4
서 설 _ 8

차 례

제 1 편 학이(學而)	13
제 2 편 위정(爲政)	25
제 3 편 팔일(八佾)	40
제 4 편 이인(里仁)	59
제 5 편 공야장(公冶長)	77
제 6 편 옹야(雍也)	100
제 7 편 술이(述而)	129
제 8 편 태백(泰伯)	161
제 9 편 자한(子罕)	181
제10편 향당(鄕黨)	211

제11편	선진(先進)	230
제12편	안연(顔淵)	264
제13편	자로(子路)	292
제14편	헌문(憲問)	319
제15편	위영공(衛靈公)	358
제16편	계씨(季氏)	386
제17편	양화(陽貨)	402
제18편	미자(微子)	425
제19편	자장(子張)	438
제20편	요왈(堯曰)	457

■ 서설(序說)

주희(朱憙)

〈사기(史記)〉세가(世家)에 이르기를, 공자의 이름은 구(丘)요, 자(字)는 중니(仲尼)이며, 그의 선조는 송(宋)나라 사람이다. 부친의 이름은 숙양흘(叔梁紇)이고 모친의 성은 안씨(顔氏)이며, 노(魯)의 양공(襄公) 22년, 경술년(庚戌年) 11월 경자일(庚子日)에 노나라 창평향(昌平鄕) 추읍(陬邑)에서 공자를 낳았다. 공자는 어릴 적 놀 때는 늘 제기를 늘어놓고 예모를 차리곤 하였다. 장성해서 위리(委吏)가 되어서는 수량이 정확했고, 사직리(司職吏)가 되어서는 가축이 번식하였다. 그후 주(周)나라에 가서 노자(老子)에게 예(禮)를 물었고, 돌아오자 제자들이 모여들었다.

소공(昭公) 25년, 갑신년(甲申年) 공자의 나이 35세 때, 소공이 제(齊)나라로 망명하자 노나라가 어지러워졌다. 이에 공자는 제나라로 가서 대부(大夫) 고소자(高昭子)의 가신(家臣)이 되어 경공(景公)과 통하였다. 제나라 경공이 공자에게 이계(尼谿)의 전답을 주려고 하였으나 안영(晏嬰)이 이를 반대하였으므로 경공은 그의 뜻에 따랐다. 그래서 공자는 제나라를 떠나 노나라로 다시 돌아왔다.

정공(定公) 원년(元年), 임진년(壬辰年) 공자의 나이 43세

史記世家에 日, 孔子의 名丘요 字仲尼이며 其先은 宋人이라 父叔梁紇이고 母는 顔氏니 以魯襄公二十二年庚戌之歲十一月庚子에 生孔子於魯昌平鄕陬邑이라 爲兒嬉戲에 常陳俎豆하며 設禮容이러니 及長하여 爲委吏에 料量이 平하고 爲司職吏하시니 畜蕃息하니라 適周하사 問禮於老子하시고 旣反而弟子益進이라 昭公二十五年甲申에 孔子年三十五에 而昭公이 奔齊魯亂하니 於是適齊하여 爲高昭子家臣하사 以通乎景公하시니 公이 欲封以尼谿之田이러니 晏嬰이 不可라 하여 公이 惑之어늘 孔子遂行하사 反乎魯하시니 定公元年壬辰에 孔子年이 四十三에 而季氏强僭하고 其臣陽虎作亂專政이라 故로 孔子不仕하시고

而退修詩書禮樂하시니 弟子彌衆이라 九年庚子에 孔子年이 五十一이라 公山不狃以費畔季氏하고 召孔子어늘 欲往而卒不行하시니라 定公이 以孔子로 爲中都宰하시니 一年에 四方이 則之라 遂爲司空하고 又爲大司寇라 十年辛丑에 相定公하사 會齊侯于夾谷할새 齊人이 歸魯侵地라 十二年癸卯에 使仲由로 爲季氏宰하여 墮三都하고 收其甲兵하니 孟氏不肯墮成하여 圍之不克이라 十四年乙巳에 孔子年五十六이라 攝行相事하사 誅少正卯하시고 與聞國政하시니 三月에 魯國大治어늘 齊人이 歸女樂以沮之하니 季桓子受之하고 郊又不致膰俎於大夫어늘 孔子行하시니라 適衛하사 主於子路妻兄顔濁鄒家하시니라 適陳하실새 過匡이러시니 匡人이 以爲陽虎而拘之라 旣解還衛하사 主蘧伯玉家하사 見南子하시니라 去適宋하신대 司馬桓魋欲殺之어늘 又去適陳하사 主司城貞子家하시고 居三歲而反于衛하시니 靈公이 不能用하니라

때, 계손씨(季孫氏)가 횡포하게 굴고 그의 가신 양호(陽虎)가 반란을 일으켜 국정을 전단(專斷)하였으므로, 공자는 벼슬길에서 물러나와 시(詩)·서(書)·예(禮)·악(樂) 등을 연구하였으며, 제자들이 더욱 많아졌다.

정공 9년, 경자년(庚子年) 공자의 나이 51세 때의 일이다. 공산불뉴(公山不狃)가 비읍(費邑)을 근거로 하여 반기를 들고 공자를 초대했다. 공자는 가려고 하였으나 끝내 가지 못하였다. 정공이 공자에게 중도(中都)의 재(宰)를 맡겼는데, 1년이 지나자 사방에서 공자를 본받게 되었다. 이에 정공은 마침내 공자를 대사구(大司寇)로 승진시켰다.

정공 10년, 신축년(辛丑年)에 정공이 제나라 제후와 회합하는 것을 도왔는데, 제나라 사람들이 침략한 땅을 노나라에 반환하였다.

정공 12년, 계묘년(癸卯年)에 중유(仲由)로 하여금 계손씨의 가재(家宰)가 되게 하여 삼도(三都)를 함락시키고 무기를 몰수케 하였다. 맹씨(孟氏)가 성(成)을 헐려고 하지 않자, 그곳을 포위하였으나 끝내 이기지 못하였다.

정공 14년, 을사년(乙巳年) 공자의 나이 56세 때의 일이다. 국상(國相)의 일을 대행하게 되자 소정묘(少正卯)를 처형하였고, 국정에 참여한 지 3개월 만에 노나라는 잘 다스려졌다. 그러자 제나라 사람들이 여자와 풍류를 보내어 혼란시키려 하였는데, 계환자(季桓子)가 이를 받아들였다. 뿐만 아니라 계환자가 교사(郊祀)를 지낸 후에 대부(大夫)들에게 나누어 주기로 되어 있는 제사 고기를 나누어 주

지 않았으므로, 공자는 노나라를 떠나 위(衛)나라로 갔다.

자로(子路)의 처형인 안탁추(顏濁鄒)의 집에서 지내다 진(陳)나라로 가는 도중에 광(匡) 지방을 지나게 되었다. 광 지방 사람들이 공자를 양호(陽虎)로 알고 구금하였다. 풀려나오자 위(衛)나라로 돌아와 거백옥(蘧伯玉)의 집에서 지냈다. 이때 남자(南子)를 만났다. 그곳을 떠나 송(宋)나라로 갔으나 사마환퇴(司馬桓魋)가 살해하려고 하였으므로 다시 진나라로 가서 사성정자(司城貞子)의 집에서 지냈다. 3년 동안 그곳에 머물다가 위(衛)나라로 돌아갔는데, 영공(靈公)은 공자를 등용하지 않았다.

진(晋)나라 조씨(趙氏)의 가신 필힐이 중모읍(中牟邑)을 근거지로 하여 반기를 들고 공자를 초청했다. 공자는 가려고 하였으나 역시 가지 못하고 말았다. 조간자(趙簡子)를 만나 보려고 황하 유역까지 갔다가 되돌아와서, 다시 거백옥의 집에서 지냈다. 영공이 군사를 부려 진(陣)을 치는 진법에 대해서 묻자 대답하지 않고 그곳을 떠나 다시 진나라로 갔다.

이 무렵 노나라의 계환자가 세상을 떠나면서 아들 계강자(季康子)에게 공자를 꼭 불러들이라고 유언을 하였다. 그러나 그의 가신이 이를 말렸으므로 강자는 염구(冉求)를 불렀다. 공자는 채(蔡)와 섭(葉)으로 갔다. 초(楚)나라 소왕(昭王)이 서사(書社)의 땅을 공자에게 주려고 하였으나, 영윤(令尹)인 자서(子西)가 반대하여 그만두었다.

공자는 다시 위나라로 돌아갔다. 그때는 이미 영공이

晋趙氏家臣佛肹以中牟畔하여 召孔子어늘 孔子欲往이라가 亦不果하시다 將西見趙簡子하사 至河而反하사 又主蘧伯玉家하니 靈公이 問陣이어늘 不對而行하사 復如陳하시니라 季桓子卒에 遺言謂康子하여 必召孔子러니 其臣이 止之하고 康子乃召冉求하니라 孔子如蔡及葉하시니라 楚昭王이 將以書社地로 封孔子러니 令尹子西不可라 하여 乃止하니라 又反乎衛하시니 時에 靈公이 已卒하고 衛君輒이 欲得孔子爲政이러니 而冉求爲季氏將하여 與齊戰有功에 康子乃召孔子어늘 而孔子歸魯하시니 實哀公之十一年丁巳오 而孔子年이 六十八矣러라 然이나 魯終不能用孔子하고 孔子亦不求仕하사 乃敍書傳禮記하시며 刪詩正樂하시며 序易緣繫象說卦文言하시니라 弟子蓋三千焉이로되 身通六藝者七十二人이니라 十四年庚申에 魯西狩獲麟하니 孔子作春秋하시니라 明年辛酉에 子路死於衛하고 十六年壬戌四月己丑에 孔子卒하시

세상을 떠난 뒤였고, 위의 국군(國君) 첩(輒)이 공자를 얻어서 나라를 다스리려 하였다. 그런데 염구가 계손씨의 장수가 되어 제나라와 싸워서 공을 세우자 계강자가 공자를 초대하였다. 공자는 노나라로 돌아왔다. 그때가 애공(哀公) 11년, 정사년(丁巳年)이었고, 공자의 나이는 68세였다. 그러나 노나라는 끝내 공자를 등용하지 못하였고, 공자 또한 벼슬하기를 바라지 않았다. 이에 공자는 〈서전(書傳)〉과 〈예기(禮記)〉를 서술하였고, 〈시경(詩經)〉을 편찬하고 풍류를 바로잡았으며, 〈역경(易經)〉의 단사(彖辭)·계사전(繫辭傳)·상전(象傳)·설괘전(說卦傳)·문언전(文言傳)을 서술하였다. 제자들은 3천여 명이나 되었고, 그 중에서 육예(六藝)에 능통한 자가 72명이나 되었다.

애공 14년, 경신년(庚申年)에 노나라에서는 서쪽에서 사냥을 하다가 기린을 잡았으며, 공자는 〈춘추(春秋)〉를 지었다. 그 이듬해 신유년(辛酉年), 자로(子路)가 위나라에서 죽었다. 애공 16년, 임술년(壬戌年) 4월 기축일(己丑日)에 공자가 세상을 떠나니 그의 나이 73세였다. 노나라의 성 북쪽 사수(泗水) 위에 장사지냈다.

제자들은 모두 3년상을 지낸 뒤 떠났는데, 오직 자공(子貢)만이 여막(廬幕)에서 6년 동안 머물렀다. 공자가 이(鯉)를 낳으니 자(字)는 백어(伯魚)이며, 먼저 세상을 떠났다. 백어가 급(伋)을 낳으니 자는 자사(子思)이고 후에 〈중용(中庸)〉을 지었다.

니 年七十三이니라 葬魯城北泗上하니 弟子皆服心喪三年而去로되 惟子貢은 廬於冢上이니 凡六年이러라 孔子生鯉하시니 字는 伯魚라 先卒하고 伯魚生伋하니 字는 子思라 作中庸하시니라
何氏曰, 魯論語는 二十篇이요 齊論語는 別有問王知道하여 凡二十二篇이라 其二十篇中의 章句도 頗多於魯論하며 古論은 出孔氏壁中하니 分堯曰下章의 子張問으로 以爲一篇하여 有兩子張하니 凡二十一篇이요 篇次는 不與齊魯論同이니라
程子曰, 論語之書는 成於有子曾子之門人이라 故로 其書獨二子를 以子稱하니 程子曰, 讀論語에 有讀了全然無事者하며 有讀了後其中得一兩句喜者하며 有讀了後에 知好之者하며 有讀了後에 直有不知手之舞之하며 足之蹈之者니라 程子曰, 今人이 不會讀書로다 如讀論語에 未讀時도 是此等人이요 讀了後에도 又只是此等人이면 便是不會讀이니라 程子曰, 頤自十七八

하씨(何氏)가 말하기를, "노(魯)나라 〈논어〉는 20편인데 제(齊)나라 〈논어〉에는 문왕(問王), 지도(知道) 두 편이 더 들어 있어서 모두 22편이다. 그리고 그 20편 중의 장(章)과 구(句)도 노나라의 〈논어〉보다 훨씬 많다. 〈고논어(古論語)〉는 공씨(孔氏) 집안의 벽 속에서 나온 것으로, 요왈편(堯曰篇)의 하장(下章) 자장문(子張問) 이하를 1편으로 나누어서 자장편이 둘이 있어 모두 21편이며, 편차(篇次)도 제·노의 〈논어〉와 같지 않다."

정자(程子)가 말하기를, "〈논어(論語)〉는 유자(有子)와 증자(曾子)의 문인(門人)들에 의하여 만들어졌다. 그렇기 때문에 이 책에는 유독 그 두 사람에 대해서만 자(子)라고 일컬었다."

정자가 말하기를, "논어를 읽고 나서 얻는 것이 전연 없는 사람이 있고, 읽고 나서 그 중 한두 구절을 좋아하는 사람이 있고, 읽고 나서 좋아할 줄 아는 사람이 있고, 읽고 나서 저절로 손이 덩실거리고 발이 들먹거리는 사람이 있다."

정자가 말하기를, "지금 사람들은 독서할 줄을 모른다. 만일 〈논어〉를 읽되, 읽지 않았을 때도 그러한 사람이요 읽은 후에도 그러한 사람이라면, 그것은 읽지 않은 것과 마찬가지이다."

정자가 말하기를 "나는 17, 8세 때부터 〈논어〉를 읽었는데, 당시에도 이미 글의 뜻은 알았으나, 오래 될수록 더욱 그 의미가 깊음을 느낀다."

로 讀論語에 當時已曉文義나 讀之愈久에 但覺意味深長이로다

〈**사기세가**(史記世家)〉: 〈사기(史記)〉는 한대(漢代)의 사마천(司馬遷)이 지은 책으로, 위로는 황제(皇帝)로부터 아래로는 한무제(漢武帝)에 이르기까지 12본기(十二本紀), 10표(十表), 8서(八書), 30세가(三十世家), 70열전(七十列傳)으로 나누어 쓴 기전체(紀傳體)의 역사책.

숙량흘(叔梁紇): 공자의 아버지로 추읍(陬邑)의 대부(大夫)였음.

안씨(顔氏): 공자의 어머니로 이름은 징재(徵在).

추(陬): 당시 노(魯)나라에 있는 고을로, 지금의 산동성(山東省) 곡부현(曲阜縣) 동남쪽에 해당됨.

조두(俎豆): 제사에 쓰이는 그릇.

위리(委吏): 창고를 관리하는 관원.

사직리(司職吏): 목축을 맡아 보던 관리.

하씨(何氏): 삼국시대 위(魏)나라의 학자 하안(何晏)을 말함. 편저(編著)에 〈논어집해(論語集解)〉가 있음.

정자(程子): 중국 북송(北宋)의 철학자. 정호(程顥)와 정이(程頤) 형제를 말함.

제 1 편
학이(學而)

1

1// 子曰, 學而時習之 면 不亦說乎아 有朋自 遠方來면 不亦樂乎아 人不知라도 而不慍이면 不亦君子乎아

공자께서 말씀하시기를, "배우고 때때로 익히면 또한 기쁘지 않겠는가? 벗이 있어 먼 곳으로부터 찾아오면 또한 즐겁지 않겠는가? 남이 나를 알아주지 않더라도 노여워하지 않으면 또한 군자가 아니겠는가?"

자(子): 덕을 갖춘 남자에 대한 존칭. 〈논어〉에서는 제자들이 스승인 공자의 말을 기록한 것이므로 '자'란 칭호를 썼음.
열(說): 기쁘다의 뜻일 때는 '열'로 읽음.
군자(君子): 지체나 벼슬이 높은 사람을 말하나, 여기에서는 학식과 덕행이 뛰어난 사람을 가리킴.

┃풀이┃ 먼저 깨달은 사람에게서 배우고, 그 배운 것을 되풀이하여 익히고 행하는 동안에 자기도 모르게 기쁨을 느끼게 된다. 아마 이것을 경험해 보지 않은 사람은 없을 것이다. 자기가 몰랐던 것을 다른 사람에게서 배워 그 배운 것을 완전히 깨닫게 될 때는 감탄을 금치 못할 것이다.

이와 같이 학문을 배우고 익히게 되면, 가까운 곳에 있는 사람은 물론, 먼 곳의 사람들도 학문을 배우러 찾아올 것이다. 이렇게 되면 자연히 뜻이 맞고 의기가 통하는 친구가 많아져서 자신의 마음도 즐겁게 된다.

그러나 세상 사람들이 자기의 높은 학문과 깊은 마음을 몰라준다 하더라도 세상을 저주하거나 남을 원망하는 것은 군자의 도리가 아니다. 왜냐하면 학문은 남을 위하기보다는 자기 자신을 위한 것이기 때문이다. 그러므로 모름지기 학문을 연구하고 수양을 쌓는 군자는 남이 무슨 말을 하거나 개의치 말고 자신의 뜻을 굳게 지켜 나가야 한다.

2

유자가 말하기를, "효성과 우애가 있는 사람으로서 윗사람에게 도리에 벗어난 행동을 하는 사람은 드물다. 그리고 윗사람에게 도리에 벗어난 행동을 하지 않는 사람으로서, 법을 어기고 난동을 일으키는 사람은 여지껏 없었다. 군자는 기본이 되는 일에 힘써야 하며 모든 일에 근본이 서야만 도(道)가 생겨난다. 효성과 우애는 바로 인(仁)을 실천하는 근본인 것이다."

| 풀이 | 어떤 사람이 효성과 우애가 있다면 그 사람은 반드시 착한 마음을 가지고 있을 것이다. 그런 사람은 사회의 질서를 어지럽히지 않으며, 따라서 가장 바람직한 인간이라고 하였다.

유자는 이런 예를 들어 은근히 공자의 사상인 인(仁)을 강조하였던 것이다. 그러므로 효와 우애가 바로 인의 사상의 근본이라 했고, 동시에 군자가 지켜야 할 도리라고 말했다.

2// 有子曰, 其爲人也孝弟요 而好犯上者는 鮮矣니 不好犯上이요 而好作亂者는 未之有也이니라 君子務本이니 本立而道生하나니 孝弟也者는 其爲仁之本與인저

유자(有子) : 공자의 제자. 성은 유(有), 이름은 약(若).
작란(作亂) : 법을 어기고 사회 질서를 어지럽게 함.

3// 子曰, 巧言令色은
鮮矣仁이니라

3

　공자께서 말씀하시기를, "남이 듣기 좋아하는 말과 아첨하는 얼굴빛에는 인이 적으니라."

| 풀이 | 우리 생활에는 평범한 것이 가장 큰 진리인 경우가 많다. 그러나 우리는 이런 것들을 대수롭지 않게 여긴다. 상대방이 보기 좋게 꾸민 표정으로 대해 주고 듣기 좋은 말을 해 주면, 우리는 무조건 상대방을 좋게 여기지만, 그런 말과 표정은 진실한 것이 아니다.

4// 曾子曰, 吾日三省
吾身하나니 爲人謀而
不忠乎아 與朋友交而
不信乎아 傳不習乎이
니라

증자(曾子) : 공자의 제자. 성은 증(曾)이고 이름은 삼(參), 자는 자여(子輿).
모(謀) : 꾀하다, 도모하다.

4

　증자가 말하기를, "나는 매일 나 자신을 세 가지로 반성한다. 남을 위하는 일에 정성을 다하였던가? 벗과 더불어 사귀는 데 신의를 다하였던가? 제대로 익히지 못한 것을 남에게 전하지는 않았던가?"

| 풀이 | 증자는 매일 자신을 세 가지로 반성해 본다고 했다. 첫째, 다른 사람의 일을 자신의 일처럼 열성을 다하여 성실하게 대해 주었던가. 둘째, 친구와의 교제에 있어서 신의 없는 행동을 하지는 않았던가. 셋째, 먼저 배운 것을 충분히 익히지 못하고 아는 체하며 남에게 전하지 않았던가 하는 것이다.
　이것은 사회 생활에서의 대인관계를 냉철하고 날카롭게

비판한 것이다. 그리고 나와 남이 함께 존재해야만 사회가 이룩될 수 있고, 사회가 존재해야만 자신이 존재할 수 있다는 사실을 말하고 있다. 그래서 증자는 자신과 남을 잘 조화시키려고 매일 반성하고 노력했던 것이다.

5

공자께서 말씀하시기를, "천승지국(千乘之國)을 다스리는 데 있어서 매사를 삼가고 신중히 하여 백성들의 믿음을 얻어야 하며, 비용을 절약하여 백성들의 수고를 덜고, 시기를 잘 고려하여서 백성을 부려야 한다."

5// 子曰, 道千乘之國하되 敬事而信하며 節用而愛人이며 使民以時니라

천승지국(千乘之國) : 전시에 수레 천승(千乘)을 낼 수 있는 제후의 나라를 일컬음.

| 풀이 | 공자는 나라를 다스리는 사람에게 삼가고 신중히 하여 백성들에게 믿음을 줄 것, 모든 비용을 절약할 것, 백성들을 아끼고, 그들을 동원할 때는 반드시 시기를 잘 고려할 것 등을 강조했다.

이것은 나라를 다스리는 사람은 물론이고, 직장이나 가정을 이끄는 사람도 마음속 깊이 새겨 둘 필요가 있다. 윗사람이 아랫사람을 대하는 태도와 마음가짐은 아랫사람들에게 큰 영향을 미친다는 것을 잘 알아야 한다. 그리고 아랫사람이 있음으로써 윗사람이 있고, 또 아랫사람의 마음가짐이나 태도는 윗사람과 끊으려야 끊을 수 없는 관계란 것도 알아야 할 것이다.

6

6// 子曰, 弟子入則孝하고 出則弟하며 謹而信하며 汎愛衆하되 而親仁이니 行有餘力이면 則以學文이니라

근(謹) : 삼간다는 뜻으로, 모든 행동을 신중히 하여 실수가 없는 것을 말함.
범(汎) : 넓음.
문(文) : 〈시경〉과 〈서경〉에 있는 옛 성현들의 글이나 육예(六藝) 등의 온갖 재주를 말함.

　공자께서 말씀하시기를, "제자는 집에 들어가면 부모에게 효도하고, 밖에 나오면 윗사람을 공경하고 행동을 신중히 하여 남에게 믿음을 주며, 모든 사람을 널리 사랑하되 특히 어진 사람을 가까이하고, 그러고도 남음이 있으면 글을 배워야 한다."

| 풀이 | 공자는 집에서는 부모에게 효도하여 자식된 도리를 다하고, 밖에 나와서는 윗사람을 공경하고 모든 일을 신중히 고려해서 남에게 신용을 잃지 않으며, 모든 사람을 널리 사랑하되 특히 어진 사람을 사귀고, 이렇게 하고도 남음이 있으면 학문을 익히라고 했다.
　여기에서는 공자의 인의 사상이 잘 나타나 있다. 공자는 정신적인 학문뿐만 아니라 사회에서의 올바르고 정당한 실천도 중요하게 여기고 있음을 잘 알 수 있다.

7

7// 子夏曰, 賢賢易色하고 事父母能竭其力하고 事君能致其身하며 與朋交友하되 言而有信이면 雖曰未學이라도 吾必謂之學矣라

　자하(子夏)가 말하기를, "어진 사람을 어질게 여겨 섬기되 미색(美色)을 좋아하듯 하며, 부모를 섬기되 힘을 다할 것이며, 임금을 섬기되 몸을 바쳐 충성할 것이며, 벗과 사귀되 말에 믿음이 있으면 상대방이 비록 배우지 못한 사람이라도 나는 반드시 학문이 있는 자라고 말하리라."

| 풀이 | 어진 사람을 어질게 여기되 아름다운 여인을 좋아하듯 하고 부모를 극진히 받들며, 임금에게는 충성을 다하며, 친구와 사귈 때는 말과 행동에 믿음이 있어야 한다고 말했다.

자하는 여기에서 언행 일치의 중요성을 강조하고 있다. 그리고 배운다는 것의 범위를 단지 지식을 아는 것으로 제한하지 않고, 보다 바람직한 선의 실천에 큰 비중을 두었다.

자하(子夏) : 공자의 제자. 성은 복(卜), 이름은 상(商).
갈(竭) : 다한다는 뜻의 진(盡)과 같이 쓰였음.
치신(致身) : 헌신적으로 충성을 다하는 것.

8

공자께서 말씀하시기를, "군자는 무겁지 않으면 위엄이 없고, 학문도 견고하지 못하다. 충성과 믿음을 주로 삼되 자기만 못한 사람과는 사귀지 말며, 자신에게 허물이 있거든 서슴지 말고 바로 고쳐라."

8// 子曰, 君子不重則不威이고 學則不固이니라 主忠信하며 無友不如己者요 過則勿憚改니라

| 풀이 | 공자는 군자의 행동은 무게가 있어야 한다고 말했다. 만약 그렇지 않다면 아랫사람에게 위엄이 없을 뿐만 아니라 자신의 학문도 견고하지 못하다고 경고했다. 그리고 마음과 행동은 충과 신을 근본으로 삼고, 자기보다 못한 사람을 가까이하지 말며, 자신의 잘못을 깨달으면 주저하지 말고 고쳐야 한다고 했다.

중(重) : 행동에 무게가 있어 경솔하지 않음.
탄개(憚改) : 고치기를 두려워하고 망설임.

9

9// 曾子曰, 愼終追遠하면 民德이 歸厚矣리라

신종(愼終) : 돌아가신 부모에 대해 정성과 예를 다함.
추원(追遠) : 먼 조상을 추모하여 받듦.

증자가 말하기를, "돌아가신 부모를 정성껏 모시고, 먼 조상을 추모하면 백성의 덕이 두터워질 것이다."

| 풀이 | 돌아가신 부모에 대해 소홀하지 않고 조상을 받드는 효와 예가 바로 서면 자연히 백성의 덕이 두터워진다고 한 것이다.

10

10// 子禽이 問於子貢曰, 夫子至於是邦也하사 必聞其政하시니 求之與아 抑與之與아 子貢이 曰, 夫子는 溫良恭儉讓以得之시니 夫子之求之也는 其諸異乎人之求之與니라

자금(子禽) : 공자의 제자. 성은 진(陳), 이름은 항(亢).
자공(子貢) : 공자의 제자. 성은 단목(端木), 이름은 사(賜).
부자(夫子) : 공자를 존경하여 부른 말.

자금(子禽)이 자공에게 묻기를, "선생님(공자)께서 어느 나라에 가시든지 그 나라를 다스리는 사람에게서 반드시 정치에 관한 것을 들으시는데, 그것은 선생님께서 스스로 청하신 겁니까? 아니면 그 나라를 다스리는 사람에게서 청함을 받았기 때문입니까?"

자공이 대답하기를, "선생님께서는 온화하시고, 선량하시고, 공손하시고, 검소하시고, 겸양하시기 때문에 스스로 청하신 것입니다. 그러나 선생님께서 청하신 것은 다른 사람이 청하는 것과 다릅니다."

| 풀이 | 공자의 제자인 자금과 자공의 대화를 통해서 공자의 온화하고 선량하고 공손하고 검소하고 겸양한 성품을 잘 알 수 있다.

11

　공자께서 말씀하시기를, "아버지가 살아 계실 때는 그 뜻을 살펴보고, 아버지가 돌아가신 뒤에는 그 행동을 살펴보고, 3년상(三年喪)이 지나도록 아버지가 행하던 도리를 고치지 말아야 비로소 효자라 할 수 있느니라."

| 풀이 | 자식의 어버이에 대한 효도를 말한 것이다. 요즈음에는 실행하기 어렵고 유교적인 색채가 짙어 보이지만, 깊이 생각해 본다면 부모에 대한 효도가 얼마나 중요한가를 알 수 있을 것이다.

11// 子曰, 父在에 觀其志하고 父沒에 觀其行하며 三年無改於父之道라야 可謂孝矣니라

12

　유자가 말하기를, "예를 사용함에 있어서 조화를 이루는 것이 가장 중요하다. 선왕의 도가 아름답다고 하는 것은 크고 작은 것이 다 이 조화에 기초를 두었기 때문이다. 그러나 조화만 주장하면 조화에 치우치게 되고, 예로써 조절하지 않으면 또한 순조롭게 진행되지 않는다."

| 풀이 | 예에는 형식이 따르고, 법에는 제재가 따른다. 이런 것들은 모두 인간 사회를 위해서 존재하고, 우리 모두가 원만하게 공존하기 위한 것이다. 그러나 너무 치우치게 되면 무리가 생기고 불편이 따르게 된다. 유자는 예를 행함에 있어서 이런 결점을 잘 파악해서,

12// 有子曰, 禮之用이 和爲貴하니 先王之道斯爲美는 大小由之니라 有所不行하니 知和而和이고 不而禮節之이면 亦不可行也이니라

예(禮) : 인간관계에 있어서 스스로 지켜야 할 질서와 규율 등을 뜻하며, 여기에서는 남에 의한 제재가 아니라 자율적인 규범을 말함.

인간 생활에서 무리가 가지 않고 또 실행하기에도 편하도록 화(和)란 말을 사용했다. 그리하여 편견에 치우치고 있는 형식에 대한 주장을 원만하고 부드럽게 조절했다.

13

13// 有子曰, 信近於義이면 言可復也이며 恭近於禮이면 遠恥辱也이며 因不失其親하면 亦可宗也이니라

유자(有子)가 말하기를, "약속이 의(義)에 가까우면 그 말을 실천하는 것이 옳으며, 공손함이 예(禮)에 가까우면 부끄러움과 욕된 것을 멀리하며, 부탁함을 저버리지 않는 사람을 사귄다면 역시 으뜸이라 할 수 있다."

신(信) : 진실함에서 우러나오는 믿음이란 뜻으로, 사람과 사람 사이의 약속을 말함.
인(因) : 원인이란 뜻으로 많이 쓰이지만, 여기에서는 부탁하다의 뜻으로 쓰였음.
종(宗) : 여기에서는 으뜸이란 뜻으로 사용됨.

| 풀이 | 약속을 지키는 것은 중요하다. 그러나 이런 약속은 모두 인간으로서 마땅히 의리에 맞는 범위 내에서 이루어져야 한다. 만약 그렇지 않고 상대방을 핍박해서 일방적으로 약속을 정한다면 어떻게 될 것인가. 유자는 바로 이런 점을 생각해 본 것이다. 누구나 올바른 정신으로 이것을 생각해 본다면, 옳지 않은 약속은 지켜야 할 의무가 없다는 것을 알 수 있을 것이다.

훌륭한 사람을 공경하고 남에게 공손히 대하는 것도 좋은 일이다. 그러나 무조건 남에게 머리를 숙이고 굽신거리기만 한다면 어떻게 되겠는가. 그러므로 그 공손함도 인간이 지켜 나갈 도리에 따라 지키라고 했다. 그러나 너무 지나치면 오히려 치욕을 면치 못할 것이다.

사람을 사귀는 데 있어서는 서로 의를 존중해야 한다.

그래야 서로 도울 수 있고 또 발전할 수도 있다. 처음에는 단지 마음이 통해서 서로 사귀게 되지만 나중에는 목숨을 바칠 정도로 뜻이 통해야 한다. 그래서 유자는 친구를 사귀는 데 있어서는 부탁함을 저버리지 않을 정도의 사람을 구하는 것이 가장 으뜸이라고 했다. 그러나 그 부탁은 분에 넘치는 무리한 것이어서는 안 된다.

14

공자께서 말씀하시기를, "군자는 배부르게 먹는 것을 바라지 않고, 편안하게 거(居)하는 것을 구하지 않으며, 모든 일에 민첩하고 말을 삼가며, 도(道)를 취하여 바르게 나아가야만 학문을 좋아한다고 할 수 있느니라."

14// 子曰, 君子는 食無求飽하며 居無求安하며 敏於事而愼於言이요 就有道而正焉이면 可謂好學也已니라

| 풀이 | 학문을 하는 사람은 우선 배부르게 먹고 편안하게 살려는 안일한 생각을 버리고 항상 모든 일에 정신과 마음을 쏟아야 한다. 그리고 자기가 해야 할 일을 꾸준히 해나가야 한다.

포(飽) : 배부르게 먹음.
거(居) : 있는 곳.
민(敏) : 민첩함, 재빠름.

15

자공이 말하기를, "가난하여도 아첨하지 않고, 부유하여도 교만하지 않으면 어떠합니까?"
공자께서 말씀하시기를, "좋은 말이다. 그러나 가난하

15// 子貢曰, 貧而無諂하고 富而無驕하면 何如리잇고 子曰, 可也이나 未若貧而樂하며 富

而好禮者也니라 子貢曰, 詩云如切如磋하며 如琢如磨라 하니 其斯之謂與인저 子曰, 賜也는 始可與言詩已矣로다 告諸往而知來者온여

시(詩) : 여기에서는 〈시경〉을 말함.
차(磋) : 가는 것.
탁(琢) : 쪼는 것.
마(磨) : 차(磋)와 같은 뜻으로 쓰였음.

여도 즐겁게 여기고 부유하면서도 예를 좋아하는 사람만은 못하느니라."

자공이 말하기를, "〈시경(詩經)〉에 이르기를 끊는 것 같고 가는 것 같으며, 쪼는 것 같고 닦는 것 같다.'고 하였는데, 그것이 바로 이와 같음을 두고 한 말입니까?"

공자께서 말씀하시기를, "너야말로 함께 시(詩)를 논할 만하구나. 정말 너는 옛것을 모두 구했고 앞을 아는 사람이로다."

| 풀이 | 자공(子貢)은 가난하지만 남에게 아첨하지 않고, 부유하지만 교만하지 않은 것을 생각했다. 그러나 공자는 더 나아가서 가난한 것을 즐겁게 생각하고 부유하면서도 예를 즐기는 것까지 생각했던 것이다.

공자의 깊은 마음과 예리한 판단은 이미 자연의 이치를 꿰뚫고 있었다. 모든 것은 하늘의 뜻이고, 이것이 바로 자연의 법칙이다. 그러므로 우리 인간은 자신이 처해 있는 위치를 잘 생각하고 그 외의 잡념을 버려야 한다.

얼마나 바람직하고 좋은 말인가? 그러나 우리는 우리의 환경과 능력을 파악하지 않고 그저 탈출구만 찾으려 한다. 그렇기 때문에 모순과 파탄이 생겨 불운을 초래하게 된다. 공자는 이런 인간 생활의 모순을 이미 깨달았기 때문에 이처럼 뜻이 깊은 말을 할 수 있었을 것이다.

16

공자께서 말씀하시기를, "남이 나를 알아주지 않음을 탓하지 말고, 내가 남을 알지 못함을 탓하라."

| 풀이 | 다른 사람이 나를 알아주지 않는다면 누구나 서운한 마음이 들 것이다. 그러나 그것은 나 자신의 마음과 생각이지 남의 마음은 아니다. 수양을 쌓고 학문을 익히는 것은 자신을 위한 것이다. 그런데 왜 남이 알아주지 않는다고 서운해하는가?

그러나 자신은 남을 잘 알아야 한다. 존경할 만한 사람은 존경하고, 또 그만 못한 사람은 그만 못하게 생각해야 한다. 그래야만 자신을 올바로 평가할 수 있고 따라서 앞으로도 발전할 수 있는 것이다.

16// 子曰, 不患人之不己知요 患不知人也이니라

환(患) : 근심한다는 뜻이나, 여기에서는 탓하다의 뜻으로 쓰였음.

제2편
위정(爲政)

1

1// 子曰, 爲政以德은 譬如北辰이 居其所여든 而衆星이 共之니라

공자께서 말씀하시기를, "덕으로써 정치를 하는 것은 마치 북극성이 그 자리에 있고 여러 별들이 그것을 향해 돌고 있는 것과 마찬가지니라."

북진(北辰) : 북극성.
공(共) : 향하다의 뜻을 가지고 있으며, 여기에서는 모든 별이 북극성을 향해 돌고 있는 것을 말함.

| 풀이 | 정치가가 정치를 하는 데 있어서 법으로써 통제는 할 수 있으나, 옳지 못한 것을 가지고 강압적으로 누르려 한다면 백성의 마음까지는 다스릴 수가 없다. 그래서 공자는 한 나라를 다스리는 정치가는 백성을 덕으로 다스리는 것이 으뜸이라고 했다.

2

2// 子曰, 詩三百은 一言以蔽之하니 曰, 思無邪이니라

공자께서 말씀하시기를, "〈시경〉 300편의 내용은 한마디로 말해서 사악한 생각은 하나도 들어 있지 않느니라."

시(詩) : 〈시경〉을 말함.
사무사(思無邪) : 생각이 바르면 일이 다 잘된다는 뜻.

| 풀이 | 〈시경〉에 씌어진 말이 하나도 나쁘지 않다고 칭찬한 것이다.

3

공자께서 말씀하시기를, "법제로써 다스리고 형벌로써 질서를 유지하면 백성들이 형벌을 면하는 것을 수치로 생각하지 않을 것이다. 그러나 덕으로써 다스리고 예로써 질서를 유지하면 잘못을 알고 바르게 될 것이니라."

| 풀이 | 법을 엄하게 정하면 사회의 질서는 유지할 수가 있다. 그러나 법이나 형벌이 지나치게 엄하면 백성들은 자신의 잘못을 뉘우치기보다는 두려움이 앞서 자신의 잘못을 숨기려고 할 것이다. 그러나 이와 반대로 덕으로써 인도하고 윗사람 스스로가 모범적인 행동을 한다면, 백성들은 자신의 잘못을 깨닫는 즉시 부끄러움을 느껴 고칠 것이다.

3// 子曰, 道之以政하고 齊之以刑이면 民免而無恥니라 道之以德하고 齊之以禮하면 有恥且格이니라

도(道) : 인도하다, 이끌다.
정(政) : 법제와 금령.
격(格) : 착하게 되다, 바르게 되다의 뜻으로 쓰였음.

4

공자께서 말씀하시기를, "나는 15세에 학문에 뜻을 두었고, 30세에 모든 기초를 세웠으며, 40세에 사물의 이치에 대하여 의문나는 점이 없었고, 50세에는 천명을 알았고, 60세에 남의 말을 순순히 받아들일 수 있었고, 70세에는 뜻대로 행하여도 도에 어긋나지 않았느니라."

| 풀이 | 학문을 이루기가 아주 힘들고, 또 평생을 꾸준히 행하여야 한다는 것을 일깨우는 내용이다.

4// 子曰, 吾十有五而志于學하고 三十而立하고 四十而不惑하고 五十而知天命하고 六十而耳順하고 七十而從心所欲하여 不踰矩이니라

입(立) : 의지가 확립됨.
이순(耳順) : 남의 말을 들으면 순순히 받아들일 수 있다는 뜻.

5// 孟懿子問孝한데 子曰, 無違니라 樊遲御러니 子告之曰, 孟孫이 問孝於我어늘 我對曰 無違니라 樊遲曰何謂也리잇고 子曰, 生事之以禮하며 死葬之以禮하며 祭之以禮니라

맹의자(孟懿子) : 노(魯)나라의 대부. 이름은 하기(何忌).
번지(樊遲) : 공자의 제자로 이름은 수(須).

5

맹의자(孟懿子)가 효에 관해서 묻자 공자께서 말씀하시기를, "어김이 없어야 하는 것이니라."

번지(樊遲)가 수레로 모시자 공자께서 말씀하시기를, "맹의자가 나에게 효에 관해서 묻기에 어김이 없어야 한다고 일러 주었다."

그러자 번지가 묻기를, "어떤 뜻으로 그렇게 말씀하셨습니까?"

공자께서 말씀하시기를, "살아 계실 때는 예로써 섬기고, 죽으면 예로써 장사 지내며, 예로써 제사 지내는 것이니라."

| 풀이 | 여기에서는 예로써 효를 행하라고 하였다.

6// 孟武伯이 問孝하니 子曰, 父母는 唯其疾之憂이니라

맹무백(孟武伯) : 맹의자(孟懿子)의 아들. 이름은 체(彘), 무(武)는 시호임.

6

맹무백(孟武伯)이 효에 관하여 묻자 공자께서 말씀하시기를, "부모는 오직 자식의 병을 근심하느니라."

| 풀이 | 이 말에 대해서는 여러 가지 해석이 있다. 첫째, 부모는 자식의 병을 애타게 걱정하므로 자식도 부모의 마음을 헤아려 효도를 하라는 뜻이다. 둘째, 자식은 부모가 자식의 병을 염려하는 것만큼 부모의 병을 염려해야 한다는 것이다. 셋째, 병은 인간에게 있어서 결코 없앨 수 없

는 것이므로, 병 이외에는 부모에게 걱정을 끼쳐 드려서는 안 된다는 것이다. 그러나 이 세 번째 해석은 뜻을 너무 비약시킨 듯하다.

7

자유(子游)가 효에 대해서 묻자 공자께서 말씀하시기를, "요즈음 효라는 것은 부모를 잘 봉양하는 것으로 말하고 있는데, 심지어 개와 말 같은 짐승도 다 먹여서 기르고 있으니, 만일 부모를 공경하지 않으면 어찌 개·말과 구별할 수 있겠는가?"

| 풀이 | 요즈음은 물질적으로만 부모를 잘 섬기면 효도를 다했다고 생각한다. 그러나 올바른 효도에는 받들어 모시는 마음도 따라야 한다. 만약 이런 마음이 없이 물질적으로만 부모를 섬기고 마음속으로는 못마땅하게 여긴다면 효도를 다했다고 말할 수 없는 것이다.

7// 子游問孝한데 子曰, 今之孝者는 是謂能養이나 至於犬馬도 皆能有養하니 不敬이면 何以別乎아

자유(子游) : 공자의 제자. 성은 언(言), 이름은 언(偃). 자유는 그의 자(字)임.

8

자하(子夏)가 효에 대해서 묻자 공자께서 말씀하시기를, "부모의 표정을 보고 알아서 행하기는 참으로 어렵다. 무슨 일이 생기면 그 수고를 대신하고, 좋은 술과 맛있는 음식이 생기면 먼저 드시게 하는 것만으로 어찌 효도를 다

8// 子夏問孝한데 子曰, 色難이니 有事이어든 弟子服其勞하고 有酒食이어든 先生饌이 曾是以爲孝乎아

했다고 할 수 있겠는가?"

색(色) : 안색.
제자(弟子) : 여기에서는 자제(子弟), 즉 자식이라는 뜻으로 쓰였음.
선생(先生) : 여기에서는 부모를 가리킴.
찬(饌) : 먹인다는 뜻으로 쓰였음.

| 풀이 | 부모의 표정이나 얼굴색만으로 그 마음을 헤아리기는 어렵다. 그러나 공자는 부모에게 그렇게 행할 수 있어야만 효자가 될 수 있다고 말한다. 그렇지 않고 부모에게 노고를 끼치면서 좋은 음식만 대접하는 것은 효도를 다하는 것이 아니라고 말한 것이다.

9

9// 子曰, 吾與回로 言終日에 不違如愚러니 退而省其私한데 亦足以發하니 回也不愚로다

공자께서 말씀하시기를, "내가 회(回)와 더불어 온종일 이야기하였어도 그가 나의 말을 어기지 않는 것이 마치 어리석은 사람과도 같았다. 그가 물러간 후에 그의 생활을 살펴보니 내 말대로 행하고 있었다. 회는 정녕 어리석은 사람이 아니로다."

회(回) : 공자의 제자. 성은 안(顔), 이름은 회(回), 자는 자연(子淵).
불위(不違) : 여러 가지로 해석될 수 있으나, 여기서는 말을 듣기만 하고 이의를 제기하지 않음을 나타내고 있음.

| 풀이 | 여기서는 공자가 사랑하는 제자 안회의 행동을 칭찬하고 있다. 안회가 이의를 제기하지 않고 공자의 말을 묵묵히 듣고 있었던 것은 그가 어리석어서가 아니라 이미 공자의 말뜻을 이해하고 있었기 때문이었다. 후에 그의 행동에 모든 것이 나타나 있었던 것이다.

10

　공자께서 말씀하시기를, "사람의 그 하는 바를 보고, 그 하는 동기를 살피고, 그 만족하는 것을 관찰하면 그의 사람됨을 어찌 숨기리요, 어찌 숨기리오!"

| 풀이 | 사람이 하는 일에 그 목적과 동기, 그리고 원인을 잘 관찰해 보면 그 사람의 마음도 알 수 있다. 공자는 바로 이런 점을 잘 관찰하고 깊이 생각하여서 사람의 됨됨이에 대한 조언을 해준 것이다. 얼른 생각하기에는 대수롭지 않게 여겨질지도 모르나, 사실 우리는 이런 점을 쉽게 알 수가 없다. 오직 생각을 맑게 하고 생활에서 일어나는 감정의 소용돌이 속에서 헤어나야만 이런 진리를 깨달을 수 있는 것이다. 그래서 우리는 공자와 같이 늘 평온한 마음을 지닌 사람을 성현이라 하지 않는가.

10// 子曰, 視其所以하고 觀其所由하고 察其所安하면 人焉廋哉리요 人焉廋哉리오

유(由) : 이유, 동기.
안(安) : 편안하다는 뜻으로 만족함을 나타냈음.
언(焉) : 어찌(何)와 같음.
수(廋) : 숨긴다는 뜻.
이(以) : 하다(爲)의 뜻으로 쓰였음.

11

　공자께서 말씀하시기를, "옛것을 익히고 새로운 것을 알면 능히 남의 스승이 될 수 있느니라."

| 풀이 | 자연의 이치에는 분명 앞뒤가 있으며 모든 일이나 물건, 그리고 시간까지도 앞뒤가 있게 마련이다. 그런데 하물며 오랫동안 계속 되어 온 인간의 문명과 문화의 소산인 학문이 옛것과 새것이 없을 수 있겠는가?

11// 子曰, 溫故而知新이면 可以爲師矣니라

온고(溫故) : 식었던 것을 다시 데운다는 뜻으로, 여기에서는 옛것을 익힌다는 뜻으로 쓰였음.
신(新) : 새로운 지식.

그러나 우리는 옛것을 지난 시대의 낡은 것이라고 여기면서 멀리하는 경향이 있다. 바로 이런 생각이 우리의 단점이 될 수도 있으며, 우리의 생각의 범위를 좁고 안일하게 만든다. 그렇지 않다면 우리는 왜 수백 년 전에 태어난 과학자나 생물학자의 업적을 익히며 문학가의 작품을 배우려고 하는 것인가.

우리는 옛 사람들의 발자취를 더듬어보면서 아울러 옛 성현들의 훌륭한 사상이나 정신까지도 물려받을 필요가 있는 것이다.

12

12// 子曰, 君子는 不器니라

공자께서 말씀하시기를, "군자는 그릇(한 가지 구실밖에 하지 못하는 그릇) 같은 존재가 아니니라."

| 풀이 | 군자는 그릇이 아니다. 여기에서는 군자라는 말을 정의하고 있는 것 같다. 군자라 함은 우선 여러모로 두루 알아서 세상의 모든 것을 쉽게 이해할 수 있고, 또 남에게 모범이 되어야 한다고 말한 것이다.

13

13// 子貢이 問君子한데 子曰, 先行其言이요 而後從之니라

자공이 군자에 대해서 묻자 공자께서 말씀하시기를, "먼저 그 말을 행하고 나서 그 다음 일을 행하느니라."

| 풀이 | 군자란 도덕적·학문적으로 모든 것이 갖추어진 사람을 가리키는 말이다. 그래서 군자는 자기가 한 말을 반드시 실천하고 나서야 그 다음 일을 행한다고 했다. 이 말은 군자는 말이 앞서지 않고 행동이 앞서야 한다는 뜻으로 해석되기도 한다.

14

공자께서 말씀하시기를, "군자는 보편적이되 편파적이 아니고, 소인은 편파적이되 보편적이 아니다."

14// 子曰, 君子는 周而不比이고 小人은 比而不周이니라

주(周) : 두루, 여러모로.
비(比) : 보통 비교한다는 뜻으로 많이 쓰이나, 여기에서는 편파적이라는 뜻으로 쓰였음.

| 풀이 | 군자의 인간관계, 즉 남을 아끼고 사랑하며 사귀는 관계를 나타낸 말이다. 편파적이 아닌 넓은 사랑, 그리고 대수롭지 않은 일에는 변하지 않는 깊은 우정, 모든 일에 대해서 한쪽으로 치우침이 없는 공평하고 정당한 판단, 군자는 바로 이런 내·외적 요소를 지녀야 한다고 했다.

여기에서는 현대를 사는 우리들에게 좀더 정확한 판단과 원만한 대인관계, 그리고 폭넓은 시야를 가져야 한다고 말했다.

15

공자께서 말씀하시기를, "배우고 생각하지 않으면 오묘

15// 子曰, 學而不思則
罔하고 思而不學則殆
니라

망(罔) : 없다, 어둡다의 뜻
으로, '깊은 이치를 이해할
수 없다'는 뜻으로 쓰였음.

한 진리를 이해할 수 없고, 생각하고 배우지 않으면 위태한 사상에 빠지기 쉬우니라."

| 풀이 | 학문을 배우면 배운 것에서 그치지 않고 배운 것을 거듭 생각하고 음미해야 한다. 그렇게 해야만 배운 이치를 반이나마 이해할 수 있을 것이다. 그렇다고 무조건 생각만 해서 되는 것도 아니다. 무작정 깊은 생각에 빠지기만 하다가는 다른 생각으로 빠지기 쉬우므로 오히려 위험하다. 그러므로 학문이나 그밖의 것을 깊이 공부하려면 먼저 배운 다음에 생각하고, 또 배우고 생각해야 한다. 이렇게 하는 것이 바람직한 배움의 태도라 할 수 있다.

16

16// 子曰, 攻乎異端이
면 斯害也已니라

공자께서 말씀하시기를, "이단(異端)을 행한다면 해로울 뿐이다."

이단(異端) : 바른길이 아닌
사도(邪道)를 말함.

| 풀이 | 쓸데없는 잡학(雜學)을 배우면 해롭다는 것을 이른 말이다. 그러나 사람이 바르지 않은 길을 걷게 되면 해롭다는 말로 여기는 것이 더 좋을 것이다.

17

17// 子曰, 由야 誨女知

공자께서 말씀하시기를, "유(由)야, 내가 너에게 안다는 것을 가르쳐 주겠다. 아는 것을 안다고 하고, 모르는 것을 모른다고 하는 것이 진실로 아는 것이니라."

| 풀이 | 공자는 제자 자로에게, 아는 것을 안다고 하고 모르는 것을 모른다고 솔직히 말하는 것이 진실로 아는 것이라고 가르쳤다. 학문을 하는 자로서 꼭 지켜야 할 양심적 도덕을 말한 것이다. 그러나 우리 사회에서는 모르는 것도 아는 척하는 사람이 얼마나 많은가.

之乎라 知之爲知之하고 不知爲不知하니 是知也니라

유(由) : 공자의 제자. 성은 중(仲), 이름은 유(由), 자는 자로(子路).
여(女) : 흔히 여자를 뜻하나 여기에서는 너(汝)로 봄.
회(誨) : 가르친다는 뜻.

18

자장(子張)이 간록장(干祿章)을 배우려 하자 공자께서 말씀하시기를, "많이 들어서 의문을 없애고, 그리고도 남음이 있어 삼가 말한다면 허물이 적으리라. 많이 보아서 위태함을 적게 하고, 그리고도 남음이 있어 삼가 행동하면 후회가 적을 것이니, 말을 삼가서 허물을 적게 하고 행동을 조심해서 후회를 적게 한다면 그 가운데에 녹(祿)이 있느니라."

18// 子張이 學干祿하니 子曰, 多聞闕疑하고 愼言其餘則寡尤니라 多見闕殆하고 愼行其餘하면 則寡悔니라 言寡尤하고 行寡悔하면 祿在其中矣니라

| 풀이 | 요즈음 세상에서는 아는 것이 많고 능란한 처세로 요령을 부려야만 출세를 할 수 있다고 말한다. 그러나 알고 있는 것을 다시 묻지는 못할지라도 모르는 것을 아는 체하지 말아야 하며, 잘 물어서 신중하고 양심적으로 일을 해나가야 할 것이다.

자장(子張) : 성은 전(顓), 이름은 사(師), 자장은 자임.
간록(干祿) : 녹을 구한다는 뜻. 〈시경〉에 간록장(干祿章)이란 부분이 있음.
녹(祿) : 여기에서는 벼슬자리를 구하는 것이 아니라 복을 구한다는 뜻.

19// 哀公이 問曰, 何爲則民服이리잇고 孔子가 對曰, 擧直錯諸枉則民服이나 擧枉錯諸直則民不服이니라

조(錯) : 내버려두고 쓰지 않는다는 뜻.
왕(枉) : 굽다의 뜻으로 곧다(直)와 반대되는 말로 쓰였음.

19

애공(哀公)이 묻기를, "어떻게 하면 백성의 마음까지 복종하게 할 수 있습니까?"

공자께서 대답하시기를, "곧고 올바른 사람을 등용해서 곧지 않은 사람들 위에 놓으면 백성은 마음까지 복종하지만, 곧지 않은 사람을 등용해서 곧은 사람 위에 놓으면 백성은 진심으로 복종하지 않습니다."

│풀이│ 훌륭하고 올바른 사람을 등용해서 백성을 다스리게 하면, 백성들 스스로가 진심으로 복종하여 잘 따르게 된다. 그러나 옛날의 군왕들은 그런 사실을 잘 알고 있으면서도 그대로 행하지 않았으므로, 공자는 이런 사실을 다시 한번 얘기한 것이 분명하다.

20// 季康子가 問, 使民敬忠以勸하되 如之何리잇고 子曰, 臨之以莊則敬하고 孝慈則忠하고 擧善而敎不能則勸이니라

계강자(季康子) : 노(魯)나

20

계강자(季康子)가 묻기를, "백성으로 하여금 공경하고 충성하도록 권하려면 어떻게 하여야 합니까?"

공자께서 말씀하시기를, "백성에게 믿음직스럽게 임하면 공경하게 되고, 부모에게 효도하고 아랫사람에게 자비롭게 임하면 충성스러워지고, 착한 사람을 등용하여 바르지 못한 사람을 가르치면 곧 권하는 것이 됩니다."

│풀이│ 노나라의 대부 계강자가 백성들에게 충성과 공

경을 받는 방법에 대하여 묻자, 공자는 우선 믿음직스럽게 백성을 대하고 또 부모에게 효도하고 아랫사람에게 자비롭게 대하라고 했다. 그리고 또 착한 사람을 등용해서 착하지 않은 사람을 가르치라고 했다.

이는 상대방에게 무엇을 구하는 것보다 우선 자신이 잘해야 된다는 것을 뜻한다. 옛날이나 지금이나 이런 법칙은 그대로 적용되고 있다. 내가 남에게 잘 대해 주면 남도 나에게 잘 대할 것이고, 반대로 내가 남에게 잘 대하지 않으면 남도 또한 나에게 잘 대하지 않을 것이다.

라의 대부. 이름은 비(肥), 강(康)은 시호임.
장(莊) : 용모가 씩씩하고 엄숙한 것을 뜻하나, 여기서는 믿음직스럽다는 뜻으로 풀이했음.

21

어떤 사람이 공자에게 묻기를, "선생께서는 왜 정치를 하지 않으십니까?"

공자께서 말씀하시기를, "〈서경(書經)〉에 '효도하라, 오직 효도하고 형제 간에 우애있게 하라. 그러면 네가 하는 일에 늘 정치가 있느니라.'고 일렀거늘, 바로 그것이 정치를 하는 것인데 일부러 정치를 한다고 나설 이유가 무엇이리오?"

21// 或謂孔子曰, 子奚不爲政이시니잇고 子曰, 書云孝乎인저 惟孝하고 友于兄弟하면 施於有政이거늘 是亦爲政이니 奚其爲爲政이리오

| 풀이 | 공자가 벼슬 자리에서 물러나 있을 때, 어떤 사람이 공자에게 왜 정치를 하지 않느냐고 묻자, 공자는 자기가 지금 행하고 있는 일이 정치와 같다고 말했다. 이렇듯 그는 분수를 알고 자신의 위치를 잘 파악했던 것이다.

해(奚) : 어찌, 어째서.
서(書) : 〈서경(書經)〉을 말하는 것임.
유(惟) : 오직.
시(施) : 베풀다, 행하다.

만약 요즈음에 공자처럼 훌륭한 학식과 덕을 겸비한 사람이 남에게 그런 질문을 받는다면 그처럼 여유있고 정확한, 그리고 조금도 무리 없는 대답을 선뜻 할 수 있겠는가. 아마 대부분의 사람들은 자신의 처지를 한탄하거나 세상을 원망할 것이다.

22

22// 子曰, 人而無信이면 不知其可也라 大車無輗하고 小車無軏하니 其何以行之哉리오

공자께서 말씀하시기를, "사람에게 믿음이 없으면 아무 쓸모가 없는 것이다. 마치 큰 수레에 예(輗)가 없고, 작은 수레에 월(軏)이 없는 것과 같으니 어찌 앞으로 나아갈 수가 있겠는가?"

예(輗) : 주로 소가 끄는 우차(牛車)에 쓰이는 기구로, 멍에를 걸 때 가로지르는 채를 말함.
월(軏) : 마차에 쓰이는 기구. 말에 걸어 평형을 유지하는 데 사용함.

| 풀이 | 사람에 대한 신뢰감은 그 사람의 인격의 정도를 측정하게 한다. 공자와 같은 성현도 말과 행동에 신용이 없는 사람은 아무 쓸모가 없다고 하였다. 그래서 그는 우차나 마차에 멍에가 없어 나아갈 수 없는 것에 비유했던 것이다.

23

23// 子張이 問, 十世를 可知也잇가 子曰, 殷因於夏禮하니 所損益을 可知也이며 周因

자장(子張)이 묻기를, "십세(十世) 이후의 일을 알 수 있습니까?"

공자께서 말씀하시기를, "은(殷)나라는 하(夏)나라의 예

를 이어받았으니 그 손익된 바를 짐작할 수 있고, 주(周)나라는 은나라의 예를 이어받았으니 그 손익된 바를 짐작할 수 있다. 만약 주(周)나라의 뒤를 이어받는 왕조가 있다면 백세(百世) 이후라도 알 수 있을 것이니라."

於殷禮하니 所損益을 可知也이니 其或繼周者면 雖百世라도 可知也이니라

|풀이| 자장의 물음에 공자는 역사적 사실을 예로 들어 백세 후의 왕조도 짐작할 수 있다고 대답했던 것이다. 오로지 앞일을 예측할 수 있는 것은 현실의 연장에서만 있을 수 있는 것이다.

십세(十世) : 한 번 왕조가 바뀌는 것을 일세(一世)라 하므로, 십세는 왕조가 열 번 바뀌는 것을 말함.
인(因) : 인습을 말함.

24

공자께서 말씀하시기를, "조상의 영혼이 아닌 것에다 제사 지내는 것은 아첨하는 것이며, 의를 보고도 행하지 않음은 용기가 없는 것이니라."

24// 子曰, 非其鬼而祭之는 諂也요 見義不爲는 無勇也이니라

|풀이| 공자는 조상의 영혼이 아니면 제사를 지내지 말라고 했다. 그러나 그것이 뜻하는 것은 죽은 귀신에게 제사 지내는 것이 아니라, 선조의 후손으로서 마땅히 지켜야 할 도덕적인 예를 말한 것이다. 또 사람으로서 마땅히 해야 할 일을 익히 알고 있으면서도 행하지 않음은 용기가 없는 것이라고 했다.
현대를 살아가는 우리들은 어떠한가. 자기가 하지 않으면 안 될 일까지 남에게 떠맡기고, 자기에게만 손해가 없

귀(鬼) : 죽은 사람의 영혼을 말하며, 여기에서는 조상을 가리킴.
의(義) : 사람으로서 반드시 지켜야 할 도리.

으면 괜찮다고 생각하는 사람이 많다. 바로 이런 이유 때문에 사회에 불의가 생기고, 심지어는 가정이나 인생이 불행에 빠지게 되는 것이다. 그러므로 오늘을 사는 사람들, 특히 젊은이들은 의와 불의를 잘 구별해서 행해야 할 것이다.

제3편
팔일(八佾)

1

계씨(季氏)가 자기 집 뒤뜰에서 팔일무(八佾舞)를 추게 하는 것을 보고 공자께서 말씀하시기를, "이를 보고 그냥 참아 낸다면 무엇을 참지 못하리오!"

| 풀이 | 당시의 세도가 계손씨가 자기 집 뒤뜰에서 팔일무를 추게 하는 것을 보고, 공자가 비난한 말이다. 아무리 세도가 있고 부유하다 하더라도 사람은 자기 나름대로의 분수를 지킬 줄 알아야 한다. 그러므로 없는 사람은 없는 대로 분수에 맞게 생활해야 할 것이다.

1// 孔子謂季氏한데 八佾을 舞於庭하니 是可忍也하면 孰不可忍也이리오

계씨(季氏) : 노나라의 대부인 계손씨(季孫氏).
위(謂) : 말하다.
팔일무(八佾舞) : 천자만이 추게 하는 춤으로, 여덟 사람이 여덟 줄로 늘어서서 추며 모두 64명이 필요함.
숙(孰) : 어떤 일이든지, 무엇이든지의 뜻으로 쓰였음.

2

삼가(三家)의 사람들이 옹가(雍歌)를 부르며 제사를 끝내자 공자께서 말씀하시기를, "〈시경〉에 말하기를 제후는 제사를 돕고 천자는 매우 흐뭇한 표정이라 하였거늘, 어찌 사당의 삼가(三家) 사람에게서 그런 면을 찾아볼 수 있겠는가!"

2// 三家者以雍徹이러니 子曰, 相維辟公이어늘 天子穆穆이라 奚取於三家之堂인고

40 • 논어

삼가(三家) : 노(魯)나라의 세도가 맹손(孟孫), 숙손(叔孫), 계손(季孫)의 3대부 집안. 그들은 모두 환공(桓公)의 후손으로 삼환(三桓)이라고도 함. 환공(桓公)은 춘추시대 제(齊)나라의 군주로 이름은 소백(小白).
옹(雍) : 〈시경〉 주송편(周頌篇)의 다른 이름.
철(徹) : 거두어들인다는 뜻으로, 여기에서는 제사를 마치고 제물을 거두어들이는 것을 말함.
목목(穆穆) : 서로 화합하여 온화한 모양과 장엄하고 엄숙한 모양을 나타냈음.
당(堂) : 제사를 지내는 사당을 말함.

3// 子曰, 人而不仁이면 如禮何이며 人而不仁이면 如樂何리오

| 풀이 | 이 문장은 해석하기가 매우 어렵다. 공자의 말이긴 하지만 〈시경〉의 글귀까지 인용했고, 당시의 역사와 깊은 관련이 있기 때문에 말 그 자체로써는 풀이하기가 힘들다. 이 구절을 해석하기 전에 먼저 공자가 살고 있던 시대와 역사적 배경을 알아야 한다.

공자가 태어난 곳은 노(魯)나라이다. 그리고 그 당시 노나라에는 자신의 권세를 믿고 함부로 행동하는 대신들이 많았다. 그 중에서도 공자가 지적하는 삼가(三家)의 행패가 더욱 심했다. 한때 공자는 국왕이 대신들과 함께 선왕들에게 제사를 지내는 대제(大祭)의 제관(祭官) 역할을 한 적이 있었다. 아마 이 구절은 그때 공자가 제사를 끝내면서 당시 그들 세 가문의 행패를 보고 한탄해서 한 말인 것 같다.

혹은 해취어삼가지당(奚取於三家之堂)의 해석을 세 가문의 대신들이 자기 집 조상에게 제사를 지내면서 임금이 제사를 지낼 때 읊는 〈시경〉의 주송편(周頌篇)을 읊었다는 견해도 있으나, 그것은 당시의 역사적 배경이나 글의 뜻으로 보아 지나치게 비약했다고 볼 수 있다.

3

공자께서 말씀하시기를, "사람이 어질지 않으면 예의가 바른들 무슨 소용이 있겠으며, 악(樂)을 한들 무슨 소용이 있겠는가?"

| 풀이 | 사람에게 어진 마음이 없으면, 예의가 있고 악을 안다 하더라도 무슨 소용이 있겠는가. 마음이 어질지 않은데 남에게 대하는 태도가 좋고, 재주가 뛰어나다면 위험한 사람이라 할 수 있다. 그런 사람은 대부분이 남을 속이는 위선자이거나 자신의 마음까지도 속이는 이중인격자가 분명할 것이니, 아무리 뛰어난 재주가 있다 하더라도 바람직한 사람이라 할 수 없을 것이다.

악(樂) : 풍류를 말하나, 여기에서는 육예(六藝)의 하나인 악(樂)을 일컬음.

4

임방(林放)이 예의 근본에 대해 묻자 공자께서 말씀하시기를, "훌륭한 질문이다. 예는 사치함보다는 차라리 검소해야 하고, 부모의 상(喪)을 당하면 형식을 갖추기보다는 진심으로 슬퍼해야 하느니라."

4// 林放이 問禮之本한대 子曰, 大哉라 問이여 禮與其奢也론 寧儉하고 喪與其易也론 寧戚이니라

| 풀이 | 여기에서는 공자의 중용 사상이 나타나 있다. 예를 너무 권장하면 허례가 생기고 그에 따라서 생활이 불편해질 수도 있다. 뿐만 아니라 다른 사람의 마음을 사기 위하여 마음에도 없는 일을 행하는 사람도 생기게 된다. 그래서 공자는 제자 임방에게서 예의 근본에 대한 질문을 받고, 사람이 행하는 예는 마음에서 우러나오는 것이라야 한다고 말했던 것이다.

임방(林放) : 노(魯)나라 사람으로 공자의 제자. 호(號)는 자구(子邱).
이(易) : 쉽다는 뜻으로, 상례(喪禮)의 절차에 대해 익숙하나 진심으로 애통하는 표정이 없음을 말함.
척(戚) : 진심으로 애통해함.

5

5// 子曰, 夷狄之有君이 不如諸夏之亡也이니라

이적(夷狄) : 옛날 중국에서 중원(中原) 이외의 지방 사람을 천히 여겨 일컬은 말.

공자께서 말씀하시기를, "오랑캐 나라에 임금이 있는 것이 중국의 여러 나라에 없는 것보다도 못하느니라."

| 풀이 | 공자는 천하가 혼란스러웠던 춘추전국시대에 태어났다. 그래서 그는 여기저기에서 제후들이 세력을 키워 일어나고, 또 나라와 나라 사이에 싸움이 벌어지는 것을 보고 이렇게 한탄했던 것이다.

6

6// 季氏旅於泰山이러니 子謂冉有曰하니 女弗能救與아 對曰, 不能이로다 子曰, 嗚呼라 曾謂泰山이 不如林放乎아

여(旅) : 산에서 지내는 제명(祭名).
불(弗) : '불(不)'과 같은 뜻으로 쓰였음.

계씨(季氏)가 태산(泰山)에서 제사를 지내려 하자 공자께서 염유(冉有)에게 말씀하시기를, "너는 계손씨를 죄에서 구해 낼 수 없겠느냐?"

대답하기를, "구해 낼 수 없나이다."

그러자 공자께서 탄식하시기를, "아! 슬프도다. 태산의 산신이 예의 근본을 물은 임방(林放)만도 못하단 말인가!"

| 풀이 | 태산(泰山)은 중국 산동성(山東省)에 있는 높은 산으로, 당시에는 노(魯)나라의 국경 안에 있었다. 그 당시에는 각 나라의 제후는 영토 안에 있는 산천에 제사를 지낼 수 있지만, 그 이하의 신분인 사람은 산에서 제사를 지낼 수 없었다. 그런데 계씨(季氏)가 신하의 신분으로 중국에서도 유명한 태산에서 제사를 지낸다는 것은 군왕을 무

시하는 태도였다. 그래서 공자는 이 소식을 듣고 이렇게 한탄했던 것이다.

7

공자께서 말씀하시기를, "군자는 다투는 일이 없으나, 반드시 활을 쏘는 데에 있어서는 그렇지 않다. 서로 읍(揖)하고 양보하며 올라가고 내려와서는 술을 마시니, 그 활쏘기에서의 경쟁은 실로 군자가 취하는 것이니라."

7// 子曰, 君子無所爭이나 必也射乎인저 揖讓而升하여 下而飮하니 其爭也君子이니라

| 풀이 | 사(射)는 육예(六藝) 가운데 하나이다. 옛날 중국에서는 육예를 아주 중요시하였고, 또 지방이나 나라에서 큰 행사가 있을 때는 육예 중에서 말타기나 활쏘기를 행하였던 것이다. 그러니 아무리 덕을 갖춘 군자라 할지라도 이 활쏘기에서만은 양보할 수 없는 것이 아닌가.

사(射) : 활쏘기를 말함.
읍(揖) : 옛날 중국 사람들이 취하던 정중한 인사.

8

자하가 묻기를, "〈시경〉에 '방긋 웃는 웃음에 입술이 더욱 곱고, 아름다운 눈동자에 눈매가 더욱 고우니, 마치 흰 바탕에 채색을 한 것 같구나.' 하고 말한 것은 무슨 뜻입니까?"

공자께서 말씀하시기를, "그림을 그리는 데 있어서 흰 바탕이 있은 뒤에 채색을 하여 아름답게 됨을 말하는 것

8// 子夏問曰, 巧笑倩兮며 美目盼兮여 素以爲絢兮라 하니 何謂也리잇고 子曰, 繪事後素니라 曰, 禮後乎인저 子曰, 起予者는 商也로다 始可與言詩已矣로다

이니라."

말하기를, "덕을 갖춘 후에 예가 따른다는 말씀입니까?"

공자께서 말씀하시기를, "나를 일깨워 주는 사람은 바로 상이로구나. 비로소 너와 더불어 시를 논할 만하구나."

교소(巧笑) : 여인이 방긋 웃는 모습을 나타낸 말.
천(倩) : 입매가 고운 것.
반(盼) : 눈매가 고운 것.
현(絢) : 채색하는 것.
기(起) : 일어나다의 뜻이나 여기에서는 일깨워 준다는 뜻으로 쓰였음.
상(商) : 자하(子夏)의 이름.

| 풀이 | 여기에서는 자하와 공자의 문답을 통해 예가 있기 이전에 덕이 있어야 한다는 것을 강조하고 있다. 예란 행동이나 형식을 말하며, 덕이란 양심을 말하는 것이다. 즉 형식에 치우치는 행동보다는 마음에서 우러나오는 진심이 필요하다고 말한 것이다.

9

9// 子曰, 夏禮吾能言之나 杞不足徵也이며 殷禮吾能言之나 宋不足徵也는 文獻不足故也이니 足則吾能徵之矣니라

공자께서 말씀하시기를, "하(夏)나라의 예는 내가 능히 말할 수 있으나 기(杞)나라는 이를 증명하기에 부족하고, 은(殷)나라의 예는 내가 능히 말할 수 있으나 송(宋)나라는 이를 증명하기에 부족하다. 이는 문헌이 부족하기 때문이니, 문헌만 족하다면 나는 능히 그것을 증명할 수 있느니라."

예(禮) : 모든 문물과 제도를 말함.
기(杞) : 기(杞)나라. 주(周)나라의 무왕(武王)이 은(殷)나라를 멸망시킨 후에 하(夏)나라 우왕(禹王)의 후손으로 기(杞)나라의 왕에 봉했음.

| 풀이 | 어떠한 문화나 문명을 증명하려면 반드시 그 바탕이 되는 역사적 배경이 있어야 한다. 그렇지 않고 말로만 논증하는 것은 추측에 지나지 않는다. 그래서 공자는 하나라 은나라의 예(禮)는 논할 수는 있으나, 그 하나라를 이어받은 기나라에는 전왕조의 문물과 제도를 찾아볼

수 없기 때문에 증명할 수 없다고 했다.

 이런 점으로 볼 때, 우리는 공자의 학문적 태도가 얼마나 실제적 증거를 앞세웠는가 하는 것을 알 수 있다. 어떠한 도덕적 사상이나 철학적인 말은 자기가 느낀 대로 말하였지만, 그 외의 역사적 증거가 필요한 것에는 뚜렷한 증거가 없이 함부로 말할 수 없다고 솔직히 말했던 것이다.

은(殷) : 탕왕(湯王)이 세운 나라. 처음에는 상(商)나라라고 했으나 후에 은(殷)나라로 고쳤음.
송(宋) : 은(殷)나라가 망한 후에 그의 일족(一族)인 미자(微子)가 봉함을 받은 나라임.
징(徵) : 증명하다, 실증하다의 뜻임.

10

 공자께서 말씀하시기를, "체제(禘祭)에 있어서 이미 술을 땅에 부은 이후의 일을 나는 보고 싶지 않으니라."

10// 子曰, 禘自旣灌而往者는 吾不欲觀之矣로다

체(禘) : 제사의 이름.
관(灌) : 물을 댄다는 뜻이나, 여기에서는 제사를 지낼 때 술을 땅 위에다 부어 신을 내리게 하는 형식을 말함.

|풀이| 체제는 중국의 천자가 시조의 사당을 세워 제사를 지내는 것이다. 그리고 시조를 출생시킨 나라의 임금만이 부왕의 제를 합하여 지낼 수 있었다. 노(魯)나라의 시조는 주공(周公)이었지만, 제후의 나라였기 때문에 그 체제를 지내지 않는 것이 옳았다. 비록 주(周)나라의 허락이 있었다 하더라도 공자는 그것을 옳게 생각하지 않았다. 그래서 그는 제사 때 신을 부르는 의식이 끝나면 더 이상 제사 지내는 일을 보고 싶지 않다고 했던 것이다. 어떻게 생각하면 너무 융통성이 없고 고지식하다고 생각될지 모르나 예가 중요시되던 당시의 사회에서는 당연히 있을 수 있는 일이다.

 그러나 이 말을 달리 해석할 수도 있다. 사람이 제사를

지낼 때 처음에는 정성을 다하는 듯하나 나중에는 조상에 대한 경건한 태도와 마음이 흐트러지게 된다. 그래서 공자가 이런 태도를 깨우쳐 준 것이다.

11

11// 或이 問禘之說한데 子曰, 不知也로라 知其說者之於天下也에 其如示諸斯乎인저 하시고 指其掌하시다

시(示) : 보인다는 뜻으로 시(視)와 뜻이 통함.

어떤 사람이 체제에 관해서 묻자 공자께서 말씀하시기를, "알지 못하노라. 그것을 말할 수 있는 사람은 천하의 일을 이것을 보는 것같이 쉽게 다룰 것이니라." 하시고 자신의 손바닥을 가리키셨다.

│ 풀이 │ 공자는 노(魯)나라 사람이었으므로, 자기 나라인 노나라의 일을 잘못했다고 비난할 수는 없었던 것 같다. 그래서 일단 모른다고 해 놓고 자기의 손바닥을 가리키면서 그것을 말할 수 있는 사람은, 나라 다스리기를 이처럼 쉽게 아는 사람이라야만 가능하다고 했던 것이다.

12

12// 祭如在하시며 祭神如神在하시다 子曰, 吾不與祭면 如不祭니라

조상에게 제사 지내되 조상이 살아 있는 것같이 할 것이며, 신에게 제사 지내되 신이 있는 것같이 할지니라.
공자께서 말씀하시기를, "내가 제사에 참여하지 않으면 제사 지내지 않는 것과 같으니라."

|풀이| 이 구절은 제사 지내는 마음가짐에 대해 쓴 글이다. 모든 예의범절에 있어서 형식보다 마음가짐이 중요하다는 것은 새삼 말할 필요가 없을 것이다.

신(神) : 여기에서는 조상 이외의 신을 말함.

13

왕손가(王孫賈)가 묻기를, "'깊은 방 속에 모셔 놓은 신주에게 비는 것보다 차라리 부뚜막의 귀신에게 빌어라.' 하는 것은 무엇을 두고 한 말입니까?"

공자께서 말씀하시기를 "그렇지 않소이다. 하늘에 죄를 지으면 빌 곳이 없소이다."

13// 王孫賈問曰, 與其媚於奧론 寧媚於竈라 하니 何謂也리잇고 子曰, 不然하다 獲罪於天이면 無所禱也이니라

|풀이| 당시의 사회적 배경을 모르면 이 말을 이해하기가 어려울 것이다. 왕손가는 위나라의 대부로서 당당한 권세를 누리고 있었다. 그때 공자는 무슨 뜻에서인지 위나라에서 벼슬을 할 의사가 있음을 위나라 왕에게 알렸다. 그러자 이를 눈치챈 왕손가가 당시의 속담인 '안방 신주를 섬기는 것보다 차라리 부엌 귀신을 섬기라.'는 말로써 공자에게 물었던 것이다. 모든 실권은 자기가 쥐고 있으니 자기에게 먼저 그런 의사를 보였음이 옳지 않느냐는 뜻이었다. 그러나 공자는 천리를 내세워 교묘하게 왕손가의 말을 거절했던 것이다. 이로 본다면 공자는 사상이나 학문뿐만 아니라, 심지어 남을 대하는 임기응변까지도 보통 사람을 능가했다고 볼 수 있다.

왕손가(王孫賈) : 성은 왕손(王孫), 이름은 가(賈). 당시 위(衛)나라의 대부이며 가장 권력이 있는 신하였음.
미(媚) : 아첨하고 순종함.
오(奧) : 깊다는 뜻.
조(竈) : 부엌.

14

14// 子曰, 周監於二代하니 郁郁乎文哉라 吾從周하리라

이대(二代): 하(夏)나라와 은(殷)나라를 가리킴.
욱욱(郁郁): 찬란함.

공자께서 말씀하시기를, "주(周)나라는 이대(二代)를 본받았으니 그 문화가 매우 찬란한지라 나는 주나라를 따르겠노라."

| 풀이 | 주나라는 은나라를 멸망시키고 세운 나라이다. 그러나 주나라의 문물과 제도는 전대(前代)인 하나라와 은나라의 것을 그대로 이어받아 찬란한 문화의 절정을 이루었다. 그래서 공자는 주나라의 예를 따르지 않으면 어느 나라의 예를 따르겠느냐며 칭찬한 것이다.

15

15// 子入大廟하사 每事를 問하신대 或曰, 孰謂鄹人之子를 知禮乎아 入大廟하여 每事를 問하니 子聞之曰, 是禮也이니라

대묘(大廟): 노나라의 시조 주공(周公)을 모시기 위해 세운 사당. 태묘(太廟)라고도 함.
추(鄹): 노나라의 고을 이름으로 공자가 태어난 곳이며

공자께서 대묘(大廟)에 들어가시면 모든 일을 일일이 묻곤 하셨다. 그래서 어떤 사람이 공자에 대해 말하기를, "누가 추(鄹)의 사람이 예를 안다고 했느냐? 대묘에 들어오면 매사를 묻는구나."

공자께서 이 소문을 들으시고 말씀하시기를, "그렇게 하는 것이 바로 예이니라."

| 풀이 | 공자는 노나라의 추라는 작은 고을에서 태어났다. 그 당시 공자의 학덕을 존경한 노나라의 임금과 신하들이 공자를 대묘제(大廟祭)의 제관(祭官)으로 임명한 적이 있었다. 옛날 제사의 법식은 매우 까다로웠으며, 국왕이

여러 신하들과 함께 대묘에서 지내는 제사의 법식은 더욱 까다로웠다. 그래서 제관으로 임명된 공자는 모든 것을 빈틈없이 행하기 위해 제사가 있기 전부터 대묘에 들어가 그곳에서 일을 하는 여러 관리들에게 모든 일을 묻곤 하였던 것이다.

이 말은 아마 그 당시의 어떤 사람의 입을 통해서 나온 것이라 짐작된다. 이 말에는 분명히 아무것도 모르는 시골 사람이라고 공자를 얕보는 뜻이 담겨져 있다. 그러나 공자와 같은 성현은 그런 상대방을 조금도 탓하지 않았다. 그리고 자신을 애써 변명하거나 내세우려 하지 않고 다만 자기가 한 일이 예라고만 말했을 뿐이다.

공자의 아버지 숙량흘(叔梁紇)이 이 고을의 대부였음.
추인지자(陬人之子) : 추 고을 사람의 아들, 즉 공자를 일컬은 말.

16

공자께서 말씀하시기를, "활쏘기에 있어서 과녁을 뚫는 것을 위주로 하지 않는다고 한 것은 사람의 힘이 같지 않기 때문이니, 이는 바로 옛날의 도이니라."

16// 子曰, 射不主皮는 爲力不同科이니 古之道也이니라

| 풀이 | 옛날 중국의 활쏘기에는 베로 사포(射布)를 만들고 그 가운데를 피(皮)라 하여 호랑이의 가죽이나 곰의 가죽 등을 사용했다. 그리고 활을 쏠 때는 활을 쏘는 것보다 예의를 더욱 중요시하였다. 그래서 활을 쏘는 사람에 따라 각자 힘에 알맞은 활을 골랐던 것이다. 그러나 공자가 태어났을 무렵에는 천하가 매우 혼란한 시기였으므로, 그

사(射) : 활쏘기.
피(皮) : 가죽이란 뜻으로, 여기에서는 활쏘는 데에 필요한 과녁을 말함.
부동과(不同科) : (사람의 능력이) 각기 다름.

런 미덕이 차츰 없어져 가고 있었다. 그러므로 공자는 점점 사라져 가는 그런 미덕을 무척 아쉽게 여기고, 이런 말을 한 것이라 생각된다.

17

17// 子貢이 欲去告朔之餼羊한데 子曰, 賜也아 爾愛其羊가 我愛其禮하노라

자공이 고삭(告朔)에 쓰이는 희양(餼羊)을 버리려고 하자 공자께서 말씀하시기를, "사(賜)야, 너는 그 양을 아끼느냐? 나는 그 예를 아끼노라."

거(去) : 가다, 지나다의 뜻으로 많이 쓰이나, 여기에서는 버리다(除)의 뜻으로 쓰였음.
고삭(告朔) : 옛날 중국의 천자는 매년 12월에 역서(曆書)를 각 제후에게 나누어 주었고, 제후들은 그것을 사당에 보관하였다가 매월 초하루에 희양을 바치고 그 달의 역서를 백성들에게 나누어 주었음.
희양(餼羊) : 제물로 바치는 양을 말함.

| 풀이 | 노나라에서는 해마다 지내 오던 고삭을 문공(文公) 때부터 잘 지내지 않다가 정공(定公)과 애공(哀公) 때 와서는 아예 지내지 않게 되었다. 그러나 양을 맡은 관원은 계속 양을 바쳐 왔다.

그래서 자공은 고삭을 지내지 않으므로 양이 필요 없다고 말했고, 공자는 비록 고삭을 지내지 않는다고 하더라도 양을 바치는 법은 아직 그대로 있으니 양만이라도 바치는 것이 예라고 말한 것이다.

18

18// 子曰, 事君盡禮를 人이 以爲諂也라

공자께서 말씀하시기를, "임금을 섬기는 데 있어서 예를 다하는 것을 세상 사람은 아첨한다 하는구나."

| 풀이 | 인간 생활에는 자연히 오해가 따르게 마련이다. 남과 나의 환경이 다르고, 또 생각하는 관점이 다르기 때문에 오해란 인간 생활과 필연적인 관계가 있는지도 모른다.

공자는 덕과 예를 함께 갖춘 성현 군자이다. 그는 윗사람을 항상 깍듯한 예로써 대하였다. 그러나 당시의 세상 사람들은 그런 공자의 태도를 오해했다. 임금에게 예를 다하는 것을 아부하는 것으로 잘못 보았던 것이다. 그래서 공자는 자신의 마음과 태도를 잘못 알고 있는 사람들을 한탄하였다. 그러나 그의 이런 말은 자신의 입장에 대한 변명이 아니라, 그 당시에 사라져 가고 있는 예를 아쉬워하며 한탄한 것이다.

19

정공(定公)이 묻기를, "임금이 신하를 부리고, 신하가 임금을 섬기는 일은 어떻게 하여야 합니까?"

공자께서 말씀하시기를, "임금은 예로써 신하를 부리고 신하는 충성으로써 임금을 섬겨야 합니다."

19// 定公이 問하되 君使臣하며 臣事君하되 如之何잇고 孔子對曰, 君使臣以禮하며 臣事君以忠이라

정공(定公) : 노(魯)나라의 임금. 이름은 송(宋).

| 풀이 | 노나라의 임금인 정공(定公)이 공자에게 임금과 신하가 서로 어떻게 대하여야 하느냐고 묻자, 공자는 임금은 예로써 신하를 대하고 신하는 충성을 다하여 임금을 섬겨야 한다고 했다. 군신간에 서로 화합하지 않고 불화가 생기는 원인을 공자는 바로 예와 충성의 결여로 보았

던 것이다. 그러나 공자가 여기에서 말한 것은 임금과 신하가 서로의 체면만을 내세워 대하는 태도가 아니라 서로의 진심에서 우러나오는 거짓 없는 태도를 뜻한다.

20

20// 子曰, 關雎는 樂而不淫하고 哀而不傷이니라

관저(關雎): 〈시경〉의 국풍(國風) 주남(周南)의 첫머리에 있는 시. 주나라 문왕의 시녀가 지은 시로, 문왕이 어진 후비(后妃)를 얻은 것과 후비 태사(太姒)의 덕을 칭송한 것임.

공자께서 말씀하시기를, "'관저(關雎)'는 즐거워하되 음탕하지 않고, 슬퍼하되 상심하지 않느니라."

| 풀이 | 이 글은 공자가 〈시경〉의 국풍(國風) 주남(周南)의 첫머리에 있는 '관저'를 칭찬한 말이다. 즐거워하되 음란하지 않고, 슬퍼하되 마음을 상하게 하지 않는다고 하였다. 인간이 감정에 사로잡히지 않을 수는 없지만, 그럴 때마다 굳은 의지와 이성으로 자기 본연의 자세로 되돌아감을 나타낸 것이기도 하다. 그러므로 공자는 이것을 좋아하였고 또 칭찬하였던 것이다.

21

21// 哀公이 問社於宰我하신대 宰我對曰, 夏后氏는 以松이요 殷人은 以柏이요 周人은 以栗이니 曰, 使民戰栗이다 子聞之曰, 成事라 不說하며 遂事라 不諫하

애공(哀公)이 재아(宰我)에게 사(社)에 대해 묻자 재아가 말하기를, "하후씨(夏后氏)는 소나무를 심었고, 은나라 사람은 잣나무를 심었고, 주나라 사람은 밤나무를 심었으니, 말하자면 백성으로 하여금 두려움에 벌벌 떨게 한 것입니다."

공자께서 이 말을 들으시고 말씀하시기를, "이룬 일은 말하는 것이 아니고, 마침내 끝맺은 일은 간하는 것이 아니며, 이미 지나간 일은 탓하지 않는 것이니라."

며 旣往이라 不咎로다

| 풀이 | 애공(哀公)은 사(社)에 심는 나무에 대하여 물었다. 그는 왜 목신(木神)이 나라마다 다르냐고 물은 것이다. 그러나 공자의 제자인 재아(宰我)의 대답은 너무 엉뚱했다. 상대방이 묻는 의도를 뻔히 알면서도 일부러 딴전을 부린 것이다. 하나라 왕조에서는 소나무, 은나라 사람들은 잣나무, 주나라 사람들은 밤나무를 심었다고 당시의 사실을 말해 놓고, 마침내 대답을 해야 할 곳에서는 밤나무의 율(栗)자와 '두려워하다, 겁이 나서 떨다'의 율(慄)자가 발음이 같다는 것을 이용해서, 백성들을 두려움에 벌벌 떨게 하기 위하여 그런 것이라고 말했던 것이다. 해학적인 뜻이 담겨 있는 말이다. 그런데 이 말 속에는 은근히 당시의 풍습을 비웃는 뜻도 담겨 있다.

그래서 공자는 도덕적인 말로써 제자인 재아의 말을 막았던 것이다. 이룬 일은 말하는 것이 아니고, 끝맺은 일은 윗사람이나 남에게 간하는 것이 아니며, 이미 지나간 일은 그 허물을 탓하지 않는 것이라고 했던 것이다.

사(社) : 토지신(土地神). 옛날 중국의 천자가 제후를 봉할 때 띠 위에 흙을 실어 주면, 제후는 그것을 받아서 궁궐 남쪽에 사(社)를 세우고 제사를 지냈으며, 그 곳에는 소나무, 잣나무, 밤나무 등을 심었음.
재아(宰我) : 공자의 제자. 이름은 여(予), 자(字)는 자아(子我) 또는 재아(宰我)라고도 함.
전율(戰慄) : 두려워서 몸이 벌벌 떨림. 그러나 여기에서는 밤나무 율(栗)자가 율(慄)자와 음이 같다는 데에서 착안한 것임.

22

공자께서 말씀하시기를, "관중(管仲)은 그릇이 작구나."

22// 子曰, 管仲之器小

哉라 或曰, 管仲은 儉乎리잇고 曰, 管氏有三歸하며 官事를 不攝하니 焉得儉이오 然則管仲은 知禮乎리잇고 曰, 邦君이 樹塞門이어늘 管氏亦樹塞門하며 邦君이 爲兩君之好에 有反坫이어늘 管氏亦有反坫이니 管氏而知禮면 孰不知禮리오

관중(管中) : 제(齊)나라의 대부. 이름은 이오(夷吾). 제나라의 환공(桓公)을 도와서 패업(覇業)을 이뤘음.
기(器) : 원래는 그릇이란 뜻이나, 여기에서는 사람의 기량이나 역량을 말함.
삼귀(三歸) : 세 소실의 집을 말함.
수(樹) : 원래는 나무란 뜻이나, 여기에서는 집의 문 안에 세워서 안과 밖을 막는 담장을 뜻함. 그러나 이것은 제후가 설치하여 사용하는 것이고 대부는 주렴을 쓰는 것이 통례로 되어 있었음.
반점(反坫) : 술잔을 올려놓는 곳이란 뜻임. 이것은 제후 이상의 신분만이 설치할 수 있었으며 흙이나 나무로 만들었다고 함.

어떤 사람이 말하기를, "관중은 검소한 사람입니까?"

공자께서 말씀하시기를, "관씨(管氏)는 세 소실을 거느렸고 아래 관원들에게는 겸직시키지 않았으니 어찌 검소하다 할 수 있겠소이까?"

다시 묻기를, "그렇다면 관중은 예를 알고 있습니까?"

공자께서 말씀하시기를, "임금이 나무를 세워 문을 가리면 관씨 역시 나무를 세워 문을 가렸고, 임금이 다른 나라의 임금과 우호를 위해서 술잔을 올려놓는 자리를 마련하면 관씨 역시 술잔을 올려놓는 자리를 마련하였으니, 그 관씨가 예를 안다면 누가 예를 모르겠소이까?"

| 풀이 | 인간은 어떤 학식이나 공적만으로 그 사람의 됨됨이를 평가할 수는 없다. 그 중에는 인격이 높고 덕이 있는 사람도 없지는 않으나, 그것은 반드시 일치할 수는 없는 것이다.

그러나 우리들은 흔히 이것을 잘못 알고 있다. 권위가 있고 학식이 있으면 높은 인격의 소유자라고 생각하는 사람이 많다. 그래서 세상에는 이런 말이 있다.

"기예나 학문을 배우고 싶어한다면 그 방면의 권위자가 쓴 학설이나 업적은 본받되 그 사람을 직접 찾지는 말라."

지위와 권세는 머리가 영특하고 사회적 환경이나 시기를 잘 만나면 누구나 얻을 수 있는 것이다. 그러나 인격이란 그런 것과는 거리가 멀다. 지위의 높고 낮음이나 때와 장소를 가리지 않고 그 나름대로의 일을 해나가는 중에

마음속으로부터 우러나오는 말이나 행동에 달려 있는 것이다.
　공자는 관중의 공적은 높이 평가하였으나, 그의 인간됨됨이는 높이 평가하지 않았음을 알 수가 있다.

23

　공자께서 노(魯)나라의 태사(太師)에게 음악에 대하여 말씀하시기를, "음악은 알 수 있는 것이오. 처음에 시작할 때는 그 소리가 합하여 일어나고, 그것이 본 가락으로 들어서면 조화를 이루어 거의 하나같이 되고 음곡(音曲)의 음색이 명료하게 되며, 그런 상태로 계속되어서 이루어지는 것이오."

| 풀이 | 악(樂)은 육예(六藝)의 하나로 음률에 대한 학문이다. 공자는 덕과 학문을 겸비한 군자일 뿐만 아니라, 육예에 있어서도 어느 하나 능통하지 않은 것이 없었다고 한다. 이 글은 그가 음악에 대한 학문적 체계를 정리할 뜻을 가지고 악관(樂官)의 장을 찾아가서 토론한 것임이 분명하다. 모든 음률이 처음에 연주될 때는 여러 음이 한꺼번에 울려 퍼지고 그 다음에는 그 음들이 서로 합일해서 서서히 절정의 단계에 들어가고, 절정의 단계에 가서는 맑고 높은 음색이 끊어질 듯하면서 이어져서 마무리된다고 했다.

23// 子語魯太師樂曰, 樂은 其可知也이니 始作에 翕如也하여 從之에 純如也하며 皦如也하며 繹如也하며 以成이니라

태사(太師) : 악관(樂官)의 우두머리.
흡(翕) : 합(合)과 같은 뜻.
종(從) : 원래는 따르다, 좇다의 뜻이나, 여기에서는 '놓을 종(縱)' 자와 같은 뜻으로 쓰였음.
순(純) : 화(和)와 같은 뜻으로 쓰였음.
교(皦) : 명백함.
역(繹) : 실을 뽑는 것같이 연이어 나오는 것.

24

24// 儀封人이 請見曰, 君子之至於斯也에 吾未嘗不得見也이로다 從者見之한대 出曰, 二三子는 何患於喪乎리오 天下之無道也久矣이니 天將以夫子爲木鐸이시니라

의(儀) 지방의 봉인(封人)이 공자를 만나 보기를 청하며 말하기를, "군자들이 이곳에 오면 내가 만나 보지 않은 적이 없었소."

그러자 공자를 따르던 사람이 공자와 만나게 해주었다. 그가 공자를 만나 보고 나오면서 말하기를, "그대들은 왜 걱정하고 계시오. 천하가 무도해진 지 오래 되었으니, 하늘은 장차 부자(夫子)로 하여금 목탁을 삼으실 것이오."

의(儀) : 위나라의 서남쪽 국경 지방으로, 지금의 하북성(河北省) 개봉부(開封府)의 난의현(蘭儀縣).
봉인(封人) : 국경을 관리하는 관원.
탁(鐸) : 요령(搖鈴)과 같은 것으로 여러 사람들의 주의를 끄는 데 사용하는 물건.

| 풀이 | 공자가 벼슬 자리를 잃고 의(儀) 지방을 지날 때, 당시 국경을 지키고 있던 지방 관리가 공자를 만나 보고 한 말이다. 그는 오래 전부터 공자의 명성을 익히 들어 오다가, 그곳을 지나가는 공자의 일행을 놓치지 않고 면회를 청했던 것이다. 그리고 끝 구절은 그가 공자를 만나 보고 나서 공자의 위인됨에 감탄한 나머지 공자를 따르고 있던 여러 사람들에게 격려의 말을 한 것이다.

25

25// 子謂韶하시되 盡美矣오 又盡善也라 謂武하시되 盡美矣오 未盡善也이시니라

공자께서 소악(韶樂)에 대하여 이르시기를, "미의 극치를 이루었을 뿐만 아니라 선의 극치를 이루었다." 하시고, 무악(武樂)에 대하여 이르시기를, "미의 극치는 이루었지만 선의 극치는 이루지 못하였느니라."

| 풀이 | 순 임금의 음악과 무왕(武王)의 음악을 비교하여 공자가 평한 것이다. 음악에 있어서 미와 선, 이것이 바로 공자가 음악을 평하는 요소였다. 아름다움의 근본은 선이다. 선이 없이 아름다움이 이루어질 수 없고, 또 선은 추함이나 악함으로 흘러 가지는 않는다. 그래서 공자는 완벽한 아름다움이란 선을 바탕으로 한 것이라고 생각했던 것이다.

그러나 여기에서는 그의 관념이 너무 정치적·도덕적으로 치우쳐 있고, 또 예술까지 도덕적인 면과 결부시켰기 때문에 한편으로는 편견이 될 수도 있겠다.

위(謂) : 고하다, 평론하다의 뜻.
소(韶) : 순(舜)임금의 악(樂).
무(武) : 주(周)나라 무왕(武王)의 악(樂).
진(盡) : 다하다의 뜻이나, 여기서는 어떤 일의 극치를 말함.

26

공자께서 말씀하시기를, "윗자리에 있으면서 너그럽지 않고, 예를 차리되 공경스럽지 않고, 상(喪)에 임하되 슬퍼하지 않으면 내 이런 사람에게서 무엇을 보리오!"

26// 子曰, 居上不寬하며 爲禮不敬하며 臨喪不哀면 吾何以觀之哉리오

| 풀이 | 남의 윗자리에 있는 사람으로서 아랫사람을 너그럽지 않게 대하고, 예의를 차리되 공경하는 마음이 없고, 남의 상사(喪事)에 임하여서 진심으로 슬퍼하지 않는 사람은 인간 생활에서 필요 없는 사람이라고 말한 것이다.

거상(居上) : 남의 윗자리에 있음.
임상(臨喪) : 상사(喪事)에 임함.
관(寬) : 마음이 너그럽고 도량이 큼.

제4편
이인(里仁)

1

공자께서 말씀하시기를, "마을의 풍속이 어질어야 사람의 마음도 아름답게 되는 것이니, 어진 곳을 택하여 살지 않는다면 어찌 지혜로운 자라고 할 수 있으리오!"

1// 子曰, 里仁이 爲美하니 擇不處仁이면 焉得知리오

이(里) : 옛날 중국에서는 25호의 마을을 이(里)라고 했음.
처(處) : 거(居)와 같은 뜻.

| 풀이 | 이 글은 어느 관점에서 보느냐에 따라 해석이 달라질 수 있다. 마을의 풍습이 어질고 인심이 후하지 않으면, 그곳에 사는 사람의 성격까지 변하게 될 것이다. 그래서 누구나 지혜로운 사람이라면 자기가 몸담고 살 마을을 잘 선택하지 않으면 안 된다고 생각한다. 그 좋은 예로써 '맹모 삼천지교'를 들 수 있을 것이다.

2

공자께서 말씀하시기를, "어질지 않은 자는 곤궁한 곳에 오래 처하지 못하고, 즐거운 곳에도 길게 처하지 못하지만, 어진 사람은 인을 편안히 여기고 지혜로운 사람은 인을 이롭게 여긴다."

2// 子曰, 不仁者는 不可以久處約이며 不可以長處樂이니 仁者는 安仁하고 知者는 利仁이니라

| 풀이 | 이 글에서는 허영과 사치, 그리고 교만 같은 것은 모두 어질지 못한 마음에서 생겨난다고 말하고 있다. 그러므로 어질지 못한 사람은 헛된 욕망이 앞을 가리게 되고, 따라서 해서는 안 될 일까지 저지르게 된다.

옛 성현은 이미 이런 이치를 깨달았으므로 우리에게 교훈을 주는 것이다. 어진 사람은 어질기 때문에 인을 편안히 여기고, 지혜로운 사람은 밝은 지혜가 있기 때문에 인의 이로움을 안다고 했다.

약(約) : '곤궁하다' 의 뜻으로 쓰였음.
안인(安仁) : 인을 편안히 여김.
이인(利仁) : 인을 이롭게 여김.

3

공자께서 말씀하시기를, "오직 어진 사람만이 능히 사람을 좋아할 수 있고 사람을 미워할 수 있느니라."

3// 子曰, 惟仁者아 能好人하며 能惡人이니라

| 풀이 | 사람을 잘 사귀어야 한다는 것은 누구나 다 잘 알고 있는 사실이다. 가까운 친구로부터 먼 곳에 있는 사람들까지 모든 것을 잘 생각해서 선택해야 한다.

그러므로 공자는 사람을 미워하고 좋아하는 데 있어서 감정에 치우치지 말고 어진 마음으로 잘 생각해야 한다고 말했다.

또 어진 사람만이 다른 사람에 대해 편견과 사심이 없기 때문에 다른 사람을 올바르게 판단할 수 있다.

유(惟) : 오직.
오(惡) : 흔히 사악하다는 뜻으로 '악' 으로 많이 읽으나, 여기에서는 미워하다의 뜻으로 사용되어 '오' 로 읽음.

4// 子曰, 苟志於仁矣면 無惡也이니라

구(苟) : 진실로.
악(惡) : 악하다의 뜻으로 쓰였음.

4

　공자께서 말씀하시기를, "진실로 인에 뜻을 둔다면 악한 것이 없느니라."

| 풀이 | 여기에서는 인에 대해 설명하였다. 어진 마음을 가지고 있는 사람은 악한 것을 생각하지 않는다. 그러므로 자연히 선한 생각만 하게 되는 것이다. 그래서 공자는 진실로 어진 것에 뜻을 둔 사람은 악한 마음이 없다고 말한 것이다.

5

　공자께서 말씀하시기를, "부와 귀는 사람들이 바라는 것이나, 도로써 얻은 것이 아니라면 거기에 머물러 있지 말아야 한다. 빈과 천은 사람들이 증오하는 것이나, 도로써 얻은 것이 아니라도 피하지 말아야 한다. 군자가 인을 버린다면 어떻게 이름을 이룰 수 있으리오. 군자는 밥 먹는 동안이라도 인을 어기지 말아야 하니, 절박한 때도 반드시 그것을 지키고 위급한 때도 반드시 그것을 지켜야 하느니라."

5// 子曰, 富與貴는 是人之所欲也이나 不以其道得之어든 不處也하며 貧與賤은 是人之所惡也이나 不以其道得之라도 不去也이니라 君子去仁이면 惡乎成名이리오 君子無終食之間을 違仁이니 造次에 必於是하며 顚沛에 必於是니라

거(去) : 버리다.
종식지간(終食之間) : 밥 한 끼 먹는 동안.
조차(造次) : 급하고 구차한

| 풀이 | 누구나 다 자기가 잘 살고 귀한 사람이 되기를 바란다. 그러나 잘 살고 귀하게 되는 것은 무조건 바란다고 해서 주어지는 것이 아니다.

부를 바란 나머지 지나치게 욕심을 부리면 때에 따라서는 실수도 범하게 된다. 만약 그렇게 해서 다소 부를 얻었다 하더라도 그게 무슨 소용이 있겠는가. 군자는 밥 먹는 동안이나 위기에 처해 있는 동안이라도 절대로 그 인을 어겨서는 안 된다고 말했다.

때를 뜻함.
전패(顚沛) : 전(顚)은 넘어진다는 뜻이고, 패(沛)는 자빠진다는 뜻으로 매우 위급한 때를 말함.

6

공자께서 말씀하시기를, "나는 아직까지 진실로 어진 것을 좋아하는 사람과 진실로 어질지 않은 것을 미워하는 사람을 보지 못하였느니라. 어진 것을 좋아하는 사람이 있다면 더 바랄 것이 없으나, 어질지 않은 것을 미워하는 사람이라 하더라도 어진 것을 행하는 데 있어 어질지 않은 것을 그 자신의 몸에 더하도록 하지 않는다. 하루를 능히 어진 것에 힘쓸 사람이 있는가? 나는 아직 그렇게 하는 데 힘이 부족한 사람을 보지 못하였노라. 그런 사람이 있을 법한데 나는 아직 그런 사람을 보지 못하였노라."

6// 子曰, 我未見好仁者와 惡不仁者라 好仁者는 無以尙之요 惡不仁者는 其爲仁矣에 不使不仁者로 加乎其身이니라 有能一日에 用其力於仁矣乎아 我未見力不足者라 蓋有之矣어늘 我未之見也이다

상(尙) : 더하다, 숭상하다의 뜻으로 쓰였음.
개(蓋) : 대개의 뜻으로 쓰였음.

| 풀이 | 이 문장은 원문의 글자만으론 뜻을 완전히 파악하기가 힘들다. 그리고 앞뒤 문장의 사이에 상당한 비약이 있는 것 같다.

공자가 "나는 이 세상에서 진실로 어진 것을 좋아하는 사람과 진실로 어질지 않은 것을 미워하는 사람을 아직 보지 못하였노라."고 하였다.

그러나 그 다음의 말은 다른 시각에서 본 것이다. 어진 것을 좋아하는 사람은 더 바랄 것이 없으나 어질지 않은 것을 미워하는 자라 할지라도, 그가 모든 일을 행함에 있어서 어질지 않은 자의 행동을 해서는 안 된다고 했다.

그리고 여기에는 보통 사람들이 어질지 않은 것이 우리에게 해가 된다는 것을 알고 있으면서도, 이해관계가 얽히거나 귀찮은 일이 생기면 누구나 그렇게 하지 않는다는 탄식의 뜻이 들어 있다.

이렇게 해석한 후에야 그 다음 구절과 연결이 된다. 하루를 모두 어진 것에 힘쓰는 사람이 있는가. 이 말에도 '나는 아직 그런 사람을 보지 못하였노라.'는 말이 생략되어 있다. 그런 다음 아직 힘이 부족해서 그렇게 하지 못하는 사람을 보지 못했는데, 사람이라면 누구나 그런 일을 할 능력이 있지만 마음을 쓰지 않기 때문이라고 했다.

그리고 그 다음의 '개유지의 아미지견야(蓋有之矣 我未之見也)'라는 말은 별다른 뜻은 없고, 단지 앞부분의 뜻을 강조하기 위한 것이다.

7

7// 子曰, 人之過也各於其黨이니 觀過면 斯知仁矣니라

공자께서 말씀하시기를, "사람의 허물은 그 종류에 따라 다른 것이니, 남의 과실을 보면 곧 그 사람의 인을 알 수 있느니라."

| 풀이 | 사람이라면 누구나 과실을 범하지 않는다고는 말할 수 없다. 몰라서 그랬건 알고 그랬건 실수라는 건 항상 우리의 주위에 그림자처럼 따라다닌다. 그리고 그것은 그 사람의 양심과 인격에 따라 다르게 나타나는 것이다. 만약 어린아이가 배가 고프다면 가게에 놓인 빵을 훔쳐 먹으려 할 것이다. 그러나 나이가 들어 모든 것을 분별할 줄 아는 사람이라면, 그런 경우가 닥치더라도 최대한으로 자신을 억제할 것이다. 그러므로 세상에서 일어나는 모든 과실의 원인을 분석해 본다면 인의 요소로 가늠할 수 있는 것이다.

당(黨) : 부류, 종류.
사(斯) : 곧.

8

공자께서 말씀하시기를, "아침에 도를 들으면 저녁에 죽어도 좋으리라."

8// 子曰, 朝聞道면 夕死라도 可矣니라

| 풀이 | 아침에 도를 들으면 저녁에 죽어도 좋다. 이것은 보통 사람으로서는 생각조차 할 수 없는 말이다. 공자처럼 위대한 성현은 보통 사람들과는 달리 그 품은 뜻이 깊기 때문에 이런 말을 할 수 있었는지도 모른다. 여기에서 나타난 정신을 보더라도 그가 얼마나 지극한 정성과 굳은 신념으로 삶의 진리를 터득하려고 했는지를 잘 알 수 있을 것이다.

100살까지 산다 하더라도 인간다운 행동을 한 번도 하

지 못하는 사람과 짧은 생애를 살더라도 우리 인류에게 영원한 정신을 남긴 사람은 그 근본부터 다르다고 할 수 있다.

9

공자께서 말씀하시기를, "선비가 도에 뜻을 두고도 남루한 옷과 나쁜 음식을 수치로 여기는 자라면, 함께 이야기를 나누기에 족하지 못하니라."

9// 子曰, 士志於道而恥惡衣惡食者는 未足與議也이니라

사(士) : 선비.
치(恥) : 부끄럽다.
의(議) : 의논하다의 뜻으로 쓰였음.

| 풀이 | 여기에서 도라고 하는 것은 단순히 어떤 길을 말하는 것이 아니라, 인간이 살아가는 데 있어서 바르고 뜻있게 나아간다는 넓은 의미를 지니고 있다. 물론 학문의 이치를 터득하는 것도 여기에서 제외되지는 않는다. 그러나 여기에서는 인간의 도덕적·철학적 의미가 더욱 강조되었다. 이런 것들은 한 인간이 평생을 두고 배우고 생각하여도 미처 느끼지 못하는 것이다. 그만큼 폭이 넓고 어렵다는 말일 것이다. 그래서 공자는 이런 큰 뜻을 품고 있는 사람이라 할지라도, 좋은 옷을 입지 못하고 좋은 음식을 먹지 못하는 것을 수치로 여기는 사람이라면 상대할 필요가 없다고 말했던 것이다.

10

공자께서 말씀하시기를, "군자는 이 세상에 적당한 것이 없고 정한 것이 없으며, 오직 의를 좇아서 의와 함께 살아가느니라."

| 풀이 | 예부터 군자란 말은 권력이나 지체가 높아 뭇사람들의 윗자리에 앉은 사람을 일컬어 왔다. 그러나 공자가 말한 군자란 뜻은 그렇지가 않다. 사람들의 위에 있되 권력이나 지체뿐만 아니라 덕과 인, 그리고 넓은 학식을 겸비한 사람을 말한 것이다. 그래서 공자는 군자란 세상 모든 일에 있어서 옳다고 고집하는 일도 없고, 그르다고 주장하는 일도 없으며 오로지 의를 좇는다고 하였다.

10// 子曰, 君子之於天下也에 無適也하며 無莫也하여 義之與比니라

적(適) : 적합하다, 적당하다의 뜻으로 쓰였음.
막(莫) : 정하다[定], 꾀하다[謀]의 뜻으로 쓰였음.
비(比) : 좇다의 뜻으로 쓰였음.

11

공자께서 말씀하시기를, "군자는 덕을 생각하지만 소인은 땅을 생각하고, 군자는 형(刑)을 생각하지만 소인은 은혜를 생각하느니라."

| 풀이 | 군자와 소인은 인품이 다를 뿐만 아니라 생각하는 것도 다르다. 군자는 자신의 수양과 덕을 생각하지만, 소인은 의식주를 생각하기에도 바쁘다. 그리고 군자는 인(仁)·의(義)·예(禮)를 생각하면서 나라의 법도를 지키려고 애쓰나, 소인은 남에게 은혜받을 것만 바라고 있다. 바

11// 子曰, 君子는 懷德하고 小人은 懷土하며 君子는 懷刑하고 小人은 懷惠니라

회(懷) : (가슴속에) 품다, 생각하다의 뜻으로 쓰였음.

로 그와 같은 것이 군자와 소인의 다른 점이라고 공자는 말했던 것이다. 우리는 공자의 이런 말을 단순히 군자와 소인의 차이점을 정의하는 것으로만 생각하지 말고 좀더 깊은 뜻을 생각해 보아야 한다.

12

12// 子曰, 放於利而行이면 多怨이니라

공자께서 말씀하시기를, "이익에 따라 행동하면 원망이 많으니라."

방(放) : 따르다[依]의 뜻으로 쓰였음.

| 풀이 | 이익에는 사익과 공익이 있다. 사익은 개인 한 사람의 이익을 말하는 것이고, 공익은 나를 초월해서 이웃이나 국가, 더 나아가서는 세계와 인류를 위해서 이익이 되는 것을 말한다.

여기에서 공자가 지적한 이익은, 폭이 넓고 여러 사람을 위한 것이 아니라 단순히 자기 자신만을 위한 사리사욕을 뜻하는 것이다. 자신에게 이익이 되면서 남에게도 이익이 되는 것이라면, 공자는 마땅히 군자가 해야 할 일이라고 말했을 것이다. 그러나 자신에게 이익이 되는 일은 흔히 다른 사람에게 피해를 주는 경우가 많다. 그래서 공자는 자신의 이익만을 좇아서 나아가다 보면 남의 원망을 사게 된다고 말했던 것이다.

13

공자께서 말씀하시기를, "예법과 겸양으로써 나라를 다스린다면 무슨 어려움이 있겠느냐? 그러나 예법과 겸양으로써 나라를 다스리지 못한다면 예제(禮制)는 무엇에 쓰겠는가?"

| 풀이 | 공자는 인으로써 나라를 다스릴 것을 주장했고, 덕으로써 백성들을 감화시킬 것을 주장했던 사람이다. 인과 덕은 바로 그가 말하는 예의 기본 요소이다.

그래서 그는 예로써 나라를 다스려야 한다고 뜻을 굳혔던 것이다. 만약 예로써 나라를 다스리지 못한다면 아무리 문물과 제도가 발달했다 하더라도 아무 소용이 없다고 말한 것이다.

13// 子曰, 能以禮讓이면 爲國乎에 何有이며 不能以禮讓으로 爲國이면 如禮何리요

위(爲) : 다스리다(治)의 뜻으로 쓰였음.
예(禮) : 앞에서는 예법을 말했고, '여례하(如禮何)'에서는 예제(禮制), 즉 문물과 제도를 말했음.

14

공자께서 말씀하시기를, "벼슬이 없음을 근심하지 말고 그런 자리에 설 능력을 근심할 것이며, 남이 자기를 알아주지 않는 것을 근심하지 말고 내가 남에게 알려질 수 있는 능력을 구할 것이다."

| 풀이 | 우리는 어떤 위치에 서기 전에 그 위치에서 일을 맡아 이끌어 나갈 수 있을 것인가를 먼저 생각해 보아야 한다. 남은 좋은 자리에 앉았는데 자기는 그렇지 않다고

14// 子曰, 不患無位요 患所以立하며 不患莫己知요 求爲可知也이니라

불평할 것이 아니라, 먼저 자신의 능력을 잘 헤아릴 필요가 있다. 어떤 사람은 능력이나 재주가 있으면서도 그만한 일을 감당할 수 없을지도 모른다.

그러나 그런 사람이라 할지라도 더욱 자신의 능력을 키운다면 언젠가는 기회가 올 것이고, 그때 자기의 실력을 발휘하면 다른 사람들도 자기를 알아줄 것이다.

15

공자께서 말씀하시기를, "삼(參)아, 나의 도는 하나로 관철되어 있느니라."

증자가 말하기를, "예, 그러하옵니다."

공자가 밖으로 나가자 공자의 제자들이 묻기를, "무슨 말씀이신지요?"

증자가 말하기를, "선생님의 도는 충(忠)과 서(恕)일 뿐입니다."

| 풀이 | 공자는 자신의 도가 한 가지의 원리로 이루어졌다고 했다. 한 가지 원리란 바로 인의 사상에 바탕을 둔 것인 줄 잘 알고 있었기 때문에 제자 증삼(曾參)은 '예'라고 대답했던 것이다.

충과 서는 자기의 양심에 충실해서 남의 입장을 생각하고 남을 동정하고 용서해 주는 것을 말한다. 증자는 바로 이 충과 서란 말로써 공자의 인의 사상을 이해했던 것이다.

15// 子曰, 參乎아 吾道는 一以貫之니라 曾子曰, 唯라 子出하거늘 門人이 問曰, 何謂也리잇고 曾子曰, 夫子之道는 忠恕而已矣니라

삼(參) : 증자(曾子)의 이름.
유(唯) : '예'와 같이 공손하게 대답하는 소리.
충(忠) : 몸을 다하여 바치는 것.
서(恕) : 남의 몸을 미루어 생각하는 것.
이(已) : 그치다〔止〕, 따름의 뜻으로 쓰였음.

16

공자께서 말씀하시기를, "군자는 의에 밝고, 소인은 이욕에 밝다."

| 풀이 | 공자는 의에 뜻을 두고 중요시하는 사람을 군자, 이욕에 뜻을 두고 중요시하는 사람을 소인이라고 말했다. 그렇기 때문에 군자는 의를 알아서 그에 따라 일의 진행을 결정하고, 소인은 이욕을 따져서 그 이로움에 따라 일을 결정한다는 말이기도 하다. 다시 말해서 의롭지 않은 일이면 이로움이 있더라도 하지 않는 것이 군자이고, 이로운 일이라면 의롭지 않더라도 발벗고 나서는 것이 소인인 것이다.

16// 子曰, 君子는 喩於義하고 小人은 喩於利니라

유(喩) : 깨닫다, 이해하다.

17

공자께서 말씀하시기를, "어진 사람을 보면 자신도 그와 같이 되기를 생각하며, 어질지 않은 사람을 보면 나 자신을 스스로 살펴야 하느니라."

| 풀이 | 어진 사람을 보면 나 자신도 그 사람과 같이 어질게 되려고 노력해야 하고, 어질지 않은 사람을 보더라도 상대방을 탓할 것이 아니라 자신에게도 혹시 그와 같은 허물이 있나 살펴보라는 말이다.

어질고 좋은 사람을 만나면 상대방의 모든 행동을 본받

17// 子曰, 見賢思齊焉하며 見不賢而內自省也이니라

사(思) : 생각하다.
제(齊) : 같다.
성(省) : 살피다.

아 배우도록 하고, 어질지 않은 사람을 보면 상대방의 허물을 거울삼아 자신의 허물을 고쳐 나가라는 뜻이다. 이렇게 한다면 어질고 훌륭한 사람을 만나거나 그렇지 못한 사람을 만나거나 다 배울 점이 있을 것이다.

18

공자께서 말씀하시기를, "부모를 섬기되 허물이 있거든 은근히 간할 것이니, 간함을 따르지 않더라도 더욱 부모님을 공경하며 수고로워도 원망해서는 안 되느니라."

| 풀이 | 부모와 웃어른을 섬기는 일을 효라고 한다. 공자는 이 효에 관해 누구보다도 많은 생각을 한 사람이다. 그래서 그는 부모를 섬기는 데 있어서 부모의 잘못을 보더라도 직접적으로 말하지 말고 은근히 말하여야 한다고 했던 것이다. 사람은 누구나 과실을 범하게 마련이다. 부모도 사람인만큼 과실을 범하지 않는다고는 말할 수 없다. 그러나 아랫사람이나 자식들은 이러한 과실을 보더라도 그것을 핑계해서 부모님을 난처하게 만들어서는 안 된다. 다만 부모님의 마음이 상하지 않도록 부드러운 말로 은근히 이해를 시켜야 한다.

공자의 이 말은 단지 부모님을 섬기는 데에만 필요한 말이 아니라, 현대를 살아가는 우리들의 대인관계에도 적용된다고 볼 수 있다. 나와 어떤 관계가 있는 상대방에게서

18// 子曰, 事父母하되 幾諫이니 見志不從하고 又敬不違하며 勞而不怨이니라

기(幾) : 미약하다(微)의 뜻으로 쓰였음.
견지부종(見志不從) : 부모의 뜻이 자기의 간함을 따르지 않음을 본다는 뜻.
노이불원(勞而不怨) : 수고로워도 원망하지 아니함.

단점을 발견했다 하더라도 상대방을 탓하거나 나무랄 것이 아니라, 은근히 가르쳐 주고 이해시키는 것이 얼마나 좋은 일인가. 그렇게 된다면 서로가 가르쳐 주고 배우는 것이 되지 않겠는가?

19

공자께서 말씀하시기를, "부모가 살아 계시거든 멀리 나가서 놀지 말 것이며, 혹시 먼 곳에 갈 일이 있으면 반드시 가는 곳을 알릴지어다."

| 풀이 | 자식은 부모의 곁에 있으면서 걱정을 끼쳐서는 안 된다. 그래서 부모님이 살아 계실 때는 될 수 있는 한 먼 곳으로 여행을 가거나 놀이를 가지 말아야 한다. 혹시 무슨 볼일이 있어서 먼 지방에 가게 될 때는 떠나기 전에 반드시 부모에게 가는 곳을 말씀드려서 걱정을 끼쳐 드리지 말아야 한다.

19// 子曰, 父母在어시든 不遠遊하며 遊必有方이니라

재(在) : 부모가 생존해 있는 것을 말함.
원유(遠遊) : 멀리 가서 노는 것을 뜻함.
방(方) : 방향, 처소.

20

공자께서 말씀하시기를, "부모님이 돌아가신 후 3년 동안 부모님이 하시던 일을 바꾸지 않아야 가히 효자라 할 수 있느니라."

20// 子曰, 三年을 無改於父母之道라야 可謂孝矣니라

| 풀이 | 이 말에는 좀 지나친 점이 없지 않으나 이 말을 글자 그대로만 받아들여서는 안 된다. 옛 시대의 유학에 치우친 형식적인 말이라고 가볍게 보아 넘길 것이 아니라, 이런 말을 하게 된 공자의 정신이 어떤 것인가를 생각해 보아야 한다. 우리는 옛 조상의 얼을 되새기며 자식된 도리로서 마땅히 부모님이 생전에 하시던 일을 생각해 보아야 한다.

21

공자께서 말씀하시기를, "부모의 연세는 늘 기억하지 않으면 안 된다. 한편으로는 오래 사시는 것을 기뻐하고, 한편으로는 연로하신 것을 두려워해야 하느니라."

21// 子曰, 父母之年은 不可不知也이니 一則以喜오 一則以懼니라

부모지년(父母之年): 부모의 연세.
지(知): 기억하다의 뜻으로 쓰였음.

| 풀이 | 부모의 연세는 항상 기억하고 있어야 한다. 그리고 그때까지 부모가 살아 계시는 것을 기뻐하고, 한편으로는 부모가 앞으로 얼마를 살지 못할 것이므로 효도할 기간이 짧아진 것을 두려워해야 한다고 공자는 말했던 것이다. 이런 말은 인간의 개인적인 예법·정신과 관계가 있지만, 더 나아가서는 사회의 윤리나 국가의 질서 유지에도 커다란 영향을 미치는 것이다. 공자가 살았을 당시는 중국 역사상 가장 혼란했던 전국시대였다. 그러므로 이런 말로써 국민의 정신을 정화시키려고 노력했는지도 모른다. 성현과 위인들은 보통 사람과는 그 근본부터가

다르지만 역시 사회적 배경에 관계되지 않을 수 없었던 것이다.

22

공자께서 말씀하시기를, "옛사람들이 말을 앞세우지 않았던 것은 몸이 말에 따르지 못함을 부끄럽게 여겼기 때문이니라."

| 풀이 | 말과 행동이 일치하는 사람이 가장 바람직한 사람일 것이다. 그렇기 때문에 말이란 조심하지 않으면 안 되고, 또 말을 하기 전에는 모든 것을 잘 생각해 보아야 한다. 공자는 바로 이런 점을 설명하기 위하여 옛 성현의 언행을 예로 들었던 것이다. 옛사람들이 말을 앞세우지 않았던 것은 몸이 말에 따르지 못함을 수치로 여겼기 때문이라고 했다. 그만큼 옛 군자의 말은 무게가 있었고 책임감이 있었던 것이다. 그러므로 평범한 인간들이 훌륭한 성현 군자를 우러러보지 않을 수 있겠는가!

22// 子曰, 古者에 言之不出은 恥躬之不逮也니라

고자(古者) : 옛사람. 여기에선 옛 성현을 말했음.
궁(躬) : 몸소.
체(逮) : 따르다.

23

공자께서 말씀하시기를, "검약하면 잃는 것이 적으니라."

| 풀이 | 검소한 생활을 함으로써 잃는 것이 적다고 했다.

23// 子曰, 以約失之者는 鮮矣니라

약(約) : 검소, 검약하다.

이 말은 경제적으로 풀이한 것이다. 우리는 모든 일을 삼가며 남과의 약속을 잘 지켜 실수하지 않도록 해야겠다.

24

공자께서 말씀하시기를, "군자는 말을 더듬더라도 행동은 민첩하게 하고자 하느니라."

| 풀이 | 군자는 어떤 일을 함에 있어서 말이 무겁고 행동은 민첩하며 빈틈이 없어야 한다고 말했다. '언행의 일치'는 이 〈논어〉 속에서 여러 번 나오는 말이다. 공자가 이를 거듭 지적한 것을 보면, 그와 같은 위대한 성현의 가슴속에는 말과 행동이 일치해야 한다는 정신이 깊숙이 뿌리박혀 있었다는 것을 능히 알 수 있다. 따라서 우리는 그것이 인격을 형성하는 데 있어서 얼마나 중요한 것인가를 알아야 한다.

25

공자께서 말씀하시기를, "덕은 고립되어 있는 것이 아니다. 반드시 그 이웃이 있느니라."

| 풀이 | 덕이란 자신의 마음을 수양하고 기르는 것이다. 그러나 그 덕은 남에게 베풀어질 때 더욱더 빛난다. 그래

24// 子曰, 君子는 欲訥於言而敏於行이니라

욕(欲) : 바라다, 하고자 하다라는 뜻.
눌(訥) : 말을 더듬다. 여기에서는 군자의 입이 무거운 것을 말함.
민(敏) : 민첩하다, 빠르다.

25// 子曰, 德不孤라 必有隣이니라

고(孤) : 고립된 상태.
린(隣) : 이웃.

서 공자는 덕이 고립된 상태에서 존재하는 것이 아니라 남에게 베풀어 변화시키는 데 있다고 말했던 것인지도 모른다. 우주나 자연, 그리고 인간 사회도 마찬가지로 그 하나만으로서는 존재할 수 없다. 남이 있어야만 내가 존재할 수 있고, 또 주는 사람이 있어야만 받는 사람이 있는 것이다. 그러므로 공자는 덕의 효용성과 필요성에 대해서 말한 것이다.

26

자유가 말하기를, "군왕을 섬기는 데 있어서 자주 간하면 오히려 욕이 되고, 친구를 사귀는 데 있어서 자주 충고하면 오히려 사이가 멀어지게 된다."

│ 풀이 │ 군주나 윗사람을 섬기는 데 있어서 지나치게 충성스러우면 오히려 다른 사람의 비난을 받기가 쉽다. 뿐만 아니라 자칫 잘못하면 아첨하는 것이 된다. 친구를 사귀는 데 있어서도 이와 마찬가지이다. 자주 충고하게 되면 오히려 사이가 멀어지게 된다. 무슨 일이든지 너무 지나치면 오히려 좋지 않다는 것을 말한 것이다.

26// 子游曰, 事君數이면 斯辱矣요 朋友數이면 斯疏矣니라

삭(數) : 자주, 여러 번의 뜻으로 쓰여 '삭'으로 읽음.
소(疏) : 멀어지다.

제5편
공야장(公冶長)

1

공자께서 "공야장(公冶長)은 가히 사위를 삼을 만하다. 비록 그가 검은 노끈으로 묶여 있었으나 그것은 그 사람의 죄가 아니니라."

하시고, 그의 딸을 공야장의 아내로 주셨다.

공자께서 "남용(南容)은 나라에 도가 있으면 버림을 받지 않고, 나라에 도가 없다 하더라도 형벌이나 처형을 면할 사람이니라."

하시고, 그 형의 딸을 남용의 아내로 주셨다.

1// 子謂, 公冶長이시되 可妻也로다 雖在縲絏之中이나 非其罪也라 하고 以其子로 妻之하시다 子謂, 南容하시되 邦有道에 不廢하며 邦無道에 免於刑戮이라 하시고 以其兄之子로 妻之하시다

공야장(公冶長) : 공자의 제자로, 성은 공야(公冶), 이름은 장(長).
가처(可妻) : 아내를 얻을 만하다. 여기에서는 사위를 삼을 만하다로 보는 것이 좋다.
누설(縲絏) : 검은 노끈으로 묶이는 것, 즉 구속되어 있는 것을 뜻함.
남용(南容) : 공자의 제자. 성은 남(南), 이름은 도(縚) 또는 괄(适), 자는 자용(子

| 풀이 | 이 글은 공자가 사윗감을 고를 때 한 말이다. 공야장(公冶長)은 사윗감으로 손색이 없는 사람이다. 비록 그가 감금되어 있는 몸이기는 하나, 그것은 그의 죄 때문이 아니라고 했다. 남이야 그를 어떻게 보든 간에 공자는 공야장의 됨됨이를 믿고 있다는 뜻이다.

다음은 공자가 형의 사윗감을 고를 때의 일이다. 남용(南容) 역시 공자의 제자였으므로 공자는 그에 대해 잘 알고 있었다. 남용의 성격이나 과묵한 태도 등을 익히 알고

있었기 때문에 공자는 남용을 형의 사윗감으로 선택했던 것이다. 나라에 바른 도가 행하여져서 올바른 정치가 베풀어진다면, 남용은 반드시 등용될 것이라고 했다. 그리고 만약의 경우에 나라에서 올바른 정치를 하지 못한다 하더라도, 그의 언행과 신중한 태도는 능히 형벌이나 처형을 면할 것이라고 칭찬을 아끼지 않았던 것이다.

容)임.
방유도(邦有道) : 나라에 도가 행하여지는 것.
불폐(不廢) : 버리지 않는다는 뜻으로, 남용(南容)에게 벼슬을 주어 등용한다는 말로 쓰였음.
륙(戮) : 죽이다, 살해하다.

2

공자께서 자천(子賤)에 대해 이르시기를, "이런 사람이야말로 정말 군자로다. 만약 노(魯)나라에 군자가 없었다면, 이 사람이 어찌 이러한 덕을 취할 수 있었으리오."

2// 子謂子賤하시되 君子哉라 若人이여 魯無君子면 斯焉取斯리오

| 풀이 | 공자는 자천(子賤)을 가리켜서 진실한 군자라고 하였다. 그리고 그것은 노(魯)나라에 군자가 많았기 때문에, 자천도 그 교훈과 영향을 받아서 군자다운 인격과 덕성을 갖게 된 것이라고 했다.

자천(子賤) : 공자의 제자. 성은 복(宓), 이름은 부제(不齊). 자는 자천(子賤).

3

자공이 묻기를, "저는 어떠한 사람입니까?"
공자께서 말씀하시기를, "너는 그릇이니라."
자공이 묻기를, "어떠한 그릇입니까?"
공자께서 말씀하시기를, "호련(瑚璉)이니라."

3// 子貢이 問曰, 賜也는 何如하니잇고 子曰, 女는 器也이니라 曰, 何器也리잇고 曰, 瑚璉也이니라

사(賜) : 자공(子貢)의 이름.
호련(瑚璉) : 종묘에서 제사 지낼 때 쓰이는 옥으로 만든 그릇.

| 풀이 | 사(賜)는 자공(子貢)의 이름이다. 공자가 다른 사람들에 대해 평을 해주자, 자공이 자신의 평을 물었던 것이다. 그래서 공자는 자공의 인품과 덕성을 생각하여 종묘의 제사에 쓰이는 보배롭고 빛나는 그릇과 같다고 말했던 것이다.

4// 或曰, 雍也는 仁而不佞이로다 子曰, 焉用佞이리오 禦人以口給하여 屢憎於人하나니 不知其仁이어니와 焉用佞이리오

4

어떤 사람이 말하기를, "옹(雍)은 어질기는 하나 말재주가 없는 것 같습니다."

공자께서 말씀하시기를, "말재주가 무슨 소용이 있단 말이오? 남을 상대로 말로만 넘길 것 같으면 오히려 자주 남의 미움만 사는 것이니, 그가 어진지는 알 수 없으나 그 말재주가 무슨 소용이 있겠소?"

옹(雍) : 공자의 제자. 성은 염(冉), 이름은 옹(雍), 자는 중궁(仲弓)임.
녕(佞) : 말재주.
어(禦) : 당(當)하다.
기인(其仁) : 옹의 어진 성품을 가리킴.

| 풀이 | 염옹(冉雍)은 공자의 제자 중에서도 말이 적고 성실한 사람이었다. 그래서 어떤 사람이 공자에게 옹은 어질기는 하지만 말재주가 없다고 말했다. 그러나 공자의 관점은 보통 사람과 달랐다. 말로만 넘기는 약삭빠른 사람보다는 말재주가 없더라도 어진 사람이 더 쓸모가 있다고 말했던 것이다. 바람직한 인간상을 추구하는 군자로서는 말재주 따위는 한낱 쓸모없는 재주로 생각되었던 모양이다.

5

공자께서 칠조개(漆雕開)에게 벼슬을 하라고 하시자 칠조개가 대답하기를, "저는 아직 감당해 내리라고 믿어지지 않습니다."

이 말을 듣고 공자께서는 매우 기뻐하셨다.

| 풀이 | 지와 덕이 갖추어진 사람이 거만하지 않고 겸손한 태도를 취할 때는, 그 지와 덕이 한층 빛나게 마련이다. 재주가 조금 있다고 하여 교만하고 다른 사람을 무시한다면 어떻게 되겠는가? 겸양의 미덕, 이것은 유능한 사람에게는 더욱더 그의 자질을 빛내 주고 훌륭한 사람에게는 더욱더 그의 인품을 높여 주는 것이다.

5// 子使漆雕開로 仕하시되 對曰, 吾斯之未能信이로다 子說하시다

칠조개(漆雕開) : 공자의 제자. 성은 칠조(漆雕), 이름 개(開), 자는 자약(子若)임.
사(斯) : 벼슬살이를 말함.
열(說) : 여기에서는 기쁘다(悅)의 뜻으로 쓰였음.

6

공자께서 말씀하시기를, "도가 행하여지지 않아서 뗏목을 타고 바다로 떠나가게 된다면, 나를 따를 사람은 유(由)뿐일 게다."

자로는 이 말을 듣고 기뻐하였다.

공자께서 말씀하시기를, "유는 용맹을 좋아하는 것은 나에 못지않으나 재능은 취할 바가 없느니라."

| 풀이 | 공자가 태어날 무렵의 중국은 여러 나라로 분열되어 있었기 때문에, 어느 나라를 막론하고 나라의 정세

6// 子曰, 道不行이니 乘桴浮於海하리니 從我者는 其由與인저 子路聞之하고 喜한데 子曰, 由也는 好勇過我하나 無所取材니라

부(桴) : 뗏목.
부(浮) : 물 위에 뜨는 상태를 말함.

유(由) : 자로(子路)의 이름.
용(勇) : 용맹, 용기.
재(材) : 재능, 재량의 뜻으로 쓰였음.

가 매우 어지러웠다. 각 나라의 임금은 서로 남의 나라를 침범하여 세력을 넓히려고 호시탐탐 노리고 있었고, 또 다른 나라의 침략을 막기 위해서 전쟁 준비를 해야 했다. 그렇기 때문에 백성들의 마음은 흐트러졌고, 예의와 도덕도 문란해질 수밖에 없었다. 그래서 공자는 이런 나라의 정세를 한탄하였던 것이다.

'지금 이 세상에는 도가 행하여지지 않는구나. 나는 이런 세상에 사는 것보다 차라리 뗏목을 타고 바다로 떠나가고 싶구나. 만약 그렇게 된다면 나를 따를 사람은 유(由)뿐일 것이다.'

자로는 그런 공자의 말을 듣고 무척 기뻐하였다. 스승인 공자자 유독 자기만을 생각해 주고 있다고 여겼기 때문이다. 그러나 공자는 자로의 그런 태도를 보고 그냥 있을 수가 없어서 한마디 덧붙였던 것이다. 자로의 용기는 나에 못지않으나 나의 참뜻을 이해하는 재능은 없구나.

7

(가)

7-가// 孟武伯이 問, 子路는 仁乎리잇고 子曰, 不知也로다 又問한대 子曰, 由也는 千乘之國에 可使治其賦也어니와 不知其仁也로다

맹무백(孟武伯)이 묻기를, "자로는 어진 사람입니까?"
공자께서 말씀하시기를, "잘 모르겠노라."
맹무백이 다시 묻자, 공자께서 말씀하시기를,
"유는 천승의 나라에 한 부를 맡아서 능히 다스려 나갈 만하나, 그의 어짐에 대해서는 잘 모르겠노라."

| 풀이 | 노(魯)나라의 대부 맹무백이 공자에게 자로에 대하여 묻자, 공자가 이에 대답한 것이다. 그런데 여기서 '부지야(不知也)'라고 한 것은, 모른다고 한 말이기는 하지만 전혀 모른다고 한 것이 아니라 잘 모른다고 한 것이다.

그래서 맹무백이 다시 공자에게 묻자, 공자는 자로의 능력에 대해서는 잘 말해 주었지만 역시 그의 어진 것에 대해서는 잘 모른다고 하였다.

맹무백(孟武伯) : 노(魯)나라의 대부.
부(賦) : 세금을 매기고 거두어들이는 일을 말함.

(나)

"구(求)는 어떠한 사람입니까?"

공자께서 말씀하시기를, "구는 천 집이 있는 고을과 경대부(卿大夫) 집의 가신(家臣) 일은 맡아서 할 만하지만, 그의 어짊에 대하여서는 잘 모르겠노라."

7-나// 求也는 何如리잇고 子曰, 求也는 千室之邑과 百乘之家에 可使爲之宰也어니와 不知其仁也로다

| 풀이 | 염유(冉有)에 관해 묻자 공자는, 염유가 고을의 읍장이나 경대부 집의 가신(家臣) 노릇은 충분히 해나갈 능력은 있지만 어짊에 대해서는 잘 모른다고 했다.

구(求) : 염유(冉有)의 이름.
천실지읍(千室之邑) : 천 집이 있는 고을. 즉, 큰 고을.
백승지가(百乘之家) : 경대부(卿大夫)의 집.
재(宰) : 읍재(邑宰), 또는 가신(家臣).

(다)

"적(赤)은 어떠한 사람입니까?"

공자께서 대답하시기를, "적은 예복을 갖추고 조정에서 빈객과 더불어 서로 이야기를 논할 만하지만, 그 어짊에 대해서는 잘 모르겠노라."

7-다// 赤也는 何如리잇고 子曰, 赤也는 束帶立於朝하여 可使與賓客言也어니와 不知其仁也라

적(赤) : 공자의 제자. 성은 공서(公西), 이름은 적(赤), 자는 자화(子華)임.
속대(束帶) : 띠를 두른다는 뜻으로, 여기에서는 예복을 갖추는 것을 말함.
빈객(賓客) : 손님을 뜻하는 말로, 빈(賓)은 제후가 조정에 드는 것을 말하고 객(客)은 대부가 조정에 드는 것을 말함.

| 풀이 | 공서적(公西赤)은 모든 예법과 의식 절차를 잘 아는 사람이었다. 그래서 공자는 맹무백의 물음에, 공서적은 조정에 찾아드는 각 나라의 제후들이나 대부들을 예절로 맞아들이는 일은 충분히 해낼 수 있다고 대답했다. 그러나 그의 어짊에 대해서는 잘 모른다고 말했다.

어진 마음, 이것은 사람의 가슴속에서 우러나오는 것이므로 겉으로는 잘 알 수가 없는 모양이다. 그래서 공자와 같은 성현 군자도 그들 세 사람이 모두 자기의 제자이지만, 그들의 어짊에 대하여서는 한결같이 말하기를 꺼렸는지도 모른다.

8

8// 子謂子貢曰, 女與回也로 孰愈오 對曰, 賜也는 何敢望回리잇고 回也는 聞一以知十하고 賜也는 聞一以知二하노이다 子曰, 弗如也이니라 吾與女의 弗如也하노라

공자께서 자공에게 이르시기를, "너를 회(回)와 비교하면 누가 더 낫다고 생각하느냐?"

자공이 대답하기를, "제가 어찌 감히 회와 비교가 되겠습니까. 회는 하나를 들으면 열을 아는 사람이고, 저는 하나를 들으면 둘을 아옵니다."

공자께서 말씀하시기를, "비교가 안 되느니라. 나도 네가 회와 비교가 안 된다는 것을 인정하느니라."

회(回) : 안회(顏回)를 말하는 것임.
유(愈) : 우세하다.
사(賜) : 자공(子貢)의 이름.

| 풀이 | 공자는 제자 자공을 시험해 보려고 그에게 안회와 비교하여 누가 더 낫다고 생각하느냐고 넌지시 물었다. 이에 자공은 자신은 안회와 감히 비교할 수도 없다고

제5편 _ 공야장 • 83

대답했던 것이다. 그러자 공자는, 자기도 자공이 안회와 비교가 안 된다는 것을 알고 있다고 하면서 자공의 솔직한 대답에 만족해 했다는 내용이다.

그러나 끝의 구절은 달리 해석할 수도 있다. 자공의 솔직한 대답에, 공자는 자기 자신까지도 안회와는 비교할 수 없다고 하면서 자공의 마음을 위로했다고 해석할 수도 있다. 이 두 가지 해석은 모두 공자와 같은 사람이 능히 할 수 있는 말이며, 또 어느 것도 원문의 뜻에서 벗어나지 않는다.

문일이지십(聞一以知十) : 하나를 듣고 열을 아는 것.

9

재여(宰予)가 낮잠을 잘 때 공자께서 말씀하시기를, "썩은 나무에는 조각을 할 수 없으며, 썩은 흙으로 쌓은 담장은 흙손질을 할 수 없으니, 여(予)에게 무슨 말로 꾸짖으리오."

공자께서 말씀하시기를, "전에는 내가 사람을 볼 때 그 말만 듣고 그 사람의 행실을 믿었으나, 이제 나는 사람을 볼 때 그 말을 듣고 그 사람의 행실까지 살피게 되었으니, 재여 때문에 고치게 되었노라."

9// 宰予晝寢이어늘 子曰, 朽木은 不可雕也이며 糞土之牆은 不可杇也이니 於予與에 何誅리오 子曰, 始吾於人也에 聽其言而信其行이러니 今吾於人也에 聽其言而觀其行하노니 於予與改是하노라

| 풀이 | 재아(宰我)는 공자의 제자 중에서도 가장 말재주가 뛰어난 사람이다. 이전에 그는 능란하고 교묘한 말솜씨로 여러 사람의 입장을 난처하게 한 적이 있었다. 그러던 그가 어느 날 공자가 보는 앞에서 낮잠을 잤던 것이다.

여(予) : 재아(宰我)의 이름.
주침(晝寢) : 낮잠.
후(朽) : 썩다.
조(雕) : 조각.
분토지장(糞土之牆) : 썩은 흙으로 쌓은 담.

오(朽) : 흙손.
주(誅) : 책망하다, 꾸짖다.

그래서 재아는 나태한 정신과 게으른 습관에 대해 책망을 들었고, 공자는 한 가지 진리를 깨닫게 되었다.

  사람을 보는 데 있어서 그 사람의 말만 믿어서는 안 되며 반드시 그 사람의 행실을 잘 살펴서 정말 말과 행동이 일치하는가를 보아야 한다. 공자는 이런 진리를 깨달은 것이다.

10

10// 子曰, 吾未見剛者노라 或이 對曰, 申棖이니이다 子曰, 棖也慾이어서 焉得剛이리오

  공자께서 말씀하시기를, "나는 아직 강한 사람을 보지 못했노라."

  그러자 어떤 사람이 말하기를, "신정(申棖)이 있습니다."

  공자께서 말씀하시기를, "정(棖)은 욕심이 많은 사람이거늘, 어찌 그를 강한 사람이라 하리오?"

강(剛) : 굳세다. 여기에서는 의지가 굳어서 불의에 굴하지 않는 것을 말함.
신정(申棖) : 공자의 제자.

| 풀이 | 군자는 물론 인과 덕을 갖추어야 하지만, 외부의 어떤 압력이나 불의에도 굴하지 않는 굳센 의지와 신념도 있어야 한다. 그러나 공자는 아직 그런 사람을 보지 못했노라고 말했다.

  그러자 그 말을 들은 어떤 사람이 공자의 제자 가운데 신정(申棖)이 바로 그런 사람이라고 말했다. 그러나 공자는 신정은 욕심이 많은 사람이라고 하면서 그는 결코 강한 신념의 소유자가 아니라고 부인했다. 그렇다면 강한 마음과 욕심은 서로 상반되는 것인지도 모른다.

11

자공이 말하기를, "남이 나에게 좋지 못한 일을 하는 것을 바라지 않으므로 나 또한 다른 사람에게 불의를 행하지 않으려고 합니다."

공자께서 그 말을 들으시고 말씀하시기를, "사(賜)야, 너는 아직 그런 경지에 미치지 못하였느니라."

| 풀이 | 남이 나에게 해롭게 하는 것을 내가 싫어하듯이 내가 남에게 그런 행동을 한다면 그 사람 역시 싫어할 것이 아닌가. 그래서 자공은 남에게 그런 불의를 행하지 않으려 한다고 스승인 공자에게 말했다. 공자는 이 말을 듣고 아무런 논박이나 반문을 하지 않았다. 그러나 그것은 말은 쉽지만 실행하기가 여간 어려운 일이 아니다. 아직까지 미숙한 자공의 덕성으로는 남에게 자비를 베풀 만한 어진 마음과 모든 것을 참아 낼 만한 인내심이 부족해 보였기 때문에, 공자는 단지 그에게 아직 그럴 만한 경지에까지 이르지 못했다고 말한 것이다.

12

자공이 말하기를, "선생님의 문장은 가히 얻어들을 수 있으나, 선생님의 어진 마음에서 우러나오는 말씀과 천도는 가히 얻어들을 수 없습니다."

11// 子貢이 曰, 我不欲人之加諸我也를 吾亦欲無加諸人하노이다 子曰, 賜也야 非爾所及也이니라

가제아(加諸我) : 나에게 불의를 행함.
이(爾) : 너.

12// 子貢이 曰, 夫子之文章은 可得而聞也어니와 夫子之言性與天道는 不可得而聞也이니라

부자(夫子) : 공자를 말함.
언성(言性) : 공자의 어진 성품에서 우러나오는 말.
천도(天道) : 하늘의 도리.

| 풀이 | 여기에서 문장은 학문을 말한 것이다. 공자의 학문은 누구나 얻어들어서 알 수 있지만, 그의 어진 성품과 하늘의 이치를 말한 깊은 진리는 아무나 이해할 수 없다고 한 말이다.

13

13// 子路는 有聞이오 未之能行하여서 唯恐有聞하더라

자로(子路)는 교훈을 듣고 그것을 실행하지 못하였으면, 오직 새로운 말을 들을까 두려워하였다.

자로(子路) : 공자의 제자.
문(聞) : 충고를 들음.
유(唯) : 오직.
공(恐) : 두려워하다.

| 풀이 | 좋은 말을 들어 훌륭한 생각을 가지고 있다 하더라도 그것을 실행에 옮기지 않으면 아무 소용이 없다. 알면서 실행에 옮기지 않는 사람은 아무리 오묘한 진리를 터득하고 있다고 하여도 말재주꾼에 지나지 않을 것이다. 그러나 공자의 제자 가운데 자로라고 하는 사람은 그렇지 않았다. 다른 사람들에게서 훌륭한 말을 듣고 미처 실행에 옮기지 못하였으면, 오히려 새로운 말을 또 듣게 될까 두려워했다고 한다. 자기가 알고 있는 것을 곧 실행에 옮기는 태도야말로 참으로 바람직하고 존경할 만한 실천도덕이 아니고 무엇이겠는가?

14

14// 子貢이 問曰, 孔文

자공이 묻기를, "공문자(孔文子)를 어찌 문(文)이라고 부르게 되었습니까?"

　공자께서 말씀하시기를, "그는 매우 영민하고 학문을 좋아하며, 아랫사람에게 묻는 것을 부끄럽게 여기지 않는 자이므로 문이라고 부르게 되었느니라."

| 풀이 | 여기에서 자공이 공문자(孔文子)를 좋지 않게 본 데에는 그럴 만한 이유가 있었다. 공문자는 생전에 태숙질(泰叔疾)에게 그의 아내와 이혼하게 하고 자기의 딸을 그의 후처로 삼게 한 적이 있었다. 그후 태숙질이 전처의 동생과 간통하였으므로 공문자가 노하여 태숙질을 치려고 하자, 그는 송(宋)나라로 달아나 버렸다. 그런 일이 있은 후에 공문자는 자기의 딸을 태숙질의 아우에게 후처로 주었던 것이다. 그런 옳지 못한 일을 한 사람에게 문(文)이라는 시호를 주었으므로, 자공이 이상히 여겨 공자에게 물었던 것이다.

　그러나 공자는 그 일은 상관하지 않고 다만 공문자가 생전에 학문을 좋아했던 것에 대해 말하면서, 그 이유를 설명했던 것이다. 설령 어떤 사람이 나쁜 일을 한 적이 있다 하더라도 그 사람에게 좋은 점이 있다면 우리는 그것을 배워야 한다. 사물의 이치를 판단할 줄 알아서 어떤 일에 현혹되지 않아야만 비로소 학문을 연구할 수 있는 능력을 갖추었다고 할 수 있다.

子를 何以謂之文也리잇고 子曰, 敏而好學하며 不恥下問이라 是以謂之文也이니라

공문자(孔文子) : 위(衛)나라의 대부. 이름은 어(圉), 문(文)은 그의 시호임.
민(敏) : 영민하다의 뜻으로 쓰였음.

15

15// 子謂子產하시되 有君子之道四焉이니 其行己也恭하며 其事上也敬하며 其養民也惠하며 其使民也義니라

공자께서 자산(子産)을 평하시기를, "군자의 네 가지 도를 지니고 있었으니 그 행실에 있어서는 공손하고, 그 윗사람을 섬기는 데 있어서는 공경하고, 그 백성을 기르는 데 있어서는 은혜로우며, 그 백성을 다스림에 있어서는 의로우니라."

자산(子産) : 정(鄭)나라의 대부. 성은 공손(公孫), 이름은 교(僑).

| 풀이 | 공자가 정(鄭)나라의 대부인 공손교(公孫僑)를 평한 말이다. 그는 군자의 네 가지 도를 지니고 있다고 했다. 행실에 있어서 공손하고, 윗사람을 공경하고, 백성을 은혜롭게 대하며, 의롭게 다스리고 있다고 했던 것이다.

16

16// 子曰, 晏平仲은 善與人交로다 久而敬之니라

공자께서 말씀하시기를, "안평중(晏平仲)은 사람과 잘 사귀었느니라. 오래도록 변함없이 공경하였느니라."

안평중(晏平仲) : 제(齊)나라의 대부. 이름은 영(嬰).

| 풀이 | 남을 사귀는 데 있어서 처음에는 예의로 대하지만, 서로 가까워지면 함부로 대하는 경우가 많다. 그러나 아무리 가까운 사이라 하더라도 도가 지나치면 서로의 감정을 상하게 한다.

그러므로 어느 정도의 예의를 지켜야 할 필요가 있는 것이다. 항상 변함없이 상대방을 생각해 주고 존경한다면 모든 것이 원만하게 이루어질 것이다.

17

공자께서 말씀하시기를, "장문중(臧文仲)은 큰 거북을 감추고, 기둥머리의 모진 곳에다 산의 형상을 조각하고, 대들보 위의 짧은 기둥에는 무늬를 그려서 길흉화복을 빌고자 하니 어찌 그를 지혜로운 사람이라 하리오!"

| 풀이 | 점을 치기 위해서 큰 거북을 감추어 두고, 기둥머리에 산의 모양을 새겨 길흉을 비는 일 등은 모두 미신이다. 공자가 태어났던 그 당시는 매우 혼란스러운 시대였던 만큼 대부까지도 미신을 믿었다. 그래서 공자는 그의 행위를 보고 한탄했던 것이다. 남들은 그를 유능하고 지혜로운 대부라 했지만, 머릿속에 미신 따위나 믿고 있는 사람을 어찌 지혜로운 사람이라 할 수 있겠는가.

17// 子曰, 臧文仲이 居蔡하되 山節藻梲하니 何如其知也리오

장문중(臧文仲) : 노(魯)나라의 대부로, 이름은 진(辰), 문(文)은 시호임.
채(蔡) : 큰 거북을 말함.
절(節) : 기둥머리의 모진 나무.
절(梲) : 대들보 위의 짧은 기둥.

18

(가)

자장이 묻기를, "자문(子文)은 세 번 벼슬을 하여 영윤이 되었으되 기쁜 빛을 드러내지 않았으며, 세 번 쫓겨났으되 성난 빛을 나타내지 않고 자기가 맡았던 영윤의 업무를 새로운 영윤에게 인계하였는데, 어떻게 보아야 합니까?

공자께서 말씀하시기를, "충이로다."

묻기를, "인이라고도 할 수 있습니까?"

말씀하시기를, "알지 못하노라. 어찌 인이라고 할 수 있

18-가// 子張이 問曰, 令尹子文이 三仕爲令尹하되 無喜色하며 三已之하되 無慍色하여 舊令尹之政을 必以告新令尹하니 何如잇가 子曰, 忠矣니라 曰, 仁矣乎리잇고 曰, 未知니라 焉得仁이리오

겠느냐?"

| 풀이 | 충과 인은 어떻게 보면 비슷한 점이 있는 것 같지만, 엄격하게 따진다면 전혀 별개의 것이다. 어진 마음이 있는 사람은 충성스러울 수 있지만, 충성스러운 사람이라고 하여 반드시 인의 마음을 가졌다고 볼 수는 없기 때문이다.

영윤(令尹) : 초(楚)나라의 벼슬 이름.
자문(子文) : 성은 투(鬪), 이름은 곡어도(穀於菟).
온(慍) : 성내다.

(나)

(자장이 또) 묻기를, "최자(崔子)가 제(齊)나라의 임금을 살해하자 진문자(陳文子)는 가지고 있던 말 10승(十乘)을 버리고 다른 나라로 가서 말하기를 '우리 나라의 대부 최자와 같다.'고 하고 또 그 나라를 떠났으며, 또 다른 나라로 가서 말하기를 '우리 나라의 대부 최자와 같다.'고 하고 떠나갔으니, 이 사람은 어떻습니까?

공자께서 말씀하시기를, "깨끗하다."

(그러자 자장이 또) 묻기를 "어질다고 할 수 있습니까?"

공자께서 말씀하시기를, "알지 못하노라. 어찌 어질다고 할 수 있겠느냐?"

18-나// 崔子弒齊君이어늘 陳文子有馬十乘이러니 棄而違之하고 至於他邦하여 則曰, 猶吾大夫崔子也라 違之하며 之一邦하여 則又曰, 猶吾大夫崔子也라 違之하니 何如하리잇고 子曰, 淸矣니라 曰, 仁矣乎리잇고 曰, 未知라 焉得仁이리오

| 풀이 | 자장이 또 공자께 물었다. 제나라의 대부 진문자(陳文子)는 대부 최자(崔子)가 임금을 죽이자, 10필의 말을 가지고 있는 부자임에도 불구하고 제나라를 떠났는데, 그가 찾아간 나라도 정치가 어지럽고 신하들이 충성스럽지

최자(崔子) : 제(齊)나라의 대부. 이름은 저(杼).
제군(齊君) : 제(齊)나라의 임금인 장공(莊公), 이름은 광(光).
진문자(陳文子) : 제(齊)나라의 대부. 이름은 수무(須無).
위(違) : 떠나가다[去]의 뜻으로 쓰였음.

못한 것을 보자 모두 최자 같은 인물들이라고 말하고 떠나갔으며, 다른 나라에 가서도 그곳의 신하들이 충성스럽지 못한 것을 보자 역시 최자와 같은 인물들이라고 하고는 떠나갔다는 것이다. 자장은 이런 내막을 말한 후에 그 진문자는 어떤 인물이냐고 물었던 것이다. 공자는 진문자에 관한 질문에 마음이 맑다고 말했고, 자장이 그의 마음이 어질지 않느냐고 다시 묻자 공자는 그것만으로는 어질다고 말할 수 없다고 했다.

맑고 깨끗한 마음은 바로 절개와 지조가 있는 것으로 볼 수 있다. 그래서 진문자의 맑은 마음은 지조에 의한 충절로 생각할 수가 있지만, 어진 마음에서 우러나왔다고 말할 수는 없다는 뜻이다.

19

계문자(季文子)는 세 번 생각해 본 후에야 비로소 행동에 옮겼다. 공자께서 이 말을 들으시고 말씀하시기를, "두 번이면 가하니라."

19// 季文子, 三思而後에 行하니 子聞之하시고 曰, 再斯可矣니라

계문자(季文子) : 노(魯)나라의 대부. 이름은 행보(行父).

| 풀이 | 노나라의 대부 계문자(季文子)는 용의주도한 사람이라 무슨 일을 하든지 세 번씩 생각한 후에 행동에 옮겼다고 한다. 깊이 생각하면 할수록 하고자 하는 일에 실수가 적고 빈틈이 없는 것은 사실이다. 그러나 생각하는 것도 지나치면 결단력이 부족해져서 행동하는 데 방해가

20// 子曰, 甯武子는 邦
有道則知하고 邦無道
則愚하니 其知는 可及
也이어니와 其愚는 不
可及也이니라

영무자(甯武子) : 위(衛)나라
의 대부. 이름은 유(俞), 무
(武)는 그의 시호임.
우(愚) : 어리석음.

될 수도 있을 것이다.

20

공자께서 말씀하시기를, "영무자(甯武子)는 나라에 도가 행하여졌을 때는 지혜로웠고, 나라에 도가 행하여지지 않았을 때는 어리석었다. 그의 지혜로움은 가히 미칠 수 있으나, 그의 어리석음은 가히 미칠 수 없느니라."

| 풀이 | 이 말을 이해하려면 당시의 역사적 배경을 알아야 한다. 영무자(甯武子)는 위나라의 문공(文公)과 성공(成公)을 섬겼던 사람이다. 그가 문공을 섬길 때는 나라의 정치가 순조로웠기 때문에 어진 신하가 많았으며, 영무자가 가장 지혜로운 신하로 손꼽히고 있었다.

그러나 성공 때는 나라의 정치가 차츰 어지러워지기 시작하였으므로 약삭빠른 신하들은 전부 물러나 피하였다. 그러나 영무자만은 어리석을 만큼 꿋꿋이 자리를 지키며 불의를 행하는 무리들과 맞섰던 것이다. 그렇게 하여 그는 마침내 성공을 구해 냈고 자기 자신도 구할 수 있었다.

위급하고 어려운 상황에서도 굳게 싸워 온 영무자의 마음에는 굳센 의지와 변함없는 끈기, 그리고 자신의 목숨까지 돌보지 않는 크나큰 충절이 깃들여 있었다. 그래서 공자는 그의 지혜는 다른 사람이 따를 수 있으나, 그의 어리석음은 도저히 따를 수 없다고 말했던 것이다.

21

공자께서 진(陳)나라에 계실 때 말씀하시기를, "돌아가야겠노라, 돌아가야겠노라. 나의 고향에 있는 제자들은 뜻은 크나 그 하는 일이 면밀하지 못하여, 문채는 찬란하지만 재단하는 바를 모르느니라."

| 풀이 | 이 구절은 공자가 천하를 두루 다니면서, 진나라에 가 있을 때 고국인 노나라로 되돌아올 마음이 생겨서 한 말이다. 당시는 각 나라들의 정세가 매우 어지러웠고, 나라 사이의 분쟁이 심하였기 때문에 공자의 훌륭한 사상과 학문이 인정받지 못하고 있었다. 여러 나라를 돌아다니며 큰 뜻을 펴려던 공자가 벼슬을 얻지 못하자 현실을 원망하기보다는 고향에 있는 제자들을 가르치기로 마음먹은 것이다. 그래서 공자는 그들의 높은 이상을 꼭 실현할 수 있도록 키워 주어야겠다고 굳게 결심한 것이다.

21// 子在陳하고 曰, 歸與인저 歸與인저 吾黨之小子狂簡하여 斐然成章이요 不知所以裁之니라

진(陳): 진(陳)나라.
광간(狂簡): 뜻은 크나 그 하는 일이 면밀하지 못함.
비연(斐然): 문채가 있는 모양.
성장(成章): 볼 만한 것이 있음.
재(裁): 마름질하다. 재단하다.

22

공자께서 말씀하시기를, "백이(伯夷)와 숙제(叔齊)는 남의 지나간 악함을 마음에 두지 않는지라 원망하는 이가 드물었느니라."

| 풀이 | 백이와 숙제는 고죽(孤竹)이란 나라의 왕자였는데 부왕이 돌아가시자 서로 왕의 자리를 양보하려고 주

22// 子曰, 伯夷叔齊는 不念舊惡이라 怨是用希니라

백이숙제(伯夷叔齊): 백이와 숙제는 고죽국(孤竹國)의 왕자로 의가 좋은 형제였다.

(周)나라로 갔다. 그후 주의 무왕(武王)이 은나라의 주왕(紂王)을 쳐서 천자가 되자, 백이와 숙제는 새로운 나라인 주의 곡식을 먹는 것을 부끄럽게 여겨 수양산(首陽山)에 들어가 고사리로 연명하다가 끝내 굶어죽었다고 한다.

　이 이야기는 공자가 살아 있을 당시보다도 5백여 년 전의 일로, 그 두 사람은 절개가 있고 청렴한 인물로 전해 내려오고 있었다. 그러나 그런 반면에 그들 두 사람에 대해 이의를 제기하는 사람도 많이 있었다. 그들이 악을 미워한 것은 소심했기 때문이며, 수양산에 몸을 숨겨 고사리를 캐어 먹고 지내다가 굶어죽은 것은 세상을 넓게 보는 아량이 없었기 때문이라는 등의 말이었다. 그래서 공자도 이들 두 사람에 대하여 한마디 평을 했던 것이다. 그들 두 사람이 악을 미워한 것은 자기들에게 미칠 화를 두려워해서가 아니라, 선을 위해서 선하지 않은 것을 미워했을 뿐이며, 그러기에 그들 두 사람은 다른 사람들을 조금도 원망하지 않았다고 했다.

23

23// 子曰, 孰謂微生高
直이리요 或이 乞醯焉
이어늘 乞諸其鄰而與之
온여

미생고(微生高) : 노(魯)나

공자께서 말씀하시기를, "누가 미생고(微生高)를 곧다고 하느냐? 어떤 사람이 식초를 빌리거늘 그 이웃에 가서 빌려 주었으니."

| 풀이 | 미생고는 그 당시에 마음이 곧고 정직하기로 널

제5편 ... 공야장 • 95

리 알려진 사람이었다. 그러나 공자는 그를 별로 곧은 사람이라고 보지 않았다. 어떤 사람이 미생고의 집으로 와서 식초를 빌려 달라고 하자, 그때 마침 그의 집에는 식초가 떨어졌으므로 이웃에까지 가서 구해다 주었다. 미생고의 행위는 거기서 끝났다고 하나, 공자는 거기서 그치지 않고 그 속에 담긴 뜻을 캐었던 것이다. 즉, 미생고가 남에게 은혜를 베풀기 위해서 다른 사람에게 빌려 가면서까지 주었다는 것이다. 그렇다면 미생고는 남에게 좋은 이름을 듣기 좋아하는 공명심이 강한 위선자란 말인가?

여기에 씌어 있는 글만으로는 미생고에 관해서 정확하게 알 수 없다. 단지 하나의 추측에 지나지 않는다.

라의 사람. 성은 미생, 이름은 고.

24

공자께서 말씀하시기를, "말을 교묘히 꾸며 대고 안색을 수시로 변하여 남을 지나치게 공경하는 것을, 좌구명(左丘明)은 부끄럽게 여겼는데 나 역시 부끄럽게 여긴다. 원망을 가슴속에 숨기고 그 사람과 교제하는 것을, 좌구명은 부끄럽게 여겼는데 나 또한 부끄럽게 여기노라."

24// 子曰, 巧言令色足恭을 左丘明恥之하니 丘亦恥之하노라 匿怨而友其人을 左丘明恥之하니 丘亦恥之하노라

| 풀이 | 남에게 잘 보이기 위해 말을 꾸며 대며 얼굴빛을 수시로 바꾸는 태도는 좋지 않다. 만약 윗사람에게 그런 태도를 취하다가는 자칫 아첨이 되기 쉽기 때문이다. 그리고 아랫사람들에게 그렇게 대한다면 그것은 농간에 지

주(足) : 과하다(過), 지나치다의 뜻으로 '주'로 읽음.
좌구명(左丘明) : 공자가 태어나기 이전의 사람.

나지 않을 것이다.

또 원망과 저주를 마음속에 숨기고, 그 사람과 교제하는 것도 부끄러운 일이라고 했다. 남과 교제할 때는 가슴속에 있는 다른 생각을 숨기지 말고 솔직하게 대해야 한다는 것이다. 마음속으로는 싫어하면서도 관계를 지속시킨다는 것은 얼마나 비굴하고 졸렬한 짓인가. 군자로서는 도저히 취해서는 안 될 행동이다. 그래서 공자는 예전에 명성이 있었던 좌구명이란 사람을 예로 들어, 그가 그런 행위를 부끄럽게 여겼는데 자기 또한 수치로 여긴다고 한 것이다.

25

안연과 계로가 공자를 모시고 있을 때 공자께서 말씀하시기를, "각기 너희들의 뜻을 말해 보지 않겠느냐?"

자로(子路)가 말하기를, "탈 만한 수레와 말, 그리고 가벼운 털옷 등을 친구들과 함께 사용하다가 그것들을 못쓰게 된다 하더라도 유감이 없겠습니다."

안연(顔淵)이 말하기를, "선함을 자랑하지 않고 남에게 수고로움을 끼치지 않는 것을 원하나이다."

자로가 말하기를, "선생님의 뜻을 듣고 싶습니다."

공자께서 말씀하시기를, "늙은이에게는 편안하게 하고, 친구에게는 믿게 하고, 어린 아이에게는 따르게 하여야 하느니라."

25// 顔淵季路侍러니 子曰, 盍各言爾志리오 子路曰, 願車馬와 衣輕裘를 與朋友共하여 敝之而無憾하나이다 顔淵曰, 願無伐善하며 無施勞하나이다 子路曰, 願聞子之志하나이다 子曰, 老者安之하며 朋友信之하며 小者懷之니라

합(盍) : 합하다(合)의 뜻으로 많이 쓰이나, 여기에서는 어찌 아니(何不)의 뜻으

| 풀이 | 어느 날 안연과 계로가 공자를 모시고 있는데, 공자가 그들 두 사람에게 각각의 포부를 물었다. 그러자 자로는 탈 만한 수레와 말, 그리고 수레를 타고 말을 몰 때 입는 가벼운 털옷을 여러 친구들과 함께 사용하다가 그것이 만약 못쓰게 되더라도 유감이 없겠다고 하였다. 그리고 안연은 착한 일을 자랑하지 않고, 남에게 수고로움을 끼치지 않게 되기를 바란다고 했다. 그들의 말을 다 듣고 난 공자는, 늙은 사람을 편안하게 모시고 친구에게는 믿음을 주고, 아랫사람에게는 은혜로써 따르게 함이 중요하다고 이른 것이다.

로 사용되었음.
벌선(伐善) : 벌은 흔히 치다(擊)의 뜻으로 많이 쓰이나, 여기서는 자랑하다, 공치사하다의 뜻으로 쓰였음.
시로(施勞) : 남에게 수고로움을 끼침.

26

공자께서 말씀하시기를, "너무하도다! 나는 아직까지 자기의 허물을 보고 자신을 반성하는 사람을 보지 못하였느니라."

26// 子曰, 已矣乎인저 吾未見能見其過하고 而 內自訟者也이니라

| 풀이 | 흔히들 남의 허물을 보게 되면 곧 그 허물을 책한다. 그리고 충고를 할 줄도 안다. 그러나 자신의 허물은 알면서도 이를 반성하고 고치려 하는 사람은 드물다. 대부분이 자신의 허물을 인식하지 못할 뿐만 아니라 알았다고 해도 그대로 넘기기 쉽다. 자신을 생각하고 이해하는 데에는 큰 아량을 베풀면서도 남에게는 그렇지 않으니 정말 딱한 노릇이라 아니할 수 없다. 공자는 이런 사실을 너

이(已) : 흔히 이미, 그치다, 버리다(去)의 뜻으로 쓰이나, 여기서는 너무(太)의 뜻으로 사용됨.
송(訟) : 송사하다(訴訟)라는 말로, 스스로를 재판해 본다는 뜻으로 풀이함.

무나 잘 파악했기에 한탄하며 말했던 것이다.

27

공자께서 말씀하시기를, "열 집이 사는 고을일지라도 반드시 나와 같은 충(忠)과 신(信)이 있는 사람은 있겠으나, 나와 같이 학문을 좋아하는 사람은 없느니라."

| 풀이 | "열 집 정도밖에 살지 않는 작은 고을일지라도, 나와 같은 정도의 충성과 믿음을 지니고 있는 사람은 있다. 그러나 학문까지도 나처럼 좋아하는 사람은 없다."

공자가 이런 말을 하게 된 데에는, 아마 학문을 좋아하는 사람이 세상에는 드물다는 것을 절실히 느꼈기 때문일 것이다.

27// 子曰, 十室之邑에 必有忠信이 如丘者焉이어니와 不如丘之好學也이니라

십실지읍(十室之邑) : 집이 몇 채 정도 있는 작은 마을.

제6편
옹야(雍也)

1

공자께서 말씀하시기를, "옹(雍)은 가히 남면(南面)하여 백성들을 다스릴 만하다."

중궁(仲弓)이 자상백자(子桑伯子)는 어떠냐고 묻자 공자께서 대답하시기를, "가하다. 소탈하니라."

중궁이 또 묻기를, "거(居)하는 것에는 조심스럽고 행동하는 데에는 소탈하게 하여 백성들에게 임한다면 역시 가능한 것이 아니겠나이까? 그러나 거처하는 것도 소탈하고 행하는 것도 소탈하다면 너무 소탈한 것이 아니오니까?"

공자께서 말씀하시기를, "옹의 말이 그럴듯하구나."

1// 子曰, 雍也는 可使南面이로다 仲弓이 問子桑伯子하되 子曰, 可也이나 簡이니라 仲弓이 曰, 居敬而行簡하여 以臨其民이면 不亦可乎잇가 居簡而行簡이면 無乃大簡乎리잇고 子曰, 雍之言이 然하다

|풀이| 공자가 염옹(冉雍)에게 너는 능히 정사를 맡아 볼 만하다고 말했다. 그러자 염옹은 자상백자란 사람은 어떠냐고 물었다. 공자는 그도 정사를 맡아 볼 만한 인물이기는 하나, 너무 소탈한 것이 흠이라고 했다. 이 말을 들은 염옹은 소탈함의 정도와 한계에 대해 물었던 것이다.

자신의 생활은 경건하게 취하면서 백성에게 어느 정도 소탈하고 호탕하게 대한다면, 그 소탈함은 별 문제가 되

옹(雍) : 성은 염(冉), 이름은 옹(雍). 중궁(仲弓)은 그의 자임.
남면(南面) : 임금이 정사를 듣는 자리.
자상백자(子桑伯子) : 노(魯)나라 사람.

는 것이 아니다. 그러나 자신의 생활도 백성을 다스리는 데에도 모두 소탈하다면, 그것은 소탈함이 너무 지나치지 않느냐는 물음이었다. 그러자 공자도 염옹의 말에 수긍하고 기뻐하였다.

2

애공(哀公)이 묻기를, "제자 중에서 누가 학문을 좋아하나이까?"

공자가 대답하기를, "안회(顔回)가 있어 학문을 좋아하고 노여움을 오래 지니지 아니하며, 허물되는 일을 두 번 하지 않았으나, 불행하게도 명이 짧아 일찍 죽은지라 그가 떠나간 지금에 와서는 학문을 좋아하는 사람을 듣지 못하였나이다."

| 풀이 | 이 구절에 있는 공자의 말만 보더라도 안회가 얼마나 학문과 수양에 힘썼는가를 알 수 있다. 배움을 좋아하고 노여움을 옮기지 않고, 한 번 저지른 과실은 두 번 다시 저지르지 않았다고 한다.

공자는 이러한 수양을 학문이라고 했다. 몇 줄의 글만 읽고 마음에도 없는 말을 함부로 말하는 것은 한낱 글재주에 지나지 않는다고 생각했다. 그러므로 애공의 물음에 안회가 떠나간 지금에는 학문을 좋아하는 사람을 보지도 듣지도 못했다고 대답했던 것이다.

2// 哀公이 問弟子孰爲好學이니잇고 孔子對曰, 有顔回者好學하여 不遷怒하며 不貳過하더니 不幸短命死矣라 今也則亡하니 未聞好學者也지이다

안회(顔回) : 공자의 제자로 머리가 영특하여 스승의 사랑을 독차지했으나 32세로 요절함.
무(亡) : 없다는 뜻으로, 여기서는 안회가 죽었다는 뜻.

3

(가)

자화(子華)가 공자의 심부름으로 제(齊)나라에 가게 되어, 염자(冉子)가 자화의 어머니를 위해 곡식을 보내 줄 것을 청하자 공자께서 말씀하시기를, "여섯 말 넉 되를 보내 주어라."

염자가 더 주기를 요청하자, "열여섯 말을 보내 주어라." 하고 공자께서 말씀하셨거늘, 염자는 곡식 여든 섬을 보내 주었다.

공자께서 말씀하시기를, "적(赤)이 제나라에 갈 적에 살진 말을 타고 가벼운 털옷을 입었다고 들었다. 군자는 곤궁한 사람은 도와 주되 부한 이는 더하여 주지 않느니라."

| 풀이 | 공자는 제나라에 자화를 사신으로 보냈다. 자화가 제나라로 떠날 때 공자의 제자 가운데 한 사람인 염자(冉子)가 자화의 어머니를 위하여 곡식을 보내 주기를 청했다. 그러자 공자는 여섯 말 넉 되를 보내라고 했다. 그러나 염자는 그것이 적다고 더 보내 주기를 청했다. 공자는 열여섯 말을 보내라고 했다. 염자는 그것도 적다고 생각하여 첫번 대답의 백 배가 넘는 80섬을 보내 주었다.

그런 일이 있은 뒤 공자가 그 일을 알았고, 자화가 제나라로 갈 때 좋은 말과 좋은 옷을 입고 갔다는 말을 들었다. 그래서 공자는 군자는 곤궁해서 다급한 사람은 도와 주되 여유가 있는 자에게는 더 보태어 주지 않는다고 하

3-가// 子華使於齊러니 冉子爲其母請粟하되 子曰, 與之釜하라 請益하되 曰, 與之庾하라 하시니 冉子與之粟五秉하되 子曰, 赤之適齊也에 乘肥馬衣輕裘하니 吾聞之也하니 君子周急이요 不繼富라

자화(子華) : 공서적(公西赤)의 자.
사(使) : 부리다, 사신의 뜻.
부(釜) : 여섯 말 넉 되가 드는 그릇.
유(庾) : 열여섯 말이 드는 그릇.
병(秉) : 열여섯 섬이 들어가는 그릇.

여서 염자를 일깨워 주었다.

(나)

원사(原思)가 가신이 되자, 곡식 9백 섬을 주시거늘 그것을 사양하였다. 그러자 공자께서 말씀하시기를, "그러지 말라. 너의 이웃과 향당에 나누어 주어라."

3-나// 原思爲之宰러니 與之粟九百이어늘 辭하되 子曰, 毋하라 以與爾鄰里鄕黨乎인저

원사(原思) : 공자의 제자. 송(宋)나라 사람으로 이름은 헌(憲).
재(宰) : 고을을 다스리는 읍장을 말함.
리(里) : 옛날 중국에서 스물다섯 집 정도가 사는 마을을 일컬음.
향(鄕) : 1만 2천5백 가구 정도를 통틀어서 향이라 일컬었음.
당(黨) : 5백 집 정도가 사는 고을을 가리킴.

| 풀이 | 공자는 한때 노나라에서 사구(司寇)란 벼슬을 한 적이 있었다. 그때 그는 제자 원사를 읍재(邑宰)로 삼았고, 곡식 9백 섬을 내려 주었다. 원사는 너무나 많은 곡식이라 받기를 사양했다. 그러자 공자는 곡식이 남거든 이웃이나 고을 사람들에게 나누어 주면 되지 않느냐고 하면서 곡식을 받으라고 권했다.

이것으로 본다면, 곤궁함을 도와 주고 부(富)에는 더 보태 주지 않아야 한다고 한 공자의 말이, 단지 제자들을 가르치기 위해서 했던 말이 아니었음을 알 수가 있다.

부유한 자화의 어머니에게는 몇십 섬의 곡식을 더 보내어 준 것도 몹시 언짢아하였으나 원사에게는 9백 섬의 곡식도 아낌없이 내려주었고, 또 사양하는 원사에게 고을의 가난한 자에게 나누어 주라고 가르치며 받기를 권했던 것이다.

4

　공자께서 중궁에 대해서 이르시기를, "얼룩소의 새끼가 털이 붉고 뿔이 바르니, 사람들이 비록 제물로 쓰지 않으려 하나, 산천의 신이 그것을 버리려 하겠느냐!"

| 풀이 | 이 구절은 공자가 중궁에 대하여 논한 것이다. 어미는 얼룩소이나 그 새끼는 얼룩소가 아니며 뿔도 바르다는 것은 사람에 비유하면, 아비는 천하고 행실이 부정하나 자식은 그렇지 않다는 말이다. 그리고 그 새끼를 제사의 희생물로 쓰지 않으려 하나 산천의 신은 그것을 버리려 하지 않는다 함은, 아무리 천박한 가문에서 태어났다 하더라도 사람만 똑똑하고 덕이 있으면 마땅히 세상에 쓰이게 된다는 뜻이다. 즉, 공자의 이런 말은 사람을 볼 때, 그 집안의 가문(家門)이나 세력을 보기보다는 우선 그 사람의 인품과 인격을 보아야 한다는 것이다.

4// 子謂仲弓曰, 犁牛之子 騂且角이면 雖欲勿用이나 山川은 其舍諸아

리(犁) : 얼룩 무늬.
성(騂) : 붉은빛.
각(角) : 여기서는 소의 뿔이 바르게 남을 말함.
욕물용(欲勿用) : 여기서는 제사의 희생물(犧牲物)로 쓰지 않으려 한다는 말을 뜻함.

5

　공자께서 말씀하시기를, "회(回)는 그 마음이 석 달이 지나도 어진 것을 어기지 않는다. 그러나 그 나머지 제자들은 겨우 하루나 한 달 동안 어진 것에 이를 뿐이니라."

| 풀이 | 공자는 학문의 범위를 지(智)에서 그치지 않고 행(行)에까지 결부시켜, 알고 있는 것을 행동으로 옮겨야

5// 子曰, 回也는 其心이 三月不違仁이오 其餘則日月至焉而已矣니라

회(回) : 안회(顏回).
이(已) : 여기에서는 그치다[止]의 뜻으로 '지나지 않는

다', '뿐이다'로 쓰임.

만 진실로 학문을 하는 것이라고 했다. 안회는 제자들 중에서도 학문이 가장 뛰어난 사람이었다. 석 달 동안 한 번도 어진 마음을 어기지 않았다고 할 만큼 몸과 마음을 착실하게 수양했다. 그러나 그 외의 제자들은 하루나 고작해야 한 달 정도를 넘길 만한 사람들이었다. 그래서 공자는 제자 안회가 죽은 다음에 생각이 날 때마다 이렇게 한탄했던 것이다.

6

6// 季康子問, 仲由는 可使從政也與리잇고 子曰, 由也는 果하니 於從政乎에 何有리오 曰, 賜也는 可使從政者也與잇고 曰, 賜也는 達하니 於從政乎에 何有리오 曰, 求也는 可使從政也與리잇고 曰, 求也는 藝하니 於從政乎에 何有리오

계강자(季康子)가 묻기를, "중유(仲由)는 가히 정사를 맡아 볼 만합니까?"

공자께서 말씀하시기를, "유는 과단성이 있으니 정사를 맡아 보는 데 무슨 어려움이 있겠습니까?"

묻기를, "사(賜)는 가히 정사를 맡아 볼 만합니까?"

말씀하시기를, "사는 모든 일에 통달해 있으니 정사를 맡아 보는 데 무슨 어려움이 있겠습니까?"

묻기를, "구(求)는 정사를 맡아 볼 만합니까?"

말씀하시기를, "구는 재능이 있으니 정사를 맡아 보는 데 무슨 어려움이 있겠습니까?"

계강자(季康子) : 노나라의 대부.
중유(仲有) : 자로(子路).
사(賜) : 자공(子貢).
구(求) : 염유(冉有).

| 풀이 | 노나라의 대부 계강자(季康子)가 공자의 제자 중에서도 수제자인 자로(子路), 자공(子貢), 염유(冉有) 등 세 사람에 관하여 그들이 나라의 정사를 맡을 만한 능력이

있느냐고 물었다. 공자는 그들 세 사람의 특성을 들어서 그들이 정사를 맡는 데에는 별 어려움이 없을 것이라고 대답했다. 즉, 세 사람뿐만 아니라 사람이 각각 잘하는 것을 취하면 못할 것이 없다는 말이다.

7

계씨(季氏)가 민자건(閔子騫)을 비(費) 고을의 읍재를 시키려 하자 민자건이 말하기를, "나를 위하여 잘 말씀드려 주십시오. 만약 또다시 나를 부르러 온다면, 그때는 내가 반드시 문(汶)으로 가 있을 것입니다."

| 풀이 | 당시 노나라의 대부 계씨(季氏)는 나라의 정치를 자기 마음대로 했기 때문에 상당히 비난을 받았던 인물이다. 심지어 공자와 같은 성인도 그를 비난하기에 이르렀다. 그러니 공자의 제자이며 덕행이 높기로 이름난 민자건이 계씨의 청을 들어 줄 리가 만무했다. 그래서 민자건은 두번 다시 자기에게 그런 청탁을 한다면 문(汶), 즉 제나라로 가겠다고 말한 것이다. 문은 노나라의 북쪽에 있으며 제나라의 남쪽 경내(境內)를 흐르는 강 이름이다.

8

백우(伯牛)가 병이 나자, 공자께서 문병을 가셔서 스스

7// 季氏使閔子騫으로 爲費宰한데 閔子騫이 曰, 善爲我辭焉하라 如有復我者인데 則吾必在汶上矣로다

계씨(季氏): 노나라의 대부로, 당시 노나라의 정권을 잡고 있던 사람.
비(費): 고을 이름.
민자건(閔子騫): 공자의 제자. 노나라 사람. 이름은 손(損), 자건(子騫)은 자.
문(汶): 노나라의 북쪽, 제(齊)나라의 남쪽 경계를 흐르고 있는 강.

8// 伯牛有疾이어늘 子

問之하실새 自牖로 執其手하사 曰, 亡之리니 命矣夫라 斯人也而有斯疾也할사 斯人也而有斯疾也할사

백우(伯牛) : 성은 염(冉), 이름은 경(耕). 공자의 제자로 노나라 사람.
유(牖) : 남쪽으로 나 있는 창문을 말함.

로 창문을 통하여 손을 잡으시며 말씀하시기를, "희망이 없구나, 천명이다! 이 사람에게 이런 병이 생기다니, 이 사람에게 이런 병이 생기다니!"

| 풀이 | 당시의 중국에서는 문병을 하는 데에 상당한 예법이 뒤따랐다. 환자의 집에 문병을 가면 환자는 북쪽 창문 아래에 누워서 문병 온 사람을 맞았다. 그러므로 문병 온 사람은 자연 북쪽을 향하여 환자를 대하게 되는데 이것을 북면(北面)이라 하였다. 그러나 임금에게만은 정반대로 남쪽으로 얼굴을 향하게 하였다. 공자가 백우(伯牛)의 문병을 가자 임금의 예우로 남면(南面)으로 대했으므로, 공자는 안으로 들어가지 않고 남쪽 창문 아래에 누워 있는 백우의 손을 잡았던 것이다.

그때 백우가 걸렸던 병은 도저히 회복하기 힘든 병이었던 모양이다. 그래서 공자는 도저히 희망이 없다고 낙망하면서 한탄한 것이다. "희망이 없구나, 천명이다! 이렇게 덕이 있는 사람에게 어찌 이토록 원망스러운 병이 생겼단 말인가."

9

9// 子曰, 賢哉라 回也여 一簞食과 一瓢飮으로 在陋巷을 人不堪其憂어늘 回也不改其樂

공자께서 말씀하시기를, "어질도다, 회(回)여! 한 소쿠리의 밥과 한 표주박의 물로 누추한 곳에 거처하며 산다면 다른 사람은 그 근심을 견디어 내지 못하거늘, 회는 즐거

움을 잃지 않는구나. 어질도다, 회여."

| 풀이 | 안회(顔回)의 가난함이 이와 같았지만 항상 즐거움을 잃지 않았으므로 공자는 두 번 "어질도다, 회여!"라고 깊이 칭찬한 것이다.

  가난을 참아 내기는 어려운 일이다. 그리고 그런 생활 속에서 조금도 근심하거나 원망하지 않고 기쁨을 누릴 수 있다는 것은 더욱더 어려운 일이다. 현실에 만족하는 삶은 말하기는 쉬우나 실행하기는 어려운 것이다. 그러나 안회는 조금도 자기의 위치나 본분을 잃지 않고, 현실에 만족했기 때문에 공자는 그를 그토록 칭찬했던 것이다.

10

  염구가 말하기를, "선생님의 도(道)가 싫은 것은 아니나, 힘이 미치지 못하나이다."
  공자께서 말씀하시기를, "힘이 미치지 못한 자는 중도에서 폐하기 쉬우나, 지금 너는 획(畫)을 긋고 있느니라."

| 풀이 | 도(道)라 함은 말이나 글로써 깨달았다고 해서 되는 것이 아니다. 반드시 행함에 그 뜻과 목적이 함께 있는 것이다. 그래서 염구(冉求)는 공자의 도가 싫은 것은 아니지만, 그것을 실행하기에는 힘에 부친다고 했다. 그가 말한 역부족이란 물론 마음의 상태를 말한 것이다. 이것

하니 賢哉라 回也여

일단사일표음(一簞食一瓢飮) : 한 소쿠리의 밥과 한 표주박의 물.
재루항(在陋巷) : 더러운 구렁텅이에 있다는 뜻.

10// 冉求曰, 非不說子之道이지마는 力不足也로다 子曰, 力不足者는 中道而廢하나니 今女는 畫이니라

염구(冉求) : 공자의 제자.

을 잘 파악한 공자는, 제자 염구에게 마음가짐을 굳게 하라고 했던 것이다. 힘이 부족한 자는 무슨 일을 하든지 중도에서 그만두는 수가 많다. 그러나 너는 지금 하나의 획(畫)을 긋고 있는 것과 마찬가지이다.

　간결하면서도 강력한 뜻이 함축되어 있는 말이다. 획을 긋다가 중도에서 그만두면 그건 아무것도 되지 않는다. 긋다 만 획은 점으로서의 가치도 없는 것이다. 이와 마찬가지로 도를 행함이 힘에 부친다고 하여 중도에서 그만둔다면 이제까지 노력해 온 보람이 전부 무위로 돌아간다는 뜻이다. 이 말은 도를 행하는 것뿐만 아니라 어떤 일에나 해당되는 것으로 가슴 깊이 새겨 두어야 한다.

11// 子謂子夏曰, 女爲君子儒요 無爲小人儒하라

유(儒) : 성인의 도(道)를 배우는 사람.

//
　공자께서 자하에게 이르시기를, "너는 군자의 선비가 되고, 소인의 선비는 되지 말아라."

| 풀이 | 군자라 함은 자기 자신을 수양하면서 지(智)와 행(行)이 일치하는 사람을 말한다. 그리고 소인(小人)이라 함은 자기의 이익과 명예를 앞세우는 속된 인간을 말한다. 이런 소인에게도 비상천외(飛上天外)한 재주가 있고, 또 남달리 학문을 많이 아는 사람도 있다. 그렇지만 그들이 많이 알고 있다는 것은 입으로만 떠벌리는 것이지 진정한 마음과 행동으로 나타나는 것은 아니다. 그래서 공

자는 제자인 자하에게 절대로 소인의 선비가 되지 말라고 당부했던 것이다.

12

자유가 무성(武城)의 읍재가 되었을 때 공자께서 말씀하시기를, "너는 인재를 얻었느냐?"

자유가 말하기를, "담대멸명(澹臺滅明)이란 자가 있사온데, 그는 행함에 있어 지름길로 가지 않고, 공사가 아니면 제 방에 들어오지 않나이다."

| 풀이 | 정사에는 인재가 우선이므로 공자가 제자인 자유(子游)에게 이렇게 물은 것이다. 즉, 아무리 작은 고을이라도 잘 다스려 나가려면 한 사람의 힘으로만 되는 것이 아니다. 읍을 다스리는 읍재가 있으면 그 읍재를 잘 보좌해 주는 인재가 있어야 한다는 뜻이다.

그 물음에 제자 자유가 담대멸명이란 사람을 들어 대답하길, 그는 어떤 일이든 서둘러서 빨리 하지 않고, 또 공적인 일이 아니면 읍재인 자기의 방에 찾아오지 않는다고 했다. 과연 덕과 수양이 갖추어진 군자라 하겠다.

13

공자께서 말씀하시기를, "맹지반(孟之反)은 자기 자랑을

12// 子游爲武城宰하니 子曰, 女得人焉爾乎아 曰, 有澹臺滅明者하니 行不由徑하고 非公事이어든 未嘗至於偃之室也하나이다

자유(子游) : 이름은 언언(言偃), 자유는 자.
무성(武城) : 노나라에 있는 작은 고을.
담대멸명(澹臺滅明) : 성은 담대, 이름은 멸명, 자는 자우(子羽).

13// 子曰, 孟之反은 不

伐이로다 奔而殿하여 將入門할새 策其馬曰, 非敢後也라 馬不進也라 하니라

맹지반(孟之反) : 노나라의 대부. 이름은 측(側).

하지 않는다. 패하여 달아날 때는 뒤에서 적을 막았지만 성문에 이르러서는 말에 채찍을 가하면서 '일부러 뒤에 처진 것이 아니라 말이 나아가지 않았구나.' 하고 말했느니라."

| 풀이 | 맹지반(孟之反)은 노나라의 애공(哀公) 때 대부 벼슬을 지낸 사람이다. 그 당시 제(齊)나라가 노나라를 침범하여 두 나라는 싸움을 벌이게 되었다. 그 결과 노나라가 패하여 불리한 형세에 처했다. 맹지반은 한 나라의 대신이니만큼 군사들을 이끌고 싸우지 않을 수 없었고 전세가 불리해지자 후퇴를 해야만 했다. 이렇게 되면 장수들도 앞장서서 도망치곤 한다. 그러나 맹지반은 도망가는 부하 군사들을 추격하는 적군을 막아내기 위해서 온 힘을 다했다. 뿐만 아니라 그가 뒤늦게 쫓아와 성문에 이르렀을 때도 타고 있던 말을 탓하며 결코 자신의 공적을 앞세우지 않았다.

공자가 맹지반을 말한 것은 바로 이것을 두고 한 말이다. 맹지반인들 어찌 목숨이 아깝지 않았겠는가! 그러나 그는 자기의 한 목숨보다 수많은 부하 군사들을 생각했던 것이다. 바로 공자가 말한 은혜로 아랫사람을 따르게 한다는 군자의 도리를 실행한 것이며, 또한 그러고도 공적을 앞세우지 않았다. 그래서 당시의 관리들에 대해 별로 좋은 평을 하지 않았던 공자까지도 맹지반에 대해서만은 진심으로 칭찬했던 것이다.

14

공자께서 말씀하시기를, "축타(祝鮀)의 말재간은 없고 송조(宋朝)의 미모만 있다면 지금의 세상에서 난을 면하기는 어려우니라."

14// 子曰, 不有祝鮀之佞이며 而有宋朝之美면 難乎免於今之世矣니라

축타(祝鮀) : 축은 송(宋)나라 종묘의 제관(祭官)을 일컬음. 타는 위(衛)나라의 대부로, 뛰어난 말재주를 지녔다 함.
송조(宋朝) : 송(宋)나라 공자(公子)로 준수한 외모로 알려졌음.

| 풀이 | 이 구절은 공자가 당시 나라의 기울어짐을 한탄하여 한 말이다. 예나 지금이나 대부분의 사람들은, 남을 판단하는 데 있어서 속을 알려고 하기보다는 겉으로 드러난 것을 좇을 뿐이다. 상대방의 속이 어떻고 그 품은 마음이 어떻든 우선 번지르르한 겉치레와 뛰어난 말재주만 있다면 그것으로 그만이다. 그리고 그것만으로 사람을 평가한다. 그렇기 때문에 사람들은 대부분 내면보다 외면만을 갖추고 닦으려고 힘쓰고 있지 않은가.

이것은 우리에게 있어서 커다란 비극이 아닐 수 없다. 이런 비극으로 인하여 우리 사회에는 얄팍한 잔재주가 판을 치게 되고, 따라서 돌이킬 수 없는 모순과 그 모순에 의한 후회가 생긴다.

진실한 인간상을 찾아보기가 어려워진다. 아무리 눈을 크게 뜨고 정신을 바짝 차린다 할지라도 눈에 뜨이고 귀에 들리는 것은 대부분이 거짓 모습이요 거짓말일 뿐이다. 뿐만 아니라 진실하고 참된 인격을 갖춘 사람들도 점점 사라져간다. 바로 허위와 거짓의 인간들이 주위에서 압박하기 때문이다. 목청을 돋우어 진실을 외칠 때는 비웃음을 받아야 하며, 그때마다 죄어드는 숨막히는 압박을

생각하지 않으면 안 된다. 그렇기 때문에 큰소리 한번 제대로 치지 못하고 목구멍 깊숙이 말을 삼키며, 혼자서 서럽게 한탄해야 한다.

현대를 사는 우리는 지성인이다. 모든 일의 옳고 그름을 판단할 수 있다. 따라서 잘잘못과 우리 인생의 멀고 가까움도 분별할 수 있다. 그러나 눈앞에는 실리(實利)의 안개가 놓여 있어 앞일을 내다보기가 어렵다. 그래서 흔히 헛발을 내딛기도 하고 구렁텅이에 빠지기도 한다. 바로 거짓과 허위의 환상이 순간을 현혹시키기 때문이다.

15

공자께서 말씀하시기를, "누가 감히 이 문을 통하지 않고 밖으로 나갈 수 있으리요마는, 세상 사람들은 왜 이 도(道)를 경유하지 않으려 한단 말인가?"

15// 子曰, 誰能出不由戶리요마는 何莫由斯道也오

| 풀이 | 누가 문을 거치지 않고 밖으로 나갈 수 있단 말인가. 이와 마찬가지로 도를 행하지 않고 어찌 덕을 쌓을 수 있단 말인가. 그런데도 세상 사람들은 인생의 문인 도를 거치지 않으려 하고 있으니, 그렇게 된다면 인간 세상에 덕과 예의는 어떻게 된단 말인가. 이것이 바로 공자(孔子)의 가슴속에 담겨 있던 걱정이요 문제였던 것이다.

공자가 살아 있을 당시는 전국시대였던만큼 나라의 정세가 매우 어지러웠다. 백성들은 자기 한몸을 추스리기도

힘들었고, 어떻게 하면 자기에게 닥칠 피해를 최소한으로 줄일 수 있을까를 궁리하였다. 행동이 의가 아니라도 상관하지 않았다. 오직 자기 한 사람만 살아 나가면 그만이었다. 이렇게 해서 사회의 질서는 보이지 않는 곳에서부터 무너지기 시작했고, 따라서 백성들의 정신은 차츰 불의에 젖어들지 않을 수 없었던 것이다. 그러니 인도(人道)가 짓밟히게 되는 것도 당연스런 일이었다. 어질고 착한 사람이 피해를 입는 일이 허다했다. 이렇게 되면 장차 천하는 어떻게 된단 말인가? 그래서 공자는 세상의 형편을 근심하지 않을 수 없었고 안타까운 마음을 달랠 수 없었던 것이다.

현대도 그 당시와 마찬가지로 진리가 아니고 도가 아닌 일이 활개를 치고 있는 것을 부정할 수 없다. 문을 통하여 출입하려 하지 않고 샛길 혹은 지름길로 가려고 하는 사람들이 허다하다. 그들은 그것을 요령, 혹은 재간이라고 말할지 모르지만, 그것으로 인하여 사회의 질서가 파괴되고 부정이 싹튼다는 것을 인식하지 않으면 안 된다. 설사 그들이 강자가 된다 하더라도 그들 자신은 사회의 불의를 조성하는 하나의 요소라는 엄연한 사실을 숨길 수 없다. 뿐만 아니라 그렇게 함으로써 자신의 부패는 물론 사회의 부패까지 만들고 있다는 것도 생각하지 않으면 안 된다. 물론 남보다 출세하고 잘 사는 것도 좋기는 하다. 그러나 그것도 모두 인도(人道)에 의한 정당한 것이라야만 한다. 그래야만 진실한 발전이라고 할 수 있다.

16// 子曰, 質勝文則野요 文勝質則史니 文質이 彬彬然後에 君子니라

문(文) : 문식(文飾), 즉 실속 없이 겉죽만 꾸밈.
빈빈(彬彬) : 여러 가지가 서로 알맞게 조화되어 있는 모양.

16

공자께서 말씀하시기를, "실질(實質)이 문식(文飾)을 이기면 야인(野人)이요, 문식이 실질을 이기면 사인(史人)이며, 문식과 실질이 함께 빛나면 바로 군자이니라."

| 풀이 | 여기에서 질(質)이라 함은 꾸미지 않은 자연 그대로를 말하고, 문(文)이라 함은 문식(文飾)을 뜻한다. 공자는 이 자연성과 문식의 정도·배열·조화 등에 의하여 인간을 평가해 본 것이다. 자연성이 너무 지나치면 야만으로 흐르기 쉽고, 야만으로 흐르게 되면 예나 법, 그리고 도를 무시하게 된다. 문식은 인간의 문화 생활에서 나오는 것이며, 자연성이 아닌 인공적인 것을 말한다. 여기에는 기교가 따르고 형식이 따른다.

그러므로 인간 본연의 순박함이 파괴되고 타성으로 흐르게 된다. 이렇게 되면 선비나 관료처럼 말만 앞세우는 생활이 되고 만다. 그렇기 때문에 자연성의 본체인 질과 문화성의 본체인 문은 어느 한쪽이 더 성하면 생활의 균형과 조화를 잃게 된다. 문과 질은 적당히 섞여서 조화를 이루어야 하는 것이다. 그래야만 일상생활이나 일을 함에 있어서 어느 쪽에도 치우치지 않는 바른 도를 걸을 수 있는 것이다. 그래서 공자는 이렇게 질과 문이 적당히 섞여서 일체가 된 채 빛을 내는 것이 바로 군자가 가는 길이라고 했던 것이다.

공자는 문을 좋아하고 예를 숭상한 문화주의자(文化主義

者)라고 해야 옳을 것이다. 그러나 그가 말하는 문이나 예는 결코 실속없이 겉치레만 하는 허례나, 말로써 모든 일을 해치우는 문약(文弱)이 아니다. 그는 그 문을 바탕으로 하여 실생활을 뜻있고 보람되게 보내고자 노력한 실천주의자(實踐主義者)임과 동시에 문과 질이 잘 조화되어 균형을 이룬 군자였다. 그러므로 그가 말한 문과 질의 빛남이란 어느 쪽에도 치우치지 않는 중정(中正)의 도요, 중용의 사상을 나타낸 것으로 보아야 한다.

17

공자께서 말씀하시기를, "사람의 삶은 원래 정직한 것이니라. 정직하지 않아도 살아 있음은 요행으로 면하는 것이니라."

17// 子曰, 人之生也直하니 罔之生也는 幸而免이니라

| 풀이 | 곧고 바르게 살아가는 것이 인간 본연의 길이다. 그러나 그렇지 않고도 살아 있는 사람이 있다면 그건 요행으로 삶을 누리고 있는 것이다. 이것은 인간이 본디부터 지니고 있는 성품, 즉 천성을 나타낸 것이라고 할 수 있다. 그러나 사람이 살아가는 데 있어서 이 천성을 그대로 지키지 못하는 경우가 많다. 사람에게는 누구에게나 다 욕심이 있고, 또 그것이 너무 강하게 표현되기 때문에 때로는 본의 아니게 못할 짓도 하게 마련인 것이다.

뿐만 아니라 지나친 욕망에 사로잡혀서 처음부터 그릇

직(直) : 곧음, 정직.
망(罔) : 없다는 뜻으로 쓰였음.

된 일을 계획하는 사람들도 있다. 설사 그로 인해 한때 뜻을 이룰지 모르지만 오래 계속 되지는 못할 것이다. 사필귀정(事必歸正)이란 말이 이를 잘 증명해 주고 있다. 공자는 이런 사실을 설명하기 위하여 천성과 천의(天義)를 내세워 말했다. 인간의 천성은 원래 정직한 것이다. 그러므로 곧고 바르게 살지 않고도 삶을 영위할 수 있다면 그건 요행인 것이다.

이와 같은 말이나 사상은 수천 수만 년이 지난 이후라도 인간 세상에서 사라질 수 없는 진리가 될 것이다.

18

18// 子曰, 知之者는 不如好之者요 好之者는 不如樂之者니라

공자께서 말씀하시기를, "도를 아는 자는 좋아하는 자만 같지 못하고, 좋아하는 자는 즐기는 자만 같지 못하느니라."

| 풀이 | 이 구절은 도를 알고만 있어서는 안 되고, 알고 있는 것을 실천하는 데 그 뜻이 있음을 말하고 있다.

우리는 여기서 공자가 말한 도란 무엇을 뜻하고 있는가도 알아야 한다. 도를 실천하는 데 그 뜻이 있다 함은, 바로 그가 할 수 있는 한계 내에서의 일이란 것을 뜻한다. 이로 본다면 도를 행하는 것이 그렇게 어려운 것이 아니라, 능력의 한계 내에서 이룰 수 있는 것임을 알아야 한다. 그러나 그렇게 하는 데 있어서는 마음가짐이 필요하

다. 공자는 바로 이 마음가짐에 관하여 인(仁)이나 덕(德), 그리고 예(禮)와 의(義) 등 그 목적에 따라 여러 가지로 말했던 것이다. 그래서 누구나 도를 실천하기 위해서는 이런 마음가짐을 갖추어야 하고 그러면 누구나 도를 실천할 수 있다고 하였던 것이다. 그러나 그렇지 않은 사람은 설사 도의 오묘한 진리를 깨닫고 있다 하더라도 아는 것으로만 그치고, 설사 도를 실천한다 하더라도 일순간에 끝나고 마는 것이다. 그렇기 때문에 도를 알고 있다 하더라도 마음속에서 우러나와 즐기는 사람만은 못하다는 것이다.

19

공자께서 말씀하시기를, "중인(中人) 이상은 가히 높은 도(道)를 말해 주어도 괜찮으나, 중인 이하는 가히 높은 도를 말할 것이 못 되느니라."

19// 子曰, 中人以上은 可以語上也어니와 中人以下는 不可以語上也니라

중인(中人) : 중간 정도의 사람. 여기서는 지식 수준보다는 그 사람의 심성을 뜻함.

| 풀이 | 여기에서 공자가 구분한 상·중·하의 세 구분은 단순히 지적인 구분만을 한 것이 아니라, 도덕의 수행에 필요한 모든 요소를 함께 구분한 것이다. 이는 그의 철학적 이론이나 원리가 그렇게 심오한 것이 아니라는 점을 잘 증명해 주고 있다. 그러나 그의 철학적 이론이나 도덕적 말은 아무리 머리가 영리한 사람이라 할지라도 밝은 정신과 고요한 마음이 없다면 그 참뜻을 이해할 수 없다. 고작 몇 마디의 말이나 몇 구절의 글자 자체를 이해하는

데에서 그치고 만다. 그렇기 때문에 빗나간 추측을 하게 되고 따라서 행동 자체도 도가 뜻하는 바에 미치지 못한다. 그래서 공자는 도를 말해 줄 수 있는 사람을 등급을 지어 구분했던 것이다.

20

20// 樊遲問知한데 子曰, 務民之義요 敬鬼神而遠之면 可謂知矣니라 問仁한데 曰, 仁者先難而後獲이면 可謂仁矣니라

번지(樊遲) : 공자의 제자.

번지가 지(知)에 대해서 묻자 공자께서 말씀하시기를, "백성의 뜻하는 바에 힘쓰고, 귀신을 공경하되 멀리하면 되느니라."

인(仁)에 대하여 묻자 공자께서 말씀하시기를, "어진 사람은 어려움을 먼저 하고 얻는 것을 뒤에 하니 가히 어질다고 할 수 있느니라."

| 풀이 | 여기에서 귀신(鬼神)이라 함은 죽은 조상을 말하는 것으로 옛 제도나 고인의 학문을 뜻한다. 귀신을 공경하고 받들되 가까이에서 범하지 말아야 함은, 옛 문물제도와 고인의 학문을 이어받아야 하지만 그것을 외람되게 반박하거나 이의를 제기해서는 안 된다는 것을 뜻하고 있다.

옛 성현들의 뜻과 말은 일치하는 경우가 무척 많다. 이 구절만 하더라도 석가가 득도(得道)한 다음에 그 이치를 가르친 경문에서 같은 뜻을 담은 말을 볼 수 있다. "나는 생로병사(生老病死)를 깨치기 위해서 옛 성인들의 걸어간 길을 따라갔노라. 그렇게 해서 나는 마침내 모든 것을 깨

제6편 ___ 옹야 • 119

치게 되었다." 이 말의 목적은 공자의 그것과는 다르다고 하겠으나 그 속에 흐르고 있는 근본 뜻은 서로 같다고 하겠다. 다같이 옛 성현의 도를 이어받아서 새로운 것을 생각하게 되었다는 뜻이다.

번지가 다시 인에 대하여 묻자, 어려움을 먼저 겪고 난 다음에 무엇을 얻으려고 해야 인자라고 말했다. 여기서 어려움이라 함은 개척하는 노력에 뒤따르는 난관을 뜻한다. 모든 일을 함에 있어서는 난관이 있고, 그 뒤에 비로소 결과가 생긴다. 그렇기 때문에 난관이란 맡은 바 과정에서 오는 어려움을 뜻한다 하겠다. 그래서 먼저 어려움을 겪지 않고 무엇을 얻으려고 한다는 것은 노력하지 않고 결과만 좋기를 바라는 것이나 마찬가지라고 하겠다. 노력하지 않고 대가를 바라는 사람을 어진 사람이라고 할 수 있겠는가. 말로만 온갖 어진 일을 늘어놓는 사람은 절대 어질다고 할 수 없다. 그래서 공자는 어진 사람이란 먼저 어려움을 겪은 뒤에 얻음을 구하니 비로소 어질다고 할 수 있다고 말했던 것이다.

21

공자께서 말씀하시기를, "지혜로운 사람은 물을 좋아하고, 어진 사람은 산을 좋아한다. 지혜로운 사람은 동적이나 어진 사람은 정적이다. 그렇기 때문에 지혜로운 사람은 즐겁게 살고, 어진 사람은 오래 사느니라."

21// 子曰, 知者는 樂水하고 仁者는 樂山이니 知者는 動하고 仁者는 靜하며 知者는 樂하고 仁者는 壽니라

요(樂) : 여기에서는 좋아하다의 뜻으로 쓰임.

| 풀이 | 이 구절은 지혜로운 사람과 어진 사람의 성격과 성향을 서로 비교·대조한 것이다.

지혜로운 사람이 물을 좋아하고 어진 사람이 산을 좋아한다는 것은 성품에서 우러나오는 성향이다. 지혜로운 사람은 막힘을 싫어하기 때문에 막힘 없이 시원스럽게 흘러가는 물을 좋아하고, 어진 사람은 마음이 고요하기 때문에 아늑한 산을 좋아한다고 할 수 있겠다. 그러나 그것에 쓸데없는 이유를 붙여서 원인 아닌 원인을 만들 필요는 없다.

그리고 지혜로운 자는 동적이나 어진 사람은 정적이라고 한 것은 마음의 상태를 말한 것이다. 지혜로운 사람은 지혜로움을 찾기 위해 항상 마음을 움직인다. 그러므로 지혜로운 자가 즐겁게 산다는 것은 지혜로 인해서 즐거움을 찾을 수 있기 때문이란 것이다. 그리고 어진 사람은 마음이 맑고 고요해서 노하거나 안타까워함이 적고, 따라서 좋고 나쁨의 나타냄이 적어 마음의 번뇌가 없으므로 장수할 수 있다는 것이다.

22// 子曰, 齊一變이면 至於魯하고 魯一變이면 至於道이니라

22

공자께서 말씀하시기를, "제(齊)나라가 한 번 변하면 노(魯)나라에 이를 것이요, 노나라가 한 번 변하면 도에 이를 것이니라."

|풀이| 강태공(姜太公)이 제나라를 다스릴 때는 바른 정치를 하기 위해 여러모로 방법을 강구하고 지혜로운 인물을 존중하였기 때문에, 자연 제나라의 백성들은 각종 경술(經術)을 좋아하고 공명(功名)을 생각하게 되었다. 따라서 과장과 허위도 생겨났다. 그래서 환공(桓公) 때는 관중(管中)을 등용하여 패도정치(覇道政治)를 실시하기에 이르렀다. 이때부터 차츰 실리도 함께 추구하는 풍토가 싹트게 되었던 것이다. 무왕(武王)이 주공 희단(姬旦)을 곡부(曲阜)에 봉하였을 때, 희단이 가지 않고 그의 아들 희금(姬禽)이 봉지(封地)에 간 것이 바로 노나라이다. 그리고 노나라는 주(周)나라의 제도를 잘 보존하면서, 제나라 정치의 병폐가 되고 있는 공명을 좇는 허위와 실리에 치우침을 버리고, 예의와 신의를 중히 여기는 정치를 했다.

그래서 공자는 제나라가 한 번 변하면 노나라가 된다고 했던 것이다. 그리고 지금의 노나라가 다소 국력이 쇠약한 점도 없지는 않으나, 옛 주나라의 문화와 제도를 잘 보존하고 또 예의를 중히 여기는 미풍을 지니고 있기 때문에 고대 성왕의 정치를 재현시킬 수 있다고 본 것이다.

23

공자께서 말씀하시기를, "모난 그릇에 모서리가 없으니 모난 그릇이라 할 수 있겠는가, 모난 그릇이라 할 수 있겠는가!"

23// 子曰, 觚不觚면 觚哉觚哉아

고(觚) : 제사에 쓰이는 모가 난 술잔.

| 풀이 | 모난 그릇에 모서리가 없다 하는 것은 이름과 실제가 다름을 뜻한다. 그리고 모난 그릇에 모서리가 없는데 어찌 모난 그릇이라 할 수 있느냐 하는 말은, 이름과 실제가 다른데 어찌 실물이라 말할 수 있겠느냐는 뜻이다. 곧 임금이 임금의 도리를 못하거나 신하가 신하의 도리를 못하면서 어찌 임금이나 신하라고 말할 수 있겠느냐는 뜻이다.

요즈음의 세상에는 그런 예가 허다하다. 실제로는 아무 것도 아닌데 공연히 헛이름만 드러내려고 하는 사람, 구실은 제대로 하지도 못하면서 자기를 알아주기만 바라는 사람이 너무나 많다.

또한 의무는 다하지 않으면서 권리만 주장하는 사람도 많다. 이들이 바로 모난 그릇이면서 모서리가 없는 그릇이 아니겠는가.

24

24// 宰我問曰, 仁者는 雖告之曰, 井有仁焉이라도 其從之也로소이까 子曰, 何爲其然也리오 君子는 可逝也언정 不可陷也이며 可欺也이언정 不可罔也이니라

재아(宰我)가 묻기를, "어진 사람은 비록 사람이 우물에 빠졌다는 거짓 고함을 듣고도 그 말을 따라야 하나이까?"

공자께서 말씀하시기를, "어찌 그러하겠느냐. 군자는 가게 할 수는 있지만 빠지게는 할 수 없으며, 이치에 맞는 말로 속일 수 있을지언정 이치에 맞지 않는 말로 속일 수는 없느니라."

| 풀이 | 재아는 때로 엉뚱한 질문으로 공자를 당황하게 하는 경우가 있었다. 바로 여기에 나온 질문도 그런 예라 할 수 있다.

"어진 사람이 거짓 고함을 듣더라도 그대로 따라 행해야만 하겠습니까? 만일 어떤 사람이 우물에 빠져 있는 아주 급박한 경우라면……."라고 재아가 질문했다. 이에 공자는 군자의 행동을 예로 들어 대답했다. "군자를 속일 수 있는 범위는 이치에 맞는 한도까지이다. 만약 그 정도를 넘어서서 허무맹랑하다면 더 이상 군자를 속일 수 없는 것이다."

재아가 질문한 어진 사람은 사리를 분별할 줄 모르는 어리석은 사람이요, 공자의 대답에서의 군자란 사리를 분별할 줄 아는 지자(知者)이다. 그러므로 여기에서 그의 질문이 그릇됐음을 알 수 있다. 그는 그런 어리석은 사람을 예로 들어 공자에게 인간의 도를 물었다. 거기에 대해 공자는 인간의 도를 지켜나가는 군자를 예로 들어 대답하였던 것이다. 이렇게 되니 아무리 말솜씨가 있는 재아라도 다른 말을 못하고 고개를 푹 숙이고 말았을 것이다.

재아(宰我) : 공자의 제자. 능란한 말재간과 괴팍한 습관으로 가끔 공자에게 엉뚱한 질문을 하기도 함.
인(仁) : 여기에서는 어질다는 뜻이 아닌 사람을 뜻함.

25

공자께서 말씀하시기를, "군자는 널리 학문을 배우고 예(禮)로써 단속하면 역시 도에서 어긋나지 않느니라."

25// 子曰, 君子博學於文이요 約之以禮면 亦可以弗畔矣夫인저

문(文) : 여기에서는 육예(六藝)의 시서(詩書)를 말함.
약(約) : 단속하다.
반(畔) : 배반되다, 어긋나다의 의미로 쓰임.

| 풀이 | 군자가 널리 학문을 배워서 예로써 단속한다 함은, 배운 글을 실천함에 있어 예에 알맞도록 가다듬어서 행해야 한다는 것이다. 그러기 위해서는 우선 사물의 도리를 알아야 한다. 그래서 공자는 먼저 육예(六藝) 중의 문(文)을 널리 익히라고 하지 않았던가. 그렇게 하여 그 배운 것을 생활에 적용함이 예를 떠나지 않는다면 어찌 도에서 어긋날 수 있겠는가. 알기 위해서는 우선 배워야 하고, 그 배운 것을 예로써 실천에 옮겨야 한다고 말한 것이다.

26

26// 子見南子하신대 子路不說이어늘 夫子矢之曰, 子所否者인데 天厭之天厭之리라

공자께서 남자(南子)를 만나 보시니, 자로가 기뻐하지 않으매 공자께서 맹세하여 말씀하시기를, "내가 부정한 짓을 했다면 하늘의 벌을 받으리라, 하늘의 벌을 받으리라."

남자(南子) : 위(衛)나라 영공(靈公)의 부인으로, 품행이 좋지 못했다 함.
부(否) : 예(禮)에 어긋나는 옳지 못한 행동을 말함.
염(厭) : 죄를 하늘에서 얻음을 뜻함.

| 풀이 | 남자는 위나라 영공의 부인으로 음란한 사람이었다. 공자가 위나라를 방문했을 때, 남자가 면회를 청해 왔으므로 부득이하게 만나지 않을 수 없었다. 면회를 마치고 나오자, 제자인 자로는 공자가 음란한 사람을 만난 데 대해 몹시 불쾌하게 여겼다. 그래서 공자는 절대 예에 어긋나는 짓은 하지 않았노라고 하며, 만약 부정한 일이 있었다면 하늘의 벌을 받겠노라고 거듭 맹세했던 것이다.

옛날이나 지금이나 오해가 있기는 마찬가지인 모양이다. 그래서 공자와 같은 사람도 음란한 여자를 만남으로

해서 제자인 자로에게까지 의심을 받았던 것이 아닌가. 상대가 행실이 부정한 여자였으니 아무리 성현 군자라 할지라도 오해를 받지 않을 수 없었으리라.

그러나 오해란 그 사정을 분명하고 명확하게 밝히지 않는 한 풀리지 않는 것이다. 더군다나 공자 자신의 명성과 또 제자인 자로가 오해했기 때문에 더욱 사정을 밝혀야 했다. 그렇기 때문에 공자는 하늘에 대고 자신의 결백을 강조했던 것이다.

27

공자께서 말씀하시기를, "중용(中庸)의 덕(德)을 행함이 덕의 극치이다. 그런데도 이를 행하는 백성이 적어진 지 오래이니라."

27// 子曰, 中庸之爲德也其至矣乎인데 民鮮久矣니라

| 풀이 | 모든 일을 하는 데 있어서 모자람이나 남음이 없는 것을 바로 중용(中庸)이라고 한다. 그러므로 중용의 도는 항상 변함이 없고, 또 어느 한쪽으로 치우치거나 기울어짐이 없다. 다만 바르고 곧게 실천이 되면 언제나 순리를 따를 뿐이다. 그래서 공자는 이 중용의 덕을 행함이 덕을 행함에 있어서의 가장 으뜸이며 선의 극치라고 했다.

그러나 중용의 도란 말로 하기는 쉬워도 실천하기는 매우 어렵다. 조금만 잘못해서 어느 한 쪽으로 치우치거나, 또는 과함과 부족함이 있다면 이미 중용의 도가 아니다.

중용(中庸) : 중은 더함이나 모자람이 없음을 뜻하고, 용은 공평하고 떳떳함을 뜻하는 말임.
민선(民鮮) : 사람들에게서 중용의 덕을 찾아보기 어려움을 뜻함.

그렇기 때문에 중용의 도를 실천함에 있어서는 밝은 지혜가 있어야 되고 또 자신의 마음을 맑게 하는 수양이 따라야 한다. 이런 어려움 때문인지 세상에는 중용의 도를 제대로 실천하고 있는 사람이 드물다. 그래서 공자가 한탄을 했던 것이다.

이 중용이라는 말은 공자 이후 유가사상(儒家思想)을 대표하는 개념이 되었다 해도 과언이 아니다. 공자의 손자인 자사(子思)가 쓴 〈중용〉이라는 책이 전해지고 있고, 송조(宋朝) 이후에는 사서(四書)의 하나로 꼽히게 되었다. 그리고 중용의 도란 말은 공자 이전에 나온 〈주역(周易)〉에서도 여러 차례 언급된 바가 있다. 중정(中正)의 도, 즉 어느 한 곳으로도 치우치지 않는 바름을 〈주역〉에서는 바로 중용이라고 말하고 있다. 두 책의 표현이 약간 달랐을 뿐이지 그 근본 이치는 조금도 다름이 없다.

28

28// 子貢曰, 如有博施於民而能濟衆한댄 何如하리잇고 可謂仁乎리잇가 子曰, 何事於仁이리오 必也聖乎인저 堯舜도 其猶病諸시니라 夫仁者는 己欲立而立人하며 己欲達而達人이니라 能近取譬면 可謂仁之方也已니라

자공이 말하기를, "백성들에게 널리 베풀어 능히 여러 사람을 구제하는 사람이 있다면 어떻다고 보십니까? 어질다고 말할 수 있겠나이까?"

공자께서 말씀하시기를, "어찌 어질다고만 하겠는가? 반드시 성인이니라. 요순 같은 사람도 그렇게 하기에는 부족함을 느끼셨을 것이니라. 어진 사람은 자기가 서고 싶으면 남을 세워 주고, 자기가 이르고자 하는 마음이 생

기면 다른 사람을 이르게 해주느니라. 가까운 것을 취해 남에게 비유한다면 그것이 바로 인(仁)의 올바른 방향이라 이를 수 있느니라."

제(濟) : 구제하다의 뜻.
유(猶) : 꾀하다.

| 풀이 | 자공이 공자에게 널리 덕을 베풀어 중인(衆人)들을 구제할 수 있는 사람이면 어질다고 볼 수 있느냐고 물었다. 공자는 그런 사람이라면 어질다고 할 뿐만 아니라 성인이라고도 할 수 있다고 대답하였다. 그리고 나서 옛날 요순 같은 어진 임금도 그렇게 하기에는 자신이 부족하다는 것을 느꼈을 것이라고 했고, 또 어진 사람은 자신을 생각하는 것처럼 남을 생각한다고 말했다. 그러고도 부족한 자기에게서 가까운 것을 예로 들어 남에게 비유해 보며 일을 실천한다면 어짊을 실천하는 데 있어 실수가 없을 것이라고 덧붙여 설명했다.

　어렵게만 생각하고 멀게만 느낀다면 아무 일도 실천할 수 없는 것이다. 그래서 공자는 자공에게 뜻은 있으나 미처 행하지 못하고 있음을 일깨워 준 것이다.

제7편
술이(述而)

1// 子曰, 述而不作하며 信而好古를 竊比於我老彭하노라

술(述) : 옛것을 서술한다는 뜻이다.
노팽(老彭) : 상(商)나라의 어진 대부로 고사(古事)를 즐겨 전술한 사람.

/

공자께서 말씀하시기를, "옛것을 술(述)하되 새것을 만들어 내지는 않으며, 옛것을 믿고 좋아함을 나는 그윽히 노팽(老彭)에게 비기어 보노라."

| 풀이 | 이 말은 공자 자신은 옛 성현의 말씀과 선왕의 도를 즐겨 따르고 있다고 말한 것이다. 앞장에서, 옛것을 배워 익히고 생각하면 다른 사람의 스승이 될 수 있다고 한 말이 있다. 그와 마찬가지로 공자의 언행과 도의 원리는 옛것을 배우고 깊이 생각한 데서 나온 것이며, 새로 창작한 것이 아님을 뜻하고 있다. 즉, 옛것에 부족한 것을 보충했고 필요한 것을 생각해 냈다는 것이다. 그래서 공자는 자기가 새로이 만들어 낸 것이 아니라고 말했는지도 모른다. 그리고 공자는 옛것을 믿고 좋아하는 자신의 마음을 노팽(老彭)과 비교해 본다고 했다. 이 말은 그의 겸손을 나타낸 말이라고도 볼 수 있지만, 자신을 옛 성인들에게 비교해 보면서 부족한 점을 찾고, 또 그 부족한 점을 없애도록 노력하고 있음을 엿볼 수 있다.

2

공자께서 말씀하시기를, "묵묵히 기억하며 배움에 있어 싫어하지 않고, 다른 사람을 가르침에 게을리하지 아니하니, 그밖에 또 무엇이 나에게 있단 말이오!"

|풀이| 옛것을 묵묵히 기억하며 남에게 배우는 것을 싫어하지 않고, 다른 사람에게 가르쳐 줌에 있어 게을리하지 않는다는 것은 공자가 학문을 하는 태도를 말한 것이다. 공자는 이 세 가지를 빼놓고 자기가 할 수 있는 일이 무엇이겠는가 하고 겸허(謙虛)하게 말했다.

그러나 이 마지막 부분의 '하유어아재(何有於我哉)'를 나에게 무슨 어려움이 있겠느냐는 뜻으로 새길 수도 있다. 그렇게 본다면, '배운 것을 묵묵히 기억하고, 배움에 있어 싫어하지 않고, 남을 가르침에 있어 게을리하지 않는다는 것이 어찌 나에게 어렵단 말인가?'라고도 풀이된다.

자신에 대한 자부심과 굳센 의지를 나타낸 것이라고 할 수 있다. 즉, 성인의 도를 생각하는 것과 배우는 것, 그리고 남에게 가르치는 것에 있어 어떠한 시련과 난관이 닥쳐온다 할지라도 불굴의 투지로 그것을 마땅히 감수해 나가겠다는 각오를 드러내고 있다고도 볼 수 있다.

3

공자께서 말씀하시기를, "덕(德)이 닦아지지 않는 것과,

2// 子曰, 默而識之하며 學而不厭하며 誨人不倦이 何有於我哉리오

묵(默): 잠잠함.
지(識): 여기에서는 기록하다의 뜻으로 '지'라 읽으며 기억하다의 의미로 쓰였음.

3// 子曰, 德之不修와

學之不講과 聞義不能徙하며 不善不能改는 是吾憂也이니라

학문이 익혀지지 않는 것과, 의를 들어도 능히 옮기지 못하는 것과, 선하지 않음을 능히 고치지 못하는 것이 바로 나의 근심이니라."

| 풀이 | 여기서 덕이라 함은 인(仁), 의(義), 예(禮), 지(智)를 통틀어서 말한다. 그리고 강(講)이라 하는 것은 그 배운 바를 다시 복습한다는 뜻이다.

공자는 인과 의, 그리고 예와 지는 군자로서 반드시 닦고 길러야 한다고 늘 말해 왔었다. 그런데 자신이 아무리 노력을 하여도 그것이 잘 안 된다고 했다. 뿐만 아니라 남에게 의로움을 들어도 곧 실천에 옮길 수 없을 뿐더러, 자신의 잘못을 고치는 것마저 쉽지 않다고 했던 것이다.

공자는 성현이요 군자이기 때문에, 다른 모든 사람들보다 학식과 인격을 높이기 위해서 노력했으리라고 추측할 수 있다.

그러나 그는 남달리 뛰어난 철학자도 아니요, 사상가도 아니며, 탐구자도 아니었다. 다만 아주 평범한 한 인간으로 인생을 착실하게, 그리고 무리나 모순 없이 살아가려고 노력한 고결한 인격자에 지나지 않는다. 이는 〈논어〉 안에서도 자신이 스스로 인정하고 있는 사실이다.

4

4// 子之燕居에 申申如

공자께서 한가하게 계실 때는 마음을 턱 놓으신 것 같았고, 기색이 즐거우신 것처럼 화(和)하셨다.

| 풀이 | 이 글은 공자의 제자들이 공자의 평소 모습을 말한 것이다. 공자는 항상 근심 걱정이 없이 마음을 턱 놓고 온화한 기색을 하고 있었다. 그러면 흔히들 그는 걱정이 없고 복잡한 일이 없기 때문에 그토록 여유만만한 태도를 지녔으리라고 빗나간 추측을 해 볼 것이나 실은 그렇지도 않으리라. 예나 지금이나 근심 걱정이 없는 사람은 없다. 개개인이 처하여 있는 환경과 위치, 그리고 마음에서 일어나는 여러 가지 갈등으로 인하여 수많은 걱정과 근심이 생기는 것이다.

그렇다면 공자가 그토록 태연하고 여유있게 생활을 한 이유는 어디에 있었는가? 그것은 단지 그의 마음에서 우러나오는 고매한 인격과 지극히 평범하게 살아가려고 노력한 그의 정신에 있었다. 하루하루를 게을리하지 않고, 터무니없는 욕심을 내세워 무리하게 일을 서두르지 않고, 또 자신이 처하고 있는 모든 상황을 마땅하게 여기고 만족했기 때문이라고 말할 수밖에 없는 것이다.

5

공자께서 말씀하시기를, "심하다, 나의 노쇠함이여! 오래구나, 내 다시 주공(周公)을 꿈에서 뵙지 못한 것이!"

也하시며 夭夭如也시니라

연(燕) : 편안하다[安]는 뜻이나, 여기에서는 한가로운 상태를 나타냄.
신(申) : 펴다의 뜻으로 마음을 턱 놓고 있는, 근심 걱정이 없는 상태를 말함.
요(夭) : 화(和)하다. 낯빛이 온화한 상태.

5// 子曰, 甚矣라 吾衰也여 久矣라 吾不復夢見周公이로다

주공(周公) : 이름은 단(旦), 주(周)나라 문왕(文王).

┃풀이┃ 공자가 자신의 늙음을 한탄한 글이다. 주공은 공자가 늘 사모하고 존경하던 인물이다. 공자는 젊었을 때는 꿈에 주공을 자주 볼 수 있었으나 늙어 쇠약해짐에 따라 그렇지 못하자 한탄한 것이다. 즉, 몸이 늙어감과 함께 젊었을 때의 구도심(求道心)에 불타던 마음도 점점 기력을 잃어 간다는 뜻이다.

6

6// 子曰, 志於道하며 據於德하며 依於仁하며 游於藝니라

공자께서 말씀하시기를, "도(道)에 뜻을 두고 덕에 의거하며, 어진 것에 의지하고 예(藝)에 노닐지라."

거(據) : 굳게 잡아서 지킴을 말함.
의(依) : 붙어서 떠나지 않음을 뜻함.

┃풀이┃ 학문을 하는 데 있어서 제일 먼저 도에 뜻을 두어야 하고, 그 다음 덕에 의거해서 어진 마음을 지켜 나가고, 또 여유가 있으면 육예(六藝)로써 놀아야 한다고 말한 것이다.

 이 문장도 학문을 하는 태도를 말한 것이라고 보아야 옳겠다. 그가 뜻하는 학문이라 함은 단순히 지(知)에서 그치는 것이 아니라, 그 지에서 얻은 것을 실생활에 옮기는 것에 그 뜻을 두고 있다. 그렇기 때문에 학문하는 태도는 곧 삶의 태도라고 할 수 있다.

7

공자께서 말씀하시기를, "스스로 속수(束脩) 이상의 예를 행한 사람이면 나는 아직까지 가르치지 않은 적이 없느니라."

7// 子曰, 自行束脩以上은 吾未嘗無誨焉이니라

| 풀이 | 옛날 중국에서는 남의 제자가 되기를 청할 때는 반드시 예물을 지참하는 것이 일반적이었다. 당시의 예물은 한 나라의 군주는 보석, 대부 정도의 신분이면 양, 선비의 신분이면 꿩, 보통 서민은 거위, 그리고 상공(商工)에 종사하는 사람이면 닭 등으로 되어 있었다. 그러니 포육 몇 속(束)이라면 그리 큰 예물은 아니었다.

학문에 뜻이 있는 사람이 최소한의 예의만 차린다면 공자는 어느 누구도 제자로 받아들이지 않은 적이 없다고 한 말이다. 결국 학문을 하고자 하는 사람이라면 누구라도 제자로 받아들이겠다는 말이리라.

이것으로 볼 때 그가 사람을 보는 것과 제자를 받아들이는 것에 있어서 얼마나 소탈하고 사욕이 없었는지를 알 수 있다. 그리고 자신의 부귀를 생각하지 않고, 오직 도(道)를 널리 가르치고자 했다는 것도 알 수 있다.

속수(束脩) : 수는 말린 고기를 뜻하고, 속은 말린 고기 열 개를 두름으로 엮은 것을 말함.

8

공자께서 말씀하시기를, "(몰라서) 분해하지 않으면 일으켜 주지 않고, (표현하려고) 애쓰지 않으면 일깨워 주지

8// 子曰, 不憤이어든 不啓하며 不悱어든 不發하며 擧一隅에 不以

三隅反이어든 則不復
也이니라

분(憤) : 도를 알지 못하여
분해함을 말함.
비(悱) : 알면서도 표현하지
못함을 뜻함.
발(發) : 일깨워 줌.

않으며, 한 귀퉁이를 일러도 나머지 세 귀퉁이를 알지 못하는 자에게는 다시 가르쳐 주지 않는 것이니라."

| 풀이 | 이 말은 바로 배우고자 하는 사람의 마음 자세와 열의, 그리고 탐구심의 정도를 나타낸 말이다. 그리고 한 귀퉁이를 일러 주어도 나머지 세 귀퉁이를 더듬어 알지 못하는 사람이라 함은 그 배우는 사람의 자질을 말한 것이다.

공자는 제자가 되겠다고 하는 사람이면 누구나 가리지 않고 다 받아들이겠다고 했다. 그러나 누구에게나 같은 정도의 도를 말하여 준다고는 하지 않았다. "배우려고 하는 열의가 없으면 가르쳐 주지 않고, 알고 있는 것을 사용하려 하지 않으면 일깨워 주지 않는다. 그리고 도를 알아듣기에 충분한 자질이 없는 자에게는 반복하여 여러 번 일러 주지 않는다."

여기서 그의 말이 뜻하고 있는 것은, 물론 열의와 성의가 있어야 하겠지만, 그런 사람에게도 충분한 자질이 있어야만 도를 일러 줄 만하다는 것이다. 또 어떻게 생각하면 충분히 가르침을 받을 만한 소지가 없는 사람이라면 아무리 가르쳐 보아야 효과가 없으며, 연구하여 자기 스스로 깨우치려고 노력하는 자가 아니라면 애써 가르친다 할지라도 아무런 효과가 없음을 뜻한다. 그래서 공자는 도를 배울 수 있는 정도에 따라 중인(中人) 이상이니, 중인 이하이니 하고 차이를 두었다고 볼 수 있다.

9

공자께서는 상사(喪事)가 있는 사람 곁에서 식사를 하시면서는 배불리 드신 적이 없었다. 그리고 공자께서는 곡을 하신 날에는 종일토록 노래를 부르지 아니하셨다.

|풀이| 이 문장은 평소 공자의 생활의 일부를 적은 글이라 하겠다. 그것도 상사(喪事)와 관계되는 아주 극단적인 예이다. 그러나 이런 예에서 우리는 공자의 마음을 엿볼 수 있다. 공자는 상을 당한 사람 곁에서는 음식을 배불리 먹지 않았다고 했다. 이것은 그가 진심으로 죽은 자를 슬피 여기고 산 사람에 대해서 예(禮)를 지켰기 때문이라고 봐야 하겠다. 그리고 그는 곡을 한 날에는 노래를 하지 않았다고 했다. 자신이 상을 당하여 곡을 하든 남의 집에 상사가 있어 문상을 가서 곡을 하든, 모두 슬픈 일이기는 마찬가지다. 그런 날에 노래를 하지 않는다는 것은 군자로서 당연한 일이다. 그러나 그렇게 하는 것은 진실로 죽은 자를 애도하는 마음이 없다면 실행하기 힘든 일이다.

9// 子食於有喪者之側에 未嘗飽也이시다 子於是日에 哭則不歌이시다

포(飽) : 배불리 먹다.
곡(哭) : 상사(喪事)가 있어서 우는 것.

10

공자께서 안연(顔淵)에게 말씀하시기를, "등용되면 나아가 행동하고 버려지면 물러나서 들어앉는다고 한 말은, 오직 나와 너만이 할 수 있는 일이니라."
자로가 묻기를, "만약 선생님께서 삼군(三軍)을 통솔하

10// 子謂顔淵曰, 用之則行하고 舍之則藏을 唯我與爾有是夫인저 子路曰, 子行三軍이면 則誰與리잇고 子曰, 暴虎馮河하여 死而無悔

者를 吾不與也이니 必
也臨事而懼하며 好謀
而成者也니라

포호(暴虎) : 범을 맨손으로 때려잡는 사나운 기세.
빙하(馮河) : 맨발로 하수를 건넘.
성(成) : 꾀를 이룸을 뜻함.

신다면 누구와 더불어 하시겠나이까?"

공자께서 말씀하시기를, "맨손으로 호랑이에게 덤비고, 맨발로 강을 건너려 하다가 죽어도 후회하지 않는 그런 무모한 사람과는 같이하지 않을 것이니라. 반드시 어려운 일에 임하여는 두려워하며, 미리 계획을 세워서 성공하는 사람과 함께 할 것이니라."

| 풀이 | "나라에서 써 주면 나아가 도를 펴서 정치를 하고, 임금이 버리면 물러나서 조용히 기거할 사람은 오직 안연(顏淵)과 나뿐이다."

공자가 안연을 칭찬하여 한 말이다. 그러자 "선생님께서 삼군을 다스리는 장군이 되신다면 누구와 함께 일을 하시겠습니까?" 하고 평소에 용맹을 자부하고 있던 자로가 물었다. 이에 공자는 "맨손으로 호랑이를 때려잡고 맨발로 걸어서 강을 건너는 자라 하더라도, 그런 무모한 사람과는 같이하지 않겠다. 반드시 일의 상황을 잘 파악해서 처리하고 또 무슨 일에 있어서든지 미리 계획을 세워서 도모하는 자와 함께 할 것이다."라고 하여 자로의 만용(蠻勇)을 경계했던 것이다.

무모한 용기는 자신을 비롯하여 남까지 파멸시키는 것으로 지자(智者)가 행할 바가 아니다. 때로는 용기가 필요할 때도 있지만, 그 용기의 바탕에는 의(義)가 있어야 할 뿐만 아니라 지(知)도 따라야만 빛을 내는 것이다.

11

공자께서 말씀하시기를, "부(富)를 구해서 옳은 일이라면 비록 채찍을 잡는 일이라 할지라도 나는 역시 하겠노라. 그러나 그것을 구함이 옳지 않다면 나는 내가 좋아하는 바에 따르겠노라."

| 풀이 | 부(富)를 구해서 옳은 일이라면, 즉 부를 구하는데 있어서 그 하는 일이 의롭고 옳은 일이라면 천한 일을 하더라도 서슴지 않고 하겠다고 했다. 그러나 그 부를 구하는 일이 의롭지 않고 부정한 일이라면 설사 억만금이 들어온다 하더라도 하지 않고, 자기가 좋아하는 의를 따르겠다고 한 것이다. 이로 본다면 공자는 부귀를 일방적으로 배척한 세외고인(世外高人)은 아니며, 옳고 바르게 세상을 살아가려고 했던 평범한 생활인임을 알 수 있다.

또 여기서는 직업에 대한 귀천을 가리지 않는 공자의 모습을 볼 수 있다. 그런데 유교(儒敎)의 사상을 정리한 공자 자신은 직업에 관한 귀천이나, 사람을 보는 데 있어 문벌 등을 가리거나 내세우지 않았는데, 우습게도 정작 공자의 사상을 이어받아 정치를 한 우리 나라의 조선 시대는 어떠하였던가?

이는 공자의 사상을 받아들이되 겉으로만 받아들이고, 그 핵심은 받아들이지 못한 단적인 예일 것이다.

11// 子曰, 富而可求也라면 雖執鞭之士라도 吾亦爲之어니와 如不可求인데 從吾所好하리라

집편(執鞭) : 말채찍을 잡는 사람으로 천한 사람을 가리킨다.

12

12// 子之所慎은 齊戰 疾이시다

공자께서 조심하시는 것은 재계(齊戒)와 전쟁과 질병이었다.

신(愼) : 조심하다, 삼가다.
재(齊) : 재계(齋戒)를 말하는 것으로, 제사를 지내기 전에 몸과 마음을 가라앉혀 신을 받드는 것을 말함.

| 풀이 | 공자와 같은 성현 군자는 일상생활에 있어서 모든 일을 삼갔을 것이다. 그리고 그 중에서도 특히 이 세 가지를 삼갔기 때문에 제자들이 기록해 놓았을 것이다. 전쟁 때는 행동을 삼가고, 질병을 조심한다는 것은 극히 상식적인 일일 것이며, 조상에게 제사를 지내기 전에 몸과 마음을 가다듬어 특별히 정신을 쏟았다는 것은 보통 사람과 다른 점이라 하겠다.

13

13// 子在齊聞韶하시고 三月을 不知肉味하사 曰, 不圖爲樂之至於斯 也호라

공자께서 제(齊)나라에 계실 때, 순(舜)임금의 풍악을 들으시고 3개월 간 음식의 맛을 모르셨는데 말씀하시기를, "풍류를 함에 있어서 내 미처 이에 이를 줄은 생각지 못하였느니라."

소(韶) : 순(舜)임금의 풍악을 말함.
부지육미(不知肉味) : 고기의 맛을 알지 못했다는 뜻이나, 여기서는 '음식의 맛을 몰랐다'는 뜻으로 통함.

| 풀이 | 제(齊)나라에 순(舜)임금의 소악(韶樂)이 전하여진 것은 순임금의 자손인 진경중(陳敬重)이란 자가 제나라로 옮기면서부터라고 한다. 공자가 제나라에 갔을 때 소악을 들었는데, 그뒤 공자는 3개월 간이나 음식의 맛을 몰랐다고 하니, 얼마나 심취했었는지를 알 수 있겠다. 이로 본다

면 공자의 예술에 대한 취미와 조예, 그리고 열성 등을 짐작할 수 있다.

14

염유가 말하기를, "선생님께서는 위(衛)나라의 임금을 도우시겠는가?"

자공(子貢)이 말하기를, "글쎄, 내가 여쭈어 보겠네."

공자의 처소에 들어가서 말하기를, "백이(伯夷)와 숙제(叔齊)는 어떤 사람입니까?"

말씀하시기를, "옛 현인이니라."

"그들은 원망하였습니까?"

말씀하시기를, "어진 것을 추구하여 어진 것을 얻었는데, 무엇을 원망하였겠느냐?"

자공이 밖으로 나와 말하기를, "선생님께서는 돕지 않을 것일세."

14// 冉有曰, 夫子爲衛君乎아 子貢이 曰, 諾다 吾將問之호리라 入曰, 伯夷叔齊는 何人也리잇가 曰, 古之賢人也이니라 曰, 怨乎리잇가 曰, 求仁而得仁이어니 又何怨이리오 出曰, 夫子不爲也시리라

위(爲) : 위하다, 도와 주다.
낙(諾) : 응하는 말.
백이숙제(伯夷叔齊) : 두 사람 다 고죽국(孤竹國)의 왕자였음.

|풀이| 여기서 위(衛)나라 임금은 출공첩(出公輒)을 말한다. 첩은 공자(公子) 괴외의 아들이다. 괴외는 영공(靈公)의 부인 남자가 매우 음란하기 때문에 죽이려 하였으나 뜻을 이루지 못하고 진(晋)나라로 쫓겨갔다. 그래서 영공은 공자 영(郢)을 태자로 세우려 하였으나, 영이 이를 거절하였다. 그후 영공이 죽자 괴외의 아들 첩(輒)이 위공(衛公)의 자리를 계승하였는데, 그가 바로 출공(出公)이다.

그러나 이때 진나라에서는 괴외를 위나라의 임금으로 세우려 하였다. 그러자 출공첩은 군사를 보내어 이를 막으려 했다. 결국 부자(父子)가 서로 싸우는 지경에 이른 것이다.

당시 염유는 위나라의 벼슬을 하고 있었으므로 그 부자의 싸움에 대하여 옳고 그름을 공자에게 묻고 싶었으나, 차마 묻지 못하고 자공을 통하여 물은 것이다. "아들로서 아비와 싸우고 있는 위나라 임금을 선생님께서는 도와 주는 게 좋다고 하실까?" 그러자 자공이 "글쎄, 내가 선생님께 여쭈어 보겠네." 하고 공자의 처소로 들어가서 "백이와 숙제는 어떠한 사람입니까?" 하고 물었다.

자공이 백이와 숙제에 관하여 물은 것은 그들 두 사람은 지금의 괴외와 출공첩 부자와 같이 싸움을 벌이지 않고, 서로 왕위를 양보하려고 하였던 사람이기 때문이다.

공자는 "그 두 사람은 옛 현인이시다."라고 했다. 자공은 이 대답에서 벌써 모든 뜻을 알아차렸을 것이다. 그러나 그 참뜻을 완전히 파악하기 위하여 재차 물었다. "그들 형제는 서로 왕위를 양보한 것에 대하여 남몰래 후회와 원망을 하였겠습니까?" "어진 것을 추구하여 어진 것을 얻은 사람들인데, 무슨 원망이 있었겠느냐?"

이렇듯 직설적이고 강경하게 나오는 공자의 대답에, 자공은 무어라 대답할 말이 없었다. 그래서 그는 밖으로 나와 "선생님께서는 절대로 위나라의 임금을 돕는 것에 찬성을 안하실 것이네." 하고 말하였던 것이다.

15

공자께서 말씀하시기를, "거친 밥을 먹고 물을 마시고 팔베개를 하고 살더라도 즐거움이 또한 그 가운데 있는 것이니, 의롭지 않은 부귀는 나에게 있어 뜬구름과 같으니라."

15// 子曰, 飯疏食에 飮水하고 曲肱而枕之라도 樂亦在其中矣니 不義而富且貴는 於我에 如浮雲이니라

| 풀이 | 이 글은 안빈낙도(安貧樂道)의 사상이 그대로 담긴 것이라 하겠다. 가난하게 살아가더라도 마음을 편안히 하고 제 분수를 지켜 나감을 말하고 있다.

누구나 가난함과 천함을 싫어하고 부유함과 귀함을 바란다. 더군다나 곤궁함에서 비롯된 가난은 참기가 어려운 것이다.

그렇다고 부정한 방법으로 부를 취할 수는 없는 것이다. 설령 그렇게 해서 부를 취한다 한들 거기에 무슨 뜻이 있겠는가? 그러나 대부분의 사람들은 이를 쉽게 생각한다. 충분히 알 수 있는 것도 일시적인 욕심이나 충동 때문에 잊어버리고 마는 것이다. 이런 행위는 확실히 의(義)가 아니다. 그래서 공자는 의가 아닌 것을 좇아서 부귀를 누린다면, 그런 것들은 모두 자신에게 있어 뜬구름과 같다고 했다.

소(疏) : 거칠다.
반소식(飯疏食) : 거친 음식을 먹다.

16

공자께서 말씀하시기를, "하늘이 나에게 몇 년의 기간

16// 子曰, 加我數年하

여 五十以學易이면 可以無大過矣리라

역(易) : 〈주역(周易)〉. 음양(陰陽)의 원리와 자연의 법칙, 그리고 나아가서는 인간사의 길흉까지 그 이치를 밝혀서 쓴 책.

을 더 주어서 〈역경(易經)〉을 배우게 한다면 세상일에 큰 허물이 없어질 것이련만!"

| 풀이 | 공자가 〈주역(周易)〉에 대하여 한 말이다. "하늘이 나에게 몇 년을 더 살게 하여 역경을 완전히 마치게 한다면 세상의 큰 재난을 면할 수 있는 방법을 생각해 낼지도 모르련만!" 이 글로 보아 공자가 〈주역〉에 상당히 큰 관심을 가지고 공부를 했다는 것을 알 수 있다. 〈주역〉을 통해 천지·자연의 이치를 학문적으로 밝히고자 했으리라. 그러나 이때까지 천지·자연의 진리가 너무 깊어 그 참뜻을 완전히 이해하지 못하고 한탄한 것 같다.

'오십이학역(五十以學易)'을 글자대로 풀이하면 50세에 〈역경〉을 공부한다는 뜻이나, 주자(朱子)는 오십(五十)을 卒, 즉 '졸(卒)'의 약자로 풀이하여 '주역 공부를 마치면'으로 보았다.

17

17// 子所雅言은 詩書執禮니 皆雅言也시니라

아(雅) : 원래는 맑다의 뜻이나, 여기서는 항상의 뜻으로 쓰임.

공자께서 늘 하신 말씀은 〈시경(詩經)〉, 〈서경(書經)〉, 그리고 예(禮)를 지키는 것 등이었다.

| 풀이 | 시(詩)는 〈시경〉을 말하는데, 인간의 성질과 심정을 밝힌 글이 많이 들어 있다. 그리고 서(書)는 〈서경〉을 말한 것으로 공자 이전의 정치를 하는 사람들의 이야기를

모아서 공자가 편찬한 책이다. 예(禮)는 주왕조(周王朝)의 창업 당시 주공(周公)이 규정한 사회생활을 위한 의식(儀式)과 가정생활에 필요한 예식(禮式)을 말한다.

18

섭공(葉公)이 자로에게 공자에 대해 물었으나, 자로가 대답하지 않자 공자께서 말씀하시기를, "너는 어찌 그의 위인됨에 분발하여 식음을 전폐하며, 즐거워하여 근심을 잊어서 늙음이 닥쳐오는 것도 알지 못한다 하고 말하지 않았느냐?"

18// 葉公이 問孔子於子路어늘 子路不對한데 子曰, 女奚不曰, 其爲人也이 發憤忘食하여 樂以忘憂하여 不知老之將至云爾오

ㅣ풀이ㅣ 섭공이 자로에게 공자의 인물됨을 물었으나 자로는 대답해 주지 않았다. 그와 같이 자기의 분수를 모르는 사람에게는 말할 필요가 없다고 느꼈음인가. 아니라면 자로로서는 공자의 덕망과 군자다운 모습, 그리고 인자함을 표현하기가 어려웠기 때문일까?

그런 일이 있은 후에 공자께서는 그 말을 듣고, "너는 왜 나의 사람됨은 워낙 학문을 좋아하기 때문에 한번 분발하여 고심하게 되면 며칠씩 밥먹는 것도 잊고, 또 그것을 알아낸 후에는 기뻐한 나머지 가난하고 천한 것에서 오는 여러 근심과 걱정은 물론 심지어 자신이 늙어 가는 것조차도 잊어버린다고 말하지 않았느냐?" 하고 말하였던 것이다. 여기서 공자가 한 말의 뜻은 섭공같이 부귀에

섭공(葉公) : 심제량(沈諸梁), 자는 자고(子高). 초(楚)나라의 대부로 공(公)은 그가 분수에 넘치는 이름을 스스로 칭한 것이다.

골몰하지 않더라도 자신은 학문과 도에 뜻을 두어 즐거움을 누릴 수 있다고 한 것이다.

19

19// 子曰, 我非生而知之者라 好古하여 敏以求之者也이니라

공자께서 말씀하시기를, "나는 나면서부터 아는 사람이 아니라, 옛것을 좋아하여 재빨리 구하는 사람이니라."

│풀이│공자가 자신을 말하기를, "나는 나면서부터 배워 가지고 세상에 나온 사람이 아니다. 세상에 나와서 옛 사람의 학문을 조금도 게을리하지 않고 빨리 배운 사람이다."라고 하였다. 사람의 머리, 즉 지능에는 약간의 차이는 있는 법이다. 머리가 아주 좋은 사람을 천재, 그리고 그 다음을 수재라고 흔히들 말하고 있다. 그러나 천재와 수재, 그리고 천재와 보통 사람과의 차이는 별것이 아니다. 다만 학문이나 그 외의 일을 하는 데 있어서 게을리하지 않고 꾸준히 노력하는 것이 바로 승리의 길인 것이다.

20

20// 子不語怪力亂神이러시다

공자께서는 괴이한 일, 힘쓰는 일, 난동부리는 일, 그리고 귀신에 관한 일에 대해서는 말씀하지 않으셨다.

│풀이│괴이한 일은 정상에 위반되고, 정상에 위반되는

일은 따라서 도에도 어긋나는 것이다. 힘을 쓰는 일이라 함은 야만적인 행동이며, 지자(智者)나 인자(仁者)가 취할 바가 아니다. 난동을 부려서 세상을 어지럽히는 일이 나쁘다는 것은 새삼 말할 필요가 없을 것이다. 그리고 귀신을 논한다는 것은 너무나 허무맹랑한 일이다. 이들 네 가지는 모두 정상·인도(人道)·인륜, 그리고 상식에 어긋나는 일이기 때문에 공자는 말하지 않았던 것이다.

괴(怪) : 괴이함, 비정상적인 것을 가리킴.

21

공자께서 말씀하시기를, "세 사람이 길을 가면 반드시 나의 스승이 있느니라. 그 착한 사람을 가려서 따를 것이고, 그 착하지 않은 사람은 고칠지니라."

21// 子曰, 三人行에 必有我師焉이니 擇其善者而從之오 其不善者而改之니라

| 풀이 | 세 사람이 행한다 함은, 나까지 세 사람을 말한다. 그러므로 나를 제외하면 나머지 두 사람이 되는 것이다. 그 두 사람 중에는 하는 일이 나보다 나은 사람도 있을 것이고 나보다 못한 사람도 있을 것이다. 이와 마찬가지로 나보다 선한 사람도 있고 선하지 못한 사람도 있을 수 있다. 나보다 선한 사람에게서 배운다는 것은 상식적인 일이나, 나보다 선하지 못한 사람에게서 배운다는 것은 이상하게 여겨질 수도 있다. 그러나 공자는 그들이 반드시 나의 스승이 될 수 있고, 또 스승이라고 말했던 것이다. 나보다 착한 사람에게서는 그 착함을 가려서 따르고,

나보다 착하지 못한 사람은 고쳐야 한다고 했다. 그러나 여기서 고친다 함은 그 나쁜 사람의 마음이나 행동을 고치라는 것이 아니다. 물론 그렇게 할 수만 있다면 좋은 일이겠으나 남의 결점을 고치는 게 뜻대로 되는 일은 아니다. 그러니 다만 그 선하지 않음을 보고 자신에게도 그런 결점이 있나 비교해서 살펴보고 고치라는 말이다. 이것이 바로 남에게서 배우는 것이며, 스승을 둔 것이 된다.

　세상 사람들은 진실된 스승을 구하기가 참으로 어렵다고 한다. 그러나 반드시 그런 것도 아니다. 인생을 살아가는 데 있어서 무엇이든 소홀히 하지 않는다면 얼마든지 스승을 구할 수 있는 것이다.

22

22// 子曰, 天生德於予시니 桓魋其如予에 何리오

환퇴(桓魋) : 송(宋)나라 사마(司馬)의 벼슬에 있던 사람으로, 상퇴(尙魋)를 가리킨다.

　공자께서 말씀하시기를, "하늘이 나에게 덕을 내리셨는데 환퇴(桓魋)가 나를 어찌하리오."

| 풀이 | 공자가 말년에 송(宋)나라에 이르러 어떤 큰 나무 밑에서 제자들과 휴식을 취하는데, 송나라의 사마환퇴(司馬桓魋)가 병사를 시켜서 나무를 뽑아 공자를 압사(壓死)시키려고 했다. 그때 제자들은 빨리 그곳을 피하기를 권하였다. 그러자 공자가, "인명은 재천인데, 환퇴 따위가 나를 어찌하겠느냐."고 하였다는 이야기이다.

23

공자께서 말씀하시기를, "너희들은 내가 무엇을 숨기고 있다고 생각하느냐? 나는 숨김이 없노라. 나는 행함에 있어 너희들과 함께 하지 않은 것이 없으니, 그것이 바로 나이니라."

23// 子曰, 二三子는 以我爲隱乎아 吾無隱乎爾노라 吾無行而不與二三子者니 是丘也이니라

이삼자(二三子) : 여러분, 그대들. 여기서는 공자의 제자들을 가리키는 말로, 너희들이라고 풀이했음.
구(丘) : 공자의 이름.

| 풀이 | 이 구절은 앞에서 나온, '아비생이지지자(我非生而知之者)'란 말과 관련이 있다. 공자의 지(知)와 덕이 너무 넓기 때문에 제자들은 공자가 자기들에게 다 말해 주지 않는다고 여겼고, 또 그런 눈치를 보였던 모양이다. 그러기에 공자가 이런 말을 하지 않았겠는가?

그러나 그는 조금도 숨기는 것이 없었을 뿐만 아니라, 자신이 알고 있는 것이면 무엇이든지 제자들에게 가르쳐 주려고 했다. 그러나 제자들은 그렇게 생각지 않고, 공자는 날 때부터 세상의 모든 이치를 통달했고, 자기들에게 다 말해 주지 않는다고 추측했던 것이다. 만약 그것이 사실이었다면 공자는 무엇 때문에 서른에 모든 학문의 기반을 세웠고, 마흔에야 의문이 없어졌다고 말했겠는가.

24

공자께서 네 가지를 가르치시니, 문(文)과 행(行)과 충(忠)과 신(信)이니라.

24// 子以四敎하시니 文行忠信이니라

문(文) : 〈시경〉·〈서경〉, 그리고 육예(六藝)에 속하는 문(文).

| 풀이 | 공자가 〈시경〉·〈서경〉, 육예(六藝)의 문(文)·행위·충심, 그리고 믿음에 중점을 두어 제자들을 가르쳤다는 말이다. 다시 말해서 학문·실천·성심·신의를 가르쳤다는 것이다.

25

25// 子曰, 聖人을 吾不得而見之矣어든 得見君子者면 斯可矣니라 子曰, 善人을 吾不得而見之矣어든 得見有恒者면 斯可矣니라 亡而爲有하며 虛而爲盈하며 約而爲泰니 難乎有恒矣니라

공자께서 말씀하시기를, "성인을 나는 만나 보지 못하였거늘, 군자다운 자라도 만나 본다면 만족하리라."

공자께서 말씀하시기를, "선인(善人)을 나는 만나 보지 못하였노라. 한결같은 마음을 지닌 사람이라도 만나 본다면 만족하리라. 없으면서 있는 체하고, 공허하면서 충만한 체하고, 가난하면서 부유한 체하는 것이 세상 사람들의 성향이니 변함없는 마음을 지니기도 어려우니라."

| 풀이 | 성인이라 함은, 지혜와 덕이 뛰어나 모든 일에 남의 스승이 될 만한 사람을 뜻한다. 다시 말해서 학식이나 인격, 그리고 그 외의 모든 면에 있어서도 다른 사람의 모범이 될 만한 사람을 뜻하는 것이다. 그러나 성인이나 성현에 대해 말하기는 쉬워도 실제로 그 경지에 이르기는 힘들다. 따라서 이 세상에는 그런 사람이 없다고 해도 과언이 아닐 것이다. 그래서 공자는 군자다운 사람이라도 만나 본다면 만족하겠노라고 하였다. 그러나 그가 뜻하는 군자 역시 이 세상에는 매우 드물다. 우리가 생각하기에

군자라는 것은 단지 지위나 권세 등에 있어서 사람들의 윗자리에 있는 사람을 가리킨다고 여기기 쉽다. 그러나 공자가 말하는 군자란 어떤 사람을 막론하고 크고 넓은 덕이 갖추어져 있는 원만한 인격의 소유자를 말한다. 또 여기에서 말하는 덕이라 함은 어짐·의로움·예(禮)·지혜 등이 두루 갖추어진 것을 뜻한다. 그러니 군자가 이 세상에 흔하지 않을 것은 두말할 필요도 없다.

성인이나 군자와 마찬가지로 마음씨가 착한 사람도 드물다. 마음씨가 착한 사람은 고사하고 항상 변함이 없는 마음을 지니고 있는 사람도 찾아보기가 힘들다. 없으면서 있는 체하고, 공허하고도 충만한 체하고, 가난하면서도 부자인 체하는 것이 세상 사람들의 성향이다. 거짓·허위·위장 등이 판을 치고 있으니 변함없는 마음을 지니기조차도 어려운 세상이다. 그래서 공자는, "착한 사람은 고사하고 한결같은 마음씨를 찾아보는 것으로도 나는 만족하리라. 그런데 세상 사람들의 마음이 거짓과 허위, 그리고 자신을 위장하기에 치우치고 있으니 이런 세상의 틈바구니 속에서는 변함없는 마음을 지니기조차 힘들겠구나!" 하고 통탄했던 것이다.

26

공자께서는 낚시는 하셨으나 그물로 고기를 잡지는 않으셨으며, 주살로 자는 새를 쏘지 않으셨다.

26// 子는 釣而不網하시며 弋不射宿이시다

익(弋) : 주살.
숙(宿) : 여기서는 잠자는 새를 말함.

| 풀이 | 공자는 낚싯대를 써서 고기를 한 마리씩 낚아올리기는 했으나 그물을 쳐서 마구 잡지는 않았다고 했다. 그리고 또 자는 새를 주살로 쏘지는 않았다고 했다. 주살은 화살에 실을 매어 단 것으로 새를 잡는 데 사용하는 것이다. 즉, 이 말은 비겁하고 야비한 행동을 취하지 않았다는 것으로 통한다. 야비한 사람이나 비겁한 사람은 결코 취하지 못할 행동인 것이다. 이것만으로도 우리는 공자가 얼마나 정당한 생활을 하려 했던가를 알 수 있다.

27// 子曰, 蓋有不知而作之者아 我無是也로다 多聞하며 擇其善者而從之하며 多見而識之면 知之次也이니라

27

공자께서 말씀하시기를, "어찌 알지도 못하고 창작하는 사람이 있겠는가. 그런 것이 없노라. 많이 들어서 착한 것을 가려서 따르고, 많이 보아서 기억해 두는 것이 아는 것의 다음이니라."

합(蓋) : 어찌(何), 어찌 아니(何不).

| 풀이 | 완전히 알지 못하고는 무슨 일을 만들어 내지 못한다. 무엇을 창작하는 데 있어서 직관만으로는 되지 않는다. 반드시 옛날의 학문이나 그 원리의 바탕이 있어야 한다. 엄격히 따진다면 창작이란 있을 수 없는 것이다. 흔히 말하는 창작도 옛것, 즉 존재하고 있는 무엇을 필요에 따라 한층 낫고 편리하게 발전시키는 것에 지나지 않는다. 그래서 모방의 연장이라거나 모방의 승화라고밖에 말할 수 없는 것이다. 그렇기 때문에 창작을 하기 위해서는

우선 알아야 한다.

그리고 알기 위해서는 나보다 나은 것을 택하여 따라야 하고 또 많이 보고 들어야 하며, 그것들을 기억해 두어야 한다. 이것이 바로 안다는 것으로 현재 알고 있는 것의 다음가는 것이 된다.

28

호향(互鄕)에 사는 사람들과 함께 이야기하기가 어려운지라 한 동자가 공자를 만나 뵈러 오자, 제자들이 몹시 망설였다. 그러자 공자께서 말씀하시기를, "그가 나올 때는 같이하여 주고, 그가 물러갈 때는 같이하여 주지 않는 것이다. 어찌하여 그리도 심하게 구느냐? 사람이 그 몸을 깨끗하게 하여 나오면 그 깨끗함과 함께하는 것이니, 그 지나간 더러움을 보존하고 있는 것이 아니니라."

| 풀이 | 호향(互鄕)은 옛날에 풍기가 문란하기로 이름이 나 있었다고 한다. 그리고 그 지방의 사람들은 예와 도덕에 관해서는 아예 듣는 것조차 꺼려했으며, 또 그들에게 선을 말해 보았자 아무 소용이 없었다. 그런데 어느 날 그 호향 지방의 어린아이가 공자를 찾아와 만나뵙기를 청했다. 공자의 제자들은 그를 몹시 의심하여 공자가 만나는 것을 꺼려했다. 그래서 공자가, "호향의 풍속이 비록 나쁘기는 하지만, 동자(童子)가 마음을 깨끗이 하여 면회를 청

28// 互鄕은 難與言이러니 童子見커늘 門人이 惑한데 子曰, 與其進也요 不與其退也이니 唯何甚이리오 人이 潔己以進이어든 與其潔也요 不保其往也이니라

호향(互鄕) : 고을 이름. 지금의 강소성(江蘇省) 패현(沛縣)에 있음. 옛날에 풍기가 매우 문란했던 곳이라고 전함.

해 온 것이 아니냐? 오는 자는 함께하여 주고 가는 자는 함께하여 주지 않는 것이 인간의 도리이거늘, 너희들은 너무 심하게 굴지 말아라. 사람이 그 몸과 마음을 깨끗이 씻었다면, 이미 지나간 잘못은 존재하지 않느니라. 그러니 깨끗한 자와 함께 만나는 것이 아니고 무엇이냐?" 하고 말했던 것이다.

29

29// 子曰, 仁遠乎哉아 我欲仁이면 斯仁이 至矣니라

공자께서 말씀하시기를, "인자함은 멀리 있는 것이 아니다. 내가 인자하고자 하면 곧 인자함에 이르는 것이니라."

| 풀이 | 인자함이란 어렵게 생각하면 한없이 어렵고, 쉽게 생각하면 아주 쉽다는 말이다. 어느 누구라도 인자하려고만 한다면 그것이 곧 인자함에 이르는 것이라는 말이다.

30

30// 陳司敗問, 昭公이 知禮乎잇가 孔子曰, 知禮시니라 孔子退커시늘 揖巫馬期而進之曰, 吾聞君子는 不黨이라 하니 君子도 亦黨乎아 君取於吳하니 爲同姓이라 謂之吳孟子라 하니 君而知禮면 孰不知

진(陳)나라의 사패(司敗) 벼슬을 하는 사람이, 소공(昭公)이 예(禮)를 아느냐고 물었다.
그러자 공자께서 말씀하시기를, "예를 아십니다."
공자께서 물러나시니, 무마기(巫馬期)에게 읍의 예를 취하며 말하기를, "나는, 군자는 절대 치우치지 않는다는 말을 들었습니다. 그런데 군자께서도 역시 치우치시는 겁니까? 임금님이 오(吳)나라에서 아내를 맞아 왔으니 동성이 되는데도 오맹자(吳孟子)라고 이르고 있지 않습니까? 그런 임금이 예를 아신다면 누가 예를 모르겠소이까."

　무마기가 그 이야기를 전했더니 공자께서 말씀하시기를, "나는 행복하도다. 진실로 과오가 있으면 남이 반드시 알려 주나니."

| 풀이 | 공자는 진(陳)나라에 두 번 간 적이 있었다. 이 이야기는 진나라의 법을 다루는 사법관(司法官) 중의 한 사람과 주고받은 말이다. 먼저 사법관이, "노나라의 군주이신 소공(昭公)께서는 예(禮)를 잘 아십니까?" 하고 물었다. 질문을 받은 공자는 조금도 주저하지 않고 대답했다. "예, 그분께서는 예를 잘 아십니다." 공자가 물러간 후 사법관이 공자의 제자 무마기(巫馬期)에게 읍(揖)의 예를 취하며 다시 물었다. "군자(공자)는 절대 치우쳐서 거짓으로 말하지 않는다고 들었습니다. 그런데 지금 군자께서는 치우치고 계시는 것이 아닙니까? 노나라의 군주께선 오(吳)나라에 장가를 드셨으니, 같은 성씨의 여인을 아내로 맞아들인 것입니다. 그리고 맞아들인 아내를 오맹자(吳孟子)라 하여 짐짓 송(宋)나라의 여자처럼 보이려고 합니다. 그런 임금이 예를 안다면 누군들 예를 모르겠습니까?"

　사법관의 말은 사실이었다. 노나라 군주 소공은 오나라에 장가를 들었고, 아내로 맞이한 오나라 사람을 송나라 여인처럼 보이기 위하여 오맹자라 부르고 있었다. 노나라

禮리오 巫馬期以告한대 子曰, 丘也幸이로다 苟有過어든 人必知之온여

사패(司敗) : 관명(官名). 나라의 법을 다루는 법관과 같음.
소공(昭公) : 노(魯)나라의 임금. 이름은 주(稠).
무마기(巫馬期) : 공자의 제자로, 성은 무마(巫馬), 이름은 시(施), 기(期)는 자(字).
당(黨) : 서로 도와서 자기들의 잘못을 숨김.

와 오나라의 왕가는 희성(姬姓)을 가졌기 때문에 오맹희(吳孟姬)라 불러야 했다. 무마기는 이 말을 공자에게 전했다. 그 말을 들은 공자는 다만, "나는 정말 행복한 사람이구나. 나에게 과실이 있으면 그렇게 가르쳐 주는 사람이 있으니." 하고 말했을 뿐이다. 공자로서는 자기 나라의 임금을 헐뜯는 말을 하는 것이 예에 어긋나므로 할 수가 없었다. 그렇다고 자기 자신을 변명할 수도 없었다. 만약 그렇게 한다면 자연 또다시 임금을 거론해야 하지 않겠는가? 그래서 자신의 잘못만을 솔직하게 인정했던 것이다. 참으로 군자다운 태도라고 할 수 있다.

31

31// 子與人歌而善이어든 必使反之하시고 而後和之이시다

선(善) : 좋다.
사(使) : 부리다.
반(反) : 다시 하다.

공자께서 남과 함께 노래를 부를 적에, 그 사람의 노래가 좋으면 반드시 반복하여 부르게 하고 나서 화답하셨다.

| 풀이 | 남과 같이 노래를 부르는 데에는 합창과 윤창(輪唱)이 있다. 여러 사람이 함께 노래를 부르면 합창이라고 한다. 이로 본다면 공자가 즐겨 부르던 것은 윤창이었던 모양이다. 흔히 이런 식으로 노래를 부를 때는 남이 부르는 노래가 좋든 나쁘든 자기 차례가 오면 곧 이어서 부르곤 한다. 그러나 공자는 좋은 노래가 나오면 다시 한 번 청했다고 했다. 그것은 전체의 흥을 깬다고는 할 수 있겠으나 배움의 측면에서 본다면 훌륭한 태도라고 할 수 있

다. 그만큼 공자는 인생의 모든 생활을 배움의 터전으로 여겼던 것이다.

32

공자께서 말씀하시기를, "학문은 내가 다른 사람에 못 미침이 없겠지만, 군자의 도(道)를 몸소 실천함에 있어서는 내 아직 얻음이 없느니라."

| 풀이 | 학문에 있어선 다른 사람에게 미치지 못할 바가 없겠지만, 진실로 군자의 도를 실행하는 것에는 아직 얻은 것이 없다. 즉, 학문은 약간 알고 있지만 군자의 도는 아직 실천하지 못하고 있다고 한 것이다. 공자의 겸손한 말이다.

32// 子曰, 文莫, 吾猶人也아 躬行君子를 則吾未之有得호라

유인(猶人) : 겨우 다른 사람에 미침. 약간 부족하다는 뜻이 있음.

33

공자께서 말씀하시기를, "성인(聖人)과 인자(仁者)를 내 어찌 감당하리오. 다만 성인과 인자의 도리를 위함에 싫어하지 않으며, 남을 가르침에 게을리하지 않는다고 말할 수 있을 뿐이니라."

공서화(公西華)가 말하기를, "바로 그것만도 제자들은 능히 본받지 못하나이다."

33// 子曰, 若聖與仁은 則吾豈敢이리오 抑爲之不厭하며 誨人不倦은 則可謂云爾已矣니라 公西華曰, 正唯弟子不能學也로소이다

억(抑) : 여기에서는 문득이 란 뜻의 발어사로 쓰여 앞뒤 말을 접속하는 역할을 함.
공서화(公西華) : 이름은 적(赤), 자는 자화(子華).

| 풀이 | 이 구절을 보면 당시 공자를 성인이나 인자(仁者)라고 불렀음을 짐작할 수 있다. 그래서 공자는, "성인이나 인자라는 말은 내가 감당할 수 없느니라. 다만 내가 그 성인이나 인자의 도리를 좋아하고 위함에는 싫증을 내지 않으며, 또 그 도리를 남에게 가르치는 데에 게을리하지 않는다고 말할 수 있을 뿐이니라." 하고 겸손의 말을 했다. 그러자 제자 공서화가, "우리들은 바로 그러한 것조차 본받을 수 없습니다."라고 하였다.

34

34// 子疾病이시어늘 子路請禱한데 子曰, 有諸아 子路對曰, 有之하니 誄曰, 禱爾于上下神祇라 하더이다 子曰, 丘之禱久矣니라

공자께서 편찮으시자 자로(子路)가 기도드릴 것을 청하니 공자께서 말씀하시기를, "그런 일이 있었느냐?"

자로가 대답하기를, "있었습니다. 〈뇌사(誄詞)〉에 이르기를, '너를 빌기 위하여 천신(天神)과 지신(地神)에게 기도를 드리노라.' 하였습니다."

공자께서 말씀하시기를, "나도 그같은 기도를 드린 지는 오래이다."

청(請) : 권하다.
도(禱) : 귀신에게 기도하는 것을 말함.
유제(有諸) : 전례가 있느냐라는 뜻임.
뇌(誄) : 죽은 자를 슬퍼하며 그의 평생의 행적을 기록한 말.

| 풀이 | 공자의 병이 위독해지자, 자로가 신에게 기도를 드려 보라고 권했다. 아마 그 당시에는 무당이 길흉을 점치는 일과 병을 낫게 하기 위해 염불하는 의식이 무척 성행했던 모양이다. 그러나 이런 것들은 모두 미신에 지나지 않는다. 공자는 조상을 섬기기는 했지만 미신은 아주

싫어했다. 그런데 엉뚱하게도 자로가 기도를 드려 보라고 권했으므로, 공자는 자로에게 그런 전례가 있었느냐고 물었다. 공자의 마음을 알아채지 못한 자로는 〈뇌사〉의 구절까지 인용해서 대답했다. 그러나 〈뇌사〉의, "너를 빌기 위하여 천지신명에게 기도를 드린다."고 한 구절은, 잘못을 뉘우치고 선을 실천하기 위해 신의 도움을 구한다는 뜻이다. 그래서 공자는 그런 기도라면 일생을 통해서 해 왔으니, 지금에 와서 새삼스레 할 필요가 없다고 말한 것이다.

35

공자께서 말씀하시기를, "사치하면 분수에 넘치게 되고 지나치게 검소하면 고루하여지기 쉽다. 그러나 분수에 넘치는 것보다는 차라리 고루하여지는 것이 나으니라."

| 풀이 | 사람이 사치를 하면 분수를 넘어서게 되고, 지나치게 검소하면 오히려 고루하여질 뿐만 아니라 야비해지기 쉽다. 지나친 사치와 검소함은 모두 좋은 것이 아니므로 중용(中庸)을 취하여야 한다. 그러나 중용이 지켜지지 않는다면 차라리 고루하여지더라도 검소한 것이 낫다고 말하고 있다.

검소함에서 오는 고루함이나 옹졸함보다 사치에서 오는 허영이나 교만이 훨씬 더 사회에 악영향을 끼치기 때문이

35// 子曰, 奢則不孫하고 儉則固니 與其不孫也寧固니라

검(儉) : 검소함. 여기에서는 지나치게 절약하는 것을 말함.
고(固) : 고루(固陋), 즉 견문이 좁고 행동함이 적어서 용렬하고 고집이 셈.
여(與) : 따르다[從].
녕(寧) : 원망을 나타내는 말로 쓰임.

다. 사치의 마음은 거짓과 허례를 꾸며 낸다. 자신을 남에게 돋보이게 하기 위해서 사치를 하는 것은 분명히 지나친 욕망에서 비롯된 것으로 거짓인 것이다. 뿐만 아니라 사치는 생활의 궁핍과 파탄을 초래한다. 그리고 나아가서는 가정이나 사회의 파탄까지도 일으킨다. 그래서 공자와 같은 성현도 지나친 검소함에서 오는 야비함이나 고루함보다 사치에서 오는 파탄을 더 경계했다.

36

36// 子曰, 君子坦蕩蕩이요 小人은 長戚戚이니라

공자께서 말씀하시기를, "군자는 마음이 평탄하며 넓고, 소인은 항상 걱정이 많으니라."

| 풀이 | 군자는 모든 사리에 밝고 마음이 넓어서 항상 유연하고 여유있는 태도를 취한다. 그런데 소인은 항상 명예와 이익에 눈을 뜨기 때문에 걱정을 하고 초조한 태도를 취한다. 군자와 소인의 태도를 서로 비교한 말이다.

37

37// 子는 溫而厲하시며 威而不猛하시며 恭而安하시다

공자께서는 온화하시되 엄숙하시며, 위엄이 있으나 지나쳐서 사납지 않으시며, 공손하시면서도 평안하셨다.

| 풀이 | 공자의 용모를 말한 글이다. 눈을 마음의 창이라

한다면 얼굴에 나타난 표정이나 태도는 마음의 거울이라 할 수 있을 것이다. 온화하면서도 엄숙한 용모는 평안한 가운데서도 엄격한 마음가짐이 나타남을 말하고, 위엄은 있으나 사납지 않음은 자신을 굳게 지켜 나가되 남을 해치지 않는 성격을 나타낸 것이다. 그리고 남을 대하는 데 있어 공손하되 평안하다 함은, 남을 대함에 있어 예절을 지키되 조금도 구속됨이 없고, 자연스러운 태도를 취한다는 것이다.

제8편
태백(泰伯)

1

1// 子曰, 泰伯은 其可謂至德也已矣로다 三以天下讓하되 民無德而稱焉이온여

태백(泰伯) : 주(周)나라 태왕(太王)의 장자(長子).

공자께서 말씀하시기를, "태백(泰伯)은 가히 덕이 지극하다고 이를 수 있느니라. 그러나 그는 여러 번 천하를 사양하였는데도 백성들은 그의 덕을 칭찬함이 없구나."

| 풀이 | 태백은 주나라 태왕(太王)의 아들이다. 태왕에겐 태백, 중옹(仲雍), 계력(季歷) 등의 세 아들이 있었다. 그런데 셋째인 계력이 형제들 중에서 가장 현명했으며, 그는 창(昌)이라는 아들을 낳았다. 그래서 태왕은 왕위를 셋째 아들 계력에게 물려주어 다음 대가 창으로 이어지길 바라고 있었다. 이런 태왕의 마음을 태백이 알아차리게 되었다. 그는 맏아들이기 때문에 마땅히 왕위를 물려받을 권리가 있었으나 오히려 둘째인 중옹까지 설득하여 그와 함께 남만(南蠻) 지방으로 피하였다. 이렇게 되자 태왕은 쉽게 계력에게 왕위를 물려줄 수 있게 되었고 계력은 또 아들 창에게, 그리고 또 창은 아들 발(發)에게 왕위를 계승시켰다. 창의 아들 발은 바로 은(殷)나라의 주왕(紂王)을 멸망시키고 천자가 된 무왕(武王)이다.

이때, 태백이나 중옹이 세상에 얼굴을 나타냈다면 왕위를 차지할 수가 있었을 것이다. 그러나 그들은 끝내 세상에 얼굴을 드러내지 않았다. 그런데도 세상 사람들은 태백의 그런 양보를 별로 칭찬하지 않았다. 그래서 공자는 "태백은 가히 덕이 있는 사람이다. 그런데도 세상 사람들은 그의 숨어 있는 덕을 칭찬하지 않는구나!" 하고 말하였던 것이다.

2

공자께서 말씀하시기를, "공손하되 예가 없으면 번거롭고, 신중하되 예가 없으면 남이 두렵게 여기고, 용기가 있되 예가 없으면 사회를 어지럽히고, 곧되 예가 없으면 급박하여진다."

공자께서 말씀하시기를, "군자가 친척들에게 잘 대하여 주면 백성들 사이에 인(仁)이 일어나고, 옛 친구를 버리지 않으면 백성이 경박하여지지 않느니라."

2// 子曰, 恭而無禮則勞하고 愼而無禮則葸하고 勇而無禮則亂하고 直而無禮則絞니라 君子篤於親則民興於仁하고 故舊不遺則民不偸니라

| 풀이 | 이 장에서는 예라는 말이 조절하는 요소로 쓰였다. 그래서 공손함을 알아서 실천한다 하더라도 예가 없으면 번거로울 뿐이라고 했다. 무턱대고 자신을 낮추고 상대방에게 공경하는 태도를 취한다면 오히려 남에게 비웃음을 사게 될 것이다. 신중함에 있어서도 예가 없다면 오히려 상대방에게서 두려움을 사게 된다. 용기가 있다 하더라도 예가 없으면 공연히 사회를 어지럽히게 될 것이

교(絞) : 급박하다.
독(篤) : 두텁다.
유(遺) : 잊다.
투(偸) : 경박하다.

다. 곧고 정직함에 있어서도 예가 없다면 오히려 사이가 멀어질 것이며, 따라서 자신의 처지가 절박하여지기 마련이다. 그래서 공자는 예의 필요성을 강조한 것이다.

"군자가 친척에게 잘 대해 주면 백성들 사이에 어진 일이 많이 생기게 되고, 옛 친구를 버리지 않으면 백성들이 경박해지지 않는다."

군자는 모든 덕이 갖추어진 높은 인격의 소유자라 할 수 있다. 그러나 그런 사람일수록 사람과의 관계를 멀리하여 고립되기 쉽다. 하기야 자신의 덕을 쌓고 수양을 하기에는 그것이 오히려 나을지도 모르겠지만 그건 단지 자기 한 사람으로 그치고 마는 것이다. 그래서 공자는 군자를 다른 사람, 즉 사회와 연결시키려고 했다. 이 구절을 혹자는 증자(曾子)가 한 말이라고도 한다. 그러나 지금으로서는 특별한 증거가 없어 누가 말했다고 단정지을 수는 없다.

3

3// 曾子有疾하사 召門弟子曰, 啓予足하며 啓予手하라 詩云, 戰戰兢兢하여 如臨深淵하며 如履薄冰이라 하니 而今而後에야 吾知免夫라 小子아

증자(曾子)는 병이 위독해지자 제자들을 불러 말하기를, "나의 발을 펴고 나의 손을 펴 보아라. 〈시경〉에 이르기를 '두려워하고 조심함이 깊은 못가에 임하여 있는 듯하고 살얼음을 밟는 듯하다.' 하였거늘 지금에 와서야 나는 그곳에서 해방되었음을 알겠노라, 제자들아!"

증자(曾子) : 공자의 제자.

| 풀이 | 증자는 공자의 제자 중에서 가장 효성이 지극한

사람이었다. 그는 신병이 몹시 위독하여지자 제자들을 불러 놓고 분부했다. "너희들은 나의 손과 발을 펴 보아라." 그러면서 그는 〈시경〉의 글귀를 인용하여 "몸을 다치지 않기 위해 두려워하고 조심함이 마치 깊은 못가에 임하여 있는 것 같고 살얼음을 밟는 것과 같았는데, 이제부터는 그런 굴레에서 벗어나게 되었다."고 하였다. 어떻게 생각하면 유언같이 느껴진다. 〈효경(孝經)〉의 첫머리에 "신체발부, 수지부모, 불감훼상, 효지시야(身體髮膚, 受之父母, 不敢毀傷, 孝之始也)"란 말이 있다. 몸의 어느 부분을 막론하고 다 부모에게서 물려받은 것이니, 그것을 상하지 않게 잘 보존하는 것이 효의 첫걸음이란 말이다. 증자의 말도 그 효경의 구절과 뜻이 같다고 하겠다. 이로 본다면 증자가 착실한 공자의 제자였다는 것을 알 수 있다.

효의 방법에는 여러 가지가 있겠지만 그 중에서도 〈효경〉의 첫머리에 기록한 공자의 말을 가슴 깊이 새겨 두고 실천한 것이 아닌가. 그렇기 때문에 그는 죽음을 눈앞에 둔 마지막에 부끄러움이나 생에 대한 미련이 조금도 없었다. 삶을 뜻있고 착실하게 살아온 것에 대한 떳떳함이 있었으며, 지나온 평생을 돌이켜보며 삶의 임무를 다한 홀가분한 만족감이 생기기도 했던 것이다.

이름은 삼(參). 증자는 높여서 부른 것으로, 따라서 이 문장은 증자의 제자가 기록한 것이라 짐작된다.
전전긍긍(戰戰兢兢) : 두려워하여 경계하고 조심하는 모양.
여리박빙(如履薄氷) : 살얼음을 밟는 것같이 위험한 상태를 말함.
소자(小子) : 문인(門人), 제자를 부른 말.

4

증자가 병이 나자 맹경자(孟敬子)가 문병을 하였더니 증

4// 曾子有疾이어늘 孟

敬子問之러니 曾子言曰, 鳥之將死에 其鳴也哀하고 人之將死에 其言也善이니라 君子所貴乎道者三이니 動容貌에 斯遠暴慢矣며 正顔色에 斯近信矣며 出辭氣에 斯遠鄙倍矣니 籩豆之事則有司存이니라

자가 말하기를, "새가 죽음에 임하면 그 울음이 구슬퍼지고, 사람이 죽음에 임하면 그 말이 착하여지는 것이오. 군자가 도를 실천하는 데에는 귀중하게 여기는 세 가지가 있소. 용모를 갖춤에 있어 사납고 교만함을 멀리하고, 안색을 바르게 하여 신실하게 하며, 말을 함에는 야비하고 도리에 어그러짐을 멀리하여야 하오. 그리고 제사에 변두(籩豆)를 놓는 일을 맡아 볼 사람을 따로 두어야 하오."

맹경자(孟敬子) : 노나라의 대부, 이름은 첩(捷).
폭만(暴慢) : 난폭하고 방자함을 뜻함.
사기(辭氣) : 말의 기운이란 의미로 쓰였음.
변두(籩豆) : 변은 과일이나 육류를 담는 대나무로 만든 그릇, 두는 나무 그릇. 변두란 제사에 쓰이는 그릇.
유사(有司) : 관리.

| 풀이 | 증자(曾子)가 병이 위중하여 맹경자가 문병을 가자, 증자가 "새가 죽음에 임하면 울음소리가 구슬퍼지고 사람이 죽음에 임하기 바로 전에는 그 말이 선량해진다."고 말문을 열었다. 죽음에 임하면 모든 악한 마음은 사라지고 선한 마음으로 되돌아온다 함은 어김없는 진리라 할 수 있으나 아무도 그 원인을 밝히지 못하고 있다. 증자는 바로 이런 사실을 예로 들어서 자기의 말이 선한 것임을 미리 강조하고 인식시켰다.

그리고 "군자가 도를 행하는 데에는 귀중하게 여기는 세 가지가 있다. 첫째, 용모를 갖추는 데에 엄숙하기는 하되 거칠고 오만한 태도를 버려야 한다. 둘째, 안색을 정중하게 가지며 마음을 신실하게 써야 한다. 셋째, 언어를 야비하거나 도리에 어긋나게 사용하지 않아야 한다. 그리고 제기를 다루는 사소한 일 따위는 그 일을 맡아 보는 관리에게 맡기면 그만이다."고 하였다. 여기서 군자라 함은 공자가 말한 넓은 의미의 뜻이라기보다 위정자를 가리키는 말이다.

5

증자가 말하기를, "유능하면서 무능한 사람에게 물어 보고, 많이 알면서 적게 알고 있는 사람에게 물어 보며, 남보기에는 없는 것같이 하고, 실하되 허하며, 범하되 계교를 쓰지 아니함은 지난날 나의 친구 하나가 이에 따랐느니라."

5// 曾子曰, 以能問於不能하며 以多問於寡하며 有若無하며 實若虛하며 犯而不校를 昔者吾友嘗從事於斯矣니라

| 풀이 | 증자가 안회(顔回)를 두고 한 말이다. 안회는 공자의 제자 중에서 스승의 사랑을 가장 많이 받은 만큼 학식과 덕(德)이 남달리 뛰어났던 사람이다. 그러나 그는 명이 길지 못하여 일찍 세상을 떠나고 말았다. 그래서 증자는 그를 가리켜 옛 친구라 하였던 것이다.

"재능이 있으면서도 남에게 묻고 학문이 있으면서도 남에게 물었다."는 것은 단지 자신을 낮추기 위한 겸손일 뿐만 아니라 모든 일을 실수없이 하려는 태도이기도 하다.

그리고 남이 범하여도 계교를 쓰지 않는다는 것은 보통 사람으로서는 도저히 따를 수 없는 일이다. 계획적이고 고의적인 수단을 써서 남이 나를 괴롭힌다면 누가 감히 참아낼 수 있겠는가? 그러나 안회는 참아냈을 뿐 아니라, 오히려 상대방을 진심으로 대하여 주었다고 한다. 그래서 증자는 안회에게 머리를 숙이고 존경했던 것이다.

6// 曾子曰, 可以託六尺之孤하며 可以寄百里之命이요 臨大節而不可奪也이면 君子人與아 君子人也이니라

육척지고(六尺之孤) : 6척 밖에 안 되는 고아란 뜻이나 여기서는 임금이 죽고 그의 어린 아들이 임금의 자리에 오르는 것을 가리킴. 당시의 1척은 지금의 여섯 치 두 푼 반에 해당되는 것으로, 지금의 석 자 일곱 치 반밖에 안 된다. 그래서 14, 5세 정도의 어린 임금을 뜻하는 것이 된다.

백리지명(百里之命) : 백 리 지역에 명령을 내린다는 말로, 제후의 나라를 뜻함.

6

증자가 말하기를, "14, 5세의 어린 임금을 의탁함직하고, 백 리 지역의 국가를 맡길 만하며, 나라의 중대한 사변을 당하여도 가히 마음을 빼앗기지 않는다면 군자다운 사람이니라. 참으로 군자다운 사람이니라."

│ 풀이 │ "어린 임금을 돕는 일에도 그 지(知)와 덕(德)이 충분하고, 제후의 나라를 맡긴다 하더라도 충분히 그 정사를 맡아서 해낼 수가 있으며, 나라에 사변이 일어나서 민심이 흉흉하여진다 하더라도 절개를 꺾지 않는 사람이 있다면 군자가 아니고 무엇이겠느냐?" 이것이 바로 군자라고 강조한 말이다. 여기서 증자가 주장하는 군자는 공자가 말한 뜻과 그 근본 의의가 같다고 하겠으나 강조된 점에서는 약간의 차이가 있다. 공자가 강조하는 군자는 덕과 어짐이 갖추어진 사람을 말하고, 증자가 말한 군자는 특히 정치를 내세워서 말한 것이다. 다시 말하면 공자는 인간성 자체를 논한 것에 비해 증자는 어떤 일에 임하였을 때의 태도에 관해 논했다.

7// 曾子曰, 士不可以不弘毅니 任重而道遠이니라 仁以爲己任이니 不亦重乎아 死而後

7

증자가 말하기를, "선비는 도량이 넓고 마음이 꿋꿋하지 않으면 안 되는 것이니, 그 소임이 중대하고 갈 길이 멀기 때문이다. 인(仁)을 베푸는 것을 자기의 소임으로 하

니, 역시 중대하지 아니한가. 죽은 다음에야 끝이 나니 역시 멀지 아니한가!"

| 풀이 | 여기서 선비라 함은 단순히 학문만 하는 사람을 말한 것이 아니고 덕(德)과 지(智), 인(仁)을 배우고 행하는 사람을 말한다. 공자가 말한 군자라는 말과 같은 뜻으로 쓰여졌다고 보겠다. "학문을 배우고 익히는 선비는 도량이 넓고 마음이 굳세지 않으면 안 된다. 그 이유는 선비의 소임이 중대하고 실천하는 길이 멀기 때문이다. 어짐을 자기의 임무로 삼아야 하니, 역시 무겁지 않은가? 그리고 그 길은 죽어서야 끝이 나니, 역시 멀지 않은가?" 도량이 넓어야 한다 함은, 너그러운 마음과 깊은 생각이 있어 모든 일을 잘 다루는 품성이 형성되었음을 뜻한다. 그러기 위해서는 인과 예, 그리고 지가 갖추어져야 한다. 또 마음이 굳세어야 한다 함은, 어떤 어려움이 닥쳐온다 하더라도 자기의 뜻을 굽히거나 하던 일을 중단해서는 안 된다는 것이다. 그러기 위해서는 의와 지가 있어야 한다. 그러므로 증자가 말한 선비란 덕, 즉 인의예지(仁義禮智)가 두루 갖추어진 군자와 같음을 알 수 있다.

8

공자께서 말씀하시기를, "시(詩)에서 뜻을 일으키고, 예(禮)에서 뜻을 확립하고, 악(樂)에서 뜻을 이루니라."

니 不亦遠乎아

홍(弘) : 너그럽고 넓음.
의(毅) : 마음이 굳셈.

8// 子曰, 興於詩하며 立於禮하며 成於樂이니라

| 풀이 | 이 문장은 학문을 이루어 가는 과정을 시(詩), 예(禮), 악(樂)과 결부시켜 말한 것이다.

    시라 함은 〈시경〉의 시를 뜻한다. 〈시경〉의 시는 사람의 본성을 밝힌 것이 대부분이다. 그 중에는 인간의 선한 마음을 칭찬한 것도 있고, 옳지 않은 것을 풍자한 것도 있다. 그러므로 그 시를 읽는 사람은 자기도 모르게 감동하고, 인의(仁義)의 마음을 일으키게 된다. 그리하여 뜻이 생긴 다음에는 공경과 사양의 본체(本體)를 밝힌 예를 배워야 한다. 그렇게 되면 자연히 선을 좋아하고 악을 미워하는 마음을 확립하게 된다. 그리고 맨 마지막에 가서는 풍악을 배워야 한다. 악은 사람의 마음을 평안하고 즐겁게 한다. 그래서 악을 즐기면 어지러운 마음이 맑게 정리되고 잡념이 없어진다. 그렇기 때문에 쌓아 올린 인과 덕의 마음이 더욱 견고하게 되어 인격의 완전한 성취를 보게 되는 것이다.

9

9// 子曰, 民은 可使由之요 不可使知之니라

사(使) : 부리다.
유(由) : 따르다, 좇다.

    공자께서 말씀하시기를, "백성을 이치에 따르게 할 수는 있으나, 그 이치를 다 이해시킬 수는 없느니라."

| 풀이 | 여기에서 백성이라 함은 군자나 선비와 대조적인 뜻으로 일반 사람을 가리킨다. 군자나 선비는 학문과 예(禮)를 갖추어서 스스로 모든 일을 해 나갈 수 있지만 보

통 사람들은 그렇지 못하다. 그들은 학문을 좋아하지 않고, 대부분 지(智)가 갖추어져 있지 않으며, 예가 없기 때문에 자신을 억제하거나 조절하지 못한다. 그러므로 정치를 하는 사람들은 정당한 이치를 내세워서 백성들을 다스리지 않으면 안 된다.

10

공자께서 말씀하시기를, "용맹을 좋아하고, 가난을 싫어함은 난동을 부릴 징조요, 사람이 인(仁)이 아님을 지나치게 미워함도 난동을 부릴 징조이니라."

| 풀이 | 용맹을 좋아하고 가난을 싫어한다는 건, 지자(智者)나 인자(仁者)가 취할 행동이 아니다. 부(富)와 빈(貧)은 자기 한 사람의 마음이나 능력만으로는 안 되는 것이다. 그것은 물질적이며, 또 나와 남이 연결지어진 사회적 여건에 의해서 이루어지는 것이기 때문이다. 아무리 지혜가 뛰어난 사람이라 할지라도 전반적인 여건이 따르지 않으면 부를 취할 수 없다. 물론 불의와 부정에 의해서 얻어진 것을 말하는 건 아니다. 이것은 바로 그 사람에게 좋은 배경이 따랐고, 시기를 잘 탔기 때문이다. 그래서 옛말에 "지혜가 있고 총명한 사람이라 할지라도 가난함이 있고, 어리석고 우둔한 사람이라 할지라도 부유함이 있을 수 있다."라고 하였다.

10// 子曰, 好勇疾貧이 亂也요 人而不仁을 疾之已甚이 亂也니라

이심(已甚) : 너무 지나침.

인류의 역사가 시작되면서 지금까지 내려오는 동안에 부와 빈이 한 사람의 마음이나 지혜에 달려 있지 않다는 것이 변하지 않는 진리로 되어 버린 것은 사실이다. 그렇기 때문에 아무리 용맹이 있다 해도 가난은 어쩔 수 없는 것이다. 가난에 대항하여 굳세게 싸우는 데는 용맹이 절대적으로 필요하다. 그러나 가난을 견뎌 내지 못하고 해서는 안 될 일을 한다면 어떻게 되겠는가? 말할 것도 없이 거기에는 불의와 부정이 뒤따른다. 어질지 않음을 지나치게 싫어하는 것도 난동의 징조라 할 수 있다고 했다. 무엇을 싫어한다 함은 벌써 저주로 변하고 있는 마음의 상태이다. 마치 잔잔한 호수에 파문이 일기 시작하는 모양과 같다. 이것이 지나치면 차츰 중정(中正)의 도를 잃게 될 뿐만 아니라, 밝게 빛나던 지혜의 눈도 그 힘을 잃게 된다. 그리고 마침내 뜨거운 열기를 내뿜듯 폭발하고 만다. 가정이나 사회에 어지러움을 불러일으키고 만다.

그래서 공자는 용맹이 있으면서 가난을 싫어하면 난동의 징조라 했고, 또 인이 아님을 지나치게 싫어하여도 역시 마찬가지의 결과를 초래한다고 말했던 것이다. 여기서부터 공자의 중용(中庸)의 원리가 싹텄다고 볼 수 있다.

11//

공자께서 말씀하시기를, "주공(周公)의 재주와 아름다움이 있다 하더라도, 교만하고 인색하다면 그 나머지는 볼

11// 子曰, 如有周公之才之美로도 使驕且吝

것이 없느니라."

| 풀이 | 인격을 정의한 말이라 하겠다. 아무리 재주가 있고 또 습득한 기예(技藝)가 많다 하더라도 사람됨이 교만하고 인색하다면 높은 인격을 갖춘 사람이라 할 수 없다. 재주와 기예는 어떤 일을 할 수 있는 능력을 뜻한다. 그러나 그런 능력이 있는 사람이 교만하고 인색하다면 무엇을 이룰 수 있겠는가. 재주와 기예는 그 사람 자신에게 국한된 것이지만 교만함과 인색함은 남을 대하는 태도와 관계되는 것이다. 그렇기 때문에 뛰어난 재주와 기예가 있다 하더라도 남에게 교만하고 인색하면 결국 소인에 지나지 않게 된다. 남에게 존경을 받기는커녕 오히려 미움을 받게 된다. 그리고 그런 사람의 대부분은 원래 의(義), 인(仁)의 마음이 갖추어져 있지 않다. 따라서 지니고 있는 재주와 기예를 엉뚱한 방향으로 악용하여 남에게 피해를 입히기도 한다. 그래서 공자는 아무리 뛰어난 재주를 가졌다 해도 교만하지 말아야 한다고 한 것이다.

12

공자께서 말씀하시기를, "3년 동안 학문을 하고서도 벼슬에 뜻을 두지 않는 사람을 쉽게 얻을 수가 없느니라."

| 풀이 | 여러 해 동안 학문을 하면 벼슬에 뜻을 두지 않

이면 其餘는 不足觀也 니라

12// 子曰, 三年學에 不至於穀을 不易得也이니라

부지어곡(不至於穀) : '곡식

는 사람이 드물다는 말이다. 공자가 무엇 때문에 이런 말을 했겠는가. 학문을 한다는 것은 자기 완성을 위해서이다. 그런데 세상 사람들은 학문을 하기 시작하면 우선 벼슬살이부터 생각한다. 목적이 앞서는 학문은 인격을 형성한다기보다 지식의 기록에 지나지 않는다. 그런 사람들은 대부분이 머리와 입으로만 알고 있는 것이지 마음으로 알고 있는 것이 아니다. 그러나 이런 사람들이 세상에 많다는 것은 부인할 수 없는 사실이다. 그래서 학문의 근본을 도(道)에 둔 공자는 진실로 인간을 위해서 학문을 하려는 사람이 적음을 한탄하였던 것이다.

'에 이르지 못한다' 라는 말이 되나, 여기에서는 벼슬을 하여 녹을 받아 먹는 데 뜻을 둠을 가리킴.
불이득야(不易得也) : 만나 보기가 힘들고 드물다는 뜻.

13

공자께서 말씀하시기를, "굳게 믿고 배우기를 좋아하며, 착한 도(道)를 죽음으로 지켜라. 위태로운 나라에는 들어가지 말고 어지러운 나라에는 살지 않으며, 천하에 도가 행하여지면 나가고 도가 없으면 들어가 숨어라. 나라에 도가 행하여지는데 가난하고 천하게 살면 부끄러운 것이요, 나라에 도가 행하여지지 않는데 부를 누리고 귀하게 살면 부끄러운 것이니라."

13// 子曰, 篤信好學하며 守死善道이니라 危邦不入하고 亂邦不居하며 天下有道則見하고 無道則隱이니라 邦有道에 貧且賤焉이 恥也이며 邦無道에 富且貴焉이 恥也이니라

| 풀이 | 공자는 학문을 하는 사람들에게 말했다. "도를 굳게 믿어 배우기를 좋아하며 착한 도리를 죽음으로 지켜라. 그러기 위해서는 위태로운 나라에는 들어가지 말아야

위방(危邦) : 위태한 나라.
난방(亂邦) : 이미 어지러워진 나라.

제8편 _ 태백 • 173

하고 어지러워진 나라에는 거처하지 말아야 한다. 그리고 나라에 도가 행하여지면 나타나서 벼슬을 하고, 도가 행하여지지 않으면 벼슬자리에 나서지 말아라. 나라에 정도가 행하여지는데도 가난하고 천하게 산다면 스스로 부끄럽게 여겨야 하고, 나라에 정도가 행하여지지 않는데 부귀를 누린다면 그것 또한 스스로 부끄럽게 여겨야 한다."

여기서 도라 함은 물론 정도를 뜻하는 것이다. 나라에 정도가 행하여진다는 것은 그 나라가 잘 다스려진다는 말이다. 그런데도 가난하고 천하게 산다면 분명히 그 자신이 게으르고, 학문을 좋아하지 않으며 예(禮)를 지키지 않는 탓이라고 볼 수밖에 없다. 그리고 나라에 정도가 행하여지지 않는데 부귀와 영화를 누린다면, 그건 분명히 어지러운 세상에서 잔재주를 피우거나 불의나 부정한 일을 행하였다고밖에 말할 수 없는 것이다.

14

공자께서 말씀하시기를, "그 지위에 있지 않으면 그 정사(政事)를 꾀하지 말지니라."

| 풀이 | 사람에게는 각기 맡은 바 직분이 있다. 그렇기 때문에 누구나 다 맡은 바의 직분을 다하지 않으면 안 된다. 그런데 세상에는 자기에게 맡겨진 임무는 다하지 않고, 공연히 남의 일에 간섭하는 사람들이 많다. 벼슬하지

14// 子曰, 不在其位면 不謀其政이니라

않은 사람이 정사를 생각하고, 헐뜯는 것도 바로 그런 예라고 할 수 있다. 학문을 한다고 하는 사람 중에 그런 사람들이 더욱 많다. 그렇기 때문에 공자는 어떤 직위에 오르지 못한 사람이 그 직위에 해당되는 직무에 대해 간섭하면 안 된다고 강조했던 것이다.

15// 子曰, 師摯之始에 關雎之亂이 洋洋乎盈耳哉라

사지(師摯) : 노나라의 악관(樂官). 이름은 지(摯).
관저지란(關雎之亂) : 〈시경〉의 국풍 관저편의 마지막 장의 이름.

15

공자께서 말씀하시기를, "사지(師摯)가 처음으로 악관(樂官)이란 벼슬을 하였을 때, 관저(關雎) 마지막 장의 음악이 아름답고 성대하게 귀에 가득 찼도다."

| 풀이 | 공자가 위나라에서 노나라로 되돌아와서 악(樂)의 분야에 대하여 많은 조사를 한 적이 있었다. 그때는 사지(師摯)가 처음으로 악관의 벼슬을 하고 있어서, 모든 음악을 바르게 정리해 놓았다. 공자는 그때 들은 관저(關雎)의 마지막 장이 무척 감회가 깊었던 모양이다. 그래서 그는 제자들이 듣는 앞에서 "사지가 처음으로 악관 벼슬을 하였을 때 관저의 마지막 장은 무척 아름답고 성대하였도다." 하고 말했던 것이다.

16// 子曰, 狂而不直하

16

공자께서 말씀하시기를, "뜻이 커서 진취의 기상이 있되

제8편 ___ 태백 • 175

곧지 아니하고, 무지한 것 같으나 근후함이 없으며, 재주가 없으면서 신실하지 못한 사람을 나는 알지 못하노라."

| 풀이 | 뜻이 커서 진취의 기상이 있는 사람이라면 대체로 솔직하여 정직하지 않은 일은 하지 않는다. 그러나 큰 뜻을 가진 사람이 정직하지 못하다면 매우 큰 문제라 하겠다. 재능이 많고 마음이 클수록 나쁜 짓을 하게 되면 그렇지 않은 사람보다 더욱 큰 일을 저지른다. 지혜가 없는 사람은 대체로 그 성격이 순후하다. 그렇기 때문에 큰 실수 없이 세상을 살아가는 것이다. 만약 지혜가 없는 사람이 성격조차 순후하지 않아서 모든 일을 행함에 조심하지 않는다면 어떻게 되겠는가? 그리고 재능이 없는 사람이 신실하지 않다면 어떻게 되겠는가? 그들이 얼마 나아가지 못하여 무너지게 됨은 말할 것도 없다. 뿐만 아니라 남에게까지 피해를 줄 수도 있다. 인간적으로 보려 해도 볼 수 없는 딱한 사람들이다. 그래서 공자는 그런 유의 사람들을 도저히 이해할 수 없다고 한 것이다.

17

공자께서 말씀하시기를, "배움에는 미치지 못할 것같이 생각하는 것보다 오히려 잊어버릴까 두려워하라."

| 풀이 | 학문을 하는 태도를 말한 것이다. 새로운 것을

고 侗而不愿하며 悾悾而不信을 吾不知之矣니라

광(狂) : 뜻이 크다〔志大〕는 의미로 사용됨.
통(侗) : 무지한 모양.
공(悾) : 어리둥절해 하는 모양을 뜻함.

17// 子曰, 學如不及이요 猶恐失之니라

배우는 것도 중요하다. 그러나 배운 것을 잊지 않도록 다시 복습하는 것이 더 중요하다. 새로운 것을 찾기만 하다가 배운 것을 잊어버려서는 안 된다. 그러나 이 말을 다르게 해석하는 사람도 있다. "배움에 있어서는 미치지 못한 것같이 하고, 잊을까 두려워하라." 이것도 뜻으로 보아서는 별 차이가 없다고 보겠다. '학여불급(學如不及)'과 '유공실지(猶恐失之)'를 대등절로 보았고, 유(猶)를 같음의 뜻으로 본 것이라 하겠다.

18

18// 子曰, 巍巍乎라 舜禹之有天下也而不與焉이여

공자께서 말씀하시기를, "높고 높도다! 순(舜)과 우(禹)는 천하를 가지고서도 그것에 대해 좇아 집착하지 않았으니."

| 풀이 | 순(舜)은 요(堯)의 뒤를 이어서 천자가 된 사람이다. 그는 조금도 방탕함이 없이 나라를 잘 다스렸을 뿐 아니라 널리 인재를 등용하였고, 천자의 자리를 자기 자식에게 물려주지 않고 인재 중에서 가장 뛰어난 우(禹)에게 물려주었다. 순의 뒤를 이은 우는 천자의 자리에 오른 뒤에도 거친 음식을 가리지 않았고, 궁실도 호화롭게 치장하지 않았으며, 오직 국사를 돌보는 데에만 전심전력하였다. 공자는 그런 순과 우에 대하여 "높고 높도다. 순과 우는 천하를 차지하고서도 그것에 좇아 집착하지 않았으니!" 하고 칭송하였다.

정말 위대한 일이 아닐 수 없다. 성인이 아니고는 생각조차 할 수 없는 큰 지혜와 덕의 소산인 것이다. 그렇기 때문에 공자와 같이 위대한 성현의 가슴속에는 순과 우의 덕행이 일평생 떠나지 않았을 것이다.

19

공자께서 말씀하시기를, "크도다, 요(堯) 임금이여! 높고 높아라, 오직 하늘만이 위대하다고 하지만 요의 덕은 이에 비할 만하니! 넓고 넓어라, 백성은 요의 덕이 너무나 커서 이름을 짓지 못하니! 위대하여라, 그가 이룬 공적이여! 빛나도다, 그가 이룩한 문화여!"

| 풀이 | 요의 선정 및 문화와 제도를 칭찬한 말이다. 요의 덕이 너무나 크고 위대하여서 공자는 말로 표현하기 어려워서 이렇게 찬미했던 것이다.

19// 子曰, 大哉라 堯之爲君也여 巍巍乎라 唯天이 爲大시어늘 唯堯則之하시니 蕩蕩乎아 民無能名焉이로다 巍巍乎라 其有成功也여 煥乎라 其有文章이여

탕탕(蕩蕩) : 넓고 넓다.
문장(文章) : 예(禮)와 악(樂)의 법도. 곧 문화.

20

순(舜)은 다섯 사람의 신하가 있어 나라를 다스렸다. 무왕(武王)이 말하기를, "나는 열 사람의 신하가 있어 나라를 다스렸다."

공자께서 말씀하시기를, "인재를 구하기가 힘들다 하더니 과연 그렇지 않은가! 요와 순의 교체기에 이만한 인재

20// 舜이 有臣五人而天下治하니라 武王曰, 予有亂臣十人호라 孔子曰, 才難이 不其然乎아 唐虞之際於斯爲盛하나 有婦人焉이라 九人而已니라 三分天下

에 有其二하사 以服事殷하시니 周之德은 其可謂至德也已矣로다

로 태평성세를 이루었다 하나, 무왕의 신하 중에는 부인이 들어 있으니 실은 아홉 사람뿐이었다. 주(周)나라는 천하의 3분의 2를 가지고도 은(殷)나라에 복종하였으니, 주나라의 덕이야말로 지극한 덕이라 할 것이로다."

난(亂) : 여기에서는 다스리다(治)의 뜻.
당우(唐虞) : 요순(堯舜)을 가리킨 말.

| 풀이 | 순임금의 신하 다섯 사람이라 함은, 우(禹)·직(稷)·설(契)·고요(皐陶)·백익(伯益)을 말한다. 무왕에게는 열 사람의 유능한 신하가 있다고 했다. 그러나 열 사람의 신하 중에는 무왕의 부인까지 들어가 있기 때문에 사실은 아홉 사람뿐이다. 그 열 명의 신하란, 주공단(周公旦)·소공석(召供奭)·태공망(太公望)·필공(畢公)·영공(榮公)·태전(太顚)·횡요(閎夭)·산의생(散宜生)·남궁괄(南宮适), 그리고 문왕의 비 읍강(邑姜)이라고 한다. 그래서 공자는 옛말에 인재를 구하기가 어렵다더니, 과연 그렇구나 하고 말했던 것이다.

주나라는 본래 은나라의 제후국(諸侯國)이었다. 주나라는 덕을 베푸는 임금이 많이 났으므로 천하 구주(九州) 중에 육주(六州)의 제후들을 통솔하게 되었다. 그렇지만 무왕 초기에 이르기까지는 은나라를 종주국으로 받들었다. 그래서 공자도 주나라의 덕은 지극한 것이라고 찬사를 아끼지 않았던 것이다.

그러나 그러던 주나라는 은나라의 마지막 임금인 주(紂)에 가서는 주(周)의 무왕이 주(紂)의 포악한 행동을 이유로 내세워 무력으로 제패하게 되었다.

21

공자께서 말씀하시기를, "우(禹)에 대하여서는 내 비판할 것이 없도다. 자신은 변변치 못한 음식을 먹으면서도 귀신에게는 풍부한 제물을 바쳤고, 평소의 의복은 거친 것을 입었으나 제사의 제복은 아름답게 하였고, 거처하는 궁실은 낮게 지어 살면서, 보와 도랑을 내는 데는 전력을 다하였으니, 우에 대하여서는 나로서는 비판할 바가 없도다."

| 풀이 | 자신은 변변치 않은 음식을 먹으면서 귀신에게 풍성한 제사를 지냈다 함은, 백성을 위하여 정성을 다하였다는 뜻이다. 옛날에는 나라와 농사를 위해서, 국왕이 제사를 지내는 것이 관례로 되어 있었다. 그래서 나라의 임금이 이런 국제(國祭)에 임하는 태도를 보고 백성을 위하는 정도를 짐작했다. 거처하는 궁실은 낮게 지어 살면서 도랑을 만드는 데에는 힘을 다하였다는 것은 검소하게 살면서 관개사업에 힘썼음을 말한다. 우왕뿐만 아니라 옛날에 정치를 잘하는 임금이라면 대부분이 관개사업에 힘쓰고 산을 잘 보호했다고 한다. 이렇게 하는 것이 바로 백성을 잘살게 하는 덕정이었다. 그러나 공자가 살았던 시대는 중국 전체가 매우 혼란했던 전국시대로 각나라마다 전쟁 준비에 급급했던 때였다. 그렇기 때문에 공자는 옛 우의 선정을 더욱 아쉬워했는지도 모른다.

21// 子曰, 禹는 吾無間然矣로다 菲飮食而致孝乎鬼神하시며 惡衣服而致美乎黻冕하시며 卑宮室而盡力乎溝洫하시니 禹는 吾無間然矣로다

간연(間然) : 남의 결점을 비난함.
비(菲) : 박하게 함[薄].
치효호귀신(致孝乎鬼神) : 제사를 지내는 데 풍성하고 깨끗하게 함.
구혁(溝洫) : 밭과 밭 사이의 물도랑으로, 여기서는 가뭄과 장마를 대비한 보와 도랑을 뜻함.

제9편
자한(子罕)

1

1// 子罕言利與命與仁 이러시다

공자께서는 이익과 운명과 인(仁)에 관해서는 말씀하시는 일이 드물었다.

| 풀이 | 이익을 추구하게 되면 의를 해하기 쉬운 것이고, 운명이란 인간이 마음대로 할 수도 없을 뿐더러 간단히 정의(定義)하지도 못하는 것이다. 인은 그 뜻이 너무나 넓고 커서 간단하게 말할 수 없다. 그러므로 공자는 이(利), 명(命), 인(仁)에 대하여 자주 말하지 않았던 것이다.

2

2// 達巷黨人曰, 大哉라 孔子여 博學而無所成名이로다 子聞之하시고 謂門弟子曰, 吾何執고 執御乎아 執射乎아 吾執御矣로리라

달항당(達巷黨)이 말하기를, "위대하도다, 공자여. 박학하여 드러난 이름이 없으니."
공자께서 이 말을 들으시고 제자들에게 말씀하시기를, "내가 무엇을 택할까. 수레 몰기를 택할까, 활 쏘기를 택할까. 나는 수레 몰기를 택하리라."

| 풀이 | 달항의 어떤 사람이 공자를 가리켜 "그의 학문은 너무나 위대하여 이름을 붙일 수 없다."고 칭찬하였다. 이 말을 들은 공자는 제자들 앞에서 "달항의 사람이 나에게 한 가지 특출한 기예가 없다고 하였는데, 나는 무엇을 택하여야 좋겠느냐? 수레 몰기? 활 쏘기? 나는 수레 몰기를 택하겠다."고 말했던 것이다. 물론 이 대답은 앞의 사람이 말한 바와 뜻이 같지 않은 엉뚱한 대답이 아닐 수 없다. 달항 사람이 한 말은 분명히 공자의 학문을 칭찬한 말이다. 그러나 공자의 대답은 그렇지 않았다. 그는 자신을 헐뜯는 말로 해석하여 대답한 것이다. 그렇다면 공자가 상대방의 말조차 이해하지 못하는 인물이었단 말인가? 그럴 리는 없다. 공자의 마음속에는 자신을 내세우려 하지 않는 겸손함이 깃들여 있었던 것이다.

달항(達巷) : 지방 이름.
당(黨) : 500집 정도를 일컫는 말.
집(執) : 잡다(操), 택하다(擇).

3

공자께서 말씀하시기를, "삼실로 만든 관(冠)을 쓰는 것이 예의이나 오늘날 명주실 관을 쓰는 것은 간편하게 하기 위해서이니, 나는 무리를 따르리라. 당(堂) 아래서 절을 하는 것이 예의인데, 오늘날 당 위에서 절을 하는 것은 교만한 것이므로, 비록 무리를 어긴다 하더라도 나는 당 아래에서 절하는 것을 따르리라."

3// 子曰, 麻冕이 禮也이어늘 今也純하니 儉이라 吾從衆하리라 拜下禮也이어늘 今拜乎上하니 泰也라 雖違衆이나 吾從下하리라

| 풀이 | 삼실로 만든 관을 쓰는 것은 예부터 예(禮)로 전

마면(麻冕) : 검은 베로 만

든 관.
순(純) : 명주실.
검(儉) : 간략, 간편.

하여 내려왔다. 그러나 그것은 노동력이 많이 드는 것인지라 지금의 사람들은 명주실로 만든 관을 쓴다. 그것은 고례(古禮)에 위반되는 것이기는 하나 간소화하기 위한 것이니, 일반 사람들이 하는대로 좇겠다는 뜻이다. 신하가 임금에게 절을 할 때는 당 아래에서 하는 것이 고례이나 지금의 사람들은 당 위에 올라가서 절을 한다. 이것은 고례에 어긋나는 것일 뿐더러 교만한 일이다. 그래서 나는 일반 사람들과는 달리 고례를 따르겠다.

　예로부터 전하여 내려오는 예라도 뜻이 있어 바꾼다면 공자는 그 뜻을 좇겠다는 것이다. 그러나 옛것을 바꿨으되 그것이 옳지 못하다면 누가 뭐라고 하더라도 공자는 옛것을 따르겠다고 한 말이다. "성인도 시속(時俗)을 따른다."는 말이 바로 공자의 이 말에서 기인된 것임을 알 수 있다. 그러나 그 따름은 맹목적인 것이 아니라 반드시 큰 뜻이 있어야 한다는 것도 알아야 한다.

4// 子絕四러시니 毋意하고 毋心하고 毋固하고 毋我이시다

4

공자께서는 네 가지를 절대 안하셨다. 사의(私意)를 가지는 일이 없고, 꼭 하겠다고 장담하시는 일이 없고, 고집하는 일이 없고, 나만을 생각하시는 일이 없으셨다.

절(絕) : 절대로 안하다.
무(毋) : 무(無)와 같은 뜻으로 쓰였음.

| 풀이 | 공자는 다음과 같은 네 가지 일은 절대로 하지 않았다. 첫째 사사로운 뜻에 따라 일을 행함이 없고, 둘째

꼭 하고야 말겠다고 장담함이 없고, 셋째 자신의 의견만 고집함이 없고, 넷째 나만을 생각하는 이기적인 일이 없었다. 이상과 같은 네 가지는 좀처럼 행하기 어려운 일들이며, 군자의 기개를 잘 나타낸 것이라 하겠다. 또 구도자(求道者)로서 해서는 안 될 대표적인 일이다. 그래서 제자들은 도를 수행해 나가는 근본 지침으로서 이 네 가지를 특별히 꼽은 것이라 하겠다.

5

공자께서 광(匡) 지방에서 두려워하는 제자들에게 위로하여 말씀하시기를, "문왕(文王)은 이미 가셨으나, 그의 문(文)이 여기에 남아 있지 않느냐. 하늘이 이 문을 버리려 하였다면 뒤에 죽을 사람으로 하여금 이 문에 참여치 못하게 하였을 것이다. 그러나 하늘이 이 문을 버리려 하지 않을진대, 광 땅의 사람들이 나를 어찌하겠느냐?"

5// 子畏於匡이러시니 曰, 文王旣沒하시니 文不在玆乎아 天之將喪斯文也인데 後死者不得與於斯文也어니와 天之未喪斯文也이신데 匡人其如子何리오

| 풀이 | 광(匡)은 당시의 노(魯)·송(宋)·위(衛)·진(陳)의 경계에 위치한 요충지였다고 한다. 옛 서적인 〈장자(莊子)〉,〈한시외전(韓詩外傳)〉,〈사기세가(史記世家)〉 등에 공자가 광 지방의 사람들에게 포위당한 이야기가 나온다. 노나라의 장수 양호(陽虎)는 광 지방을 공략할 때 포악한 짓을 많이 하였다. 그때 공자의 제자 안각(顔刻)이 양호를 수행했었는데, 양호의 모습이 공자의 모습과 아주 비슷하

외(畏) : 두려워하다〔怯〕.
광(匡) : 지방 이름.

였다. 그러던 차에 공자가 광 지방을 지나게 되었는데, 마침 송나라의 간자(簡子)가 양호를 죽이려고 대기하고 있었다고 한다. 그런데 공교롭게도 공자가 탄 수레를 몬 사람은 다름 아닌 안각이었다. 공자의 일행을 발견한 광 지방의 사람들은 공자를 양호로 착각하고 무장을 갖추어 겹겹이 포위하였다. 그러니 공자의 제자들이 당황하지 않을 수 있었겠는가. 성미가 급한 자로는 치밀어오르는 분노를 참지 못하여 창을 들고 싸우려 했다. 그러나 그런 위기 속에서도 공자는 군자의 기개를 잃지 않고, 두려움에 떨고 있는 제자들을 위로하고 자로의 분을 가라앉히기 위하여 노래를 부르라고 하였다 한다. 공자와 제자들이 함께 부르는 노랫소리가 크게 울려 퍼지고 나서야 광 지방의 사람들이 공자의 일행을 바로 보게 되었던 것이다. 노래의 삼절(三節)이 끝나자 포위하고 있던 한 무사가 들어와 공자에게 정중히 사과를 하였다는 이야기이다.

다른 일설에는 공자의 용모가 양호와 같았던 것이 아니라, 양호를 수행하였던 안각과 공자가 광성(匡城)의 무너진 곳을 가리키며 서로 이야기를 주고받았기 때문에 오해를 사게 되었던 것이라고도 한다.

여하튼 이 문장은 광 지방의 사람들이 공자를 오해한 데에서 빚어진 말임에는 틀림이 없다. "문왕(文王)은 이미 돌아가셨으나 문왕이 전하신 문화, 즉 성인의 도는 나에게 남아 있느니라. 하늘이 만약 이 도를 멸하실 뜻이 있었다면 후세 사람인 나에게 전하지 않았을 것이다. 그런데 내가 도를 전하여 받은 것은 하늘의 뜻이 도를 버리려 하지 않았음이다. 그래, 하늘이 도를 멸하려 하지 않는데 광 지방의 사람들이 나를 어찌하겠느냐." 운명은 하늘에 달려 있는 것이다. 하늘이 버리지 않는다면 광 지방의 사람들이 어쩔 수 없으며 자기에게는 문왕의 도가 있으니 더욱 어쩔 수 없다는 것이다. 위기에 닥쳐서도 두려워하거나 당황하지 않은 공자의 태도를 엿볼 수 있다.

6

태재(太宰)가 자공에게 묻기를, "공자께서는 성인이십니까? 어찌 그리도 능한 것이 많으신지요?"

자공이 대답하기를, "선생님께선 하늘이 내려 주신 장래의 성인이시고, 능한 것도 많으십니다."

공자께서 이 말을 들으시고 말씀하시기를, "태재야말로 나를 바로 아는구나. 나는 젊었을 때 천하게 지냈기 때문에 변변찮은 잔재주에 능하게 되었느니라. 군자가 능한 것이 많겠는가? 많지 않느니라."

노(牢)가 말하기를, "선생님께서는 '나는 세상에서 써 주지 않았기 때문에 예(藝)를 익히게 되었느니라.' 하고 이르셨느니라."

6// 太宰問於子貢曰, 夫子는 聖者與아 何其多能也오 子貢曰, 固天縱之將聖이시고 又多能也시니라 子聞之曰, 太宰知我乎아 吾少也賤이라 故로 多能鄙事하되 君子는 多乎哉아 不多也니라 牢曰, 子云에 吾不試故藝하시니라

| 풀이 | 태재라는 벼슬을 하는 사람이 자공에게 물었다. "공자께서 성인이시라면 어찌 그리 능한 것이 많소?" 군

태재(太宰) : 벼슬 이름.
여(與) : 의심하는 말.
노(牢) : 공자의 제자. 자장

(子長).
시(試) : 쓰임.

자는 여러 방면에 능하지 않다는 것이 당시의 보편적인 생각이었으므로 이렇게 물었던 것이다. 그러나 자공은 "우리 선생님께선 하늘이 내리신 성인이신지라 능한 것도 많은 것이오." 하고 대답하였다.

　공자가 이 말을 듣자 "태재가 나를 옳게 보았구나. 나는 젊었을 때 천하게 살아왔으므로 사소하고 보잘것없는 일에 능하게 되었느니라. 군자가 어찌 그런 일에 능하겠는가? 그렇지 않고말고." 하고 자신을 낮추어 겸손의 말을 했다. 이에 대하여 제자 자장은 "선생님께선 젊었을 때 나라에서 써 주지 않았기 때문에 시간적 여유가 있었으므로 여러 가지 기예(技藝)를 익히게 되었다고 말씀하신 적이 있다."고 말했던 것이다.

　사람은 누구나 자신을 추어주거나 칭찬해 주는 것을 싫어하지 않는다. 자기가 한 일이 좋지 않다는 것을 알면서도 남이 다른 각도에서 칭찬하면 흐뭇해한다. 만약 윗사람이 이런 태도를 지니고 있고, 또 그런 일을 좋아한다면 분명 아부하는 사람이 생길 것이다. 그리고 아랫사람이라 하더라도 그런 일을 좋아한다면 다른 사람에게 이용당하기 쉽다. 이런 거짓 행동으로 남을 대하는 사람과 반대로 그런 행동으로 남이 대하여 주는 것을 좋아하는 사람은 둘 다 좋은 사람이라 할 수 없다. 오히려 부끄럽고 졸렬하기 그지없는 인간이라 하겠다. 그래서 옛 군자들은 심지어 자기의 장점을 칭찬해 주는 것도 회피하였는지 모르겠다. 무조건 자신을 낮추어 남에게 굽신거리기만 한다면 너무 지나치다 하겠으나, 때와 장소 그리고 일에 따라서 겸손할 줄 아는 것이 자신의 인격을 높여 줄 뿐만 아니라 미덕이라고 할 수 있다.

7

공자께서 말씀하시기를, "내가 아는 것이 있단 말인가, 아는 것이 없노라. 그러나 비천한 사람이 나에게 물어오면 그 사람이 무지하다 하더라도 나는 성의를 다하여 처음부터 끝까지 가르쳐 주기는 하노라."

|풀이| 이 구절도 공자가 겸손하게 자신을 낮추어 한 말이다. 자신이 알고 있는 것은 별로 없다. 그러나 누구라도 자기에게 묻는 사람이 있다면 최선을 다한다는 말이다. 그리고 또한 여기에는 아는 것은 없으나 어떤 사람이 묻더라도 최선을 다하여 대답하는, 학문에 있어서의 바른 태도가 내포되어 있다.

7// 子曰, 吾有知乎哉아 無知也로다 有鄙夫問於我하되 空空如也라도 我叩其兩端而竭焉하노라

구(叩) : 발동함.
양단(兩端) : 두 끝머리를 말하는 것으로, 처음과 마지막, 위와 아래를 뜻함.

8

공자께서 말씀하시기를, "봉황새가 오지 않고, 용마가 하수(河水)에서 그림을 지고 나타나지도 않으니, 내 어찌 할 수 없노라."

8// 子曰, 鳳鳥不至하고 河不出圖하니 吾已矣夫인저

하불출도(河不出圖) : 하수(河水)의 가운데에서 그림이 나타나지 않는다는 뜻. 하수 가운데에서 용마(龍馬)가 등에 그림을 지고 나타나서 복희씨(伏羲氏)가 그것을 보고 팔괘(八卦)의 그림을 그렸다는 전설에서 나온 말.

| 풀이 | 나라에 도가 행하여지지 않음을 한탄한 공자의 말이다. 전설에 도가 행하여질 때는 천지만물이 상서로운 징조를 보인다고 한다. 순(舜)임금 때는 봉황이 세상에 나타나서 춤을 추고, 문왕(文王) 때는 황(凰)이 기산(岐山)에 와서 울고, 복희씨(伏羲氏) 때는 용마가 하수에서 그림을 등에 지고 나타나서 복희씨가 그것을 보고 팔괘(八卦)를 그렸다고 한다. 이는 길한 징조이며 나라에 정도(正道)가 행하여짐을 뜻하는 것이다. 공자는 당시의 천하가 정도를 무시하고 있다는 것을 뼈아프게 느끼고 이렇게 한탄한 것이다.

9

9// 子見齊衰者와 冕衣裳者와 與瞽者하시고 見之에 雖少나 必作하시며 過之必趨하시다

공자께서는 상복을 입은 사람과 귀한 자의 의복을 입고 관을 쓴 사람과 맹인을 보시면 비록 연소자라 하더라도 반드시 일어나셨으며, 그들의 앞을 지나실 때는 반드시 빨리 지나가셨다.

최(衰) : 상복을 뜻하며 '최'로 읽음.
고(瞽) : 소경(盲人).
작(作) : 일어남.
추(趨) : 빨리 감.

| 풀이 | 상복을 입은 사람에게는 애도의 뜻을, 귀한 사람에게는 공경하는 뜻을, 앞을 못 보는 맹인에게는 불쌍히 여기는 뜻을 표한 공자의 태도를 나타낸 말이다. 이는 예(禮)와 의(義)에서 기인된 마음을 표현한 것이라고 하겠다.

상을 당하여 슬픔에 젖어 있는 사람, 귀한 사람, 불쌍한 사람을 대하면 앉아 있던 자리에서 일어나고, 앞을 빨리

지나간다는 것 등이 사소한 일이라 생각될지 모르나, 그런 사소하고 작은 일일수록 마음에서부터 진심으로 우러나오지 않으면 할 수 없는 일이다.

10

안연이 탄식하여 말하기를, "선생님의 도는 우러러볼수록 더욱 높고, 뚫고 들어갈수록 더욱 견고하고, 앞에 있는 것을 볼 것 같으면 어느새 뒤에 와 있다. 선생님께서는 순서가 있게 차근차근히 잘 달래어 이끌어 나가신다. 글로써 나의 지혜를 넓혀 주시고 예(禮)로써 나의 행위를 단속하여 주신다. 파하자고 하여도 할 수 없는 것은, 이미 나의 재주가 다하기에 이르러서 앞에 서 있는 바가 마치 높이 우뚝 서 있는 모양 같기 때문이다. 그래서 그것을 좇으려고 하지만 좇을 길이 없도다."

10// 顔淵이 喟然歎曰, 仰之彌高하며 鑽之彌堅하며 瞻之在前이러니 忽焉在後로다 夫子循循然善誘人하사 博我以文하고 約我以禮하시니라 欲罷不能하며 旣竭吾才하니 如有所立이 卓爾라 雖欲從之나 未由也已로다

| 풀이 | 이 장은 공자의 사랑을 가장 많이 받은 제자 안회가 공자의 학문과 도를 찬탄하여 한 말이다. "공자의 도는 우러러보면 볼수록 더욱 높고, 또 뚫으면 뚫을수록 점점 더 견고하여지며, 교묘하게도 앞에 있는 것을 본 것 같은데 어느새 뒤에 있다." 이 말은 공자의 학문이 더없이 높고 견고하고 다양함을 말한 것이다.

그러나 "공자께서는 모든 것을 순서에 따라 차근차근하게 가르쳐서 사람을 잘 이끌어 나가신다. 시서(詩書)로써

위연(喟然) : 탄식하는 소리를 나타냄.
유(誘) : 이끌어 나가다.
탁이(卓爾) : 탁연(卓然). 높고 의젓한 모양.

나의 지식을 넓혀 주시고 사물의 도리를 일깨워 주시며, 예(禮)로써 나의 행동을 바르게 인도하여 주신다. 선생님의 도를 배우다 중도에서 그만둘 수 없는 것은, 나의 재주와 심력(心力)이 다하여 지쳐 있을 무렵이면 이상하게도 선생님의 높은 도가 바로 앞에 서 있는 것같이 느껴지기 때문이다. 그러므로 그것을 좇아 잡으려고 하는 바람에 저절로 선생님의 도를 다시 배우고 따르게 되는 것이다. 그러나 선생님의 도는 워낙 높고 견고해서 쉽게 따를 수가 없다."는 말은 높고 먼 학문의 길을 지루함 없이 잘 이끌어 주는 공자의 재치있는 지도 방법을 나타낸 말이라고 하겠다.

　재주와 마음의 힘이 다하여 지쳤을 무렵에는 이상하게도 금방 도의 윤곽이 잡힐 것같이 느껴지기 때문에, 제자들은 다시 힘을 얻어 학문을 하게 되는 것이다. 공자가 제자들을 잘 이끌어 나가는 재치의 묘를 표현했다고 볼 수 있다.

　그러나 안회는 공자의 학문과 도는 너무나 숭고하고 위대해서 따를 길이 없다고 하였다. 누구든지 어떤 사람에 대해 평하려면, 최소한 평하려는 사람에 대하여 많이 알고 있어야 한다. 학문을 평가하려면 학문에 대해서, 그리고 인격이나 다른 모든 분야에 대해서도 마찬가지라 하겠다.

　안회는 매우 가난하게 살면서 큰 벼슬을 하지 못했다. 하지만 그는 공자의 학문과 도의 대부분을 물려받았음이 분명하다. 그렇지 않고서야 어찌 감히 스승인 공자에 대하여 평할 수 있었겠는가? 그렇기 때문에 그는 스승의 사랑을 가장 많이 받았던 것이다. 남에 대하여, 특히 제자에 대하여 좀처럼 칭찬하지 않는 공자로부터 극찬을 받았던 사람은 바로 안회 한 사람뿐이었다.

11

공자의 병이 심하여지자, 자로가 제자들을 가신으로 삼아 공자 사후에 장례를 잘 치르려 하였다.

공자께서 병이 좀 나아가자 자로를 책망하여 말씀하시기를, "오래되었구나, 유(由)의 거짓 행함이여! 나에게는 지금 가신이 없는데도 가신이 있는 것처럼 하였으니, 내가 누구를 속이리오! 하늘을 속일 것인가? 또 나는 가신의 손에 안겨서 죽는 것보다 차라리 제자들의 손에 안겨서 죽으리라. 또 내가 대장(大葬)의 예를 얻지 못한다 하더라도, 나에게는 제자들이 있는데 나의 시체가 길가에 버려지겠는가."

11// 子疾病이어시늘 子路使門人으로 爲臣이러니 病間曰, 久矣哉라 由之行詐也여 無臣而爲有臣하니 吾誰欺오 欺天乎아 且予與其死於臣之手也론 無寧死於二三子之手乎아 且予縱不得大葬이나 予死於道路乎아

| 풀이 | 공자의 병이 몹시 위독하여 자로가 만일의 경우를 대비해서 같은 문인들을 공자의 가신으로 삼아 장례를 훌륭하게 치르려 하였다. 병이 아주 위독하였을 때는 그것을 살필 수 없었으나, 병세에 차츰 차도가 있자 공자는 그 일을 알게 되었다. 그래서 공자는 자로를 책하여 말했던 것이다. "오래 전부터의 일이다, 자로의 거짓 행함이.

신(臣) : 여기에서는 집안일을 돌보는 가신(家臣)을 말한다.
대장(大葬) : 군신의 예장을 말한다.
병간(病間) : 병이 조금 나은 것을 뜻한다.

내 지금은 대부(大夫)의 벼슬에도 있지 않고 또 가신도 두지 않았거늘 없는 것을 있는 체하다니, 내 누구를 속이란 말인가. 하늘을 속이란 말인가? 나는 가신의 팔에 안겨 죽는 것보다 차라리 제자들의 따뜻한 팔에 안겨 죽겠노라! 그리고 내가 죽으면 훌륭하고 성대한 장례는 받지 못하겠지만 제자들이 있는데 나의 시체가 길바닥에 버려지지는 않을 것이 아닌가."

작은 일이라 할지라도 불의는 도저히 용납할 수 없다는 공자의 곧은 성품이 역력히 드러나 있다. 공자는 전에 대부의 벼슬을 지냈고 또 가신도 두었었기 때문에, 자로를 중심으로 해서 제자들이 한 일이 전연 근거가 없는 것은 아니었다. 다른 사람 같으면 오히려 그렇게 하기를 바랄지도 모를 일이다. 그러나 공자는 예(禮)와 의(義)를 중시하는 군자인지라 제자인 자로를 호되게 꾸짖은 것이다. 그리고 명예와 이익을 초월한 그의 마음은 이미 성인의 경지에 있었기 때문에, "가신에게 둘러싸여 장엄하게 죽는 것보다 차라리 제자들의 따뜻한 팔에 안겨서 죽겠다."고 말할 수 있었던 것이다. 그러므로 맨 마지막 부분인 "내가 죽어서 성대한 장례를 받지 못한다 하더라도 제자들이 있는데 나의 시체가 길바닥에 버려지지는 않을 것이다."고 한 말이, 단순히 격한 감정의 표현이 아니라는 것을 알 수 있다. 자신이 제자들에게 대해 준 것만큼 제자들도 자기를 따뜻하게 대해 줄 것이라는 믿음인 것이다.

우리는 여기서 공자의 말을 단순한 사실로만 받아들일

것이 아니라 마음으로 받아들여야 한다. 아무리 훌륭한 대철학자의 명언이라 할지라도 그 말 자체로는 별로 가치가 없는 것이다. 아니, 오히려 딱딱하고 복잡한 것들이라고 생각하기가 쉽다. 그러나 그런 말일수록 말 속에는 뜨겁고 힘찬 정열이 흐르고 있다. 이것은 바로 세상의 사물을 보는 정신과 마음인 것이다. 그리고 이것을 글이나 말로써 나타낸 것이 명구이며 명언이다. 그러니 우리는 마음을 다하여 옛 성현의 뜻을 참되게 이해하려는 태도를 가질 필요가 있겠다.

12

자공이 말하기를, "여기에 아름다운 옥이 있다면 궤 속에 넣어 감추어 두어야 하겠습니까, 아니면 좋은 값을 받고 팔아야 하겠습니까?"

공자께서 말씀하시기를, "팔아야지, 팔아야 하고말고. 나는 좋은 값을 기다리는 사람이로다."

12// 子貢曰, 有美玉於斯하니 韞匵而藏諸리잇고 求善賈而沽諸리잇고 子曰, 沽之哉라 沽之哉라 我는 待賈者也로다

| 풀이 | 아름다운 옥이라 하면 보배롭고도 값진 물건이라 할 수 있다. 그러나 그런 보물도 사용하지 않고 감추어 둔다면 아무짝에도 쓸모가 없는 폐물에 지나지 않는 것이다. 이는 바로 모든 것은 움직이고 행하는 데에 그 뜻이 있다는 말이다. 그래서 공자는 자공의 물음에 "아름다운 옥은 감추어 둘 것이 아니라 팔아야 한다. 나는 바로 그

온(韞) : 감추다.
독(匵) : 궤.
고(沽) : 팔다〔賣〕.

값을 기다리고 있는 사람이다."라고 대답했던 것이다. 여기서 아름다운 옥이라 함은 학문과 도를 가리킨 말이다. 좋은 값으로 사갈 사람이란 바로 학문과 도를 알아주는 어진 군주를 말한다. 결국 공자가 말한 뜻은, 학문과 도는 닦고 쌓는 데에만 그 뜻이 있는 것이 아니라, 그 도를 세상에 널리 펴는 데에도 그 뜻이 있다고 한 것이다.

　이로 본다면 공자는 자신의 학문과 덕을 키우는 데에만 정력을 기울이고 있었던 것이 아니라, 언제나 도를 펼칠 수 있는 준비를 하고 있었다는 것도 알 수 있다. 뿐만 아니라 어진 임금이 불러 주기를 고대하고 있었다는 것도 짐작할 수 있다.

13

13// 子欲居九夷러시니 或曰, 陋커늘 如之何리잇고 子曰, 君子居之면 何陋之有리오

구이(九夷) : 동방의 여러 나라를 두루 일컫는 말.

　공자께서 동쪽 오랑캐의 땅에 가서 살기를 바라셨다. 이에 어떤 사람이 말하기를, "누추할 터인데 어떻게 사시렵니까?"

　공자께서 말씀하시기를, "군자가 거처하니 어찌 누추함이 있으리오!"

| 풀이 | 공자가 당시의 중국 땅에 도가 행하여지지 않음을 한탄하여 "차라리 오랑캐의 땅에 가서 살아야겠구나!" 하고 말하였다. 그러자 어떤 사람이 "오랑캐의 땅에는 예와 법도가 없어 풍속이 나쁘지 않습니까?" 하고 물었던

것이다. 공자는 이에 대하여 "아무리 풍속이 나쁘다 하더라도 군자가 가서 살게 되면 자연 교화될 터인데 무슨 문제가 있겠는가?" 하고 반문하였다.

　공자의 뜻은 이렇듯 일반 사람과 달랐다. 바른 도가 행하여지는 데는 문화가 발달하고 인간의 지혜가 발달하고가 문제되는 것이 아니라 순수한 인간성이 문제가 되는 것이다. 그래서 당시에 최고로 문화가 발달한 중국 땅에 살면서도 불의와 부정에 상실되어 가는 인간성을 아쉬워하였기 때문에, 미개한 나라이지만 순박한 인간성을 간직하고 있는 오랑캐 나라를 그리워했다고 보아야 한다.

14

　공자께서 말씀하시기를, "내가 위(衛)나라에서 노(魯)나라로 돌아온 후에야 풍악이 바르게 되었으며, 아(雅)와 송(頌)이 각기 그 자리를 얻게 되었느니라."

14// 子曰, 吾自衛反魯然後에 樂正하여 雅頌이 各得其所하니라

아송(雅頌) : 아는 대아(大雅), 소아(小雅)의 두 가지가 있는 궁정의 악가(樂歌)이다. 송(頌)은 주(周)나라의 주송(周頌), 노(魯)나라의 노송(魯頌), 상(商)나라의 상송(商頌) 등이 있는 것으로 종묘에서 부르는 악장이다.

| 풀이 | 이 글은 공자가 풍악(風樂)에 대해 말한 것이라 하겠다. 그는 죽기 5년 전에 위(衛)나라에서 노나라로 돌아왔다. 그러니까 공자의 나이 68세 되던 해의 일이다. 그가 위(衛)·제(齊)·송(宋)·진(陳) 등 여러 나라를 전전한 데에는 품고 있는 큰 뜻을 세상에 펴 보려는 데에 목적이 있었지만, 끝내 자기의 마음을 알아주는 군주를 만나지 못하고 68세라는 늙은 나이로 젊은 제자들을 위하여 다시

노나라로 되돌아오기에 이른 것이다. 그러나 공자는 그런 속에서도 자신의 수양과 학문을 멀리하지 않았고, 또 육예(六藝)의 기예(技藝)와 악(樂)을 멀리하지 않았다. 심지어 어떤 때는 악에 도취되어 침식을 잊기도 하였다. 그렇게 하여 그가 고국인 노나라로 되돌아온 말년에는 이미 악에 대하여 독자적인 일가견을 이루고도 남음이 있을 정도로, 그 방면에도 성취를 이루고 있었다. 그래서 그는 노나라의 흐트러진 악을 정리하였고, 아(雅)와 송(頌)에 대하여서도 넓은 견문과 해박한 지식으로 각기 주류를 찾아 그 위치를 정하여 놓았던 것이다.

15

15// 子曰, 出則事公卿하고 入則事父兄하며 喪事를 不敢不勉하며 不爲酒困이 何有於我哉오

공자께서 말씀하시기를, "나가면 임금이나 대부를 섬기고 집에 들어오면 부형을 섬기며, 힘을 다하지 않고는 감히 상사를 치르지 못하며, 술에 마음이 어지러워지지 아니함을 어찌 나라고 못하겠는가."

불감불면(不敢不勉) : 노력과 정성을 다하여야 함.
주곤(酒困) : 술로 정신과 마음이 어지러워짐, 즉 이성을 잃음.

| 풀이 | 여기에서 말한 네 가지 일들은 모두 예를 좇아야만 이루어질 수 있는 일이다. 군주나 대신들을 섬긴다 함은, 단순히 겉으로만 굽신거린다고 해서 되는 일이 아니다. 오직 마음속에서부터 우러나오는 충성과 예가 있어야 한다. 그렇지 않고서는 진심으로 충성을 다하고 군주나 대신들을 섬긴다고 말할 수 없는 것이다. 마찬가지로 부

형을 섬기고, 초상이 나면 노력과 정성을 다하여 치르며, 술을 조심하여 이성을 잃지 않는 일 등도 모두 예의 정신이 없이는 이루어질 수 없다고 하겠다. 물론 공자에게는 이 네 가지의 일이 다 갖추어져 있었다. 그러나 그는 사양과 겸손을 아는 군자인지라 그 네 가지의 일을 자신이라고 하지 못하겠느냐는 말로써 스스로를 한껏 낮추었던 것이다.

16

공자께서 냇가에서 말씀하시기를, "가는 것이 이와 같도다. 밤낮으로 흘러 그치지 아니하도다."

| 풀이 | 냇가에서 냇물의 흐름을 보고 공자가 천지 자연의 운행에 감탄하여 한 말이다.

"지나가는 것은 이와 같은 것인가! 밤낮을 가리지 않고 쉼이 없으니." 하늘의 해와 달도 마찬가지이다. 모든 것이 자연의 이치에 따를 뿐이다. 시공간(時空間)을 통하여 움직임이 있는 것은 모두 흘러간다고 할 수 있다. 그리고 한번 흘러간 것은 다시 돌아오지 않는다. 끊임없는 힘의 변화, 이것이 바로 자연의 이치인 것이다. 우주에 존재하고 있는 모든 것은 하나도 빠짐없이 이에 순종한다. 거역함이란 있을 수 없다. 해와 달과 함께 세월의 흐름도, 세월의 흐름과 함께 우리의 인생이 지남도, 또 그에 따라 우리

16// 子在川上曰, 逝者如斯夫인저 不舍晝夜로다

서(逝) : 지나가다.
여사(如斯) : 이와 같음. 여기에서 '사(斯)'는 흐르는 물을 가리킴.

가 늙어 가는 것도 거역할 수가 없다. 그렇기 때문에 우리의 생활에 변화가 있는 것이 아니겠는가. 멀리는 생로병사(生老病死), 가까이는 잘 살고 못 사는 것이 모두 이에 의해서 생기는 것이다.

그러나 공자의 생각은 여기에서 그치지 않았으리라. '물이 끊임없이 흐름과 함께 세월이 흐르니, 우리 인생도 이에 순응하여 흘러야 한다.' 이것이 바로 천리를 따르는 것이다. 만약 천리에 순응하지 않고 자칫 게으름을 피우다 보면 인생의 기회도 모두 놓쳐 버리고 만다. 그러니 천리의 법칙을 따라서 부지런히 인간의 도리를 행하여야 한다.

17

17// 子曰, 吾未見好德을 如好色者也이니라

공자께서 말씀하시기를, "나는 아직까지는 미색을 좋아하는 것같이 덕을 좋아하는 사람을 보지 못하였노라."

| 풀이 | 색(色)을 좋아한다는 것은 인간의 본능이다. 밥을 먹고, 잠을 자고 하는 것 등과 같이 배워서 알고 하는 것이 아니라 누구나 자연스럽게 알게 되는 것이다. 그리고 본능은 강한 것이다. 생명이 있는 한 우리 인간에게서 떠나지 않는 것은 바로 이 본능뿐이라 하겠다. 공자는 바로 이런 본능의 하나인 색을 인간의 덕에 비유했던 것이다.

18

　공자께서 말씀하시기를, "학문은 비유컨대 마치 산을 만듦과 같아서 한 삼태기를 마저 이루지 못하고 그만두어도 내가 그만둠이며, 비유컨대 땅을 평평하게 하는 것과 같아서 비록 흙 한 삼태기를 부었다 하더라도 나아감은 내가 나아감이니라."

| 풀이 | 이 문장은 공자가 학문을 닦는 것을 산을 만들고 땅을 평평하게 하는 데 비유한 것이라 하겠다. 학문이란 말은 그 뜻이 너무나 넓고 어려워서 한마디로 쉽게 말하여 남을 이해시킬 수 없는 것이다. 더구나 공자가 뜻하고 있는 학문은, 지(知)에서 그치지 않고 반드시 실천이 따르므로 더욱 그 뜻이 광범위하다. 그래서 학문을 닦는 것이란 마치 산을 만드는 것과 같아서 한 삼태기의 흙을 마저 채우지 못하고 그만두어도 내가 그만두는 것이 되며, 또 평지를 고르는 것과 같아서 비록 한 삼태기의 흙을 붓는다 할지라도 그것은 나의 진보가 된다고 비유하여 말했던 것이다. 학문을 하는 데에는 중단 없는 노력이 필요하다. 아무리 진전이 많더라도 중도에서 그만둔다면 거기에서 끝나고 마는 것이다. 반면에 큰 걸음을 걷지 못하더라도 지금부터 시작하여 나아감은 곧 자신의 진보가 되는 것이다. 전진과 후퇴, 실패와 성공의 그 책임이 모두 자신에게 달려 있음을 말해 준다.

　아무리 학문에 열성을 기울였다 하더라도 중도에서 그

18// 子曰, 譬如爲山에 未成一簣하여 止도 吾止也이며 譬如平地에 雖覆一簣나 進도 吾往也니라

위(爲) : 만들다(造).
궤(簣) : 삼태기.
복(覆) : 붓다.

만둔다면 그 의의는 없어지고 만다. 특히 학문을 한다 함은 무슨 목적을 위해서 어느 한 부분만을 터득하는 것이 아니라 평생을 통해서 배우는 데에 바로 그 뜻이 있는 것이다. 공자는 그것이 진정 학문이라 했고, 그 목적도 단순히 배우는 데 그치지 않고 일상생활에 실천해야 한다고 강조했다. 그렇기 때문에 학문을 그만둔 사람은 아무리 아는 것이 많다 하더라도, 그 사람은 이루지 못한 사람이라고 간주했던 것이다. 반면에 아무것도 모르는 사람이라 할지라도 학문을 시작한다면, 그 진전이 있는 만큼 뜻이 있다고 하였던 것이다. 이는 곧 인생 자체는 어떤 목적지에 귀착하는 것이 아니라 끊임없이 실천해야 하는 과정임을 뜻한 것이다.

19

19// 子曰, 語之而不惰者는 其回也與인저

공자께서 말씀하시기를, "말해 준 바를 게을리하지 않는 자는 바로 회(回)뿐이니라."

| 풀이 | 공자가 제자 안회를 칭찬하여 한 말이다. 도는 알아서만 되는 것이 아니다. 알고 있는 진리를 행하여 나아가는 것에 그 생명이 있다. 공자의 제자 중에는 총명한 사람도 많았을 것이다. 그러나 공자의 학문과 도를 이어받을 만한 성품을 지니고 있었던 사람은 안회 한 사람밖에 없었던 모양이다.

20

공자께서 안회를 평하여 말씀하시기를, "애석하구나! 내 그의 도와 학문이 나아가는 것은 보았으나, 아직 그것이 멈추는 것을 보지 못하였노라."

| 풀이 | 첫마디의 "애석하구나!"라고 한 것으로 보아 안회가 이미 죽었다는 것을 알 수 있다. 안회는 스승의 학문과 도를 조금도 게을리하지 않고 따른 사람이었다. 그러나 그는 명이 짧아 젊은 나이에 죽고 말았다. 학문에 날로 진보만 있었던 그가 세상을 떠났으니 공자의 마음인들 오죽하였겠는가.

20// 子謂顔淵曰, 惜乎라 吾見其進也요 未見其止也라

21

공자께서 말씀하시기를, "곡식에 싹은 나도 꽃이 피지 않는 것이 있고, 꽃은 피어도 열매를 맺지 못하는 것이 있구나."

| 풀이 | 곡식은 싹이 나서 자라고, 꽃이 피고, 열매를 맺고, 또 그 열매가 익는 것이 원칙이다. 그러나 세상의 모든 법칙에는 예외가 있듯이 어떤 것은 싹이 났으나 꽃을 피우지 못하는 것이 있고, 또 어떤 것은 꽃은 피웠으나 열매를 맺지 못하는 것이 있다. 이 말은 아마 공자 스스로가 그의 제자들을 두고 한 말인 것 같다. 그의 제자는 3천여

21// 子曰, 苗而不秀者有矣夫며 秀而不實者有矣夫인저

명이나 되었다고 한다. 그 3천여 명의 제자도 마치 밭에 씨를 뿌려 놓은 것과 마찬가지로 싹만 돋고 꽃이 피지 않는 사람, 꽃은 피웠으되 이삭을 맺지 못하는 사람, 그리고 맺은 이삭을 채 익히지 못하는 사람 등이 있었으리라. 그러나 그 중에서도 가장 일찍 싹이 트고, 꽃을 피우고, 또 이삭을 맺어놓고는 익히지 못한 채 모진 비바람에 떨어진 사람이 있었다. 바로 안회(顔回)를 가리킨 말이다. 그래서 공자는 열매를 채 익히지 못하고 떨어진 안회를 안타깝게 여겨서 "꽃은 피웠으되 열매를 익히지 못하고 떨어지는 것도 있구나!" 하고 통탄하였던 것이다.

22

22// 子曰, 後生이 可畏니 焉知來者之不如今也이리오 四十五十而無聞焉이면 斯亦不足畏也已니라

무문(無聞): 학문과 도덕이 세상에 드러나지 않아 이름을 얻지 못함.

공자께서 말씀하시기를, "뒤에 나는 사람이 두려우니라. 어찌 장래의 그들이 지금의 나만하지 못하다 하리오. 그러나 사십, 오십이 되어도 학문과 덕으로 이름을 들음이 없으면, 그런 자는 두려워할 것이 못 되느니라."

| 풀이 | 세상에 알려진 사람보다는 아직 명성이 알려지지 않은 후배가 두렵다. 사람이란 미래를 예측할 수 없는 법이다. 후배들은 아직 원기가 왕성하기 때문에 마음만 먹는다면 무한히 발전할 가능성이 있다. 그래서 공자는 "후배는 정말 두려워할 만하다. 장래에 그들의 학문과 도덕이 어찌 나만 못하다 하겠는가. 그러나 사십, 오십이 되

어도 그 학문과 덕을 이루지 못해서 이름을 얻은 바가 없다면 그런 사람은 두려워할 것이 못 되느니라." 하고 말했다. 후배를 두려워하는 것도 진취성이 있는 후배를 말하는 것이지 후배 모두를 뜻하는 것은 아니다. 결국 사십, 오십이 넘어도 아무런 학문적 기틀을 잡지 못한 사람은 두려워할 것이 없다는 말이다. 젊은이들은 누구나 학문과 도에 뜻을 두고 성실하게 나아간다면 크게 발전할 수 있음을 뜻한 말이기도 하다.

23

공자께서 말씀하시기를, "법어(法語)의 말씀을 능히 따르지 않겠는가마는 그 말씀에 따라 잘못을 고칠 줄 아는 것이 중요하니라. 부드럽게 타이르는 말을 능히 좋아하지 않겠는가마는, 그 말의 참뜻을 찾는 것이 중요하니라. 기뻐하여도 참뜻을 찾아내지 못하고, 따르면서도 자기의 잘못을 고치지 않는다면, 내 어찌할 수 없느니라."

23// 子曰, 法語之言은 能無從乎아 改之爲貴니라 巽與之言은 能無說乎아 繹之爲貴니라 說而不繹하며 從而不改면 吾末如之何也已矣니라

| 풀이 | 도리에 맞는 옳은 말은 당연히 따라야 한다. 그러나 그런 말을 따르더라도 그것에서 자신의 잘못을 깨우쳐 고치지 못한다면 아무 소용이 없다. 상대방이 잘못을 부드럽게 일깨워 주는데 그것을 싫어할 사람은 없을 것이다. 감정을 상하지 않게 나의 잘못을 말해 주는데 싫어할 사람이 있겠는가? 그러나 그런 말에서도 참뜻을 파악하지

법어(法語) : 바르게 이야기하여 깨우치게 하는 말. 법언(法言)과도 통하는 말로, 도리가 될 수 있는 옳은 말을 뜻한다.
역(繹) : 실을 뽑다, 실의 끝을 찾는다는 뜻으로, 속뜻을 찾는다는 말로 쓰임.

않으면 아무런 가치가 없게 된다. 여기에는 타인의 충고보다는 자기 스스로 깨우치고 고쳐 나가야 한다는 뜻이 담겨 있다. 아무리 성인의 도를 좋아하고 따른다 하지만, 그것을 받아들여 소화시키지 않는다면 모두 무위로 되돌아가고 마는 것이다.

24// 子曰, 主忠信하며 毋友不如己者요 過則勿憚改니라

24

공자께서 말씀하시기를, "충과 신을 주(主)로 하고, 나만 못한 사람을 사귀지 말고, 자신에게 허물이 있거든 고치기를 꺼려하지 말지니라."

|풀이| 이 글은 학이편(學而篇)의 8에 있는 문장이다.

25// 子曰, 三軍은 可奪帥也이니와 匹夫는 不可奪志也이니라

25

공자께서 말씀하시기를, "삼군(三軍)에서 그 장수를 빼앗을 수는 있을지언정, 굳게 다져진 필부의 뜻은 빼앗을 수가 없느니라."

삼군(三軍) : 많은 군사.

|풀이| 많은 군사로 호위된 삼군(三軍)의 대장의 목숨은 빼앗을 수는 있다. 그러나 굳게 다져진 한 사람의 마음을 빼앗을 수는 없다. 충절이 강한 사람의 목숨은 칼이나 창으로 쉽게 빼앗을 수 있지만 마음속에 품고 있는 뜻은 결

코 빼앗을 수가 없다는 말이다.

　우리는 예로부터 역대 충신과 열녀에 대하여 많이 들어 왔다. 정의에 불타는 그들의 굳은 의지는 목숨이 다하더라도 끝내 빼앗기지 않았던 것이다.

26

　공자께서 말씀하시기를, "해진 무명 도포를 입고서 여우나 담비 가죽으로 만든 털옷을 입은 자와 함께하여도 부끄러워하지 않는 사람은 바로 유(由)일 것이니라. 남을 해하지 않고 또 남의 것을 탐내어 구하지 않으니, 어찌 선하지 않으리오." 하고 〈시경〉의 구절까지 인용하여 칭찬해 주셨다.

　그러자 자로(子路)는, "남의 부귀를 사지 아니하고 탐하지 아니하면 어찌 착하지 아니하겠느냐."란 〈시경〉의 구절을 항상 외웠더니 공자께서 말씀하시기를, "이는 바로 도를 행하는 과정인데, 어찌 그것만으로 선을 행함에 족하다 하리오."

| 풀이 | 자로는 남달리 성질이 급한 탓으로 공자에게 꾸중을 많이 들은 사람이다. 그러나 그런 우직한 사람일수록 단순한 반면에 다른 사람에게서는 찾아볼 수 없는 용기와 정의감이 있다. 그래서 공자는 가난하면서도 순박성을 잃지 않고 또 자신의 부족함을 부족한 대로 남에게 떳

26// 子曰, 衣敝縕袍하며 與衣狐貉者로 立而不恥者는 其由也與인저 不忮不求면 何用不臧이리오 子路終身誦之한데 子曰, 是道也로 何足以臧이리오

온포(縕袍): 무명으로 만든 도포.
호학(狐貉): 여우와 담비. 귀인이 입는 옷.
시도야(是道也): 여기서는 도를 행하는 과정을 뜻함.

떳이 내놓을 수 있는 솔직한 용기를 〈시경〉의 구절까지 인용하여 칭찬해 주었던 것이다. 그러나 마음이 우직한 자로는 모처럼 듣는 스승의 칭찬에 기뻐서 그 〈시경〉의 구절을 항상 외웠던 것이다. 그래서 공자는 "그렇게 하는 것은 도를 행하는 과정인데, 어찌 그것만으로 선을 행함에 족하단 말인가." 하고 일깨워 주었다.

한 가지에 치우쳐 도를 벗어나면 다른 것은 모두 소홀해지고 마는데, 그것이 바로 중용(中庸)의 도를 잃게 된다는 것이다.

27

27// 子曰, 歲寒然後에 知松栢之後彫也이니라

공자께서 말씀하시기를, "날씨가 추워진 뒤에야 소나무와 잣나무가 더디 시드는 것을 알 수 있느니라."

| 풀이 | 날씨가 추워진 뒤에야 소나무와 잣나무가 다른 나무들보다 늦게 시들게 됨을 알게 된다. 이와 마찬가지로 태평한 때는 군자와 소인을 구별하기가 어렵다. 나라가 어지러워져야만 비로소 소인인지 군자인지를 알 수 있다. 또 나라가 위급한 때를 당해야만 충신(忠臣), 열사(烈士), 의사(義士)를 알게 되는 것이다.

28

공자께서 말씀하시기를, "지혜로운 사람은 미혹되지 않고, 어진 사람은 근심하지 않고, 용기있는 사람은 두려워하지 않느니라."

28// 子曰, 知者는 不惑하고 仁者는 不憂하고 勇者는 不懼니라

| 풀이 | 지자(知者)는 지혜가 있어 사리에 밝기 때문에 모든 일에 미혹되지 않는다. 어진 사람은 항상 마음이 평안하기 때문에 근심과 걱정이 없다. 용기있는 사람은 가슴 속에 용맹이 있기 때문에 어떤 일을 당하여도 두려워하지 않는다.

29

공자께서 말씀하시기를, "함께 배우더라도 함께 도에 나아가지는 못하고, 함께 도에 나아가더라도 함께 뜻을 세우지는 못하며, 함께 뜻을 세우더라도 함께 일을 적절히 처리하지는 못하느니라."

29// 子曰, 可與共學이라도 未可與適道며 可與適道라도 未可與立이며 可與立이라도 未可與權이니라

권(權) : 흔히 권세의 뜻으로 많이 쓰이나, 여기에서는 저울 추(錘)란 뜻으로 쓰였음. 즉, 저울로 물건을 다는 것과 같이 일의 경중을 알아서 옳게 처리함.

| 풀이 | 학문에 뜻을 둔 사람이라면 같이 배울 수는 있지만, 각자의 능력이 다르므로 함께 도에 나아갈 수가 없고, 비록 같이 도에 나아간다 하더라도 도가 흔들리지 않게 함께 마음을 확고히 할 수가 없으며, 마음을 확고히 세웠다 하더라도 세상에 나아가서는 남과 같이 일을 처리할 수가 없다는 뜻이다. 이는 바로 각자 타고난 재질과 성품,

그리고 능력이 다름을 인정한 말이라 하겠다. 공자는 세상 사람들에게는 성인이고 제자들에게는 훌륭한 스승이었지만, 인간이 타고난 능력의 한계는 어찌할 도리가 없었기에 이렇게 말했던 것이다.

그러나 그가 이같은 말을 제자들에게 할 때는 또 다른 깊은 뜻이 있었음이 분명하다. 즉, 재질과 능력의 차이를 강조했다기보다 제자들의 학문적 열의를 높이기 위해서 한 말이라고 보아야 한다.

30

30// 唐棣之華여 偏其反而로다 豈不爾思리요마는 室是遠而니라 子曰, 未之思也이언정 夫何遠之有리오

당체(唐棣) : 오얏의 일종.
편기반이(偏其反而) : 편(偏)은 편(翩)과 동일한 뜻으로, 움직이고 있는 상태를 나타냄. 그러므로 이 구절 전체는 몹시 떨고 있다는 말로 풀이됨.

산오얏 고운 꽃은 산 바람에 나부끼네.
그대 생각하네마는 그대 집이 멀구나.
공자께서 말씀하시기를, "진정으로 생각하는 것이 아니로다. 만약 그렇지 않다면 어찌 먼 것이 관계 있으리오."

| 풀이 | 꽃잎이 나부끼는 것을 보고 인간의 성품을 되살린 글이라 하겠다. 그러나 마음과 현실과는 현격한 차이가 있으므로 "그대 집이 멀구나." 하고 한탄했을 뿐이다. 하지만 공자는 이 시를 단순히 시적인 느낌으로만 보지 않았다. 그 속에 담겨 있는 인간의 순수한 감정이 어느 정도 작용하고 있는가를 보았던 것이다. 그래서 그는 여러 제자들 앞에서 "이는 진정으로 생각하지 않은 것이로다. 만약 그렇지 않다면 어찌 멀고 가까운 것이 문제가 되겠

느냐." 하고 말했던 것이다. 시에까지 이지(理智)를 결부시킨 것은 지나친 도덕관념의 표현이라고 느껴질지 모르겠지만, 사실은 그가 철두철미한 이지를 강조하기 위해서 그런 말을 한 것은 아니다. 그는 이 시에 흐르고 있는 사상이 느낌보다는 오히려 구함이 부족하다고 지적한 것이다.

제 10 편
향당(鄕黨)

1// 孔子於鄕黨에 恂恂如也하여 似不能言者이시다 其在宗廟朝廷에 便便言하사대 唯謹爾이시다

향당(鄕黨) : 500호의 마을을 당, 25당을 향이라 한다. 여기에서는 공자가 사는 향리를 말함.
순순(恂恂) : 진실하고 공손한 모양. 신실한 모양.

1

공자께서 향당에 계실 때는 신실하셔서 마치 말을 못하는 사람과 같으셨고, 종묘와 조정에 계실 때는 거침없고 분명히 말씀하시되 삼가서 하셨다.

| 풀이 | 여기에서 향당이라 함은 공자의 부형과 종친이 계신 곳을 말한다. 주희(朱熹)가 쓴 서설에는, 공자의 조상은 송(宋)나라 사람이고 공자는 노(魯)나라의 추(陬) 마을에서 태어났다고 했다. 그러나 이 장에서 말한 곳이 반드시 고향인 추 마을이라고 단정지을 수는 없다.

공자의 학문과 덕은 당시의 사회에서도 상당히 명성이 높았기 때문에 한때 그는 노나라에서 대부의 신분인 사구(司寇) 벼슬을 지낸 적이 있었다. 여기에서 말한 것은 아마 그때 공자가 취한 태도를 기록한 것 같다. 평소에는 온순하고 공손하여서 말이 별로 없지만, 조정에 나아가서 공사(公事)를 처리할 때는 사리를 따지고 대의명분을 밝혀 거침없이 말하되, 언제나 신중함을 잃지 않았음을 말한 것이다.

2

공자께서 조정에 나가셔서 하대부(下大夫)와 말씀하실 때는 화락한 듯하셨고, 상대부(上大夫)와 말씀하실 때는 온순한 듯하셨으나 정리(正理)는 논쟁하시었다. 그리고 임금이 계신 앞에서는 공경하는 중에도 위의(威儀)를 갖춘 듯하셨다.

2// 朝에 與下大夫言에 侃侃如也하시며 與上大夫言에 誾誾如也이시다 君在어시든 踧踖如也하시며 與與如也이시다

| 풀이 | 당시 제후국의 벼슬에는 경(卿)·대부(大夫)·사(士)가 있었는데, 각 벼슬마다 또 상·중·하로 나뉘어서 모두 아홉 계급으로 되어 있었다. 공자가 지낸 사구(司寇)라는 벼슬은 대부 중에서도 하에 속하였다. 공자는 같은 대부의 신분에서도 윗 계급인 상대부와 함께 논의할 때는 윗사람을 존경하는 의미에서 항상 공손한 태도를 취하였다. 그러나 올바른 도리에 대해서는 조금도 양보함이 없이 거침없는 태도로 명백하게 말하였던 것이다.

이 문장은 공자의 제자가 스승의 행적을 나타내려고 쓴 것이다. 여기서 '간간여야 은은여야(侃侃如也 誾誾如也)' 등의 표현에서 여(如)를 쓴 것은 제삼자의 입장에서 묘사한 것이기 때문이라 하겠다. 여기서 여(如)는 '무엇 무엇과 같다, 듯하다'의 뜻으로 쓰였다.

하대부(下大夫) : 대부의 벼슬에는 상, 중, 하의 세 급이 있었다. 하대부는 그 중에서 맨 아래의 계급임.
간간(侃侃) : 강하고 곧음.
은은(誾誾) : 온화하고 기쁘게 하여 간하는 것.
축적(踧踖) : (임금을) 공경하여 삼가는 모양.
여여(與與) : 공경하는 가운데서도 태연한 모양.

3

임금이 불러 내빈의 접대를 명하시면 급히 안색을 긴장

3// 君召使擯이어시든

色勃如也하시며 足躩如也이시다 揖所與立하사대 左右手러시니 衣前後襜如也이시다 趨進에 翼如也이시다 賓退어든 必復命日, 賓不顧矣라 하시다

발(勃) : 얼굴빛이 변하는 모양.
읍(揖) : 손을 가슴 앞으로 모아 경의를 표하는 인사.
첨(襜) : 옷이 가지런한 모양을 나타냄.

하시며 걸음도 조심하셨다. 내빈과 마주 읍(揖)을 하실 때는 두 손을 조심스럽게 올리셔서 옷의 앞자락과 뒷자락을 가지런히 움직이셨다. 빨리 걸어가실 때는 마치 새가 날개를 편 듯 두 팔을 곧게 펴셨다. 내빈이 물러간 뒤에는 반드시 "내빈은 뒤를 돌아보지 않았나이다." 하고 보고하셨다.

| 풀이 | "임금이 불러서 타국에서 온 내빈(來賓)을 접대하라는 명령을 내릴 때 공자는 안색이 변하고 걸음까지 조심하였다."는 것은 왕명을 대하는 공자의 공경스런 태도를 나타낸 것이라 하겠다. 그는 예가 갖추어지고 충(忠)의 사상이 돈독한 사람이다. 그래서 왕명을 받자 만사를 제쳐놓고 명을 따를 마음가짐을 취하였던 것이다.

이런 마음의 상태가 안색을 변하게 하고 심지어는 온몸을 긴장하게 하였던 것이다.

"내빈과 더불어 인사를 나눌 때는 더없이 조심스럽게 행동하여 앞뒤의 옷자락이 조금도 층이 지지 않고 가지런히 움직였다."라는 구절은 공자의 예를 행하는 법도를 나타낸 것이다. 옷의 앞뒤 자락에 층이 지지 않도록 몸을 움직인다는 것은 어지간히 조심해서는 되지 않는다. 마음과 행동이 일치해야만 그런 정도에 이르는 것이다. 이로 본다면 왕명을 행하는 공자의 정성이 어떤 것인가를 잘 알 수 있지 않겠는가. 그리고 내빈이 물러간 뒤에는 반드시 임금에게 보고하였다 한다. 이는 일의 결과를 보고한 것

이다. 그래서 공자는 "내빈은 뒤를 돌아보지 않고 갔습니다." 하고 반드시 처리한 일을 보고하였다.

언뜻 생각해서는 이 말의 뜻과 그 필요성을 느끼지 못하겠지만, 사실 그 속에는 다른 사람이 생각지 못한 다음과 같은 뜻이 들어 있다. '내빈은 뒤를 돌아보지 않고 갔습니다. 그만큼 그는 모든 일을 흡족히 끝내고 갔음이 분명합니다. 신은 충성을 다하여 명을 이행했습니다.' 하는 책임 완수의 보고라 하겠다.

4

대궐 문을 들어갈 때 허리를 굽히시는 것이 마치 문이 좁아 들어감이 허용되지 않는 것 같았고, 서 계실 때는 문 가운데를 피하셨으며, 가실 때는 문지방을 밟지 않으셨다. 임금이 계시는 자리를 지나실 때는 안색을 긴장하시고 걸음을 조심하셨으며, 그 말씀은 마치 부족한 것같이 하셨다. 옷자락을 잡고 당에 오르실 때는 허리를 굽히시며, 숨을 죽이는 것이 마치 숨을 쉬지 않는 것같이 하셨다. 나오실 때는 한 계단 내려오셔서 낯빛을 푸는 것이 기쁨에 차서 화락한 모양 같았다. 계단을 다 내려와서는 걸음을 빨리 하시되 몸가짐을 마치 새가 날개를 편 듯 두 팔을 곧게 펴고 걸으셨으며, 자리에 되돌아와서는 그 태도가 공경하는 듯하셨다.

4// 入公門하실새 鞠躬如也하사 如不容이러시다 立不中門하시며 行不履閾이러시다 過位하실새 色勃如也하시며 足躩如也하시며 其言은 似不足者이시다 攝齊升堂하실새 鞠躬如也하시며 屛氣似不息者이시다 出降一等하사는 逞顔色하사 怡怡如也하시며 沒階趨進하사는 翼如也하시며 復其位하사는 踧踖如也이시다

역(閾) : 문지방.
위(位) : 임금이 있는 자리.
섭(攝) : 거두다.
자(齊) : 옷의 아랫단.
정(逞) : 펴다. 풀다.
이이(怡怡) : 기쁨에 차서 화락한 모양.

| 풀이 | 공자가 대궐 문을 들어가면서부터 임금 앞에서 행하는 몸가짐까지 일일이 기록해 놓은 것이다. 대궐 정문에서부터 집정당(執政堂)에 이르기까지의 몸가짐, 당을 내려와 자신의 자리로 되돌아와서 갖추는 몸가짐 등 모두가 충(忠)에서 우러나온 태도요, 예절에 맞는 몸가짐이라 할 수 있다.

5

5// 執圭하사대 鞠躬如也하사 如不勝하시며 上如揖하시고 下如授하시며 勃如戰色하시며 足蹜蹜如有循이러시다 享禮에 有容色하시며 私覿에 愉愉如也이시다

규(圭)를 잡고 계실 적에는 몸을 굽히시는 것이 마치 그것을 못 이기는 것 같았다. 올릴 때는 마치 읍을 하는 듯하였고, 내릴 때는 무엇을 내려 주시는 듯하였는데 안색이 긴장되는 것이 두려워하는 듯하시며, 발끝으로 걷는 것이 마치 발이 떨어지지 않는 듯하셨다. 예물을 바칠 때는 엄숙하고도 너그러운 기색을 보이셨으며, 사사로운 예로 만나실 때는 화락한 기색을 하셨다.

규(圭) : 제후가 봉(封)함을 받을 때 천자가 주는 옥으로 된 홀. 이웃 나라에 사신을 보낼 때 신표로 사용함.
축축(蹜蹜) : 축은 발끝으로 디딘다는 뜻으로 조심조심 딛는 걸음을 나타냄.
향례(享禮) : 예물을 주다.
사적(私覿) : 적은 만남(謁見)의 뜻으로, 사적인 만남을 말함.

| 풀이 | 공자가 임금의 사신으로 타국(他國)을 방문한 적이 있었다. 이 장의 글은 바로 왕명을 받들어 외국에 사신으로 갔을 때의 행동을 기록한 것이다. 처음에 왕의 신표인 규(圭)를 바치는 것에서부터 예물을 바치는 것, 그리고 개인적으로 만나 보는 것 등을 묘사한 것이다. 규는 7치 정도의 가벼운 물건이나 왕을 상징하는 것이므로 무거운 물건을 다루는 것처럼 정중하고 근엄하게 행동을 취했다.

그러나 공식 예절이 끝나고 개인적으로 만날 때는 모든 긴장을 풀고 부드러운 낯빛을 지었다. 이는 공과 사를 구별할 줄 아는 군자의 태도라 할 수 있다. 사신의 신분으로 있을 때는 자신 한 사람이 아니라 국왕을 대신하고 나라를 대표하는 것이지만, 개인적으로 만날 때는 그런 대의명분을 떠나 한 인간으로 대한 것이다.

6

군자(공자)께서는 보라색과 주홍색으로 옷깃을 달지 않으시며, 분홍과 자주색으로 평복을 만들어 입지 않으셨다. 더울 때는 가는 갈포(葛布)와 거친 갈포의 홑옷을 반드시 껴입으셨다. 검은 옷에는 염소 가죽으로 만든 갖옷, 흰 옷에는 어린 사슴의 가죽으로 만든 갖옷, 누런 옷에는 여우 가죽의 갖옷을 입으셨다. 평소에 입는 갖옷은 길게 입으셨는데, 특히 오른 소매를 짧게 하셨다. 반드시 잠옷을 사용하셨는데, 그 길이가 한 키 반이었다. 여우와 담비의 두꺼운 털옷은 집에서만 입으셨다. 상(喪)을 벗고 나시면 무슨 패물이든지 가리지 않고 차셨다. 조복과 제복이 아니면 반드시 줄여서 간편하게 입으셨다. 염소 가죽옷과 검은 관을 쓰고는 조문하지 않으셨다. 매달 초하루에는 반드시 조복을 입고 조회에 나가셨다.

| 풀이 | 군자는 공자를 가리킨 것으로 보는 것이 일반적

6// 君子不以紺緅飾하시며 紅紫로 不以爲褻服이러시다 當暑하사 袗絺綌을 必表而出之이시다 緇衣羔裘오 素衣麑裘오 黃衣狐裘이시다 褻裘長하되 短右袂이시다 必有寢衣하시니 長一身有半이러라 狐貉之厚로 以居이시다 去喪이어든 無所不佩러시고 非帷裳必殺之이시다 羔裘玄冠으로 不以弔이시다 吉月에 必朝服而朝이시다

감(紺) : 청색과 자색의 간색(間色).
추(緅) : 주홍색.
설복(褻服) : 평상시에 입는 옷을 말함.

진(袗) : 홑옷.
치(絺) : 가는 갈포(葛布).
격(綌) : 굵은 갈포.
필표이출지(必表而出之) : 반드시 속옷 위에 갈포옷을 입는 것을 말함.
치(緇) : 검은색.
유상(帷裳) : 유는 원래 휘장이란 뜻으로 조복을 말하고, 상은 치마란 뜻으로 제사 지낼 때 입는 제복을 말함.
쇄(殺) : 옷을 줄여 간편하게 함을 뜻함.

인 견해이다. 이 글은 공자의 의(衣)생활에 관해 적은 글이다. 연보라색과 주홍색은 상복의 색깔이기 때문에 옷깃을 달지 않았고, 분홍색과 자주색은 여자의 옷에 가깝기 때문에 옷을 만들어 입지 않았다. 더울 때는 홑옷을 입지만, 반드시 속옷을 입고 그 위에다 갈포옷을 입었다고 하였다. 이는 겉으로 살이 비치는 것을 피하기 위함이다. 겨울이 되어 가죽으로 된 갖옷을 입더라도 반드시 그 위에 입는 옷과 색깔을 같이하였다. 검은 옷에는 염소 가죽의 갖옷이고, 흰옷에는 어린 사슴의 가죽으로 된 갖옷이며, 누런 옷에는 여우 가죽의 갖옷을 입었다. 평상시에 입는 옷은 길게 하였지만 오른 소매는 짧게 하였다. 이것은 오른손을 보다 많이 쓰기 때문에 편리를 도모한 것이다.

또 잠자리에 들 때는 반드시 잠옷을 사용하였는데, 잠옷의 길이가 한 키 반이라고 하였다. 잠을 잘 적에 평복을 입고 잔다는 것은 불편할 뿐더러 건강에도 좋지 않다. 그래서 공자는 잠옷을 갖추었다. 그러나 잠옷의 길이가 한 키 반이라 함은 그 나머지 길이로 발을 덮었다는 것이다. 가정에서 입는 옷은 여우 담비 같은 털이 길고 가죽이 두꺼운 것으로 만들어 입었다. 모양이나 형식을 가리지 않고 실용을 위주로 하였음을 알 수 있다. 패물은 일종의 장식품으로 사람의 위용을 돋보이게 하는 것이다. 그래서 공자도 그것을 즐겨 사용하였으나, 상을 치르는 기간은 패물의 사용을 금하였다.

예복이 아닌 옷은 반드시 간편하게 줄여서 입었다. 염소 가죽의 갓옷이나 검은 관을 쓰고 조문하지 않은 것은 조상(弔喪)에 검은색을 피하는 것이 당시 중국의 풍습이었기 때문이다. 매월 초하루에는 반드시 조복을 입고 조회에 참석하였다. 신하된 도리를 지키기 위하여 길월(吉月)에 있는 조회에는 빠지지 않고 참석했던 것이다.

7

재계(齊戒)하실 때는 반드시 깨끗한 옷으로 갈아입으시는데, 베로 만든 것이었다. 재계하실 때는 술과 고기, 매운 것, 냄새 나는 것 등을 잡수시지 않고 거처도 반드시 옮기셨다.

7// 齊必有明衣러시니 布니라 齊必變食하시며 居必遷坐이시다

│풀이│ 재계(齊戒)는 제사를 지내기 전에 목욕을 하고 마음을 가라앉히는 것으로, 제사를 받들기 열흘 전부터 시작한다. 처음 이레 동안은 산재(散齊)라 하여 마음을 가다듬고 악하고 추한 것을 보지 않으며, 그리고 나머지 사흘 동안은 치재(致齊)라 하여 매일 목욕하고, 술과 고기, 그리고 냄새가 나는 고추·마늘·파 등의 음식을 먹지 않으며, 별실에서 조용히 기거한다.

이 글은 재계에 임하는 공자의 태도를 제자들이 적은 것으로 당시에 거행되고 있던 재계의 절차에 조금도 어긋남이 없었다.

재(齊) : 재계(齊戒), 즉 제사 지내기 전에 목욕을 하고 마음을 가라앉히는 것.
천좌(遷坐) : 평상시에 있던 곳에서 자리를 옮김.

8// 食不厭精하시며 膾不厭細이시다 食饐而餲와 魚餒而肉敗를 不食하시며 色惡不食하시며 臭惡不食하시며 失飪不食이러시다 割不正이어든 不食하시며 不得其醬이어든 不食이러시다 肉雖多나 不使勝食氣하시며 唯酒無量하사대 不及亂이러시다 沽酒市脯를 不食하시며 不撤薑食하시며 不多食이러시다 祭於公에 不宿肉하시며 祭肉은 不出三日하시더니 出三日이면 不食之矣니라 食不語하시며 寢不言이러시다 雖疏食菜羹이라도 瓜祭하사대 必齊如也이러시다

의(饐): 밥이 쉰 것.
애(餲): 맛이 변한 것.
뇌(餒): 생선이 썩어 부패한 것을 말함.
패(敗): 고기가 썩은 것.
임(飪): 익히다(熟)와 같은 뜻임.

8

밥은 정한 것을 싫어하지 않으셨으며, 회는 가늘게 썬 것을 싫어하지 않으셨다. 밥이 쉬어서 맛이 변한 것과 생선이 상하고 고기가 썩은 것은 잡수시지 않으셨으며, 색깔이 나쁜 것과 냄새가 나쁜 것은 잡수시지 않으셨다. 익지 않은 음식은 잡수시지 않으셨으며, 때가 아니면 음식을 드시지 않으셨다. 음식을 썬 것이 반듯하지 않으면 잡수시지 않으셨고, 간이 맞지 않은 것도 잡수시지 않으셨다. 고기를 비록 많이 잡수신다 하더라도 밥의 기운을 누를 정도까지는 잡수시지 않으셨다. 오직 술만은 일정한 양이 없으나 정신을 잃을 정도까지는 드시지 않으셨다. 주점에서 산 술과 시장에서 산 말린 고기는 잡수시지 않으셨고, 생강 잡수시는 것은 끊지 않으시되 많이 잡수시지는 않으셨다. 나라의 제사에 쓰인 고기는 밤을 넘기지 않으시며, 집안 제사에 쓰인 고기도 3일을 넘기지 않으셨고, 3일이 지나면 잡수시지 않으셨다. 식사를 하실 때는 말씀을 하지 않으시며, 잠자리에 드셔서도 말씀을 안하셨다. 비록 거친 밥과 나물국에 오이 조각이더라도 식사를 하시기 전에는 제식(祭食)을 하셨는데, 반드시 재계에 임하는 것같이 하시었다.

| 풀이 | 이 글은 공자의 음식에 관한 범절을 기록한 것이다. 여기서 식(食)은 '사'라고 읽으며 밥을 뜻한다.
  사람의 식성은 여러 가지이다. 어떤 사람은 진밥을 좋아

하는가 하면, 또 어떤 사람은 된밥을 좋아한다. 공자가 좋아한 잘 익은 밥은 아마 진밥에 가까운 것인 듯하다. 회는 잘게 썬 것을 좋아한다고 했다. 맛이 변하고 부패한 생선이나 고기 등을 먹지 않았다는 것은 너무나 당연한 일이라 하겠다. 그것은 사람을 상하게 하기 때문이다.

'장을 얻지 못하면 음식을 먹지 않는다(不得其醬不食).'라 함은 간이 맞지 않는 것은 먹지 않는다는 뜻으로, 갖추지 아니함을 싫어한 때문이다.

'제사에 쓰인 고기는 3일을 넘기지 않았고, 3일이 지난 고기는 먹지 않았다.'는 것은 당시는 음식물을 보관하는 방법이 지금과 같이 발달하지 못하여 부패하기 쉬웠기 때문으로, 3일 안에 고루 나누어 준다는 것이다. 또한 비록 거친 밥에 나물국, 오이의 변변치 못한 음식이라 할지라도 식사를 하기 전에는 제식을 하셨는데, 그 태도가 마치 재계에 임할 때와 같았다는 것은 비록 적은 물건이라도 반드시 제사하며, 제사는 언제나 경건하게 행했다는 것이다. 이 구절의 과(瓜)를 필(必)의 오자로 보아서 '반드시'란 뜻으로 해석할 수도 있으나 그 전체 뜻에는 별 차이가 없다.

9

자리가 바르지 않으면 앉지 않으셨다.

9// 席不正이어든 不坐이시다

| 풀이 | 여기서 자리라는 말은 돗자리를 뜻한다. 공자가 살았던 시대에는 사람이 앉는 자리에 돗자리나 풀의 줄기로 만든 방석을 깔았다. 공자는 이 방석이 바르게 놓여 있지 않으면 자리에 앉지 않았다고 했다. 이것을 넓은 의미로 풀이해 보면 '앉을 자리가 마땅하지 않으면 앉지 않았다.'고 할 수 있겠다.

10

향리(鄕里)의 사람들과 술을 마실 때는 반드시 노인이 먼저 나가야 따라 나가셨다. 향리의 사람들이 나례(儺禮)를 지내면 조복을 입으시고 동쪽 섬돌에 서 계셨다.

10// 鄕人飮酒에 杖者 出이어든 斯出矣이시다 鄕人儺에 朝服而立 於阼階이시다

향(鄕) : 마을(鄕里).
나(儺) : 역귀를 쫓는 것.
조(阼) : 동편 섬돌.

| 풀이 | 이 구절은 공자가 마을에서 지낼 때의 일을 적은 것이다. 마을에서는 노인을 공경했는데, 심지어 술자리에서까지 노인이 먼저 자리를 떠야 비로소 자리를 떴다고 한다. 그리고 마을에서 하는 나례 행사에는 빠짐없이 참석하였다. 원래 공자는 조상을 섬기는 제사는 더없이 중요시하였지만, 그 외의 잡신을 섬기는 미신은 몹시 배척하였다. 그러나 천연두의 역귀를 쫓는다는 나례식에는 빠짐없이 참석하였다고 한다.

당시만 하더라도 정치하는 데에는 왕이 종묘에 가기 전에 토신(土神)과 곡신(穀神)을 먼저 뵀냈다. 그리고 천재지변이 생겼을 때도 임금이나 지방 관리가 백성들을 대표하

여 제사를 지냈다. 그러면 백성들도 따라서 호응했다. 나례는 바로 천연두의 무서운 역귀를 쫓아내는 동시에 백성들의 무병을 비는 연중 행사나 다름이 없었다. 그래서 공자는 조회에 나갈 때처럼 조복까지 갖추어 입고 행사에 임했고, 또 임금이 남면(南面)하면 신하들이 동서로 갈라 설 때처럼 동편 섬돌에 자리잡고 서 있었다.

11

다른 나라에 있는 사람에게 안부를 전할 때는 가는 사람에게 두 번 절하고 보내셨다.

계강자(季康子)가 약을 보내 오자 절하고 받으시며 말씀하시기를, "나는 약의 성질을 알아내는 데 달하지 못한지라 감히 맛보지 못하노라."

| 풀이 | 다른 나라에 있는 사람에게 안부를 전하려고 사람을 보낼 때는 두 번 절하고 보냈다는 것은 예절의 특별한 형식이라 하겠다. 예나 지금이나 산 사람에게 절하는 것은 보통 한 번이 통례이다. 그러나 특별히 의부·스승·의형제 등을 맞을 때는 몇 번씩 거듭하여 절했다. 이로 본다면 공자가 다른 나라에 있는 사람에게 안부를 전할 때, 보내는 사람에게 두 번 절한 것은 특별한 예절을 갖춘 것이라 하겠다. 그러나 그에 대한 충분한 자료가 없기 때문에 더 이상 설명할 수가 없다.

11// 問人於他邦하실새 再拜而送之이시다 康子饋藥이어늘 拜而受之日, 丘未達이라 不敢嘗이라 하시다

강자(康子) : 노나라의 대부인 계강자(季康子).
미달(未達) : 약의 성질을 알아내는 재능이 없다는 말.

계강자가 약을 보내 오자 공자는 절을 하고 받으며 "나는 맛을 보아 약의 성질을 알지 못하므로 감히 맛볼 수가 없노라." 하고 말하였다. 이 글의 내용으로 보면 당시에는 윗사람이 아랫사람에게 음식을 보내 오면 받은 사람은 맛을 보는 것이 통례로 되어 있었던 모양이다. 그러나 보내 온 것이 음식과는 다른 약이었으므로 공자는 경솔히 맛을 볼 수 없어 그렇게 말했던 것이다.

12

12// 廐焚이어늘 子退朝曰, 傷人乎아 하시고 不問馬하시다

마구간에 불이 난 적이 있었는데, 선생님께서 조정에서 물러나와 말씀하시기를, "사람이 상했느냐?" 하시고, 말에 대해서는 물어 보지 않으셨다.

|풀이| 공자의 마구간에 불이 난 적이 있었다. 조정에서 물러나온 공자는 그 소식을 전해 듣고 "다친 사람은 없느냐?" 하고 물었을 뿐이었다. 당시에 말은 큰 재산에 속했다. 그러나 공자는 그보다는 사람을 중히 여겼기 때문에 묻지 않았던 것이다.

13

13// 君이 賜食이시어든 必正席先嘗之하시고 君이 賜腥이시어든

임금께서 음식을 내리시면 반드시 자리를 바로하고 먼저 맛을 보셨다. 임금께서 날고기를 내리시면 반드시 익

혀서 조상에게 올리셨다. 임금께서 산 짐승을 내리시면 반드시 기르셨다. 임금을 모시고 식사를 하실 때는 임금께서 제식(祭食)을 하시는 동안에 먼저 드셨다. 병환중에 임금께서 문병을 오시면 머리를 동쪽으로 두고 조복을 덮으시고 띠를 그 위에 올려 놓으셨다. 임금께서 부르시는 명을 받으시면 수레가 준비되기를 기다리지 않고 떠나셨다.

必熟而薦之하시고 君이 賜生이시어든 必畜之이시다 侍食於君에 君祭시어든 先飯이러시다 疾에 君視之시어든 東首하시고 加朝服拖紳이러시다 君命召시어든 不俟駕行矣이시다

| 풀이 | 임금이 음식을 내려 주면 반드시 자리를 바르게 하고 나서 그 위에 단정히 앉아 공손히 받으며, 받은 다음에는 먼저 맛을 본 다음에 다른 사람에게도 주었다. 그러나 즉석에서 맛을 볼 수 없는 날고기를 내리면 반드시 익혀서 조상에게 올려 영광을 고하였다. 그리고 산 짐승을 내리면 반드시 집에서 길렀다. 임금과 함께 식사를 하게 되면, 임금이 제식(祭食)을 하는 동안에 먼저 음식을 들었다. 당시 임금이 먹는 음식은 먼저 맛보는 사람이 따로 있었다. 공자는 그런 직책을 맡지는 않았으나, 임금에게 경의를 표하고, 또 안심하고 음식을 들게 하기 위하여 먼저 음식을 든 것이다.

공자의 병환중에 임금이 문병을 왔다. 공자는 일어나 앉을 수가 없었다. 그래서 누운 채로 조복을 그 위에 덮고, 또 그 위에다 조복을 입을 때 두르는 큰 띠를 가로 얹어 놓았던 것이다. 그리고 머리를 동쪽을 향하여 두었다 함은, 동쪽은 바로 생기가 나는 방향(그 당시에는 이를 굳게 믿고 있었다.)이었기 때문이다. 이는 병중에서나마 임금에

대한 예를 지키기 위함이었다.
　임금이 부르는 명이 전달되어 오면 말에 수레를 매기를 기다리지 않고 먼저 나갔다. 수레를 타기도 전에 먼저 나선다 하여 빨리 임금이 있는 대궐로 갈 수 있는 것은 아니다. 공자는 이런 것을 생각하기보다는 우선 왕명의 지엄함을 느꼈기 때문에 말에 수레를 매는 짧은 동안이라도 지체할 수가 없다고 생각하여 재촉하여 걸음을 옮겼던 것이다.

14

14// 入太廟에 每事를 問이시다

태묘(太廟)에 들어가서는 매사를 묻곤 하셨다.

태묘(太廟) : 노나라에서 주공(周公)을 모시기 위해 세운 묘.

│ 풀이 │ 공자가 한때 나라에서 태제를 지내는데, 제사를 맡아 보는 책임자로 등용된 적이 있었다. 이 글은 그때의 일을 기록해 놓은 것임이 분명하다. 공자는 태사의 모든 일을 도맡아하는 책임자이면서도, 태묘에 들어가면 여러 관리들에게 많은 것을 물었다고 한다.
　이는 자신이 몰라서가 아니라 모든 일을 신중히 행하기 위해서였다. 더구나 맡은 일이 나라의 시조인 주공을 섬기는 태제였으니만큼 더욱 신중을 기하였다고 하겠다. "아는 길도 물어 가라." 이것은 바로 공자의 신중한 태도를 두고 한 말이었으리라.

15

친구가 죽었는데 맡아서 데려갈 사람이 없었다. 공자께서 말씀하시기를, "나의 집에 빈소를 차려라."

친구가 주는 선물이 수레와 말이라도 제육(祭肉)이 아니면 절하지 않으셨다.

| 풀이 | 집에 온 친구가 죽었으나 그 친구를 맡아서 장례를 치를 사람이 없었다. 시체는 버려 두면 부패한다. 사람의 시체를 그냥 버려 둔다는 것은 예의가 아니다. 그래서 공자는 자기의 집에 빈소를 차려 가장(假葬)을 하였다.

공자는 윗사람에게서 선물을 받으면 반드시 예(禮)를 취했다. 음식을 주면 절을 하고 받은 다음 먼저 맛을 보았고, 선물도 꼭 절을 하고 받았다. 그런데 친구가 선물을 주면 그것이 아무리 값지고 훌륭한 것이라도 절하지 않았다. 그러나 제사에 쓰이는 물건을 받을 때만은 예외였다. 친구와 사귐에 있어서는 의로 화합하여 모든 형식을 초월하였으나, 조상을 공경함에 있어서는 형식을 지켰다는 것을 뜻한다.

모든 제도와 법은 사회나 국가의 질서를 유지하기 위해서 만든 것이다. 그리고 도덕이나 형식은 나와 타인과의 관계를 원활하게 유지하기 위해서 만들어진 것이다. 그렇기 때문에 서로의 뜻이 같다면 사회의 법도와 도덕과 형식이 필요없다고 해도 과언이 아니다.

그러나 그런 뜻이 맞는 사이란 아주 드물다. 단지 마음

15// 朋友死하여 無所歸어든 曰, 於我殯이라 하시다 朋友之饋는 雖車馬라도 非祭肉이어든 不拜이시다

무소귀(無所歸) : 돌아갈 바가 없다는 말로서, 죽은 사람을 맡을 사람이 없음을 나타냈음.
궤(饋) : 선물, 선사.
제육(祭肉) : 제사에 쓰이는 고기.

을 터놓을 수 있는 아주 친한 친구 사이뿐이라 하겠다. 이렇게 뜻이 맞아 마음을 터놓을 수 있는 사이는 공자 역시 그토록 지키던 예의 형식을 버리고 의로써 대하였다.

16

주무실 때는 시체같이 눕지 않으셨고, 집에 계실 때는 엄숙한 모습을 짓지 않으셨다. 상복을 입은 사람을 만나면 아무리 친한 사이라 할지라도 반드시 얼굴색을 변하여 대하시고, 면관을 쓴 사람이나 소경을 만나면 자주 대하는 사이라 할지라도 예모를 갖추어 대하셨다. 수레를 타고 계실 때도 상복을 입은 자를 만나면 수레 옆을 잡고 예를 취하셨으며, 부판(負版)을 진 사람을 만나도 마차 옆을 잡고 경례를 취하셨다. 성찬이 들어오면 반드시 얼굴색이 변하여 일어나셨으며, 우레와 비바람이 심하게 몰아쳐도 안색이 변하셨다.

16// 寢不尸하시며 居不容이러시다 見齊衰者하시고 雖狎이나 必變하시며 見冕者與瞽者하시고 雖褻이나 必以貌이시다 凶服者를 式之하시며 式負版者이시다 有盛饌이어든 必變色而作이러시다 迅雷風烈에 必變이러시다

시(尸) : 주검.
압(狎) : 친한 사이.
식(式) : 수레 앞의 횡목.
부판(負版) : 나라의 토지, 백성의 호적, 차복(車服), 예기(禮器) 등을 적은 판을 등에 짐.

| 풀이 | 잠잘 때는 사지를 벌리고 시체처럼 바로 누워 자지 않았다. 이는 공자의 습관이라 하겠다. 집 안에서 한가하게 거처할 때는 모든 긴장을 풀고 얼굴빛을 자연스럽고 부드럽게 했다. 상복을 입은 사람은 슬픔에 잠겨 있는 사람이므로, 그런 사람을 대하면 상대방의 마음을 알아주는 뜻에서 안색을 바꾸고 애도의 뜻을 표했다. 면관은 높은 신분의 사람들이 쓰는 것이고 소경은 앞을 보지 못하는

사람이므로, 그런 사람을 대하면 반드시 예모(禮貌)를 갖추어 대했다. 부판(負版)은 나라의 토지나 백성의 호적, 그리고 차복(車服)이나 예기(禮器) 등을 적은 도판(圖版)을 등에 지고 있다는 말이다. 이에 공자가 예를 표했다는 것은 나라와 국민, 관습 등을 존중했다는 것을 뜻한다. 성찬이 들어오면 안색이 변하여 일어선 것은 성심으로 대하는 주인에게 경의를 표하는 것이라 하겠다. 그리고 뇌성벽력과 심한 비바람이 몰아치는 데 안색이 변했다는 것은 하늘의 노함에 대한 공경의 표시였다.

17

수레에 올라가실 때는 반드시 똑바로 서서 고삐를 단단히 잡으셨다. 수레 안에서는 보지 않으시고 말씀을 빨리 하지 않으시며, 직접 손가락질하지 않으셨다.

| 풀이 | 그 당시의 수레는 차체의 대가 높았다. 그래서 수레에 오를 때는 대 위에서 내려 주는 고삐를 잡고 올라갔다. 공자는 수레에 오를 때는 늘 바르게 서서 수레 위에서 내려 주는 고삐를 단단히 움켜잡은 뒤 올라갔다. 이는 오를 때 혹 실수하여 넘어지는 일이 없게 하기 위함이었다. 수레에 올라서면 두리번거리거나 말을 빠르게 하지 않았으며, 손가락으로 이것저것을 가리키지도 않았다.

17// 升車하사 必正立 執綏이시다 車中에 不內顧하시며 不疾言하시며 不親指이시다

수(綏) : 수레에 오를 때 잡고 올라가는 줄.

18// 色斯擧矣하여 翔而後集이라 曰, 山梁雌雉時哉時哉인저 子路共之한데 三嗅而作하시다

색(色) : 놀라는 모양.
상(翔) : 나래, 나래치다.

18

'놀라서 날아오르더니 나래치며 다시 모이더라.'
선생님께서 말씀하시기를, "산골짝 다리 밑에 노는 암꿩아, 때를 만났구나, 때를 만났구나!" 하시니, 자로가 앞으로 나아가자, 꿩은 서너 번 냄새를 맡다가 날아갔다.

| 풀이 | '놀라서 날아오르더니 나래치며 다시 모이더라.' 이 말은 그때 당시의 상황을 제자들이 시의 형식을 빌려 적은 것이다. 새들이 모이를 주워 먹으며 놀다가 갑자기 나타난 짐승이나 사람 때문에 놀라 날아올랐다가 다시 내려앉는 모습이 눈에 선하다. 그래서 공자는 "산골 다리 밑에 노니는 암꿩들아, 너희들이 때를 만났구나, 때를……." 하고 자신의 답답한 심정을 쏟아냈던 것이다. 그러자 스승을 따르던 자로는 크게 두 팔을 벌리며 앞으로 나아갔다. 이는 의식적으로 취한 행동이 아니라, 자신도 모르는 사이에 스승의 감정에 호응하게 된 것이리라. 이에 놀란 꿩들은 마치 냄새를 맡듯 고개를 서너 번 추스르다가 훨훨 하늘 높이 날아가고 말았다.

본 향당편(鄕黨篇)은 공자의 의식(衣食)과 예의범절을 기록한 것이었으나, 마지막 이 한 장만은 예외라고 할 수 있겠다.

제11편
선진(先進)

1

공자께서 말씀하시기를, "먼저 예와 악에 나아가면 야인(野人)이고, 나중에 예와 악에 나아가면 군자이니라. 만약 택한다면 나는 먼저 예와 악에 나아간 사람을 좇으리라."

| 풀이 | 예(禮)와 악(樂)은 육예(六藝)에 속하는 것으로, 당시 학문을 하는 사람이면 반드시 익혔던 기예이다. 육예는 예(禮)・악(樂)・사(射)・어(御)・서(書)・수(數)의 여섯 가지이다. 예와 악은 그 중에서도 큰 비중을 차지하는 것이지만, 벼슬을 하거나 재물을 모으는 데 크게 사용되는 것은 아니다. 그래서 벼슬을 하지 않고 초야에 묻혀 있는 사람일수록 예와 악을 중요하게 여겨 익혔고, 벼슬을 하는 사람은 나중에 와서야 남과 어울리기 위하여 형식적으로 예와 악을 익혔다.

여기서 공자가 말한 야인은 벼슬길에 나설 사람을 가리키고, 군자는 이미 벼슬길에 오른 지체가 높은 사람을 가리킨다. 이는 바로 당시 사회에서 통용되고 있는 군자란 말의 개념이기도 하다. 그래서 공자는 "먼저 예와 악에 나

1// 子曰, 先進이 於禮樂에 野人也이요 後進이 於禮樂에 君子也라 하나니 如用之則吾從先進하리라

선진(先進) : 먼저 나아가다 라는 뜻임.
야인(野人) : 일반 백성을 일컬음.
군자(君子) : 사회적 명망이 높고 지체가 높은 사람을 가리킴.

아가면 야인이고, 나중에 예와 악에 나아간 사람을 군자라고 하지만, 만약 내가 사람을 택한다면 먼저 예와 악에 나아간 사람을 택하겠다."고 말했던 것이다. 여기서 먼저 예와 악에 나아간다 함은 예와 악을 중히 여김이요, 나중에 예와 악에 나아간다 함은 형식적으로 예와 악을 배우는 것을 뜻한다. 그러므로 후자는 진실로 예를 숭상하고 악을 좋아한다고 할 수 없다. 공자는 예를 매우 중요하게 여겨, 덕을 이루는 요소 중의 첫째로 꼽았다. 그리고 악은 인간 본성을 밝히고 마음을 가라앉히기 위해서는 꼭 익혀야 한다고 여겼다. 그러므로 이는 제자들에게 예와 악을 중히 여기고 그것에 힘쓰기를 권한 말이라 하겠다.

그러나 선진(先進)의 뜻을 선배(先輩)로 보고, 후진을 후배(後輩)로 보아서 뜻을 달리 새기는 해석도 있다. '선인은 예·악과 더불어 야인의 생활을 하였고, 후인들은 예·악과 더불어 군자의 생활을 하느니라. 만약 둘 중의 하나를 택한다면, 나는 선인의 길을 따르겠노라.' 여기에서 야인(野人)이란 세속에 물들지 않고 수수한 성품을 그대로 유지한 채 진실하게 살아가는 사람을 뜻한다. 군자란 말도 덕이 갖추어진 고매한 인격의 소유자가 아니고, 지체가 높고 권세가 있는 사람을 뜻한다. 그래서 전체의 뜻은 '선인은 예와 악을 벗삼아 소박한 생활을 하였으나, 후인들은 군자가 되기 위해서 예와 악을 함께하고 있노라. 만약 내가 그 중에서 하나를 택한다면 군자가 되지 못할지언정 선인의 길을 따르리라.'고 한 것이 된다. 지금의 세상은 문화와 인간의 지혜가 발달하여 예와 악을 익히는 사람은 많으나, 대부분이 진심으로 예와 악을 좋아하는 것이 아니고 형식적이고 표면적으로 예를 행하고 악을 익히고 있다. 이것은 결국 형식에서 빚어진 허위가 성행하고, 지나치게 겉모양만 꾸며 인정의 순박성이 사라져 가고 있음을 한탄한 것이다.

2

공자께서 말씀하시기를, "진나라와 채나라에 있을 때 나를 좇던 자들이 지금은 모두 나의 문하에 없구나. 덕행으로 뛰어났던 자는 안연(顔淵)·민자건(閔子騫)·염백우(冉伯牛)·중궁(仲弓)이고, 언어로 뛰어났던 자는 재아(宰我)와 자공(子貢)이며, 정치에 뛰어났던 자는 염유(冉有)와 계로(季路)이고, 문학으로 뛰어났던 자는 자유(子游)와 자하(子夏)이니라."

2// 子曰, 從我於陳蔡者皆不及門也이로다 德行엔 顔淵閔子騫冉伯牛仲弓이요 言語엔 宰我子貢이요 政事엔 冉有季路이요 文學엔 子游子夏니라

| 풀이 | 공자가 채(蔡)나라에 있을 때 초(楚)나라 소왕(昭王)의 초대를 받게 되었는데, 채나라에서 초나라로 가려면 진(陳)나라를 거쳐야 했다. 이 장의 이야기는 바로 그때의 일을 회상한 공자의 말로, 한때의 고난을 생각해 보며 제자들이 떠나갔음을 탄식한 것이라 하겠다. 친자식처럼 보살피고 가르쳐 주던 제자들도 지금은 모두 제 갈길을 택하여 떠나갔다. 안회와 같은 제자는 그 덕행이 남달리 뛰

어진채(於陳蔡) : 진나라와 채나라에 있었을 때.
문학(文學) : 여기에서는 시(詩), 서(書), 예(禮), 악(樂)에 관한 학식을 말함.

어난 사람이었으나 명이 짧아 일찍 죽고 말았다. 그와의 이별은 인간으로서는 도저히 어찌할 수 없는 사별이었다. 그리고 그 외의 제자들도 모두 한 가정을 이끄는 가장이 되었고, 또 벼슬길에 오른 사람도 있어 제각기 흩어지지 않으면 안 되었다. 공자 역시 현자(賢者)와 지자(智者)인지라 회자정리(會者定離)의 법칙을 모르는 것은 아니었지만, 그래도 희비애락(喜悲哀樂)을 같이하던 제자들을 생각하지 않을 수 없었던 것이다. 그래서 그는 때때로 죽은 안회를 생각하며 탄식하기도 하고, 멀리 떨어져 있는 제자들의 옛 모습을 그려 보며 추억에 잠기기도 하였던 것이다.

3

3// 子曰, 回也는 非助我者也로다 於吾言에 無所不說이온여

공자께서 말씀하시기를, "회(回)는 나를 돕는 자가 아니로다. 나의 말에 기뻐하지 않은 바가 없었으니."

| 풀이 | 자기의 결점을 자신이 스스로 알아내기는 힘들다. 그래서 누구에게나 자신이 알아내지 못하는 결점이 있게 마련이다. 여기서 공자가 말한 "안회(顔回)는 나를 돕는 사람이 아니로다." 하는 것은 바로 이것을 뜻하는 것이라 하겠다. 그러나 "그는 나의 말에 기뻐하지 않음이 없었다."고 하는 구절은 안회를 꾸짖는 뜻이 아니라 안회의 학문에 대한 열의를 칭찬한 것이다.

공자는 제자에게 도(道)가 아닌 것을 말한 적이 없었다.

그가 하는 말은 극히 평범한 가운데 뜻이 담겨 있어 그 참뜻을 이해하기 어려웠다. 총명한 두뇌도 있어야 하지만 그것보다도 깊고 두터운 마음의 바탕이 있어야 한다. 말하자면 도를 이해하고 받아들일 수 있는 포용력과 아울러 덕이 갖추어져 있어야만 된다는 것이다. 그렇지 않으면 참뜻을 마음으로 이해할 수 없고 단지 몇 마디 말로밖에 느껴지지 않는다. 글자의 뜻을 이해하기만 하면 그것으로 모든 것이 다 되는 것이 아니다. 이것뿐이라면 글재주를 익히는 것과 무엇이 다를 바가 있겠는가. 공자는 이렇게 말이나 글로써만 도를 행하려고 드는 사람을 별로 탐탁하게 여기지 않았다. 그리고 그런 사람은 진실로 학문을 하는 사람이 아니라고 경멸하기까지 했다. 오직 도의 참뜻을 마음으로 깨닫고 행동에 옮겨야만 학문을 하는 사람이며 군자라고 했다.

그런데 수많은 공자의 제자 중에는 마음으로 도를 깨닫지 못한 사람이 많았다. 그러나 안회만은 스승의 학문과 도를 물려받는 데 조금도 부족하지 않았다. 그는 스승이 도를 말할 때에 벌써 그 오묘한 이치를 깨달았을 뿐만 아니라, 마음속 깊이 감동하여 기뻐하기까지 했다. 그래서 공자는 이런 안회의 훌륭한 재질에 대하여, "회(回)는 나를 돕는 자가 아니로다. 그는 나의 말에 대하여 언제나 기뻐하기만 하였으니." 하고 말했던 것이다. 이는 안회의 덕과 학문을 말로 표현할 수 없어 오히려 원망하듯 칭찬했던 것이다.

4

4// 子曰, 孝哉라 閔子騫이여 人不間於其父母昆弟之言이로다

공자께서 말씀하시기를, "효성스럽도다, 민자건(閔子騫)이여, 남이 그의 부모나 형제의 말을 들어도 비난하는 사람이 없구나."

민자건(閔子騫) : 공자의 제자. 효행으로 알려짐.

┃풀이┃ 공자가 제자 민자건의 효행을 칭찬한 말이다. 여기서 특이한 것을 찾는다면, 민자건의 어떠한 점이 효가 되는 것이라고 단정한 것이 아니라, 민자건의 형제가 그의 효성과 우애를 말했을 때 남들이 그것에 이의를 제기하는 일이 없다고 말한 것이다. 효는 마음에서 우러나와 마음으로 행하여야 한다. 그러나 역시 그 목적은 실생활에 옮겨 실천하는 데에 뜻이 있는 것이 아니겠는가.

5

5// 南容이 三復白圭이어늘 孔子以其兄之子로 妻之하시다

남용(南容)이 반복하여 백규장(白圭章)을 외우는 것을 보고, 공자께서는 자기 형의 딸을 그의 아내로 주셨다.

남용(南容) : 공자의 제자.
삼복(三復) : 여러 번 반복함을 뜻함.
백규(白圭) : 〈시경〉 대아억편(大雅抑篇)에 나오는 장.

┃풀이┃ 〈시경〉 대아억편(大雅抑篇)의 백규장(白圭章)은 대략 다음과 같다. "백옥의 티는 갈면 다시 전과 같이 될 수 있으나, 사람이 한번 실언을 하면 도저히 고칠 수 없다(白圭之缺 尙可磨也 斯言之缺 不可爲也)." 남용은 이 시구를 하루에도 몇 번씩 반복하여 외웠다고 한다. 이로 보아서 그가 언행에 얼마나 주의하였던가를 알 수 있다. 말을 삼간

다 함은 모든 일을 신중하게 한다는 것과도 뜻이 통한다. 그렇기 때문에 공자가 남용을 믿고 형의 딸을 그의 아내로 주었던 것이다.

6

계강자(季康子)가 묻기를, "제자들 중에서 누가 배우기를 좋아합니까?"

공자께서 대답하시기를, "안회(顔回)라는 사람이 있어 배우기를 좋아하더니 불행하게도 명이 짧아 죽은지라 지금은 없소."

| 풀이 | 공자가 안회(顔回)의 덕(德)과 학(學)을 칭찬한 말은 이미 여러 번 나온 적이 있다. 이 글의 대화는 옹야편(雍也篇) 2에 나오는 애공과 공자의 대화와 그 내용이 같다. 거기서 공자는 안회가 학문을 좋아하는 예를 다음과 같이 들었다. "노여움을 다른 곳에 옮기지 않고 허물되는 일을 두번 다시 하지 않는다." 이로 본다면 공자가 뜻하는 학문이란 것은 단순히 글자의 뜻을 이해하는 데에 그치는 것이 아니라, 덕을 쌓는 것에 더 큰 비중을 두고 있다는 것을 알 수 있다.

6// 季康子問, 弟子孰爲好學이니잇고 孔子對曰, 有顔回者好學하더니 不幸短命死矣라 今也則亡이온저

계강자(季康子) : 노(魯)나라의 대부.
무(亡) : 무(無)와 뜻이 통함.

7// 顔淵이 死커늘 顔路請子之車하여 以爲之槨한데 子曰, 才不才에 亦各言其子也이니 鯉也死커늘 有棺而無槨하니 吾不徒行하니 以爲之槨은 以吾從大夫之後라 不可徒行也이라

안로(顔路): 공자의 제자. 안연의 아버지. 이름은 무유이다.

7

안연이 죽자 안로(顔路)가 공자의 수레를 팔아 안연의 외관(外棺)을 마련하기를 청하였다.

공자께서 말씀하시기를, "재주가 있거나 없거나 상관없이 그 아들에 대한 정리는 있게 마련이오. 이(鯉)가 죽었을 때도 관은 했으나 외관은 하지 않았소이다. 내가 외관을 장만하기 위해서 수레를 팔고 걸어다니지 않는 것은, 내가 대부의 뒤를 좇는 신분인지라 걸어다니는 것이 옳지 않기 때문이오."

| 풀이 | 안연과 안로는 아들과 아버지 사이이며, 다같이 공자에게 학문을 배운 제자였다. 그런데 아들 안연이 아버지 안로보다 먼저 죽었다. 안로는 아들 안연의 장례를 성대하게 치르기 위하여, 공자의 수레까지 팔아 외관(外棺)을 준비할 것을 공자에게 청하였다. 외관은 깊은 산중에서 나는 단단하고도 질이 좋은 나무를 썼기 때문에, 장례를 치를 때 외관을 사용하는 것은 여간 힘든 일이 아니었을 뿐만 아니라 많은 경비가 들었다. 재산이 많은 집이나 권세가 있는 집안이 아닌 보통 사람으로서는 엄두도 못 내는 일이었다.

그러나 안로는 아들의 장례를 성대하게 치르고 싶은 마음에서 공자가 늘 타고 다니는 수레까지 팔기를 요청했던 것이다. 인간의 정으로서는 있을 수 있는 일이라 하겠으나, 다른 면으로 생각해 볼 때 분수에 넘치는 일이라 아니

할 수 없었다. 그래서 공자는, "어버이가 자식을 생각하는 정리는 모두 마찬가지라 하겠소. 나는 친자식인 백어가 죽었을 때도 관(棺)은 했지만 외관은 하지 않았소. 그러니 내가 수레를 팔아서 외관을 장만하려 하였다면 벌써 그때 수레를 팔았을 것이 아니겠소? 내가 수레를 팔아서 외관을 장만하지 않은 것은, 바로 내가 대부의 신분이므로 걸어다니는 것이 옳지 않기 때문이오." 하고 안로의 청을 거절하였다. 이는 사리를 따지지 않고 분수에 넘치는 장례를 치르려는 안로를 일깨워 준 말이다.

8

안연(顔淵)이 죽자 공자께서 말씀하시기를, "슬프다. 하늘이 나를 버리셨으니, 하늘이 나를 버리셨으니!"

8// 顔淵死커늘 子曰, 噫라 天喪予하셨다 天喪予하셨다

| 풀이 | 애제자 안연이 죽자 공자는 이렇게 탄식했다. "슬프다. 하늘이 나를 버리셨으니, 하늘이 나를 버리셨으니……!" 말투로 보아 계속하여 한탄했음이 분명하다. 공자가 제일 기대했던 제자가 죽었다. 순간, 공자의 머릿속은 텅 빈 듯한 공백 상태가 되어 탄식이나 한탄 이외에는 그 어떤 말도 생각나지 않았으리라.

9// 顔淵이 死커늘 子
哭之慟하신대 從者曰,
子慟矣시로소이다 曰,
有慟乎아 非夫人之爲
慟이면 而誰爲리오

통(慟) : 슬픔이 지나친 것.
부인(夫人) : 그 사람. 안연을 가리킴.

9

안연(顔淵)이 죽자 공자께서 통곡하셨다. 공자를 따르던 한 제자가 말하기를, "선생님께서는 너무 슬퍼하십니다."

말씀하시기를, "너무 슬퍼한다고? 그 사람을 위해 슬퍼하지 않으면 누구를 위해 슬퍼하리오."

| 풀이 | 안연의 죽음에 공자는 매우 애통해하였다. 〈논어〉 전편을 통해서 보면 공자가 가장 사랑하고 아끼던 제자가 바로 안연임을 알 수 있다. 그러나 그는 애석하게도 명이 짧아 일찍 죽고 말았다. 그래서인지 이 선진편(先進篇)에는 안회의 죽음을 애통해하는 공자의 심정이 가장 많이 기록되어 있다. 안회가 죽었을 때, 공자는 처음에는 하늘이 무너진 듯 탄식만 연발했을 뿐 소리내어 울지는 못했다고 한다. 이 장에서처럼 소리내어 울었던 것은 그 다음의 일이었으리라. 상심과 슬픔이 엇갈린 울음소리는 사람의 애간장을 끊는 듯 구슬프게 들렸을 것이다.

그래서 공자를 따르던 제자가 스승의 건강을 염려하여 말리게 되었으나 공자는 오히려 말리는 제자에게 꾸짖듯 반문했다. "내 안연을 위하여 슬퍼하지 않는다면 누구를 위하여 슬퍼한단 말인가?" 이렇게 말하는 그의 가슴속에는 자신의 체면이나 건강이 있을 리 없다. 오직 안회를 생각하는 사제지정(師弟之情)이 있을 뿐이었다. 사랑하는 제자의 죽음에 대하여 슬픔을 나타낸 공자의 자연스럽고 인간적인 모습이라 하겠다.

10

안연이 죽자 문인들이 장례를 성대하게 치르고자 하는데, 공자께서 말씀하시기를, "안 된다."

그러나 문인들은 성대하게 장례를 치렀다. 공자께서 말씀하시기를, "회(回)는 나를 부모같이 대하여 주었거늘, 나는 그를 아들같이 대하여 주지 못하였구나. 그러나 그것은 나 때문이 아니라 저 제자들 때문이니라."

10// 顔淵이 死커늘 門人이 欲厚葬之한데 子曰, 不可하니라 門人이 厚葬之한데 子曰, 回也는 視予猶父也이어늘 予不得視猶子也이나니 非我也이라 夫二三子也이니라

시(視) : 대우하다, 대하다.

│ 풀이 │ 모든 예의는 마음속에서 우러나와야 한다. 장례 역시 마찬가지라 하겠다. 그런데 공자의 제자들은 장례를 성대하게만 치르려 하였고, 공자는 이를 반대했다. 마침내 장례는 문인들에 의하여 성대하게 치러지고 말았다. 그래서 공자는 "안회는 나를 어버이같이 대하여 주었거늘 나는 그를 자식같이 대하여 주지 못하였다. 그러나 이는 나 때문이 아니라 저 제자들 때문이니라."고 탄식하며 말했다.

당시에 죽은 자식의 장례를 치를 때는 아무리 슬프다 할지라도 성대하게 치르지 않는 것이 예(禮)로 되어 있었다. 그러므로 공자는 안연의 장례를 후하게 치르는 것을 찬성하지 않았으나, 제자들은 이를 받아들이지 않고 장례를 성대하게 치렀던 것이다. 안연의 장례는 공자 한 사람이 결정하는 것이 아니고 또 공자가 직접 치르는 것도 아니었기 때문에, 공자 역시 자기의 의견을 고집하지 못하고 다만 혼자서 한탄했을 뿐이다.

11// 季路問事鬼神한데 子曰, 未能事人이면 焉能事鬼리오 敢問死하노이다 曰, 未知生이면 焉知死리오

계로(季路) : 공자의 제자, 자로(子路).

//

계로(季路)가 귀신을 섬기는 일에 대하여 묻자, 공자께서 말씀하시기를, "사람을 섬기지 못하면서 어찌 귀신 섬기는 일을 할 수 있으리오."

"감히 죽음에 대하여 여쭈어 보겠습니다."

말씀하시기를, "아직 삶도 모르는데 어찌 죽음을 알 수 있으리오."

| 풀이 | 계로(季路)가 귀신을 섬기는 일에 대해 공자에게 물었다. 공자가 말하기를, "사람을 섬기는 일도 제대로 하지 못하면서, 어찌 귀신 섬기는 일을 할 수 있다 하는가." 여기서 사람이라 함은 선인이나 조상(祖上), 그리고 부모나 형제를 뜻한다. 계로의 터무니없고 주제넘은 질문을 일축한 말이라 하겠다.

그러자 계로는 다시 "그렇다면 죽음에 관하여 묻겠습니다." 하고 물어왔다. 이것은 아마 그가 평소부터 깊이 생각해 오던 것을 이 기회에 물은 것 같다. 그렇다면 그가 조금 전에 질문한 귀신을 섬기는 일이란 것도, 사실은 귀신의 존재 여부를 물은 것임을 짐작할 수가 있을 것이다. 신의 존재 여부에 대하여서는 문화와 인간의 지혜가 발달한 지금에 와서도 알아내지 못하고 있다. 그러니 당시의 공자로서는 도저히 어떻게 설명할 수가 없었던 것이다. 만약 그가 어떤 종교를 세운 종교가였다면 문제가 달라졌으리라. 그러나 공자는 생활철학을 세우고 실천한 도덕자

였다. 그리고 모든 것의 이치를 따져 밝히려는 학자였다. 따라서 어떤 일을 증명하기 위해서는 반드시 그 증거가 되는 일이나 증거물이 필요했다. 그렇기 때문에 그는 귀신과 죽음에 관하여 물어 온 계로의 질문을 한마디로 거절했던 것이다. '아직 사람이 생존하는 도리도 완전히 이해하지 못하였는데, 어찌 죽음에 관하여 알 수 있겠는가.' 그리고 또 살아 있는 사람이 죽음에 관하여 완전히 알려면 죽어 보지 않고는 안 되는 것이다. 살아서는 도저히 그 죽음을 알 수 없지 않은가.

어떤 일을 깊이 생각하는 것은 좋다. 그리고 자기가 모르는 것을 알아내려고 노력하는 것도 좋은 일이다. 그럼으로써 인간이 발전하고 커가는 것이 아니겠는가. 그러나 이것은 가까운 곳에서부터 먼 곳으로, 쉬운 것에서부터 어려운 것으로, 그리고 명확한 사실에서부터 추상적인 것으로 생각을 점차적으로 발전시켜 나아가야 한다. 그것이 가장 바람직한 학문적 태도일 것이다. 그렇기 때문에 공자는 엉뚱한 곳으로 빠져 있는 계로의 생각을 현실적으로 나아가라고 훈계하였던 것이다.

12

민자건(閔子騫)이 선생님 곁에 있을 적에는 그 태도가 온화하면서 공손하고, 자로(子路)는 강건하고, 염유(冉有)와 자공(子貢)은 강직하여 선생님께서는 즐거워하셨다. 그

12// 閔子는 侍則에 誾誾如也하고 子路는 行行如也하고 冉有子貢은 侃侃如也이어늘 子

樂하시다 若由也는 不
得其死然이로다

민자(閔子) : 민자건.
행행(行行) : 지나치게 강
(剛)한 모양을 뜻함.
간간(侃侃) : 강직한 모양.

러나 선생님께서는 "유(有) 같은 사람은 제 죽음을 당하지 못할 것이다." 하시며 근심하였다.

| 풀이 | 민자건이 공자의 곁에 있을 적에는 그 태도가 온화하면서 공손하였고, 자로는 지나치게 강한 태도였고, 염유와 자공은 강직하였다. 이들의 태도 하나하나가 결점이 없는 것은 아니었으나, 그래도 모두 다 숨김없는 감정이었다고 볼 수 있다. 어떻게 생각하면 솔직한 그들의 태도는 정말 장부답고 군자답다고 하겠다. 그래서 이들을 곁에 두고 있는 공자의 마음은 믿음직스럽고 대견하기만 했다. 그러나 천리(天理)에 밝은 공자의 마음속에는 자로의 태도가 몹시 근심스럽기도 했다. 자로의 행동과 성미가 너무 강했기 때문인 것이다. 무엇이든 너무 강하면 부러지기 쉽다. 그래서 공자는 자로의 성질과 태도가 지나치게 강하기 때문에, 혹 제 명대로 살지 못하고 일찍 죽지 않을까 우려가 된다고 말한 것이다.

　자로의 성미가 남달리 급하여 가끔 경솔한 행동이 남에게 반감이나 빈축을 사게 되는 경우가 〈논어〉에 여러 번 나온다. 그러면 그럴 때마다 공자가 잘 타이르고 이해시켰지만 천성은 좀체로 고쳐지지 않았던 모양이다. 자로는 그후 위(衛)나라에서 벼슬을 한 적이 있다. 그리고 그 무렵에 위나라에는 난이 있었다. 공자는 위나라에 난이 있다는 말을 듣자, 장차 자로가 죽을 것이라고 슬퍼하였다고 한다. 공자의 생각대로 자로는 위나라의 태자(太子) 괴외

(蒯聵)가 왕위를 빼앗기 위하여 친자식이며, 위나라의 왕인 위공첩(衛公輒)을 죽인 것에 반발하다가 횡사하였다고 한다. 또 일설에 의하면 후일 공자가 위나라의 난에 자로가 죽었다는 말을 전하여 듣고 "내 미리부터 자로가 횡사할 것을 예측하였거늘 정말 그가 죽고 말았구나!" 하고 한탄한 것을 문인들이 이 글과 연관이 있기 때문에 뒤에 붙여 놓았다고도 한다. 일의 전후야 어떻게 되었든, 자로의 성미와 태도는 남달리 강했고 공자도 그것을 늘 걱정하였던 것만은 분명하다.

13

노(魯)나라 사람들이 장부(長府)를 다시 지으려고 함에 민자건(閔子騫)이 말하기를, "옛것을 그대로 쓰면 어떠하여서 다시 지으려는가?"

공자께서 말씀하시기를, "저 사람은 좀처럼 말을 하지 않지만, 말을 하게 되면 반드시 적중함이 있느니라."

13// 魯人이 爲長府러니 閔子騫曰, 仍舊貫如之何오 何必改作이리오 子曰, 夫人이 不言이언정 言必有中이니라

| 풀이 | 노나라에 장부(長府)라는 창고가 있었는데, 나라에서 이것을 새로 고쳐 지으려고 하였던 모양이다. 이에 민자건이 말하기를, "옛것에 약간의 손질을 하여 쓰면 될 것이지, 왜 하필이면 많은 수고와 비용을 들여 가면서 다시 고치려 드는가?" 자건의 이 말을 공자가 듣고 "자건은 좀처럼 말을 하지 않지만 일단 말을 하면 반드시 핵심

장부(長府) : 창고.
위(爲) : 개조하다.
구관(舊貫) : 옛 관습이란 말로 여기서는 '원래 하던 대로'의 뜻으로 쓰임.

을 찌른다." 하고 칭찬하였다. 옛것을 그대로 사용해도 좋을 것을 공연히 수고와 비용을 들여 가면서 다시 지을 필요가 없다는 뜻에서 말한 것이다. 모든 일을 잘 생각해 보지도 않고 큰일을 처리하려는 것을 날카롭게 지적한 말이다.

14

공자께서 말씀하시기를, "유(由)가 비파 타는 것을 어찌하여 나의 집에서 하는가?"

문인들이 자로(子路)를 공경하지 않으니 공자께서 말씀하시기를, "유는 당(堂)에는 올랐어도 아직까지 실(室)에는 들지 못하였느니라."

14// 子曰, 由之瑟을 奚爲於丘之門고 門人이 不敬子路한데 子曰, 由也는 升堂矣오 未入於室也이니라

구지문(丘之門) : 공자의 집.
당(堂) : 정청(正廳). 빈객을 맞아 예(禮)와 악(樂)을 행하는 곳.
실(室) : 내실(內室).

| 풀이 | 악기를 다루는 데에는 그 사람의 성품이 다 나타난다. 성질이 거친 사람은 그 연주하는 소리도 난폭하고 중화(中和)를 잃는다. 자로는 남달리 성질이 급하고 거칠었기 때문에 비파를 타는 소리도 거칠고 난폭하기만 할 뿐 조화로운 소리를 내지 못하였던 모양이다. 그래서 공자가 "자로는 어찌 그런 비파를 나의 집 안에서 타는가." 하고 꾸짖었던 것이다. 그러나 그런 일이 있은 후, 문인들이 자로를 대하는 태도가 달라졌다. 스승에게서 꾸지람을 들은 사람이라고 멸시하는 눈치를 보이기까지 하였던 것이다. 공자가 자로를 꾸짖은 데에는 조금도 그런 마음이

없었다. 그래서 공자는 "자로는 당(堂)에까지는 올랐느니라. 단지 실(室)에 들지 못하였을 뿐이니라." 하고 다시 말을 고쳤던 것이다.

여기서 당이라 함은 악에 대한 기틀을 뜻한 것이다. 그리고 실이라 함은 예술의 경지를 비유한 것이다. 이렇게 본다면 자로의 악은 예술의 경지에까지는 아직 달하지 못하였으나, 이미 기틀은 잡혀 있기 때문에 머지않아 성취를 볼 수 있으리라는 평이다. 제자의 단점을 고쳐 주려고 호되게 꾸짖었으나 엉뚱하게도 의외의 결과가 생겨나게 된 것을 효과적으로 처리한 공자의 재치라 하겠다.

15

자공이 사(師)와 상(商)은 누가 더 현명한가를 물었다. 공자께서 말씀하시기를, "사는 과하고 상은 미치지 못하느니라."

말하기를, "그러면 사가 낫다는 말씀입니까?"

공자께서 말씀하시기를, "과함과 미치지 못함은 마찬가지이니라."

15// 子貢問師與商也熟賢이니잇고 子曰, 師也는 過하고 商也는 不及이니라 曰, 然則師愈與리잇고 子曰, 過猶不及이니라

사(師) : 전손사(顓孫師). 자는 자장(子張).
상(商) : 복상(卜商). 자는 자하(子夏).
유(愈) : 더하다, 낫다[勝], 어질다[賢].

| 풀이 | 자장과 자하 두 사람은 수많은 공자의 제자 중에서도 현명하기로 손꼽히는 사람이었던 모양이다. 그래서 자공이 그들 두 사람 중에 누가 더 현명하냐고 물었던 것이 아니겠는가. 재주가 있고 뜻이 넓은 것을 현명하다고

한다. 그런데 자장은 너무 영특한 관계로 종종 도에 지나치는 수가 있었고, 자하는 약간 보수적인 관계로 가끔 도에 미치지 못하는 일이 있었던 것이다. 그래서 공자는 누가 더 나은 편이라고는 말하지 않고 각각 그들의 부족한 점을 말했던 것이다.

　이것에 대해 사람들은 어떻게 생각하는가? 그래도 부족한 편보다는 약간 남는 것이 더 낫다고 생각할 것이 아니겠는가? 그러나 도를 생각하고 있는 공자의 마음은 그렇지 않았다. 모든 도는 중용(中庸)을 얻어야 하므로 현명함에 있어서도 그 정도를 맞추어야 된다. 너무 지나친 것도 부족한 것과 마찬가지로 중용의 도를 잃고 있다. 그래서 공자는 너무 지나친 것도 부족한 것과 다를 바가 없다고 한 것이다.

　지나친 것이 부족한 것과 다를 바가 없다고 한 공자의 말이 좀 이상하게 느껴질지도 모른다. 그러나 잘 생각해 보면 그 말의 참뜻을 알 수 있다. 현명함이 지나치다는 것은 그 재주가 분수에 넘친다는 것을 뜻하기도 한다. 그런 사람은 꾀와 재주 때문에 과실을 저지르는 수가 흔히 있다. 바로 자가당착(自家撞着)의 현상이다. 즉, 자기의 꾀와 재주에 자신이 말려드는 것이다. 그리고 엉뚱한 일에 꾀를 피우려고 하다가 시기를 놓치고 또 일마저도 망치는 수가 많다. 이는 우리 생활에서도 흔히 나타나는 경우라 하겠다.

16

계씨(季氏)는 주공(周公)보다도 더 부유한데도, 구(求)는 계씨를 위하여 백성에게 조세를 가혹하게 받아서 그를 더욱 부하게 만들어 주었다.

공자께서 말씀하시기를, "그는 나의 제자가 아니니라. 제자들아, 북을 울리며 그를 공벌(攻伐)해도 좋으니라."

16// 季氏富於周公이어늘 而求也爲之聚斂而附益之한데 子曰, 非吾徒也로소니 小子아 鳴鼓而攻之可也이니라

계씨(季氏) : 노나라의 대부, 계손씨(季孫氏).
주공(周公) : 문왕(文王)의 아들이자 무왕(武王)의 동생으로, 성왕(成王)의 숙부(叔父). 이름은 단(旦), 노나라의 시조.
구(求) : 염유(冉有).

| 풀이 | 염유(冉有)는 공자에게서 학문을 배울 때 남달리 판단력이 뛰어나서 스승의 사랑을 많이 받았던 사람이다. "염유는 정사에 뛰어났느니라."고 공자가 칭찬할 정도로 그는 뛰어난 제자 중의 한 사람이었다. 그러던 그가 당시의 권세가인 계손씨(季孫氏)에게 발탁되어 그의 가신이 되면서부터는 차츰 정심(正心)을 잃어 갔다. 계손씨의 잘못을 고쳐 주어야 할 염유였건만 오히려 계손씨의 권세와 부를 더하여 주었던 것이다.

〈좌전(佐傳)〉에 의하면 계손씨가 백성들에게서 토지세를 거두어들일 것을 염유에게 상의하였다. 그리고 염유는 이것을 공자에게 물었다고 한다. 물론 공자가 찬성할 리 없었다. 그러나 염유는 스승의 완강한 반대에도 불구하고 토지세를 거두어들이는 것을 강행하였다.

이는 그 계손씨의 부를 더하여 준 결과밖에 안 되었다. 그래서 공자는 "그는 나의 제자가 아니다. 제자들아, 너희들은 저 염유의 옳지 못한 행동을 성토하라."고 말했던 것이다. 사랑하는 제자를 두고 이렇게 말할 때는 공자가 염

유의 비행에 얼마나 분개하였던가를 짐작할 수 있다.

17

"시(柴)는 어리석고, 삼(參)은 둔하고, 사(師)는 편벽되고, 유(由)는 추(醜)하고 속되느니라."

17// 柴也는 愚하고 參也는 魯하고 師也는 辟하고 由也는 喭이니라

시(柴) : 성은 고(高), 이름은 시(柴), 자는 자고(子羔).
삼(參) : 증삼(曾參).
사(師) : 자장(子張).
유(由) : 자로(子路).

| 풀이 | 제자들의 단점을 지적한 공자의 말이다. "고시(高柴)는 성품이 온순하나 지혜가 없고 우직하며, 증삼(曾參)은 근면하나 바탕이 둔하여 하는 일이 민첩하지 못하고, 자장(子長)은 총명함이 있으나 성실치 못하고, 자로(子路)는 용감무쌍한 기질이 있는 반면에 하는 일이 경솔하고 속됨이 있다." 이 말은 제자들의 결점을 있는 그대로 지적한 직접적인 평이다.

18

공자께서 말씀하시기를, "회(回)는 그 학문이 도에 가까웠으나 쌀뒤주가 자주 비었느니라. 사(賜)는 천명이 아님에도 불구하고 재물을 자꾸 불리는 것은 억측(憶測)이 잘 적중되었기 때문이니라."

18// 子曰, 回也는 其庶乎오 屢空이니라 賜는 不受命이고 而貨殖焉이나 憶則屢中이니라

회(回) : 안회(顔回).
누공(屢空) : 쌀뒤주가 자주 빈다는 말, 빈곤함을 말함.

| 풀이 | 학문이 재물과는 관계가 없다는 것을 말한 것이다. 그 예로서 안회는 학과 덕이 뛰어났으나 항상 생활이

궁핍했고, 자공은 학문이 안회보다 뛰어나지 못하였으나 부유하였다. 자공이 자꾸 재물을 늘리는 것은 천명에 의해서가 아니라, 재물을 늘리는 것에 대한 그의 억측이 자주 적중되었기 때문이라고 하였다. 지혜 있고 총명한 사람도 가난하고, 어리석고 우둔한 사람이라 할지라도 부유함이 있다는 것을 뜻한 것이라 하겠다.

큰 부(富)는 운을 타지만 작은 부는 그 사람의 노력 여하에 달려 있다고 한다. 자공은 바로 노력을 하여서 작은 부를 쌓아 올린 사람이라고 하겠다. 그의 억측이 자주 적중한다는 것은, 그만큼 그가 재물을 늘리기 위하여 생각을 하였다는 것을 뜻하기도 한다. 그리고 생각하는 자체부터가 노력인 것이다. 공자는 부정한 일이 아니고 재물을 모을 수 있다면 마부 같은 천한 일이라도 가리지 않겠다고 한 적이 있었다.

이 글은 안회(顔回)의 덕과 학을 칭찬한 것이 아니라, 자공(子貢)이 재물을 모으는 데에는 타당한 이유가 있다고 인정한 것이라고 보아야겠다.

사(賜) : 자공(子貢).

19

자장이 선인의 도에 대하여 묻자 공자께서 말씀하시기를, "배우지 않아도 본바탕이 선한 사람을 말하나, 그렇다고 실(室)에 쉽게 들어가는 사람은 아니니라."

19// 子張이 問善人之道한데 子曰, 不踐迹이나 亦不入於室이니라

천적(踐迹) : '천'은 밟는다는 뜻이고, '적'은 발자취를 뜻한다. '발자취를 따라서 밟는다', 즉 옛 성인의 학문과 도를 배운다는 뜻이다.

불입어실(不入於室) : 집〔室〕에 들지 못한다는 말로, 오묘한 도리에 들어가지 못함을 뜻한다.

| 풀이 | 선인(善人)이라 함은 배우지 않아도 본바탕이 착한 사람을 말한다. 그래서 선인의 도에 관한 자장(子張)의 질문에 공자는 "옛 성인의 학문을 배우지 않아도 본바탕이 착한 사람을 말한다. 그렇다고 쉽게 오묘한 도리에 들어갈 수 있는 사람은 아니니라."고 말했던 것이다.

여기에서 '선인지도(善人之道)'라는 구절은 선인의 특질을 뜻한 것이다. 그리고 '역불입어실(亦不入於室)'에서 불(不)은 비(非)의 뜻으로 쓰였다. 그러므로 '그렇다고 해서 쉽게 성인의 경지에 드는 사람 또한 아니다.'는 뜻으로 풀이된다.

사람에게는 한 가지 장점이 있으면 반드시 단점이 따르게 마련이다. 여기에서 말한 선인도 좋은 예라고 하겠다. 천성적으로 어질고 착하게 태어난 사람은 성현의 도에 감동되어 착한 행동을 하는 것이 아니다.

그러므로 자연 도에 대한 관심이 적다. 관심이 적은 만큼 깊이 생각하지 않게 되고, 또 깊이 생각하지 않으므로 깊이 깨닫지 못한다. 단지 타고난 성품이 선인의 정도에 그칠 뿐, 성인의 경지에까지 들지는 못한다는 것이다.

이 장에서 공자가 말한 도는 다른 장보다도 이지적인 면이 더욱 강조되었다고 본다. 공자의 깊은 뜻을 추측하여 본다면, 선인은 본바탕이 착한 사람이니까 그만큼 도에 앞서 있다. 그러나 그런 사람일수록 자칫 잘못 생각하여 도에 뜻을 두지 않기가 쉽다는 것을 우려한 것이다.

20

공자께서 말씀하시기를, "언론(言論)이 독실한 것을 좇기만 한다면 군자다운 사람이겠는가, 외모만 장엄한 사람이겠는가?"

20// 子曰, 論篤을 是與면 君子者乎아 色莊者乎아

| 풀이 | 언론(言論)이라 함은 말이나 글로써 자기의 생각을 발표하는 것을 말한다. 만약 이 언론만 두드러지게 나타내려고 하는 사람을 무엇이라 하면 좋겠는가. 군자이겠는가, 아니면 겉만 장중하게 꾸미려는 사람이겠는가? 비록 말과 태도는 의젓하게 생각될지 몰라도 그것만으로는 군자인지 위선자인지 분간하기 힘들다. 공자는 전에 "교묘한 말재주와 호감이 가는 낯빛을 가진 사람에게는 인(仁)함이 적다."고 말한 일이 있다. 그 말과 이 글의 뜻은 서로 연관성이 있다고 본다. 교묘한 말을 꾸며 대는 사람과 마찬가지로, 자기의 감정을 의젓하게만 표현하려고 하는 사람 역시 그 마음에는 인자함이 결여되어 있는 수가 많다. 그러므로 사람의 인격을 판단할 때는 그 사람의 말과 행동이 일치하는가를 살펴보아야 한다.

21

자로가 여쭙기를, "도리를 들으면 곧 이행하여야 합니까?"

공자께서 대답하시기를, "부형이 계시거늘 어찌 그 들

21// 子路問聞斯行諸리잇고 子曰, 有父兄이 在하니 如之何其聞斯行之리오 冉有問聞斯

行諸리잇고 子曰, 聞斯
行之니라 公西華曰,由
也問聞斯行諸어늘 子
曰, 有父兄在라 求也問
聞斯行諸어늘 子曰, 聞
斯行之라 赤也惑하여
敢問하노이다 子曰, 求
也는 退故로 進之하고
由也는 兼人故로 退之
니라

공서화(公西華) : 공자의 제
자. 이름은 적(赤).
겸인(兼人) : 다른 사람을
겸한다는 말로, 남의 몫까
지 하려 드는 것을 뜻함.

은 것을 곧 그대로 행한다 하리오."

염유가 여쭙기를, "도리를 들으면 곧 이행하여야 합니까?"

공자께서 대답하시기를, "듣거든 곧 행하여야 하느니라."

이에 공서화(公西華)가 여쭙기를, "유(由)가 '도리를 들으면 곧 행하여야 합니까?'라고 여쭈었을 때는 선생님께서 '부형이 살아계신다.'고 말씀하시고, 구(求)가 '도리를 들으면 곧 행하여야 합니까?' 하고 여쭈었을 때는 선생님께서 '듣거든 곧 행하여야 한다.'고 말씀하셨으니, 저는 의심이 가서 분별하지 못하겠기에 감히 묻습니다."

그러자 공자께서 말씀하시기를, "구는 매사가 물러서는 편이므로 앞으로 나아가게 하고, 유는 다른 사람의 일까지 겸해서 하려 하므로 물러서게 한 것이니라."

| 풀이 | 자로(子路)가 공자에게 물었다. "행할 만한 도를 들으면 그 즉시 행하여야 합니까?" 공자가 대답하기를 "부모 형제가 있는데 어찌 들은 것을 생각함도 없이 곧바로 행한다 하리오." 하여 자로의 의도를 저지시켰다. 그런 일이 있은 지 얼마 후 염유(冉有)가 똑같은 질문을 하였다. "도리를 들으면 곧 행하여야 합니까?" 공자께서 대답하기를 "곧 행할지니라." 하고 긍정의 뜻을 보였다. 공자의 대답은 분명 모순이 있었다. 자로와 염유의 질문은 조금도 다름이 없는 것이었음에도 이에 대한 대답은 각각 달랐다. 그것도 하나는 제지하는 뜻이고, 또 하나는 수긍하는

뜻의 정반대의 대답이었다. 그래서 공서화는 의혹을 참지 못하여 공자에게 물었던 것이다. "어찌하여 두 사람의 똑같은 질문에 선생님의 대답이 각각 달랐는지요?"

공자는 그에 대하여 이렇게 설명하였다. "자로는 남달리 성미가 급한 사람이고, 용맹스러워 무슨 일이든지 서둘러 하는 경향이 있다. 뿐만 아니라 그는 남의 일까지 맡아서 하려 드는 사람이다. 그러므로 지나치게 앞으로 나아가려는 그를 조금 물러서게 하였을 뿐이다. 그리고 염유는 매사에 소극적이므로 주춤하는 태도를 앞으로 나아가게 한 것이다." 공자의 특이한 교육 방법이다. 각자의 개성과 특질, 그리고 수준에 알맞게 가르친 교육 방법의 일단을 보여 준 것이다.

22

공자께서 광 땅에서 난을 당하셨을 때, 안연이 뒤늦게 도착했다. 공자께서 기뻐하며 말씀하시기를, "나는 네가 죽은 줄만 알았다."

"선생님께서 계신데 회(回)가 어찌 감히 죽을 수 있겠습니까." 하고 안연이 말했다.

| 풀이 | 이 글은 공자가 광성(匡城)에서 노나라의 장수 양호(陽虎)로 오인되었을 때의 일이다. 폭도들이 공자의 일행을 둘러싸고 행패를 부리게 되자 일행들은 위험을 피하

22// 子畏於匡하실새 顔淵이 後러니 子曰, 吾以女爲死矣라 하다 曰, 子在어시니 回何敢死리잇고

후(後) : 뒤에 떨어짐.

여 서로 흩어지게 되었다. 위험이 눈앞에 닥쳤을 때는 남을 생각할 겨를이 없었으나 어느 정도 위험이 가시자 일행은 다시 모이게 되었고, 따라서 서로들 무사했는가를 살폈다. 그러나 웬일인지 안회의 모습이 보이지 않았다. 공자 일행은 그가 난리통에 죽었거니 생각하고 이제 그를 찾으려는 희망마저 버리고 있는데 안회가 나타났다. 일행이 모두 기뻐하였음은 말할 것도 없다. 공자는 "아니, 너 안회가 아니냐? 나는 네가 꼭 죽은 줄만 알았구나." 하며 반가움을 이기지 못하고 말했다.

안회 역시 스승이 무사한 것을 보니 기쁘기 한량없었다. "제가 죽다니요. 스승님이 계신데 어찌 제가 죽을 수 있겠습니까?" 이 안회의 대답 속에는 제자가 스승보다 먼저 죽으면 불효가 된다는 뜻이 깃들여 있다. 그만큼 회는 스승을 공경하고 있었다고 볼 수 있는 것이다. 위난을 겪고 난 스승과 제자가 살아 다시 만나게 된 기쁨을 주고받는 인간애의 극치를 보인 장면이라 하겠다.

23

23// 季子然이 問, 仲由冉求는 可謂大臣與리잇고 子曰, 吾以子爲異之問이라니 曾由與求之問이로다 所謂大臣者는 以道事君하다가 不可則止하나니 今

계자연(季子然)이 묻기를, "중유(仲有)와 염구(冉求)는 훌륭한 신하라 하여도 좋겠습니까?"

그러자 공자께서 말씀하시기를, "나는 그대가 별다른 질문을 하는가 하였더니 바로 유와 구에 대한 물음이로다. 이른바 훌륭한 신하라 함은 도로써 임금을 섬기다가 불가능하면 그만두는 법이니, 이제 유와 구는 신하의 수효만 채우는 사람이라 하겠느니라."

묻기를, "그러면 따르기만 하는 자들입니까?"

공자께서 말씀하시기를, "그러나 아비와 임금을 죽이는 일에는 역시 따르지 않으리라."

| 풀이 | 자로와 염구가 계씨(季氏)의 가신(家臣)으로 있을 때의 일이다. 공자의 제자 중에서도 뛰어난 자로와 염구 두 사람을 가신으로 두게 된 계자연(季子然)은 득의하여 공자에게 물었다. "자로와 염유 두 사람은 훌륭한 신하가 될 수 있겠습니까?" 공자는 계자연의 말을 듣는 순간, 좋지 않은 느낌이 들었다. 신하란 말은 적어도 일국의 왕 정도는 되어야만 쓸 수가 있는 것이다. 그런데 일개 대부로서 감히 신하란 말을 쓰다니. 예의 사상이 깊게 뿌리박힌 공자로서는 도저히 용납할 수 없었다. 그래서 공자는 "나는 그대의 질문이 아주 큰 것인 줄로 생각하고 있었는데 이제 보니 고작 자로와 염구에 대한 물음이라니……." 공자의 대답에 약간 야유가 섞인 느낌이 든다. 이렇게 군주를 무시한 계자연의 말을 누른 다음 "훌륭한 신하란 정도(正道)로써 임금을 섬기는 법인데, 그 두 사람은 일개 대부의 집에서도 그렇지 못하니 괜히 숫자만 채우기 위한 신하라 하는 수밖에." 하고 조롱하듯 말했다.

그러자 계자연은 다시 "그렇다면 그 두 사람은 명령에 복종이나 할 줄 아는 사람이란 말씀인가요?" 계자연의 이

由與求也는 可謂具臣矣니라 曰, 然則從之者與리잇고 子曰, 弑父與君은 亦不從也리라

계자연(季子然) : 노나라의 대부. 계환자(季桓子)의 동생이며, 계평자(季平子)의 아들. 공자에게서 글 배움.
중유(仲由) : 자로(子路)의 이름.
염구(冉求) : 염유(冉有).
구신(具臣) : 신하의 숫자만 갖춘다는 뜻으로, 여기에서는 쓸데없이 자리의 수만 채우는 신하를 뜻함.
시(弑) : 윗사람을 죽임.

번 물음에는, 자로가 남에게 복종만 하는 사람이 아니라는 것을 은근히 비치고 있다. 공자가 계자연의 그런 속셈을 모를 리 없었다. 그래서 "그렇다 하더라도 아비를 죽이고 임금을 죽이는 역적질에는 따르지 않을 것이다." 하고, 오히려 계씨가 신하로서 옳지 못함을 경고한 것이다. 계자연은 세도가 출신이며 또 대부의 신분이기는 하나, 한때 공자의 학덕을 흠모하여 공자의 문하에서 글을 배운 적이 있었다. 그렇기에 공자도 이렇게 허물없이 말할 수 있었던 것이다.

24

24// 子路使子羔로 爲費宰한데 子曰, 賊夫人之子로다 子路曰, 有民人焉하며 有社稷焉하니 何必讀書然後에 爲學이리잇고 子曰, 是故로 惡夫佞者니라

자고(子羔) : 공자의 제자, 고시(高柴).
비(費) : 계씨(季氏)의 사읍(私邑).
사직(社稷) : 토지의 신과 곡물의 신.

자로가 자고(子羔)로 하여금 비(費)의 읍재(邑宰)를 시키려고 하거늘 공자께서 말씀하시기를, "남의 자식을 해치려 드는구나."

자로가 말하기를, "그곳에는 백성들이 있으며 사직(社稷)도 있습니다. 어찌 꼭 책을 읽어야만 배움이 된다 하겠습니까?"

공자께서 말씀하시기를, "그렇기 때문에 말을 잘 둘러대는 것을 미워하느니라."

| 풀이 | 자로가 계씨(季氏)의 가신으로 있을 때, 자고(子羔)를 계씨의 사읍(私邑)인 비(費) 지방의 읍재로 추천하였다. 그러자 공자는 "자로가 남의 자식을 망치려 드는구

나." 하고 탄식하였다. 자고는 본시 바탕이 좋은 사람이나 아직 학문이 충분치 못하므로 읍재가 되어 백성을 다스린다면 그를 그르치는 결과가 될지도 모르는 일이다. 더구나 그를 세도가인 계씨 지방의 읍재로 추천하였으니 공자는 우려가 되었던 것이다. 그러나 자로는 "고을에는 백성이 있으니 다스릴 수 있고, 또 사직도 있으니 신에게 제사를 지낼 수도 있습니다. 그러니 백성을 다스림에 도리를 잘 생각하고 또 마음으로써 신을 섬긴다면 그것도 일종의 학문이 아니겠습니까? 반드시 글을 읽어야만 학문이 되는 것은 아니지 않습니까?"

조금도 틀림이 없는 말이다. 공자 자신도 반드시 글공부만이 학문이 아니라고 했으며 생활을 통해서 도리에 맞는 일을 행하는 것도 학문이라고 말한 일이 있다. 그러나 그것도 반드시 도리를 분별하는 데에만 그 뜻이 있는 것이다. 그래서 공자는 "도리를 분별하지 못하고 망령되게 말을 꾸며 대는 사람을 나는 미워하느니라." 하고 자로의 경솔함을 책하였던 것이다. 남에게 굽히기 싫어하는 자로였지만 도리로써 따지는 스승의 말에는 더 이상 항변할 말이 없었으리라.

25

자로(子路)·증석(曾晳)·염유(冉有)·공서화(公西華)가 스승을 모시고 앉았더니 공자께서 말씀하시기를, "내가 다

25// 子路와 曾晳과 冉有와 公西華가 侍坐러니 子曰, 以吾一日長乎

爾나 毋吾以也하라 居
則曰, 不吾知也라 하
나니 如或知爾면 則何以
哉오 子路率爾而對曰,
千乘之國이 攝乎大國
之間하여 加之以師旅
오 因之以饑饉이어든
由也爲之면 比及三年
하여 可使有勇이요 且
知方也케 하리이다 夫
子哂之하시다 求아 爾
는 何如오 對曰, 方六
七十과 如五六十에 求
也爲之면 比及三年하
여 可使足民이어니와
如其禮樂엔 以俟君子
하리이다 赤아 爾는 何
如오 對曰, 非曰能之라
願學焉하노이다 宗廟
之事와 如會同에 端章
甫로 願爲小相焉하노
이다 點아 爾는 何如오
鼓瑟希러니 鏗爾舍瑟
而作하여 對曰, 異乎三
子者之撰호이다 子曰,
何傷乎리오 亦各言其
志也니라 曰, 莫春者
에 春服이 旣成이어든
冠者五六人과 童子六
七人으로 浴乎沂하여
風乎舞雩하며 詠而歸
하리이다 夫子喟然歎
曰, 吾與點也하노라 三
子者出커늘 曾晳後러
니 曾晳曰, 夫三子者之
言이 何如하리잇고 子

소 어른이기는 하나 나를 개의치 말아라. 너희들이 평소에는 '나를 알아주지 않는다.' 고 말하였는데, 만약 어떤 사람이 너희들의 학덕을 알아준다면 어떻게 하겠느냐?"

자로가 불쑥 나서며 대답하기를, "천승(千乘)의 나라가 큰 나라 사이에 끼여서 대군의 침입을 당하고 기근으로 시달린다 할지라도, 제가 다스린다면 3년이면 그 나라의 백성들을 용감하게 만들고, 또 도(道)의 방향을 알도록 할 수 있겠나이다." 하니, 공자께서 빙그레 웃으셨다.

"구(求)야, 너는 어떠하냐?"

대답하기를, "사방 6, 70리 혹은 5, 60리의 지역을 제가 다스린다면 3년이면 백성들을 풍족히 살게 할 수 있겠으나, 그 지방의 예(禮)와 악(樂)에 대하여는 군자의 힘을 기다려야 하겠나이다."

"적(赤)아, 너는 어떠하냐?"

대답하기를, "해낼 수 있다는 것이 아니라 앞으로 배우고자 바랄 뿐입니다. 종묘의 일과 제후들의 모임에 예복과 예관 차림으로 보좌하는 작은 벼슬이나 맡아 보았으면 하나이다."

"점(點)아, 너는 어떠하냐?"

점은 간간이 타던 비파를 치렁 소리가 나게 밀어내 놓고 자리에서 일어서며 대답하기를, "저는 세 사람의 생각과는 다릅니다."

그러자 공자께서 말씀하시기를, "무슨 상관이 있겠느냐? 다만 각자 그 뜻을 말하는 것이니라."

제11편 ... 선진 • 259

"늦은 봄철에 봄옷이 만들어지거든 어른 대여섯 명과 아이들 육칠 명과 더불어 기수(沂水)에서 목욕하고, 무우(舞雩)에 올라 바람을 쐬고 노래를 부르다가 돌아오겠습니다."

공자께서 깊이 탄식하며 말씀하시기를, "나도 점의 의견을 따르겠노라."

세 제자가 나가고 증석이 뒤에 남아 말하기를, "저 세 사람의 말을 어떻게 생각하십니까?"

공자께서 말씀하시기를, "그런 대로 각자의 뜻을 말한 것이니라."

묻기를, "선생님께서는 어찌 유의 말을 들으시고 빙그레 웃으셨습니까?"

말씀하시기를, "예로써 나라를 다스려야 하거늘, 그의 말에는 겸양의 빛이 없는지라 웃었느니라."

"구가 말한 것이라면 나라가 아니지 않습니까?"

"어찌 사방 6, 70리나 또는 5, 60리라 하여 나라가 아니라 하겠느냐?"

"적이 말한 것이라면 나라가 아니잖습니까?"

"종묘와 제후들의 모임이니 제후의 일이 아니고 무엇이겠느냐. 적이 소상(小相)을 한다면 누가 대상(大相)을 할 수 있겠느냐?"

| 풀이 | 이 글은 공자가 자로·증석·염구·공서화 등 네 제자들에게 장래에 하고자 하는 바를 물은 것으로, 〈논

曰, 亦各言其志也已矣니라 曰, 夫子何哂由也시리잇고 曰, 爲國以禮어늘 其言이 不讓이라 是故로 哂之호라 唯求則非邦也與리잇고 安見方六七十과 如五六十而非邦也者리오 唯赤則非邦也與리잇고 宗廟會同이 非諸侯而何오 赤也爲之小면 孰能爲之大리오

증석(曾晳) : 공자의 제자. 이름은 점(點). 석(晳)은 자. 증자(曾子)의 아버지.
일일장(一日長) : 하루가 길다의 뜻으로, 약간 손위임을 나타냄.
섭(攝) : '무엇과 무엇 사이에 끼이다'의 뜻.
단(端) : 검은 천으로 만든 예복.
장보(章甫) : 검은 예관.
소상(小相) : 하찮은 일을 맡아 보는 작은 벼슬.
고슬희(鼓瑟希) : 낮게 간간이 비파를 타면서 이야기를 듣고 있는 모양.
무우(舞雩) : 기우제를 지내는 곳.
영(詠) : 노래를 부름.
안견(安見) : 아니, 무엇, 어느 것의 뜻으로 쓰여 '무엇이라 할 수 있겠느냐'로 풀이됨.

어)에서 가장 긴 문장이다.

제자들에게 둘러싸인 공자는 하나하나의 얼굴을 살펴보며 천천히 입을 열었다. "내가 너희들보다 다소 연배라고 하나 관계치 말고 뜻을 얘기해 봐라. 그래, 너희들은 평소 입버릇처럼 세상이 나를 몰라준다고 하였는데, 만일 너희들을 알아주는 사람이 있다면 어떻게 할 작정이냐? 자, 너무 어려워하지 말고 각자의 포부를 털어놓아 보아라."

공자의 말이 끝나자마자 자로가 불쑥 나서며 말을 받았다. "저는 큰 나라 사이에 끼여 외부의 침략을 받고, 백성들이 빈곤에 허덕이고 있는 천승(千乘)의 작은 나라를 구해 보겠습니다. 만약 그런 나라를 다스린다면 3년이면 도탄에 빠져 있는 백성들을 구제할 수 있을 뿐만 아니라 백성들에게 용기를 북돋워 주어서 불의를 쳐부수게 하겠습니다." 자로의 자신에 찬 말이다. 염구와 공서화 등은 자로의 용기에 새삼 감탄하는 눈길을 보냈으나, 공자는 가만히 미소를 지을 뿐이었다. 증석이 타는 나직한 비파 소리가 간간이 울려 퍼지는 가운데 공자는 염유에게 고개를 돌린다. "구야, 너는 어떻게 생각하고 있느냐?"

정사에 밝다고 스승으로부터 여러 번 칭찬을 들은 바 있는 염유가 천천히 일어섰다. "저는 사방이 6, 70리, 아니 그보다 더 작은 지방이라도 한번 다스려 보고 싶습니다. 만일 제가 한 3년만 다스린다면 백성들의 의식을 풍족하게 할 수 있겠으나, 예와 악에 대하여서는 다른 군자의 힘을 바라는 수밖에 없겠습니다." 조금도 무리가 없는 말이며 겸손한 태도이다. 공자의 얼굴은 마치 깊은 생각에 잠긴 듯 굳어졌으나 가볍게 수긍하는 눈치였다. 공자의 눈길은 다시 공서화의 얼굴로 옮겨졌다.

예에 밝은 공서화가 공손히 일어섰다. "지금 제가 선생님께 말씀드리는 것은 꼭 할 수 있다고 장담하는 것이 아니라, 다만 하고자 할 뿐입니다. 종묘에서 제사 지낼 때나 제후들의 회합에 예복을 입고 나아가 옆에서 분위기 맞추는 일이나 하고 싶습니다." 아주 예의 바르고 겸손한 말이다. 공자의 눈길이 이번엔 증석의 얼굴로 옮겨졌다. "자, 이번에는 점(點), 네 차례다."

그제서야 증석은 천천히 입을 열었다. "늦은 봄철에 봄옷을 갖추어 입고 늙고 젊은 친구 몇몇과 함께 기수(沂水)의 맑은 물에서 목욕을 한 다음, 무우대(舞雩臺) 언덕에 올라 시원한 바람이나 쐬면서 시를 읊고 노래나 불렀으면 합니다." 시원스러우면서도 여유가 있는 군자다운 마음가짐이다. 공자가 깊이 탄식하며 동의를 표했다. "그것 참 좋구나. 나도 너와 같은 생각을 가지고 있네."

자로, 염유, 공서화 등 세 사람이 물러가고 증석이 남아 스승의 안색을 살피다가 물었다. "선생님, 저들 세 사람의 말을 어떻게 생각하십니까?" "각자의 희망을 말한 것뿐인데 무슨 다른 뜻이 있겠는가?" "선생님, 아까 유의 말을 들으시고는 왜 웃으셨습니까? 저로서는 잘 이해가 되지 않습니다." "그것 말인가? 군자는 예로써 나라를 다스려야만 하거늘 아까 유의 말에는 겸손한 빛이 없지 않았느냐? 그런 까닭에 내가 웃었느니라." 그러나 아직 그의 마음에는 의심이 완전히 가시지 않았다. "그러면 구의 말은 나라를 다스린다는 뜻에 미치지 못하는 것이 아니겠습니까?" 공자는 고개를 완강히 저었다. "아니지. 비록 작은 나라라 할지라도 나라임에는 틀림이 없네. 그리고 아까 구가 한 말에는 겸손의 뜻이 들어 있지."

이 장은 네 제자들의 성격이나 인품이 잘 나타나 있다. 자로는 그 중 나이가 많은 사람이나, 나이에 어울리지 않을 정도로 씩씩하고 강한 기상을 가진 사람이다. 그러나 흠이 있다면 모든 일에 침착함이 없고 약간 경솔한 면이 엿보이는 점이라 하겠다.

염유는 약간 냉철한 면을 가지면서도 상당히 이지적인 사람이다. 그리고 겸손할 줄도 안다. 공서화는 아주 예가 밝은 사람이다. 어떻게 생각하면 자기 자신을 너무 낮추지 않았나 하는 느낌이 들 정도로 예를 숭상하고 지키는 사람이라 하겠다.

증석은 자신이 말했듯이 정사보다는 풍류를 즐기는 사람이다. 남들처럼 욕망에 시달리지도 않는다. 무리가 없으면서도 소박한 인간생활 속에서 조촐한 풍류를 즐기겠다고 한 그는 자상한 성격을 지니고 있었다. 남들은 모두 한 귀로 흘려 보내는 말들을 그는 마음속 깊이 되새겨보는 어버이 같은 성격의 소유자가 아닌가.

제 12 편
안연(顔淵)

1

안연(顔淵)이 인에 대하여 묻자 공자께서 말씀하시기를, "자기를 극복하고 예에 돌아감이 곧 인이 되는 것이니, 하루 자기를 극복하여 예로 돌아가게 된다면 온 천하가 다 인을 따르게 될 것이니라. 인이 되는 것은 자기로 말미암은 것이지 어찌 남으로 말미암은 것이겠는가?"

안연이 말하기를, "그 조목을 말씀하여 주시기 바라나이다."

공자께서 말씀하시기를, "예가 아니면 보지 말고, 예가 아니면 듣지 말고, 예가 아니면 말하지 말고, 예가 아니면 움직이지 말라."

안연이 말하기를, "제가 비록 우둔하오나 그 말씀을 받들어 실천할 것을 고하나이다."

| 풀이 | 안연이 인에 대하여 묻자 공자는 자신을 극복하여 예로 돌아가는 것이 곧 인이라 하였다. 즉, 수없이 일어나는 사욕을 극복하여 모든 일을 예로써 행함을 말한 것이다. 그래서 하루 종일 자기 자신을 극복하고 예로 돌

1// 顔淵이 問仁한데 子曰, 克己復禮爲仁이니 一日克己復禮면 天下歸仁焉하나니 爲仁이 由己니 而由人乎哉아 顔淵이 曰, 請問其目하노이다 子曰, 非禮勿視하며 非禮勿聽하며 非禮勿言하며 非禮勿動이니라 顔淵이 曰, 回雖不敏이나 請事斯語矣리이다

극(克) : 이기다.
목(目) : 조건, 조목, 세목.
불민(不敏) : 어리석고 둔하다.
청(請) : 흔히 간청하다, 묻다, 뵙다의 뜻으로 쓰이나 여기에서는 빌다(祈), 고하다(告)의 뜻으로 사용됨.

아간다면 천하의 모든 일이 다 인으로 되돌아온다고 하고, 그 이유는 인은 자기로부터 비롯되기 때문이라고 하였다. 한 번 들어서는 이해하기 힘든 말이다. 그래서 안연은 거기에 대한 세세한 조건을 일러주기를 청하였다. 이에 공자는 "예가 아니면 보지 말고 듣지도 말며, 또 말하거나 움직이지도 말라."고 대답했다. 즉, 자신을 극복하는 도구는 바로 예라는 말이다. 이렇게 되니 안회는 스승의 말을 이해할 수 있었고, 또 깊이 감동하여서 "제자가 비록 우둔하오나 스승님의 말씀을 받들어 실천할 것을 고하나이다." 하고 맹세하였던 것이다.

2

2// 仲弓이 問仁한데 子曰, 出門如見大賓하며 使民如承大祭하고 己所不欲을 勿施於人이니 在邦無怨하며 在家無怨이니라 仲弓이 曰, 雍雖不敏이나 請事斯語矣리이다

중궁이 인에 관하여 묻자 공자께서 말씀하시기를, "문을 나설 때는 큰 손님을 만난 듯이 하고, 백성들을 부릴 때는 큰 제사를 받드는 것같이 하고, 자기가 원하지 않으면 남에게 베풀지 말아야 하는 것이니, 그렇게 하면 나라에 있어서도 원망이 없고 집에 있어서도 원망이 없느니라."

중궁이 말하기를, "제가 비록 우둔하오나 그 말씀을 받들어 실천할 것을 고하나이다."

중궁(仲弓) : 공자의 제자, 이름은 옹(雍).
대제(大祭) : 천지신명에게 지내는 제사나 종묘에서 지내는 제사.

| 풀이 | 중궁이 공자에게 인에 대하여 물었다. 중궁은 덕행으로 이름이 높았을 뿐만 아니라, 정사나 예(禮)로도 알려진 사람이었다. 공자는 제자들에게 무엇을 설명할 때는

제12편 _ 안연 • 265

늘 같은 방법을 사용한 것이 아니라, 각자의 성격이나 소질 등에 따라 수시로 그 방법을 변화시켰다. 그래서 안연이 인에 대해서 물었을 때는 예로써 설명을 하였고, 중궁에게는 정사를 예로 들어 설명한 것이다.

집을 나서면 남을 대하기를 마치 귀한 손님 대하듯이 하고 정사를 맡아 백성을 부리는 데 있어서는 대제(大祭)를 받들어 모시듯이 하라는 말은, 남을 공경할 줄 알고 모든 일에 신중을 기하란 뜻이다. 이로 본다면 인이란 말의 정의는 한 가지라 하겠으나, 그 인을 실천하는 데 있어서는 각자에 따라 다르다고 보겠다. 정사를 맡은 사람은 그 정사를 행하는 데 있어서 인을 행함이 중요하고, 예를 베푸는 사람은 예를 행하는 데 있어서 인을 행함이 중요하다 하겠다. 그리고 자기가 원하는 것이 아니면 남에게 베풀지 말라는 말, 즉 자신을 생각하는 것과 마찬가지로 남을 생각하라는 말은, 인에 대하여 정의를 내린 말일 뿐만 아니라 우리 인간의 결점을 지적한 것이라고도 하겠다.

재방(在邦) : 조정에 나아가 국사를 받듦.
재가(在家) : 집의 일을 맡아 봄.

3

사마우(司馬牛)가 인에 대하여 묻자 공자께서 말씀하시기를, "어진 자는 그 말을 참느니라."

말하기를, "말을 참으면 곧 인이 이루어진다고 하시는 말씀입니까?"

공자께서 말씀하시기를, "실천하기가 어려울 것이니 말

3// 司馬牛問仁한데 子曰, 仁者는 其言也訒이니라 曰, 其言也訒이면 斯謂之仁矣乎리잇고 子曰, 爲之難하니 言之得無訒乎아

하는 것을 참을 수 있겠는가?"

| 풀이 | 사마우(司馬牛)는 송(宋)나라 사람으로, 공자를 살해하려고 한 적이 있는 환퇴(桓魋)의 아우이다. 그러나 그도 공자의 학덕을 흠모하여 공자를 찾아와 제자가 되었다. 그 정도로 그는 학문에 대한 열의가 높은 반면, 성질이 급하여 말을 경솔하게 하는 결점이 있었던 모양이다. 그러니 인에 대한 그의 질문에 "하고 싶은 말이라도 많이 참아야 한다."고 말했던 것이 아니겠는가.

그러나 우는 스승의 말을 옳게 이해하지 못하고 "말만 참게 되면 인을 이루는 것입니까?" 하고 물었다. 사마우는 스승의 대답이 너무나 평범했기 때문에 도무지 믿어지지가 않았던 것이다. 그러자 공자가 대답하기를 "실천하기가 어려운 것인데 참을 수 있겠는가?" 하였다. 말하기는 쉽지만 실천하기는 어렵다는 것을 뜻한 말이다. 이것은 인을 실천하기란 어려우므로 인에 대해서 말하기가 어렵다고 한 뜻도 되고, 또 우의 사람됨이 너무 경솔하니 모든 일을 잘 생각하고 언행을 신중히 하라는 뜻도 되겠다.

사마우(司馬牛) : 공자의 제자로, 송나라 사람. 이름은 경(耕). 우(牛)는 자.

4

사마우(司馬牛)가 군자에 대하여 묻자 공자께서 말씀하시기를, "군자는 근심하지 않고 두려워하지도 않는다."
말하기를, "근심하지 않고 두려워하지도 않는다면, 이

4// 司馬牛問君子한데 子曰, 君子는 不憂不懼니라 曰, 不憂不懼면 斯謂之君子矣乎리잇고

를 곧 군자라 이른다는 말씀입니까?"

　공자께서 말씀하시기를, "스스로 마음을 반성하여 흠이 없다면 어찌 근심하고 두려워할 것이 있으리오."

子曰, 內省不疚이니 夫何憂何懼리오

구(疚) : 병들다.
내성(內省) : 안을 살펴보다. 즉, 반성하다.

| 풀이 | 사마우가 이번에는 군자에 관하여 질문했다. 공자가 대답하기를, "근심하지 않고 두려워하지 않는다." 하였다. "근심과 두려움만 가지지 않으면 군자라고 할 수 있습니까?" 하고 사마우가 다시 물었다. 이 말에서 사마우의 경솔한 면을 엿볼 수 있다. 그러나 공자는 이를 탓하지 않고 "스스로 반성하여 흠잡을 데가 없다면 어찌 근심하고 두려워할 것이 있겠느냐." 하고 자세히 설명해 주었다. 그제서야 사마우는 스승의 넓고 깊은 뜻을 이해하고 더 이상 묻지는 않았다. 사마우는 근심하거나 두려워하지 않는다는 말을 아주 간단하고 쉬운 것으로 생각하였으나, 거기에는 자신을 반성하여 흠잡을 데가 없어야 한다는 뜻이 들어 있었다. 그렇게 하기 위해서는 열심히 학문을 연마하여 견식을 넓혀야겠고, 또 부단한 노력으로 수양하여서 자신의 뜻을 확립하여야만 하는 것이다. 이는 바로 학문을 닦는 도의 길과 같은 것이다.

5

　사마우(司馬牛)가 근심하여 말하기를, "남들은 모두 형제가 있거늘 나만 유독 없구나!"

5// 司馬牛憂曰, 人皆有兄弟어늘 我獨亡이로다 子夏曰, 商은 聞之矣

로니 死生이 有命이오 富貴在天이라 하오 君子敬而無失하며 與人恭而有禮면 四海之內, 皆兄弟也이니 君子何患乎無兄弟也이리오

상(商) : 자하(子夏)의 이름.
여인(與人) : 남과 사귐.

그러자 자하가 말하기를, "내가 들으니, '살고 죽음은 명에 있고 부귀는 하늘에 달렸다.'고 하오. 군자가 삼가서 과실이 없고 남과 사귐에는 공경하며, 예가 있으면 사해(四海) 안이 모두 형제가 되는 것이오. 그런데 군자가 어찌 형제 없음을 근심하리오."

| 풀이 | 사마우에게는 형제가 세 명이 있었다. 그러나 형 환퇴(桓魋)와 두 동생은 모두 불의를 일삼고 있으므로 자기와 뜻이 맞지 않아 이처럼 말했다고 본다. 그리고 우(牛)가 몹시 근심하여 말했다는 것은, 그 불의로 인해 형과 동생이 머지않아 죽게 될 것을 염려한 때문이었다. 그래서 자하는 "살고 죽음은 명에 달려 있고 부귀는 하늘에 달려 있다."고 말하여, 우의 근심을 풀어 주려고 했던 것이다.

여기서 명이라 함은 천명을 뜻하는 것으로, 유명(有命)이나 재천(在天)은 다같이 하늘에 있음을 뜻하는 것이다. 또 "행함에 신중을 기해서 과실이 없고, 남과 사귀는 데 있어서 예를 지키면 사해(四海) 안이 모두 형제가 된다." 함은, 군자의 도를 행하면 모든 사람이 따르게 됨을 뜻한 말이다. 이 글은 자하가 선배로서 후배를 군자다운 태도로 지도한 장면이며, 자하의 넓은 마음과 밝은 지(知)가 잘 나타나 있다.

6

자장이 명철(明哲)에 관해서 묻자 공자께서 말씀하시기를, "물이 스며드는 듯한 참소와 피부를 자극하는 하소연을 받아들이지 않는다면 명철하다 하느니라. 은근히 스며드는 참소와 피부를 자극하는 하소연을 받아들이지 않는다면 멀리 내다본다고 말할 수 있느니라."

| 풀이 | 자장(子張)이 명철함, 즉 사리에 밝음이 어떤 것인지 물었다. 공자가 대답하기를 "은근히 스며드는 참소와 피부를 자극하는 하소연에 따라서 일을 하지 말아야 사리에 밝다고 말할 수 있다. 그리고 그런 참소와 하소연에 따라 하지 않으면 가히 먼 곳을 내다본다 할 수 있는 것이다." 하였다.

사람이 세상을 살아가는 데 있어서는 여러 가지 일들이 많은데, 그런 것들은 모두 감정의 옳지 못한 작용에 의해서 바르게 보이지 않는다. 물이 스며들듯이 서서히 침투해 오는 참소나, 피부를 자극하는 하소연이 바로 그 옳지 못한 감정의 작용이라 하겠다. 그러므로 공자는 사리를 옳게 파악하기 위해서는 참소와 하소연에 이끌리는 감정을 버리고 일을 처리해야 한다고 말한 것이다.

7

자공이 정사에 관하여 묻자 공자께서 말씀하시기를,

6// 子張이 問明한데 子曰, 浸潤之譖과 膚受之愬不行焉이면 可謂明也已矣니라 浸潤之譖과 膚受之愬不行焉이면 可謂遠也已矣니라

침윤(浸潤) : 물이 스며들듯이 점점 침범하여 넓어짐.
참(譖) : 간악한 말로 남을 비방함.

7// 子貢이 問政한데

子曰, 足食足兵이면 民이 信之矣니라 子貢이 曰, 必不得已而去이면 於斯三者에 何先이리잇고 曰, 去兵이니라 子貢이 曰, 必不得已而去이면 於斯二者에 何先이리잇고 曰, 去食이니 自古로 皆有死어니와 民無信不立이니라

"식량을 풍족히 하고, 군비를 충족하게 하여 백성들이 믿게 하여야 하느니라."

자공이 다시 묻기를, "부득이하여 버려야 한다면 이 셋 중에서 어느 것을 먼저 버려야 합니까?"

"군비를 버려야 하느니라."

자공이 묻기를, "또 부득이하여 버려야 한다면 나머지 둘 중에서는 어느 것을 먼저 버려야 합니까?"

"식량을 버려야 하느니라. 예로부터 사람에게는 다 죽음이 있게 마련이거니와, 백성의 믿음이 없으면 나라가 서지 못하는 법이니라."

| 풀이 | 이것은 정치에 있어서 경제와 군사, 그리고 신망 등의 비중을 말한 것이다. 식량은 국민생활의 필수 조건이니 물론 없어서는 안 될 것이고, 군비 역시 안심하고 나라를 다스리기 위해서는 꼭 필요한 것이며, 백성들이 서로를 믿고 또 위정자를 믿는 것도 없어서는 안 될 것이라 하겠다. 그러나 이 중에서 공자가 백성의 믿음을 제일 중요하게 여긴 것은 곧 신의정치(信義政治)를 말한 것이다. 이 부분은 공자의 정치이념인 인(仁)의 사상이 두드러지게 강조되어 있다.

8

8// 棘子成이 曰, 君子

극자성(棘子成)이 말하기를, "군자는 질(質)이 훌륭하면

그만이지 문(文)을 해서 무엇하리오?"
　자공이 말하기를, "애석합니다. 군자를 단정한 부자(夫子)의 말씀은 네 필의 말이 끄는 마차로도 혀에 미치지 못할 것입니다. 문은 질과 같아야 하며, 질도 문과 같아야 하는 것입니다. 범이나 표범의 털을 뽑은 가죽이라면 개나 양의 털을 뽑은 가죽이나 마찬가지입니다."

는 質而已矣니 何以文爲리오 子貢이 曰, 惜乎라 夫子之說이 君子也이나 駟不及舌이로다 文猶質也이며 質猶文也이니 虎豹之鞟이 猶犬羊之鞟이니라

| 풀이 | 위(衛)나라의 대부 극자성(棘子成)이 당시 군자들의 성향이 외관과 형식에 치우침을 두고 말했다. 무릇 군자라 함은 지체가 높은 사람, 또는 덕과 학식이 갖추어진 사람을 뜻한다. 그러나 그들 군자라 칭하는 사람들이 가끔 지나치게 형식을 지키려 하고 외모 등을 꾸미려 드는 것이 극자성으로서는 심히 못마땅했던 모양이다. 그리고 그가 공자의 제자인 자공 앞에서 들으라는 듯이 말한 것을 보면 단순히 그릇된 군자의 태도를 한탄했다기보다, 군자라 칭하는 모든 사람을 비웃고 있음이 엿보인다. 그래서 자공은 "군자를 단정한 대부의 실언은 그 잘못이 너무 큽니다. 문(文)은 질(質)과 같으며 질 또한 문과 같이 중요한 것입니다. 만약 질만 있고 문이 없다면, 마치 털을 뽑은 호랑이의 가죽이 털을 뽑은 개나 양의 가죽과 다를 바가 없는 것과 마찬가지라 하겠습니다." 하고 반박하였다. 세상의 나쁜 풍습을 시정하려는 뜻은 잘 알겠으나, 그렇다고 해서 너무 극단적으로 생각할 것이 아니라 질과 아울러 문의 중요성도 알아야 함을 뜻한 말이다.

극자성(棘子成) : 위나라의 대부.
부자(夫子) : 웃어른이나 스승에 대한 존칭.
질(質) : 타고난 바탕.
문(文) : 문채(文彩).
곽(鞟) : 털을 뽑은 짐승의 가죽.

이 글은 옹야편(雍也篇) 16의 '질승문즉야, 문승질즉사, 문질빈빈, 연후군자(質勝文則野, 文勝質則史, 文質彬彬, 然後君子)'란 공자의 교훈을 잘 반영한 것이라 하겠다.

9

애공(哀公)이 유약(有若)에게 묻기를, "흉년이 들어서 나라의 비용이 부족하니 어찌하리오?"

유약이 대답하기를, "어찌하여 철법(徹法)을 쓰지 않으십니까?"

말하기를, "둘을 거두어도 부족하거늘 어찌 철법을 쓴단 말이오?"

유약이 대답하기를, "백성이 풍족하면 임금이 어찌 부족할 것이며, 백성이 풍족하지 못하면 임금인들 어찌 풍족할 것입니까?"

| 풀이 | 노나라의 임금인 애공(哀公)이 유약(有若)에게 물었다. "나라에 흉년이 들어 국비가 부족한데 어떻게 하면 좋겠소?" 당시 노나라에선 주(周)나라 때부터 내려오는 정전법(井田法)을 쓰지 않았다. 정전법대로라면 수확의 10분의 1을 거두는 것이 원칙이었으나, 노나라에선 선공(宣公) 때부터 그것만 가지고는 부족하다하여 10분의 1을 더 가산한 10분의 2를 거두어들였다.

애공이 물은 말은, 나라에 흉년이 들었으니, 그 10분의

9// 哀公이 問於有若曰, 年饑用不足하니 如之何오 有若이 對曰, 盍徹乎시니잇고 曰, 二도 吾猶不足이어니 如之何其徹也이리오 對曰, 百姓이 足이면 君孰與不足이며 百姓이 不足이면 君孰與足이리잇고

애공(哀公) : 노(魯)나라의 임금.
유약(有若) : 공자의 제자.
철(徹) : 통하다, 다스리다의 뜻이나, 여기서는 주(周)나라의 조세 제도인 정전법(井田法)을 말함.
이(二) : 여기서는 10분의 2를 가리킴.

2를 거두는 조세로만은 국비가 부족하다는 뜻이었다. 그러나 유약은 "왜 10분의 1을 거두는 주나라의 정전법을 사용하지 않습니까?" 하고 되물었다. 분명히 주나라의 정전법을 그대로 사용함이 좋다는 말이다. 너무나 뜻밖의 대답이었다. 그래서 애공은 "10분의 2를 거두고 있는 지금의 조세법으로도 국비를 충당하지 못하는데, 어찌 그 10분의 1을 거두는 철법(徹法)을 쓰란 말이오?" 하고 반문했던 것이다.

이로 본다면 당시의 귀족이나 관리들의 생활을 가히 짐작할 수 있다. 팽창해 가는 귀족들의 세력과 함께 관리들의 생활이 한층 사치성을 띠었기 때문이다. 게다가 나라에는 흉년까지 들었다. 그래서 애공이 정사에 밝은 유약에게 물었던 것이 아니겠는가.

유약이 말하기를, "백성과 임금은 한몸입니다. 백성이 풍족하면 임금도 풍족할 것이며, 백성이 풍족하지 못하면 임금도 풍족하지 못합니다." 백성이 있어야 군주가 있고, 백성이 없으면 군주가 존재하지 않는다는 근본 원리를 말한 것이다.

그 당시에 나라에 흉년이 들어 백성의 생활은 몹시 곤란하게 되었다. 거기에다 나라에서 조세까지 가혹하게 거두어들인다면 백성들은 어떻게 살 수 있겠는가. 그러니 될 수 있는 한 국비를 아껴 쓰고, 백성들의 힘을 덜어 주기 위하여 조세도 덜 거두자는 것이 유약의 뜻이었다.

10// 子張이 問崇德辨惑한데 子曰, 主忠信하며 徙義이 崇德也이니라 愛之란 欲其生하고 惡之란 欲其死하나니 旣欲其生이요 又欲其死는 是惑也이니라 誠不以富요 亦祗以異라

숭덕(崇德) : 덕을 높임.
주(主) : 힘쓰다, 주력하다.

10

　자공이 덕을 숭상하고 미혹됨을 분별하는 것에 관하여 묻자 공자께서 대답하시기를, "성실과 신의에 주력하고 의로움에 옮겨감이 덕을 숭상하는 것이니라. 사랑하면 살기를 바라나 미워하면 죽기를 바라는데, 이미 살기를 바란데다 또 죽기를 바라니 이것이 미혹이니라. 진심으로 부(富)에 말미암은 것이 아니라 다만 사람에 따라 다르기 때문이니라."

| 풀이 | 자장(子張)이 덕을 숭상하고 일에 미혹한 것을 밝게 가려내는 길을 물었다. 공자가 대답하기를 "성실과 신의에 주로 힘쓰고 모든 일을 의로운 길로 옮기는 것이 바로 덕을 숭상하는 것이다. 자기가 좋아하는 사람은 오래 살기를 바라고, 미운 사람은 금방이라도 죽기를 바란다. 이 한 마음속에 이것저것 생각이 달라지는 것이 바로 사리에 미혹되는 원인이다. 진심으로 잘되기를 바라는 것이 아니고, 사람이나 그밖의 사정에 따라 생각이 달라지기 때문이다."고 하였던 것이다.

　덕이란 인·의·예·지가 두루 갖추어지는 것을 뜻한다. 그리고 덕을 숭상한다는 것은 바로 인·의·예·지가 두루 갖추어진 사람을 존경하고, 또 스스로 그렇게 되기를 바라는 것이다. 공자는 바로 이 덕을 숭상하는 길을 성실과 신의를 지키고 모든 일을 의롭게 행하는 것이라고 말했다. 또 미혹한 것을 분별한다는 것은 추상적이므로

쉽게 설명할 수 없으며, 그것은 일의 정도나 형태에 따라 달라지므로 때때로 그 뜻이 달라진다. 그래서 공자는 그 여러 가지의 형태 중에서 한 가지를 택하여 근본 원리를 설명했다. 사물을 사물 그 자체로 보지 않고 필요와 감정에 따라서 다르게 보는 것이 바로 미혹됨의 원인이라고 하였던 것이다.

'성불이부, 역지이이(誠不以富, 亦祇以異)'라는 구절에 대하여서는 이설이 분분하다. 글자대로 뜻을 풀이하면 '성심으로 부(富)에 기인하는 것이 아니라 역시 다름에 기인하기 때문이니라.'라는 말이 된다. 그러나 원문의 체계를 볼 때 공자의 말이 분명하고, 또 앞의 말과 관련이 있는 것이 분명하다.

사실 이 구절은 공자의 말이 아니라 〈시경〉 소아 아행기야편(小雅 我行其野篇)의 말이다. "남자가 본처를 미워하고 다른 여자를 사랑함은 부귀를 위해서가 아니라 다만 사람이 다르기 때문에 일어나는 현혹이 있기 때문이다." 사물이 달라짐에 따라 자연적으로 변하는 사람의 마음, 이것이 바로 미혹됨의 근본이며, 또한 인간의 현혹 때문에 그런 마음의 상태가 일어난다고 한 말이다.

이렇게 뜻이 달라지기 때문에 어떻게 생각하면 이 끝 구절의 말은 이 글의 말이 아니라고 느껴지기도 한다. 그래서 정자(程子)는 이 부분이 계씨편(季氏篇) 12의 상단에 있는 것이 잘못되어 이 글의 끝에 실리게 된 것이라고 했다.

11// 齊景公이 問政於孔子한데 孔子對曰, 君君臣臣父父子子이니이다 公이 曰, 善哉라 信如君不君하며 臣不臣하며 父不父하며 子不子면 雖有粟이나 吾得而食諸아

경공(景公) : 제(齊)나라 임금. 이름은 저구(杵臼).

11

제(齊)나라 경공(景公)이 공자에게 정사에 관하여 묻자 공자께서 대답하시기를, "임금은 임금다워야 하고 신하는 신하다워야 하며, 아비는 아비답고 아들은 아들다워야 하나이다."

공이 말하기를, "좋은 말씀이오. 진실로 임금이 임금답지 않고 신하가 신하답지 않으며, 아비가 아비답지 않고 자식이 자식답지 않다면, 비록 곡식이 있다 하더라도 내 어찌 얻어서 먹으리오."

| 풀이 | 제나라 경공(景公)이 공자에게 정사에 관하여 물었다. 공자는 "임금은 임금답고 신하는 신하다워야 하며, 아비는 아비답고 자식은 자식답게 처신을 해야 한다."고 말했다. 여기서 공자가 뜻한 것은 비단 군주는 군주, 신하는 신하다운 행동뿐만 아니라 그 주어진 본분을 착실히 이행해야 함을 말한 것이다. '군군신신, 부부자자(君君臣臣, 父父子子)'의 글귀는 역(易)의 괘(卦)를 설명하는 것에도 나오고 있다. 역의 괘사(卦辭) 등은 거의가 공자가 주석을 달았다 하는데, 이것을 그만큼 중요하다고 느꼈기 때문에 두 곳 모두 수록해 놓았다고 생각된다. 이렇듯 평범한 진리의 말에는 이의가 있으려야 있을 수 없다. 그래서 경공은 "좋은 말씀이오. 각자 그 주어진 도리를 다하지 못한다면 곡식이 가득 쌓여 있다 한들 어찌 그를 얻어서 먹을 수 있겠소." 하고 말했던 것이다.

여기서 '수유속, 오득이식제(雖有粟, 吾得而食諸)'는 나라가 망하게 된다는 것을 뜻한 말이라 하겠다. 공자가 제나라에 간 것은, 노나라 소공(昭公) 말년이라고 한다. 이 글의 내용으로 본다면 경공이 공자의 도언(道言)에 깊이 깨달은 것 같으나, 그는 그것을 실천하지 못하고 진환(陳桓)에게 나라를 빼앗겼다. 이것을 볼 때 도는 알고 있다 하더라도 그것을 실천하기는 매우 어렵다는 것을 알 수 있다.

12

공자께서 말씀하시기를, "짤막한 한두 마디 말로 옥사를 판결할 수 있는 자는 바로 유(由)일 것이며, 자로는 승낙한 일을 미루고 실행하지 않음이 없느니라."

12// 子曰, 片言에 可以折獄者는 其由也與인저 子路는 無宿諾이라

숙(宿): 미루다, 망설이다, 주저하다.

| 풀이 | 옥사라 함은 소송에 대한 일을 말한다. 원고와 피고가 서로 자기가 승소하려고 말하기 때문에 그들이 정확한 사실을 말한다고 할 수는 없다. 거기에는 거짓말도 있을 뿐더러 때로는 남을 모함하는 말까지 하기도 한다. 그러므로 이런 일을 판결하기 위해서는 남다른 판단력이 있어야 하고 진실을 진실대로 볼 수 있는 지혜의 눈과 또 덕의 마음도 있어야 한다. 그래서 공자는 그런 일을 맡아서 능히 해낼 수 있는 사람은 바로 유(由)라고 말했다.

이 구절은 자로의 신실함을 칭찬한 말이다. 〈논어〉에는 공자가 자로의 거친 성격과 경박한 행동을 꾸짖은 부분이

여러 차례 나온다. 그러나 이 글의 내용으로 본다면 자로가 거칠고 경솔한 사람인 반면에, 충성스럽고 약속을 아주 잘 지키는 신실한 사람임을 알 수 있다.

13

공자께서 말씀하시기를, "송사를 듣고 재판을 함에 있어서는 나도 남과 같으나, 반드시 송사가 없도록 해야 되느니라."

13// 子曰, 聽訟이 吾猶人也이나 必也使無訟乎인저

오유인야(吾猶人也) : 나도 다른 사람과 같이 할 수 있음을 나타낸 말.

| 풀이 | "송사를 듣고 판결함에 있어서는 나도 남과 같이 할 수 있다. 그러나 송사는 반드시 일어나지 않도록 하여야 한다." 이 글에서 공자가 말하고자 한 것은 '필야사무송호(必也使無訟乎)'이다. 그리고 "송사를 처리함에 있어서는 나도 남과 같다."고 말한 것은 판단력과 지혜만 갖춘다면 누구나 송사를 할 수 있다는 말이다.

그러므로 여기에서 강조된 것은 송사의 어려움이라기보다, 인간 생활에 송사가 없도록 노력해야 하고 또 백성을 다스리는 위정자들도 그것을 근본으로 삼고 정사에 임해야 함을 뜻한 것이다. 송사가 없어지도록 도덕 사회를 만들어야 한다는 뜻을 잘 나타내고 있다.

14

자장(子張)이 정사에 관하여 묻자 공자께서 말씀하시기를, "거처할 때는 올바른 정치를 생각함에 게을리하지 말고, 정사를 행함에는 충심으로 해야 하느니라."

14// 子張이 問政한데 子曰, 居之無倦하며 行之以忠이니라

| 풀이 | 자장이 올바른 정사를 행하는 길에 관하여 물었다. 공자가 대답하기를, "혼자 조용히 거처할 때는 늘 올바른 정사를 생각하고, 실제로 정사에 임하여서는 진실과 충심으로 일을 하여야 한다."고 하였다. 게으름이 없이 항상 정치를 염두에 두고, 정사에 임하여서는 충심으로 실천하라는 것이다.

15

공자께서 말씀하시기를, "학문을 널리 배우고 예로써 단속하면 가히 도에서 벗어나지 아니하니라."

15// 子曰, 博學於文이요 約之以禮면 亦可以弗畔矣夫인저

| 풀이 | 제6편 옹야(雍也) 25와 같다.

16

공자께서 말씀하시기를, "군자는 남의 좋은 점을 키워 주고 남의 나쁜 점을 키워 주지 아니하나 소인(小人)은 이와 반대이다."

16// 子曰, 君子는 成人之美하고 不成人之惡하나니 小人은 反是니라

| 풀이 | 다른 사람을 대하는 태도를 보고 군자와 소인을 구별한 것이다. 무릇 남과 나를 같이 볼 수 있는 마음과, 그런 마음가짐으로 남에게 임하는 태도를 가지면 군자라 했다. 그렇지 않고 남의 좋은 것을 시기하거나 남의 나쁜 점을 보고 좋아하는 자를 소인이라고 했다. 이 말은 공자가 우리 인간 심리의 결점을 지적한 것이다. 나와 남을 비교하는 데서 생겨나는 천하고도 속된 마음씨를 경계한 것이다.

17

17// 季康子 問政於孔子한데 孔子對曰, 政者는 正也이니 子帥以正이면 孰敢不正이리오

계강자(季康子) : 노나라의 대부.
솔(帥) : 주장하다, 거느리다(領), 장수(將)라는 뜻이면 '수'로 발음하나, 여기에서는 거느리다(奉)의 뜻으로 쓰여 '솔'로 읽음.

계강자(季康子)가 공자에게 정치에 관하여 묻자, 공자께서 대답하셨다. "정치라는 것은 바로잡는 것이니, 그대가 바르게 통솔한다면 누가 감히 바르게 따르지 않으리오?"

| 풀이 | 노나라의 대부 계강자가 공자에게 정치에 관해 물었다. 공자는 "정치란 바르게 한다는 뜻이니, 그대도 정사를 바르게 하도록 하시오. 그렇다면 누가 감히 바름을 따르지 않겠소?" 하고 대답했다.

보통 정치라 함은 '다스린다'는 뜻으로 통용되고 있다. 이는 예나 지금이나 조금도 변함이 없는 뜻이다. 그러나 공자는 정치란 말을 바르게 한다는 뜻으로 풀이했다. 즉, 인간의 일을 바르게 하기 위하여 정치가 필요하다고 한 것이다. 계강자는 노나라의 권세가였던 만큼 그가 물은

제12편 _ 안연 • 281

바는 정치의 효용성 내지는 방법이었을 것이다. 그러나 공자는 위정자로서의 마음가짐과 태도를 말해 주었던 것이다.

18

계강자가 도둑을 걱정하여 공자에게 물었다. 공자께서 대답하시기를, "진실로 그대가 탐내는 것이 아니라면 상을 준다 하더라도 훔치지 않을 것이오."

18// 季康子患盜하여 問於孔子한데 孔子對曰, 苟子之不欲이면 雖賞之라도 不竊하리라

| 풀이 | 계강자가 국내에 도둑들이 많은 것을 걱정하여 이를 공자에게 물었다. "지금 도처에서 일어나는 도둑의 무리를 막을 방법은 없겠소? 그리고 어떻게 하면 도둑이 생기지 않겠소?" 당시는 전국시대였기 때문에 백성들의 생활이 몹시 곤궁하였다. 그래서 흉년이 들거나 그외의 재난이 닥치면 기아를 면치 못했으며, 그럴수록 민심은 흉흉하여져서 마침내는 도적의 무리가 들끓었다. 아무리 나라의 권력을 한손에 쥐고 있는 권세가라 하지만, 이런 문제는 큰 골칫거리가 아닐 수 없었으므로 마침내 공자에게 물었던 것이다.

그러나 공자는 "만약 진실로 탐내는 것이 아니라면 상을 주어 가면서 도둑질을 시킨다 하더라도 훔치지 않을 것이오." 하고 반문에 가까운 애매한 대답을 하였다. 그래서 이 말은 여러 가지로 해석된다.

첫째는 '지금 나라 안의 백성은 굶주림에 지쳐 있소. 그들은 먹을 것을 얻기 위해서 목숨을 걸고 있소. 그러므로 그들은 도둑이 되지 않을 수 없소.' 라고 풀이할 수 있으며, 또 '도둑질을 하는 것은 인간의 욕망에 기인하는 것이오. 그러니 정치를 하는 그대 자신부터 마음을 깨끗이 한다면 자연히 백성들에게도 청렴한 풍속이 생겨서 도적이 없어질 것이오.' 라고도 할 수 있다.

전자는 인간의 본성을 들어서 위정자인 계강자에게 그의 부정을 간접적으로 반박한 것이고, 후자는 자신부터 각성하라고 권고하는 뜻이다.

19

계강자가 공자에게 정치에 관하여 묻기를, "무도한 자는 죽여서 도(道)가 있는 곳으로 나아가게 하면 어떻겠습니까?"

공자께서 말씀하시기를, "그대는 정치를 함에 있어 어찌 함부로 사람을 죽이려 하시오? 그대가 선을 행하고자 하면 백성들도 선을 행하게 될 것이오. 군자의 덕이 바람이라면 소인의 덕은 풀이오. 풀은 바람이 불면 반드시 쓰러지는 것이오."

| 풀이 | 계강자가 정치를 함에 있어서, "도(道)가 없는 사람은 차라리 죽여서라도 도가 있는 곳으로 나아가게 하는

19// 季康子問政於孔子曰 如殺無道하여 以就有道인데 何如리잇고 孔子對曰 子爲政에 焉用殺이리오 子欲善이면 而民善矣리니 君子之德은 風이요 小人之德은 草라 草上之風이면 必偃하느니라

살무도(殺無道) : 도가 없는 사람을 죽임.
언(偃) : 쓰러지다, 넘어지다.

것이 어떻겠습니까?" 하고 공자에게 물었다.

계강자는 원래 계씨 가문의 서자로 태어나서 원자(元子)를 죽이고 대부의 자리에까지 오른 사람이다. 그만큼 그에게는 정치적 야심이 컸으며, 한번 마음먹은 일은 거리낌없이 해치우는 성격이었다.

당시에는 정치적 계교나 수단으로 고육지계(苦肉之計)도 통용되고 있었는데, 그러나 그것은 아주 극단의 예로써 불가피한 경우에만 허용되는 최후의 수단이었다. 그런데 계강자는 백성에게 도를 행하게 하는 데에 전술에서나 사용되는 살인수법을 생각했던 것이다. 그러니 인을 주장하고 덕을 숭상하는 공자에게 그런 의견이 받아들여질 리가 없었다. 그래서 공자는 "귀하께서 정치를 행함에 있어 어찌 함부로 살인을 하려 든단 말이오. 그대가 솔선하여 선을 행하고자 한다면 백성들도 따라서 자연 선하게 될 것이오. 그러니 그대의 생각은 소인이 쓰는 방법이라고밖에 할 수 없소. 군자의 덕을 바람이라 한다면 소인의 덕은 풀이라 할 수 있소. 풀은 그 위로 바람이 지나가면 쓰러지는 것, 그것이 자연의 이치가 아니겠소. 그런데 어찌하여 군자의 덕을 쓰려 하지 않으시오?" 하고 대답했던 것이다.

앞의 글에는 계강자가 도처에서 일어나는 도둑을 염려하여 공자에게 묻는 말이 나온다. 그로 미루어 본다면 여기서 말한 무도한 자란 바로 그런 도둑의 무리일 것이다. 당시의 도둑이란 여럿이 무리를 지어 다니며 약탈과 살인을 일삼는 흉적을 말한다. 그러므로 계강자는 마지못하여 이들을 토벌하는 것이 어떠냐고 공자에게 물었던 것이라 할 수 있다. 그러나 공자는 덕치주의를 주장하였던만큼 군자의 덕을 권유했던 것이다.

그러나 당시의 정치 방법으로는 통하지 못하였다. 근본 원리는 훌륭하더라도 시대적으로나 사회적으로 실현이 불가능한 일이었다. 바로 이런 이유 때문에 공자는 천하에 덕과 학(學)으로 이름은 떨쳤어도 그의 정치사상은 당시의 어느 곳에서도 꽃피울 수 없었다.

20

자장(子張)이 묻기를, "선비는 어떻게 해야만 달(達)했다 할 수 있습니까?"

공자께서 말씀하시기를, "달한다는 것은 무엇을 뜻하는 것이냐?"

자장이 대답하기를, "나라에 나아가 있어도 명성이 들리고 집에 있어도 명성이 들리는 것입니다."

공자께서 말씀하시기를, "그것은 명성이지 달함이 아니니라. 무릇 달했다는 것은 질박하고 정직하여 의를 좋아하며, 남의 말을 잘 살피고 기색을 잘 관찰하여 신중하게 사람을 대하는 것이다. 그래야 나라에 있어서도 반드시 달하게 되고 집에 있어서도 반드시 달하게 되느니라. 무릇 명성을 얻는 것이란 겉으로는 인을 취하면서 행함에는 어긋나나 의심하지 않고 태연함을 가장하는 것이다. 그렇

20// 子張이 問, 士何如라야 斯可謂之達矣리잇고 子曰, 何哉오 爾所謂達者여 子張이 對曰, 在邦必聞하며 在家必聞이니이다 子曰, 是는 聞也라 非達也이니라 夫達也者는 質直而好義하며 察言而觀色하여 慮以下人하나니 在邦必達하며 在家必達이니라 夫聞也者는 色取仁而行違오 居之不疑하나니 在邦必聞하며 在家必聞이니라

게 하면 나라에 있어서 반드시 명성을 듣고 집에 있어서도 반드시 명성을 듣게 되느니라."

| 풀이 | "어떻게 해야만 선비가 달(達)했다 할 수 있겠습니까?" 하고 자장이 물었다. 달한다는 말은 어떤 일에 통달함을 뜻하나 여기서 달한다는 말만 가지고는 무엇에 통달하는지 알 수가 없다. 그래서 공자는 "네가 말하는 그 달이란 무엇을 뜻하는 것이냐?" 하고 반문하지 않을 수 없었다. 그러자 자장은 "조정에 나아가 있어도 이름을 듣게 되고 집에 있어도 이름을 듣게 되는 것입니다." 하고 대답했다. 그러자 공자는 "그것은 명성을 얻는 것이지 달한다는 것은 아니니라."고 틀린 생각을 고쳐 주었을 뿐만 아니라, "네가 말한 달한다는 것은 인성(人性)이 꾸밈이 없고 정직하여 진실로 의를 좋아서 행하여야 하고, 또 남의 말이나 기색 등을 잘 고려해서 사람을 대하여야 하는 것이다. 그렇게 해야만 나라에 나아가서나 집에 있어서나 달했다고 할 수 있다. 그러나 보통 명예만 얻는 것이란 속마음이야 어떻든 간에 겉으로만 인(仁)을 가장하고, 실제로 행함이 겉표정과 다르더라도 조금도 가책을 느끼지 않고 태연하기만 하면 되는 것이다. 그렇게 하기만 하여도 나라에 있어서나 집에 있어서 명성을 얻을 수 있는 것이니라." 하고 자세히 설명하여 주었다.

 달한다는 것도 명성을 얻는다는 말이나, 그 달함이 보통 명성과 다른 점은 반드시 겸허하되 위선적이지는 말아

사(士) : 성인의 도와 학문을 배우는 사람.
색취인(色取仁) : 겉으로만 어짐을 가장함.

야 함을 주의시킨 것이다.

21

번지(樊遲)가 공자를 따라 무우대(舞雩臺) 아래에서 노닐 때 말하기를, "덕(德)을 숭상하고 간특함을 바로잡으며 미혹을 분별하는 것에 관하여 감히 묻겠습니다."

공자께서 말씀하시길, "좋은 질문이로다. 일은 먼저 하고 소득은 뒤로 미루는 것이 덕을 숭상한다는 것이 아니겠느냐? 자기의 악함은 공격하고 남의 악함은 공격하지 않는 것이 간사함을 바로잡는 것이 아니겠느냐? 하루아침의 분노로 그 몸을 잊고 자기의 부모에게 미치게 하는 것이 미혹됨이 아니겠느냐?"

| 풀이 | 번지가 스승을 모시고 무우대(舞雩臺) 아래에서 노닐 때 "덕을 숭상하고, 마음속에 간특함을 제거하고, 마음에서 일어나는 미혹을 분별하려면 어떻게 해야 합니까?" 하고 물었다. 배우는 사람으로서 뜻이 있는 물음이다. 공자는 제자의 그런 질문을 대하자 "좋은 물음이다. 일을 먼저 하고 그 소득은 뒤에 얻으려 한다면 그것이 바로 덕을 숭상하는 것이 아니겠느냐. 그리고 자신의 결점을 찾아낸다면 즉시 고치도록 하고, 남의 결점을 보면 지나치게 꾸짖거나 책망하지 않고 이해시키도록 노력한다면 그것이 바로 간사한 마음을 제거하는 것이 아니겠느냐.

21// 樊遲從游於舞雩之下러니 曰, 敢問崇德脩慝辨惑하노이다 子曰, 善哉라 問이여 先事後得이 非崇德與아 攻其惡이요 無攻人之惡이 非脩慝與아 一朝之忿으로 忘其身하여 以及其親이 非惑與아

번지(樊遲) : 공자의 제자.
수(脩) : 다스려서 제거함.
공악(攻惡) : 악한 마음을 공격하여 없어지게 함.

또 일시적인 분노를 참지 못하여 자신을 망각하고 그 영향이 부모에게 미치게 한다면 바로 이러한 무지가 미혹의 근원이 아니고 무엇이겠느냐." 하고 자상하게 말해 주었다.

일을 행함에 있어서는 그 이해득실을 따지기 전에 의·불의를 따져서 행할 것이며, 또 남의 잘못을 알았다 하더라도 지나치게 책망하지 말고, 일시적인 분노를 참지 못하여 자신을 망각해서는 안 된다는 말이다.

22

번지가 인(仁)에 대하여 묻자 공자께서 말씀하시기를, "사람을 사랑하는 것이니라."

지(知)에 대해서 묻자 공자께서 말씀하시기를, "사람을 알아보는 것이니라."

번지가 말뜻을 알아듣지 못하자 공자께서 말씀하시기를, "정직한 사람을 천거하여 정직하지 않은 사람의 위에 두면, 정직하지 못한 사람을 정직하게 만들 수 있느니라."

번지가 물러나와 자하(子夏)를 만나서 말하기를, "아까 내가 선생님을 뵈옵고 지에 대하여 여쭈어 보았더니, 선생님께선 '정직한 사람을 천거하여 정직하지 못한 사람의 위에 두면 정직하지 못한 사람을 정직하게 할 수 있다.'고 하셨는데 그게 무슨 뜻이오?"

자하가 말하기를, "뜻이 넓고 큰 말씀이오. 순(舜)임금께서 천하를 다스릴 때 여러 사람 중에서 고요(皐陶)를 골

22// 樊遲問仁한데 子曰, 愛人이니라 問知한데 子曰, 知人이니라 樊遲未達이어늘 子曰, 擧直錯諸枉이면 能使枉者直이니라 樊遲退하여 見子夏曰, 鄕也에 吾見於夫子而問知하니 子曰, 擧直錯諸枉이면 能使枉者直이라 하시니 何謂也오 子夏曰, 富哉라 言乎여 舜有天下에 選於衆하사 擧皐陶하시니 不仁者이 遠矣오 湯有天下에 選於衆하사 擧伊尹하시니 不仁者遠矣라

미달(未達): 목표에 이르지 못하다. 여기에서는 공자의 말뜻을 이해하지 못한다는 뜻으로 쓰였음.
왕(枉): 굽다.
향(鄕): 앞서, 아까.
부재(富哉): 원대하다.
고요(皐陶): 순(舜)임금 때의 충신으로, 형법을 바르게 다스렸음.
이윤(伊尹): 탕(湯)임금의 중신.

라 등용하시니 어질지 아니한 자가 멀리 사라졌으며, 탕(湯)임금께서 천하를 다스림에도 여러 사람 중에서 이윤(伊尹)을 골라 등용하시자 어질지 아니한 사람이 멀리 사라져 버렸소."

| 풀이 | 번지가 인(仁)과 지(知)에 관하여 물었다. 공자는 인은 사람을 사랑하는 것이요, 지는 사람을 옳게 볼 줄 아는 것이라고 말했다. 지에 대한 설명은 간단하면서도 그 참뜻을 이해하기가 힘들었다. 번지가 잘 이해하지 못한 듯하자 공자는 재차 설명을 했다. "정직한 사람을 등용해서 정직하지 못한 사람의 위에 두면 정직하지 못한 사람을 능히 정직하게 할 수 있다."

어느 정도 수긍이 가는 말이지만 그렇다고 완전히 이해한 것은 아니어서 자리를 물러나온 번지는 자하(子夏)를 만나게 되자 공자의 말을 들려 주고 물어 보았다. "나는 너무 우둔해서 선생님 말씀의 깊은 뜻을 헤아리지 못하겠는데, 그건 무슨 뜻에서 한 말씀이오?"

자하는 남달리 명석하였으므로 번지의 첫마디에 벌써 공자가 뜻한 바를 짐작하고 감탄하였다. "선생님께서 말씀하신 뜻은 매우 넓고도 크다 하겠소. 옛날 순(舜)임금께서 나라를 다스릴 때 고요(皐陶)라는 사람을 등용하였는데, 그의 어짐과 정직함의 영향으로 어질지 않은 사람이 어질어졌다고 하였소. 탕(湯)임금이 이윤(伊尹)이라는 사람을 등용한 것도 마찬가지라고 하겠소. 그러니 그게 바로 지자(知者)가 행하는 일이 아니고 무엇이겠소?"

지(知)는 지(智)와 서로 뜻이 상통하는 것으로 사리를 분별할 수 있는 힘을 뜻한다. 번지가 물은 의도는 바로 이런 지혜를 뜻하는 것 같다. 그러나 공자는 지식만 넓히는 것이 학문의 전부가 아니라고 한 만큼, 지(知)라는 것도 단순히 사물을 분별할 수 있는 것에 그 뜻을 두지 않고 그보다 더 나아가 지력(知力)을 인간의 생활에 반영시킬 수 있음을 말하고자 했던 것이다.

그것은 덕, 즉 인의예지(仁義禮智)를 두루 포함하는 광범위한 의미를 지니고 있다. '거직조제왕(擧直錯諸枉)'은 위정편 19의 애공(哀公)과 공자와의 대화에서 나온 바가 있다. '거직조제왕, 즉민복, 거왕조제직, 즉민불복(擧直錯諸枉, 則民服, 擧枉錯諸直, 則民不服)'에서 본다면 공자는 지적인 사람보다 양심적인 사람을 더 중요시하였다는 것을 알 수 있다.

23

자공이 벗을 사귀는 것에 관하여 묻자 공자께서 말씀하시기를, "성의로써 잘못을 일러주고 착함을 권하여서 잘 이끌어 주되, 그것이 가능하지 않으면 그만두어서 자기까지 욕보지 않도록 하여야 하느니라."

| 풀이 | 자공(子貢)이 벗을 사귀는 것에 관하여 물었다.

23// 子貢이 問友한데 子曰, 忠告而善道之하되 不可則止하여 無自辱焉이니라

그러자 공자는 "벗은 서로 도와서 좋은 일을 권하고 나쁜 일을 하지 않도록 하는 것이다. 성심으로 과실을 고치도록 일러주고 착한 일을 권하여야 된다. 권함을 듣지 않는 사람에게 억지로 강요할 필요는 없다. 말로써 듣지 않는 사람은 그 외의 무엇으로도 듣지 않을 것이니, 더 가까이 하다가는 자신까지 나쁜 물이 들 것이니, 그러기 전에 일찍 교제를 끊어야 한다." 하고 말했다.

벗을 사귀는 것은 성심으로 충고하고 바르게 이끌어 주는 데 그 뜻이 있으므로, 그것이 이미 불가능하면 친구라는 의미를 상실한다는 것이다.

24

24// 曾子曰, 君子는 以文會友하고 以友輔仁이니라

문(文) : 시(詩), 서(書) 등 육예(六藝).
보인(輔仁) : 서로 도와 인덕(仁德)을 닦음.

증자(曾子)가 말하기를, "군자는 학문으로 벗을 모으고, 벗으로써 인을 보인(輔仁)해야 하느니라."

| 풀이 | 이 글은 끊임없이 배우고 인과 덕을 쌓자는 학문적 태도를 친구를 사귀는 것과 관련시킨 말이라 하겠다. 그리고 여기서 문이라 함은 학문을 하는 것으로, 당시의 학문은 〈시경〉, 〈서경〉 등 모두 육예(六藝)에 속하는 것이므로 직접적으로 시서(詩書)로 보는 것도 좋겠다. 군자는 덕이 갖추어진 지고한 인격의 소유자를 뜻한다. 그러나 여기에서는 그런 추상적인 의미보다 선비나 학자로 보는 것이 적당하다.

제 13 편
자로(子路)

1

자로(子路)가 정사에 관하여 묻자 공자께서 말씀하시기를, "먼저 수고하는 것이니라."

더 청하자, 말씀하시기를, "게을리하지 말아라."

| 풀이 | 자로가 정사에 관해 물었다. 공자는 "먼저 수고해야 한다."고 했을 뿐이다. 너무나 간결한 대답이었다. 그래서 더 설명해 줄 것을 청하자 "게을리하지 말아라." 하고 한마디를 덧붙였다.

나라를 다스리는 일에 종사하는 사람들은 위정자가 백성들에게 무엇을 요구하기에 앞서 먼저 솔선하여 모범을 보이지 않으면 안 된다. 그래야만 아랫사람이 이를 본받아 행할 수 있는 것이 아니겠는가. 즉, 윗물이 맑아야 아랫물도 맑다는 말이 있듯이 정사를 행함에 있어서도 위정자가 먼저 모범을 보이지 않으면 아랫사람이 옳게 따를 리 없는 것이다.

무권(無倦)이란 말은, 안연편(顔淵篇) 14에 자장(子張)의 물음에 대한 대답으로 '거지무권(居之無倦)'이란 구절이

1// 子路問政한데 子曰, 先之勞之니라 請益한데 曰, 無倦이니라

청익(請益) : 더하기를 청하다. 여기서는 한 번 더 설명해 주기를 청하다.

나온다. 그러므로 여기서 게을리하지 말라고 한 것은 단순히 꾀를 피우지 말라는 뜻이 아니라, 늘 올바른 정사를 생각함에 있어서 조금도 태만하지 말라는 뜻이다.

2

중궁이 계씨(季氏)의 가재(家宰)가 되어 정사에 관하여 묻자 공자께서 대답하시기를, "먼저 유사(有司)들에게 일을 맡기되 사소한 일은 용서하며 어진 인재를 등용하도록 하라."

말하기를, "어떻게 어진 인재를 알아서 등용합니까?"

말씀하시기를, "네가 알고 있는 사람을 등용하여 쓴다면 네가 모르는 사람을 다른 사람들이 내버려 두겠느냐?"

| 풀이 | 중궁이 그 당시 노나라의 실권을 장악하고 있던 계씨(季氏) 가문의 가신(家臣)이 되어 공자에게 정사에 관하여 물었다. 물론 여기서 정사라 함은 염옹이 가신으로서 해나갈 일을 말하는 것이다. 공자가 대답하기를, "먼저 관리들을 뽑아서 세부적인 일을 맡겨라. 가신으로서는 너무 작은 일에 신경을 쓸 수 없으니 아랫사람에게 다소 과실이 있다 하더라도 용서해 주고 간섭하지 말아라. 그리고 어진 인재를 등용해서 쓰도록 하여라." 아들에게 주의시키는 어버이의 말같이 자상하며, 자세하고 빈틈없는 설명이라 하겠다. 염옹은 스승의 말뜻을 충분히 이해할 수

2// 仲弓이 爲季氏宰라 問政한데 子曰, 先有司요 赦小過하며 擧賢才니라 曰, 焉知賢才而擧之리잇고 曰, 擧爾所知면 爾所不知를 人其舍諸아

중궁(仲弓) : 염옹(冉雍). 공자의 제자로 덕행이 있는 사람.
유사(有司) : 관리.

있었다. 그러나 인재를 등용하는 일이 문제였다. 그래서 그는 "어진 인재를 등용하려면 어떻게 해야 되겠습니까?" 하고 다시 물었던 것이다. 공자는 또 말하기를 "우선 네가 어진 인재라고 생각하고 있는 사람부터 등용해서 써라. 그러면 네가 모르고 있는 사람을 다른 사람들이 너에게 알려 주지 않겠느냐?" 하였다. 당연한 대답이었다. 염옹도 그것을 모를 리 없었을 것이다. 그러나 너무 어렵게 생각했기 때문에 스승에게 다시 물었으리라 생각된다.

3

자로(子路)가 말하기를, "위(衛)나라 군주께서 선생님을 맞아들여 정치를 하게 된다면, 선생님께선 장차 무엇부터 시작하시겠습니까?"

공자께서 말씀하시기를, "꼭 명분을 바로 세우리라."

자로가 말하기를, "이러한 점에는 선생님께서 현실과 거리가 먼 것이 있습니다. 어찌 그 명분을 밝히겠습니까?"

공자께서 말씀하시기를, "천하고 속되구나. 유(由)여, 군자는 자기가 알지 못하는 것에는 대개 빠지는 것이니라. 명분이 바르게 서지 않으면 말이 서지 않고, 말이 서지 않으면 일이 이루어지지 않고, 일이 이루어지지 않으면 예(禮)와 악(樂)이 일어나지 않고, 예와 악이 일어나지 않으면 형벌이 적중되지 않고, 형벌이 적중되지 않으면 백성은 손발을 둘 곳이 없느니라. 그러므로 군자가 명분을 세

3// 子路曰, 衛君이 待子而爲政하시나니 子將奚先이리잇고 子曰, 必也正名乎인저 子路曰, 有是哉라 子之迂也여 奚其正이리잇고 子曰, 野哉라 由也여 君子於其所不知에 蓋闕如也이니라 名不正이면 則言不順하고 言不順이면 則事不成하고 事不成이면 則禮樂不興하고 禮樂이 不興이면 則刑罰不中하고 刑罰이 不中이면 則民無所措手足이니라 故로 君子名之인데 必可言也에 言之인데 必可行也이니 君子於其言에 無所苟而已矣니라

우면 반드시 말이 서고, 말이 서면 반드시 시행되는 것이니, 군자는 그 말을 세움에 있어 조금도 구차함이 없어야 할 뿐이니라."

위군(衛君) : 위(衛)나라 군주인 출공첩(出公輒)을 가리킴.
야(野) : 속되고 야비함.
예악(禮樂) : 여기서는 일이 순서를 얻고, 사물이 조화를 이룸을 뜻함.

| 풀이 | "위나라의 군주께서 선생님을 맞이하여 정치를 맡기신다면 제일 먼저 무엇부터 하시겠습니까?" 자로가 스승인 공자에게 이렇게 물었다. 위나라 군주라 함은 첩(輒)을 말한다. 첩은 당시 친아비를 무시하고 조부를 아버지로 하여 모든 권력을 행사하고 있었다. 조부와 아버지 사이에 알력(軋轢)이 있어서 아버지가 국외로 피신하지 않으면 안 되는 입장이었다고는 하나, 그래도 조부를 아버지로 삼고 권력을 잡았다는 것은 예에 어긋나는 일이었다.

그래서 공자는 "명분을 바로 세우리라."고 다짐하듯 말했던 것이다. 그러나 당시의 형편으로 본다면 공자의 말은 실현성이 없다고 해도 과언이 아니었다. 스승의 이런 말을 들은 자로는 성급한 생각에 "이 점에 있어서는 스승님께서 현 실정과 거리가 멀군요. 지금 그들은 왕권을 놓고 부자가 서로 목숨을 걸고 다투고 있는데 명분을 바로 세우다니요. 어찌 그것을 바로 세울 수 있으며, 또 그렇게 할 필요가 어디 있단 말씀입니까?"

제자의 말에 공자는 탄식하듯 말했다. "너의 생각은 야비하고 속되구나. 군자는 확실히 알지 못하는 것이면 그렇게 함부로 말을 하는 게 아니다. 명분을 세우지 않으면 말이 서지 않고, 말이 서지 않으면 모든 일이 이루어지지 않으며, 또 일이 이루어지지 않으면 예나 악도 일어나지 않고, 예와 악이 일어나지 않으면 모든 형벌이 통하지 않으며, 모든 형벌이 통하지 않으면 나중에 가서 백성들이 수족을 놀릴 곳마저 없어지게 되는 것이다. 그러므로 군자가 명분을 세우면 반드시 말이 서게 되고, 말이 서게 되면 또 모든 일이 반드시 행하여지는 것이니, 군자는 그 말을 세움에 조금도 구차함이 없어야 할 뿐이다." 급하고 힘들다고 해서 되는대로 얼버무리는 것은 용납될 수 없다는 강한 뜻이 담겨 있다고 하겠다.

'말이 순리를 따르지 않는다.'는 말은 명령이 서지 않음, 즉 말을 듣지 않음을 뜻한다. 예와 악은 사물이 질서정연하게 됨을 뜻한다. 위나라의 군주 출공첩(出公輒)과 관계되는 공자의 말은 술이편(述而篇) 14에도 나와 있다. 그때는 염유(冉有)의 의견을 자공이 간접적으로 물어 본 것에 지나지 않지만, 공자는 백이(伯夷)와 숙제(叔齊)가 한 일을 칭찬하여 위나라의 군주 첩을 도울 것을 거절했던 것이다.

4

번지가 곡식을 심는 법에 관하여 배우기를 청했다. 공자께서 말씀하시기를, "나는 늙은 농부만 못하니라."

채소 가꾸는 것에 관하여 배우기를 청하자 말씀하시기를, "나는 채소 가꾸는 늙은이만 못하니라."

번지가 물러나가자 공자께서 말씀하시기를, "번지는 소

4// 樊遲請學稼한데 子曰, 吾不如老農호라 請學爲圃한데 曰, 吾不如老圃호라 樊遲出커늘 子曰, 小人哉라 樊須也여 上이 好禮하면 則民莫敢不敬하고 上이 好

義하면 則民莫敢不服하고 上이 好信하면 則民莫敢不用情이니 夫如是면 則四方之民이 襁負其子而至矣리니 焉用稼이리오

가(稼) : 곡식을 심다.
포(圃) : 채소를 가꿈.
정(情) : 속마음, 진심.

인이로다. 윗사람이 예를 좋아하면 백성이 감히 존경하지 않을 수 없고, 윗사람이 의리를 좋아하면 백성이 감히 복종하지 않을 수 없고, 윗사람이 신의를 좋아하면 백성이 감히 정을 다하지 않을 수 없을 것이니, 무릇 이렇게 하면 사방의 백성들이 포대기에 그 자식을 싸서 들고라도 모일 것인데, 곡식을 심는 법을 배워서 무엇하리오."

| 풀이 | 번지가 곡식을 가꾸는 법에 관하여 공자에게 배우기를 청했다. "선생님, 어떻게 하면 곡식을 잘 가꿀 수 있습니까?" 그러나 공자는 농사를 짓는 농부가 아니라 학자이며 선비였다. 그러니 곡식을 가꾸는 일에 대하여는 전연 모른다고 해도 과언이 아니었다. "나는 모른다. 설사 내가 안다 하더라도 농사로 늙은 농부만 못할 것이다." 조금도 숨김없는 솔직한 대답이었다.

그러자 이번에는 채소를 가꾸는 것에 대하여 물었다. 공자는 이번에도 역시 "나는 채소 가꾸는 늙은이만 못할 것이다." 하고 대답하였다. 제자가 물러가자 공자가 말했다. "번지는 소인이로다. 윗사람이 예를 좋아하면 백성들이 감히 공경하지 않을 수 없고, 또 윗사람이 의를 행하면 백성들이 감히 복종하지 않을 수 없으며, 윗사람이 신의를 지키면 백성들이 감히 진심을 다하지 않을 수 없을 것이니, 이렇게 하기만 하면 사방의 백성들이 어린아이를 업고라도 모여들 것이 아닌가. 그런데 군자가 곡식을 가꾸는 법을 배워서 무엇에 쓰리오."

여기서 윗사람이란 군자를 말한 것이다. 보통 사람이라면 농사를 짓는 방법 등 생활에 필요한 것을 알아야 할 필요가 있다. 그러나 장차 여러 사람의 위에서 백성들을 두루 살피고 정사를 맡아 볼 사람이 농사를 짓는 일에 정신을 쏟을 필요가 있느냐는 말이다. 공자는 전에 "군자는 한 가지 일에만 적용되는 사람이 아니다."고 말한 적이 있다. 이 글에서 나타내고자 하는 것도 아마 그런 뜻인 것 같다. 곧 여러 가지를 두루 내다볼 수 있어야 함을 뜻한다. 그렇기 때문에 농사를 짓는 것도 보편적인 상식만 알면 되지 그 이상 전문적인 것은 필요없다. 그래서 공자는 농사를 짓는 것은 늙은 농부만 못하다고 대답했으며, 그렇게 한 가지에만 깊이 파고들려고 하는 번지를 군자답지 못하다고 탓하였던 것이다.

그렇다고 해서 공자를 한낱 도덕이나 이상만을 좇는 이상주의자라고 볼 수는 없다. 그는 엄연한 현실주의자이며 생활철학자이다. 그가 한 말 중에 "정당한 일을 해서 부귀를 얻을 수 있다면 남의 집 마부 노릇이라도 거리낌없이 하겠다."고 한 대목이 있다. 즉 공자가 결코 실업(實業)을 무시한 것은 아니며, 그보다도 군자로서의 뜻을 둔 제자가 빗나가는 것을 한탄한 것이다.

사람은 각자 자기가 할 일이 있다. 크면 큰 대로, 작으면 작은 대로의 뜻과 주어진 임무가 있는 것이다. 그리고 여러 가지를 두루 다루려면 자연 한 가지 방면에 깊숙이 파고들 수 없는 것이 아니겠는가.

5

5// 子曰, 誦詩三百하되 授之以政에 不達하며 使於四方에 不能專對하면 雖多나 亦奚以爲리오

사어사방(使於四方) : 다른 나라에 사신으로 가다.
전대(專對) : 혼자 응대함.

공자께서 말씀하시기를, "〈시경〉의 시(詩) 300편을 다 외우되 정사에 보탬을 줄 정도에 달하지 못하고, 사방에 사절로 보내져도 자기의 독단으로 일을 처리하지 못한다면, 비록 시를 많이 외우고 있다 한들 무엇하리오."

| 풀이 | 〈시경〉의 시는 전부 305편이며, 대부분이 인간의 성정(性情)을 다룬 것이다. 그런데 그 시를 다 외우면서도 인간의 본성을 알지 못해 정사에 응용하지 못하고, 외국에 사신으로 가서 능히 대응치 못하면 아무 소용이 없다는 것이다. 학문이란 지식에서 그쳐서는 안 되고 이를 실생활에 옮길 수 있어야만 그 뜻이 있다고 한 말이다.

6

6// 子曰, 其身이 正이면 不令而行하고 其身이 不正이면 雖令不從이니라

공자께서 말씀하시기를, "그 자신이 바르면 영(令)을 내리지 않아도 실천이 되고, 그 자신이 바르지 않으면 비록 영을 내린다 할지라도 따르지 않는다."

| 풀이 | 여기에서 그 자신이란 백성의 윗자리에 처하여 있는 군자, 위정자를 뜻하는 것이라 하겠다. 위정자 자신이 바르면 구태여 명령을 내리지 않아도 아랫사람이 본받아서 모든 일을 잘 행하나, 그렇지 않고 윗사람이 부정하면 아무리 엄한 영을 내리더라도 아랫사람이 복종하지 않

는다는 것이다. 남을 따르게 하려면 먼저 자신이 솔선수
범하라는 말이다.

7

공자께서 말씀하시기를, "노(魯)나라와 위(衛)나라의 정치는 형제이니라."

7// 子曰, 魯衛之政은 兄弟也로다

| 풀이 | 노(魯)와 위(衛) 두 나라는 다같이 주나라의 후손이 봉(封)함을 받은 나라이다. 그러므로 위와 노 두 나라는 서로 형제의 나라라고 할 수 있다. 그러나 공자 당시의 위나라와 노나라는 쇠퇴기에 있어 예(禮)가 문란했다. 그래서 공자가 새삼스럽게 "노나라와 위나라는 쇠하는 것까지 형제로구나!" 했던 것이다.

노(魯) : 주(周)나라 문왕(文王)의 셋째 아들인 주공(周公)이 봉(封)함을 받은 나라.
위(衛) : 주공의 동생인 강숙(康叔)이 봉함을 받은 나라.

8

공자께서 위(衛)나라의 공자 형(荊)을 평하여 말씀하시기를, "집을 잘 다스렸도다. 재물이 조금 모였을 때는 '진실로 모였다.'고 했고, 조금 더 모였을 때는 '진실로 완비되었다.'라고 했으며, 많이 모였을 때는 '진실로 화려하다.'고 말하였느니라."

8// 子謂衛公子荊하되 善居室이로다 始有에 曰, 苟合矣라 하고 小有에 曰, 苟完矣라 하고 富有에 曰, 苟美矣라 하니라

| 풀이 | 공자가 위나라의 대부 형(荊)을 평한 말인데 형

공자(公子) : 왕손을 칭하는

말. 흔히 신분이 높은 사람의 자제를 부르는 말로도 쓰임.
형(荊) : 위나라 군주의 서자이며 대부.

의 말을 인용해서 그 사람됨을 칭찬한 것이다. 재산이 없으면 없는 대로 만족했고 있으면 있는 대로 만족했지, 결코 없다고 재물을 탐내거나 있다고 교만하지 않았다.

"진실로 모였다, 진실로 완비되었다, 진실로 화려하다." 이 세 마디의 말은 언제나 만족해하고 있는 겸허한 마음의 상태를 표현한 것이다.

9

9// 子適衛하실새 冉有僕이러니 子曰, 庶矣哉라 冉有曰, 旣庶矣어든 又何加焉이리잇고 曰, 富之니라 曰, 旣富矣어든 又何加焉이리잇고 曰, 敎之니라

공자께서 위(偉)나라에 가실 적에 염유가 마차를 몰았다. 공자께서 말씀하시기를 "번성하구나."

염유가 말하기를, "이미 번성하면 또 무엇을 베풀어야 합니까?"

말씀하시기를, "부를 베풀어야 하느니라."

말하기를, "부하게 된다면 또 무엇을 베풀어야 합니까?"

말씀하시기를, "가르침을 베풀어야 하느니라."

| 풀이 | 공자가 위나라로 갈 때 수레를 몰던 제자 염유와 주고받은 문답이다. 도로변에 인가가 많은 것을 보고 한 마디 한 것이, 마침내 나라를 다스리는 단계까지 말하게 되었던 것이다. 인구가 번성하면 그들 백성의 생활을 부유하게 하고, 부유해지면 그 다음으로 학문과 도를 가르치는 것이 정치라고 하였다.

10

공자께서 말씀하시기를, "진실로 나를 써 주는 사람이 있다면 만 1년만 되더라도 괜찮을 것이며, 3년이 지나면 이로움이 있으리라."

| 풀이 | 공자가 자신의 학문과 덕으로 도덕정치(道德政治)를 이룩할 수 있다는 포부를 말한 것이다. 3년만 정사를 맡겨 준다면 정치의 기틀을 잡을 수 있고, 단 1년만이라도 자기에게 정사를 맡아보게 한다면 어지러운 것이 정비될 것이라는 말이다.

10// 子曰, 苟有用我者이면 朞月而已라도 可也이니 三年이면 有成이리라

기월(朞月) : 미리 약속한 달이란 뜻이지만, 여기서는 만 1년을 뜻함.

11

공자께서 말씀하시기를, "선인(善人)이 백 년 동안 나라를 다스리면 가히 잔학함을 누르고 살육을 제거할 수 있다고 하니, 진실이로다, 이 말은."

| 풀이 | "선인이 오랫동안 나라를 다스리게 된다면 잔인함이 물러가고 살육이 없어진다." 이는 당시의 보편적인 관념인 동시에 항간에 떠돌았던 말이다. 전국시대의 어지러움에 시달린 백성들은 선인이 나와서 선정(善政)을 베풀기를 염원하게 되었다. 그리고 공자 또한 "그 말이 진실로 옳다."고 긍정했던 것이다.

11// 子曰, 善人이 爲邦百年이면 亦可以勝殘去殺矣라 하니 誠哉라 是言也여

위방백년(爲邦百年) : 백 년 동안 나라를 다스린다는 뜻으로, 서로 이음이 오래임을 말한 것이다.

12

12// 子曰, 如有王者라도 必世而後仁이니라

왕자(王者): 왕이 될 만한 사람. 덕을 쌓아 세상을 잘 다스릴 수 있는 임금.
세(世): 세대(世代). 한 세대는 30년을 가리킴.

공자께서 말씀하시기를, "만일 왕자(王者)가 있을지라도 반드시 한 세대 이후에라야 세상이 인(仁)하여지리라."

| 풀이 | "만일 덕(德)을 쌓아서 세상을 잘 다스릴 어진 사람이 나타나 나라를 다스린다 할지라도 지금 같은 세상에서는 반드시 한 세대가 지난 후라야 세상을 바로잡을 수 있을 것이다." 당시의 어지러운 세상을 개탄한 말이라 하겠다.

여기서 공자가 가리킨 왕자(王者)라 함은 고대의 성왕(聖王)인 요순(堯舜)과 우(禹)·탕(湯), 주(周)의 문왕(文王) 등을 가리킨다. 한 세대는 30년을 말한다. 앞의 글에서 공자는 '3년만 정사를 맡겨 준다면 정치의 기틀을 잡겠다.'고 했으나 이 글에서 본다면 도덕정치를 이룩하려면 최소한 30년은 필요하다는 것을 나타낸 것이라 하겠다.

13

13// 子曰, 苟正其身矣면 於從政乎에 何有이며 不能正其身이면 如正人에 何오

공자께서 말씀하시기를, "진실로 그 자신이 바르다면 정사에 종사함에 있어서 무슨 일이 있겠는가? 그 자신을 바로잡지 못한다면 어찌 남을 바로잡겠는가?"

| 풀이 | "진실로 위정자 자신이 올바르다면 정사를 맡아 봄에 있어서 무슨 어려움이 있겠는가? 그러나 자기 자신

도 바로잡지 못한다면 어떻게 남을 바로잡을 수 있겠는가?" 이 글은 '먼저 자기 몸을 닦고, 집을 다스리고, 정치를 해서 천하를 다스린다(修身齊家治國平天下)'는 말과 같다. 자기 자신도 바로잡을 수 없는 사람이 어떻게 여러 사람을 다스리는 정사를 맡아 볼 수 있겠는가. 이 글은 본편(本篇) 6의 '기신정, 불금이행, 기신부정, 수령부종(其身正, 不令而行, 其身不正, 雖令不從)'의 뜻을 다시 한번 강조한 것이다.

14

염유(冉由)가 조정에서 물러나오자 공자께서 말씀하시기를, "왜 그렇게 늦었느냐?"

대답하기를, "정사에 관한 일이 있었나이다."

공자께서 말씀하시기를, "그것은 사사였을 것이다. 만일 정사에 관한 일이었다면, 비록 내 등용되지 않았지만 나는 그 일을 들었을 것이다."

| 풀이 | 염유가 조정에서 늦게 나오자 공자가 "왜 이렇게 늦게 나오느냐?"고 물었다. "예, 나라의 정사로 좀 늦었습니다." 하고 염유가 대답하였다. 이에 공자가 말하기를 "그것은 분명히 계씨(季氏)의 사사로운 일 때문이었을 것이다. 그것이 정사와 관계되는 일이었다면 내가 비록 정사에 종사하고 있지 않다 하더라도 그 일을 들었을 것이

14// 冉有退朝어늘 子曰, 何晏也이오 對曰, 有政이러이다 子曰, 其事也로다 如有政인대 雖不吾以나 吾其與聞之니라

안(晏) : 늦음.
사(事) : 개인적인 일. 여기에서는 계씨가(季氏家)의 가사(家事).

다."라고 하였던 것이다. 염유는 대부이며 권세가인 계씨(季氏)의 가신으로 있었다. 그러므로 그가 조정에 들어가 조회에 참여하는 것은 단지 계씨의 가신 입장에서 참여했던 것이다. 그래서 공자는 제자 염유가 혹시 계씨 집안의 사사로운 일 때문에 계씨의 입장을 두둔하느라고 늦었나 하여 꾸중을 했던 것이다.

15

15// 定公이 問, 一言而可以興邦이라 하니 有諸리잇고 孔子對曰, 言不可以若是其幾也이어니와 人之言에 曰, 爲君難하며 爲臣不易라 하나니 如知爲君之難也인데 不幾乎一言而興邦乎리잇고 曰, 一言而喪邦이라 하니 有諸리잇고 孔子對曰, 言不可以若是其幾也이어니와 人之言에 曰, 予無樂乎爲君이요 唯其言而莫予違也라 하나니 如其善而莫之違也인데 不亦善乎리잇고 如不善而莫之違也인데 不幾乎一言而喪邦乎리잇고

정공(定公)이 묻기를, "한마디로 나라를 흥하게 할 수 있다는데 그런 말이 정말 있나이까?"

공자께서 대답하여 말씀하시기를, "말이란 그렇게 한마디로 그 뜻을 나타낼 수 없거니와, 세인들의 말에 '임금 노릇 하기도 어렵고 신하 노릇 하기도 쉽지 않다.'라는 것이 있습니다. 만일 임금 노릇 하기가 어려운 줄 안다면 그 한마디가 나라를 흥하게 하는 데 가깝지 않겠습니까?"

말하기를, "한마디의 말로써 나라를 잃는다 하였는데, 있나이까?"

공자께서 대답하여 말씀하시기를, "말이란 그와 같이 한마디로 그 뜻을 나타낼 수 없거니와 세인의 말에는 '나는 임금 노릇을 하는 것이 즐거운 것이 아니고, 내가 말만 하면 아무도 나를 어기지 못하는 것이 즐거운 것이니라.'라는 것이 있습니다. 역시 좋은 말이 아니겠습니까? 그것이 한마디로 나라를 잃는다는 말에 가깝지 않겠습니까?"

| 풀이 | 노나라의 임금인 정공(定公)이 공자에게 질문했다. "한마디의 말로 나라를 흥하게 할 수 있다고 들었는데, 정말 그런 말이 있나이까?" 항간에 떠도는 말로써 공자에게 물은 것이다. 세상 사람들은 흔히 그처럼 말하지만 사실 그런 말이 있을 리 없었다. 그래서 공자는 "말이란 한마디로 그와 같은 뜻을 나타낼 수 없습니다. 세상 사람들의 말에는 '임금 노릇 하기도 어렵고 신하 노릇 하기도 쉽지 않다.'라는 말이 있습니다. 만약 임금 노릇을 하기가 어렵다는 것을 안다면, 그것이 바로 나라를 흥하게 한다는 말에 가깝지 않겠습니까?"라고 대답했다. 그도 역시 항간에 떠도는 말을 인용한 것으로 임금과 신하가 각기 맡은 바 책임이 중요한 줄 알아야 나라가 흥한다고 한 말이다.

정공이 또 묻기를 "그와 반대로 한마디의 말로써 나라를 잃는다는 것도 있는데, 그런 말도 있나이까?" 공자는 "말이란 한마디로 그 같은 뜻을 나타낼 수 없는 것입니다. 그러나 세상의 말에는 '나는 임금이 된 것을 즐거워하는 것이 아니라, 오직 임금된 나의 말과 명령을 누구도 어기지 못하는 것을 즐거워한다.' 는 말이 있습니다. 그것 역시 좋은 말이 아니겠습니까? 그러나 만일 그 말이 옳지 않은데도 어기지 못한다면 그 한마디가 바로 나라를 잃는다는 말에 가깝지 않겠습니까?" 하고 앞서와 같은 방법으로 세인의 말을 인용하여 대답했다.

임금이 임금된 도리를 다하지 않고 엉뚱한 일에 도취되

정공(定公) : 노(魯)나라의 임금.
기(幾) : 가깝다(近)의 뜻으로 쓰임.
인지언(人之言) : 예부터 전해지는 세인들의 말.

어 있다면 그 나라는 망한다는 것이다.

16

16// 葉公이 問政한데 子曰, 近者說하며 遠者來니라

섭공(葉公): 초(楚)나라 섭현(葉縣)의 영(令).

섭공(葉公)이 정치에 관하여 묻자 공자께서 말씀하시기를, "가까운 데서는 기뻐하고 먼 데서는 오는 것이니라."

│풀이│ 정치에 관한 섭공의 물음에 공자는 이렇게 말했다. "가까운 곳에서는 기뻐하고 먼 곳에서는 오게 하는 것이니라." 이는 위정자가 덕을 베풀어 선정을 하면 그 나라의 백성이 기뻐함은 물론이요, 심지어 다른 나라에서도 그 덕을 흠모하여 찾아오는 것을 뜻한 것이다.

정치라 함은 보통 백성을 다스리는 것인데, 거기에는 선정도 있을 수 있고 악정도 있을 수 있다. 그러나 공자는 그 중에서 백성에게 덕을 베푸는 선정만을 오직 정치라고 하였다.

17

17// 子夏爲莒父宰라 問政한데 子曰, 無欲速하며 無見小利니 欲速則不達하고 見小利則大事不成이니라

자하(子夏)가 거보(莒父)의 읍재가 되어 정치에 관하여 물었다.

공자께서 말씀하시기를, "일을 속히 하려고 하지 말며 작은 이익을 돌아보지 말라. 속히 하고자 하면 달하지 못하고 작은 이익을 돌아보면 큰 일을 이루지 못하느니라."

| 풀이 | 자하가 거보(莒父)라는 고을의 읍장이 되어 공자에게 정사에 관하여 물었다. 공자는 그의 물음에 대해서 "급히 서두르지 말며 또 작은 이득을 지나치게 생각하지 말아라. 너무 급히 서두르다 보면 일이 철저하게 되지 못하고, 또 작은 이익에 애착이 생기면 큰일을 이루지 못하게 된다." 하고 말해 주었다.

앞으로 고을을 다스려 나갈 제자 자하의 마음가짐을 일깨워 준 교훈이다.

"급히 서두르면 철저하지 못하고 작은 이익에 집착하면 큰일을 이루지 못한다." 이는 비단 자하 한 사람에게만 국한된 것이 아니라 현대를 살아가는 우리들에게도 모든 일을 침착하게 처리하고 먼 장래를 바라볼 수 있도록 일깨워 주는 명언이라 하겠다.

거보(莒父) : 노(魯)나라의 고을 이름.
욕속(欲速) : 급히 서두르는 것을 말함.

18

섭공(葉公)이 공자께 말하기를, "우리 마을에 행실이 정직한 사람이 있습니다. 그 아비가 양을 훔친 것을 아들이 증언하였나이다."

공자께서 말씀하시기를, "우리 마을의 정직한 사람은 그와 다릅니다. 아비는 자식을 위해서 숨기고 자식은 아비를 위해서 숨기나니, 그 가운데 정직함이 있는 것입니다."

| 풀이 | 섭공이 공자에게 말했다. "우리 마을에는 행실이

18// 葉公이 語孔子曰, 吾黨에 有直躬者하니 其父攘羊이어늘 而子證之하나이다 孔子曰, 吾黨之直者는 異於是하니 父爲子隱하며 子爲父隱하나니 直在其中矣니라

직궁(直躬) : 몸을 곧게 하

여 행함. 행실이 곧음.
양(攘) : 빼앗다, 여기에서는 물건을 도둑질함.

바른 사람이 있습니다. 그의 아버지가 남의 양을 훔쳤으나, 그 아들이 그를 증언하였습니다." 부모의 잘못을 여러 사람 앞에서 떳떳이 밝힐 수 있는 사람이라면 정말 정직한 사람이라 아니할 수 없다. 그러나 공자는 "우리 마을의 정직한 사람은 그와 다릅니다. 아비는 아들을 위해 숨겨 주고 아들은 아비를 위해 숨겨 주니, 그 가운데 정직함이 있는 줄 압니다."고 말했던 것이다.

  공자의 말은 언뜻 보기에 서로의 잘못을 눈감아준다는 것으로 생각될지 모르나, 사실은 그런 뜻에서 말한 것이 아니다. 부모의 도둑질을 증명하는 소행은 물론 정직한 일이라 할 수 있지만 효라 할 수 없으며, 불효에서는 참다운 정직이 나타날 수 없음을 강조하였던 것이다.

19

19// 樊遲問仁한데 子曰, 居處恭하며 執事敬하며 與人忠을 雖之夷狄이라도 不可棄也이니라

번지가 인(仁)에 대하여 묻자 공자께서 말씀하시기를, "거처함에 있어 공손하고, 일을 보는 데 있어 신중하고, 남과 사귀기를 성실히 하면 비록 오랑캐의 땅에 간다 하더라도 결코 버림을 받지 않으리라."

| 풀이 | 번지가 인(仁)에 대하여 물었다. 공자가 말하기를, "평소에 거처할 때는 늘 근엄하면서도 공손한 태도를 지니고, 일할 때는 깊이 생각하여 신중하게 행하고, 남과 사귀는 데에 있어서는 성실하게 한다. 그렇게 하면 비록

오랑캐의 땅에 가서 살지라도 버림을 받지 않을 것이다." 라고 하였다. '수지이적, 불가기야(雖之夷狄 不可棄也)'는 비록 오랑캐의 땅에 가서라도 공손·신중·성실을 버려서는 안 된다는 뜻으로 해석하기도 한다. 그래도 문장의 큰 뜻으로 봐서는 큰 차이가 없다.

20

자공이 여쭙기를, "어찌하여야 가히 선비라 이를 수 있겠습니까?"

공자께서 말씀하시기를, "자기의 행함에 있어 염치를 알고, 다른 나라에 사신으로 가서 임금의 명령을 욕되게 하지 않는다면 선비라 할 수 있느니라."

말하기를, "감히 그 다음을 묻겠나이다."

말씀하시기를, "친척들로부터 효자라는 말을 듣고 마을 사람들로부터 공손하다는 말을 듣는 것이니라."

말하기를, "감히 그 다음을 묻겠나이다."

말씀하시기를, "말에는 반드시 믿음이 있고, 행동에는 언제나 과단성이 있다면 딱딱한 소인이기는 하나 억지로라도 다음에 놓을 수 있느니라."

말하기를, "요즈음 정치에 종사하는 사람들은 어떻습니까?"

공자께서 말씀하시기를. "아, 한 말들이의 작은 도량을 가진 사람들을 어찌 셈에 넣을 수 있으리오."

20// 子貢이 問曰, 何如斯可謂之士矣리잇고 子曰, 行己有恥하며 使於四方하여 不辱君命이면 可謂士矣니라 曰, 敢問其次하노이다 曰, 宗族이 稱孝焉하며 鄕黨이 稱弟焉이니라 曰, 敢問其次하노이다 曰, 言必信하며 行必果하면 硜硜然小人哉나 抑亦可以爲次矣니라 曰, 今之從政者는 何如하리잇고 子曰, 噫라 斗筲之人을 何足算也리오

사방(四方): 다른 여러 나라들.
칭제(稱弟): 제가 공손하다의 뜻으로 사용되어서 '공손하다는 칭찬을 듣는다'로 풀이됨.

경경연(硜硜然) : 변통이 없는 소인을 나타냄.
희(噫) : 감탄하는 소리로 '희'라 읽는다.
두소(斗筲) : '두'는 한 말들이 그릇, '소'는 한 말 두 되들이 그릇임.

| 풀이 | 선비는 선인의 도(道)와 학(學)을 배우는 사람으로 군자 다음가는 사람이다. 덕행이 선인(善人)의 경지에 이르러야만 비로소 선비다운 선비라 할 수 있다. 이 글은 선비의 행할 바가 역순으로 적힌 것이라 하겠다. 첫째는 말에 거짓이 없고 행함에 과단성이 있으며, 둘째는 부모에게 효도하고 이웃사람에게도 공손하며, 셋째 벼슬길에 나아가서는 자신의 행동에 염치를 알고 또 국가의 명예를 더럽히지 말아야 한다. 그러기 위해서 선인의 도와 학문을 배우는 것이며, 만약 그렇지 못하다면 현 위정자와 같이 아무리 많이 안다고 떠든다 할지라도 선비 축에는 끼지 못한다는 말이다.

21

21// 子曰, 不得中行而與之인데 必也狂狷乎인저 狂者는 進取요 狷者는 有所不爲也이니라

공자께서 말씀하시기를, "중용의 길을 행하는 사람을 얻어 가르치지 못할 바에는 반드시 과격하고 고집이 센 사람을 택하리라. 과격한 사람은 진취적이고 고집이 센 사람은 함부로 행하지 않는 바가 있느니라."

여지(與之) : 가르치다의 뜻으로 새김.
광자(狂者) : 과격한 사람.
견자(狷者) : 고집 센 사람.

| 풀이 | 여기에서 '중행이여지(中行而與之)'는 '중정(中正)의 도를 행하는 사람과 함께하다'는 뜻으로 보는 것이 원칙이다. 그러나 문장의 전체적인 흐름으로 보아 '여(與)'를 함께하여 더 나아가서 가르친다는 말로 새겼다. 올바른 중정의 길을 걷는 사람을 얻지 못할 바에는 차라

리 나약한 기질의 사람보다 과격하거나 고집이 센 사람을 택하겠다고 한 말이다.

22

공자께서 말씀하시기를, "남방 사람들의 속담에 '사람으로서 항구성(恒久性)이 없으면 무당이나 의원도 손을 쓸 수 없다.'라는 말이 있는데, 잘한 말이다. 그 덕을 행함에 항구성이 없으면 항상 부끄러움을 당하느니라."

공자께서 또 말씀하시기를, "그런 사람은 점을 칠 필요도 없느니라."

22// 子曰, 南人이 有言曰, 人而無恒이면 不可以作巫醫라 하니 善夫라 不恒其德이면 或承之羞라 하니 子曰, 不占而已矣니라

| 풀이 | 여기서 '불항기덕, 혹승지수(不恒其德 或承之羞)'란 구절은 〈주역〉 항괘(恒卦)의 93을 풀이한 괘사를 인용한 것으로, 자기의 덕이 한결같지 않으면 수치를 당하게 된다는 말이다. 공자는 역에 대해서도 많은 연구를 하였다. 오늘날 전하는 괘사나 상사(象辭) 등은 모두 공자에 의하여 씌어졌다고 한다. 그리고 이 〈논어〉에서도 "내가 몇 년만 더 살아 〈주역〉을 공부한다면 천하에 겁난을 방지할 도리를 생각해 낼 수도 있으련만." 하고 〈주역〉을 다 마치지 못함을 한탄한 말이 나온다. 사람에게 항구성이 없다면 아무짝에도 쓸모가 없다. 그래서 공자는 그런 사람은 점을 치지 않아도 알 수 있다고 하였다.

23

공자께서 말씀하시기를, "군자는 남과 화합은 하지만 뇌동(雷同)은 하지 않고, 소인은 남에게 뇌동은 하지만 화합은 하지 못하느니라."

| 풀이 | "군자는 남에게 화합은 하나 주견이 없이 무조건 남의 뜻에 좇아 어울리지는 않는다. 그러나 소인은 주견 없이 남의 뜻에 따라 어울리기는 하나 진실로 남과 화합하지는 못한다."

여기에서 '화(和)'라는 것은 남과 나의 뜻에 서로 공통점이 있어 협조하고 조화를 이루는 것을 뜻한다. 그리고 동(同), 즉 뇌동이라 함은 무조건 기분 내키는 대로 감정적으로 남을 따르고 뭉치는 것이다. 그래서 화와 동은 겉으로 보기에는 아무런 차이가 없을지 모르나 사실은 큰 차이가 있는 것이다. 화가 의기로 결합된 것이라 하면 동은 이해관계나 감정으로 뭉쳐진 것이다. 그러므로 군자는 사소한 감정 따위나 이해관계로 남을 배반하지 않고, 그렇다고 해서 옳지 않은 일에 남을 도와 주지도 않는 것이다.

24

자공이 묻기를, "마을 사람들이 모두 좋아한다면 어떠합니까?"

공자께서 말씀하시기를, "아직 부족하니라."

23// 子曰, 君子는 和而不同하고 小人은 同而不和이니라

동(同) : 뇌동(雷同), 즉 주견이 없이 남의 의견만 좇는 것을 말함.

24// 子貢이 問曰, 鄕人이 皆好之면 何如리잇고 子曰, 未可也이니라 鄕人이 皆惡之면 何

"마을 사람들이 다 싫어한다면 어떠합니까?"
　공자께서 말씀하시기를, "아직 부족하다. 마을 사람들 중에서 선한 자가 좋아하고 선하지 못한 자가 싫어하는 것만 못하니라."

如리잇고 子曰, 未可也니라 不如鄕人之善者好之요 其不善者惡之니라

| 풀이 | 자공(子貢)이 공자에게 물었다. "마을 사람들이 모두 좋아한다면 그 사람은 어떻다고 보십니까?" 마을 사람들이 다 좋아하는데 나쁜 사람일 리는 없다. 그러나 공자는 제자 자공의 말에 별로 탐탁한 기색을 보이지 않았다. "아직 부족하다." 그러자 이번에는 "그렇다면 마을 사람들이 모두 싫어한다면, 그 사람은 어떻게 보십니까?" 좀전의 말에 공자의 반응이 적었기 때문에 이렇게 물은 것이라 하겠다. 모든 사람들이 싫어하는 인물이라면 그 사람의 인간됨을 물어 볼 필요조차 없는 것이다. 그제서야 공자는 "그도 부족하다. 마을의 선한 사람이 좋아하고, 선하지 않은 사람이 싫어하는 이만 못하다."고 말하였다. 모두가 좋아해서도 안 되고, 모두가 싫어해서도 안 된다. 그리고 실제로 그런 사람이란 없는 것이다. 선한 사람은 선한 사람을 좋아하고, 악한 사람은 악한 사람끼리 좋아하는 것이 일반적이다.

　이렇게 본다면 '호(好)'라는 글자는 마음속으로 존경한다기보다 친하게 가까이 지낸다는 뜻으로 쓰여졌고, '오(惡)'는 마음속으로 저주한다는 것이 아니라 꺼려하여 상대하지 않으려 한다는 뜻으로 쓰여졌다고 하겠다. 만약

오(惡) : 여기서는 악하다의 뜻이 아니라 싫어하다의 뜻으로 쓰여 '오'로 읽음.

악인이든 선인이든 모든 이해관계를 벗어난다면 선인을 싫어하고 악인을 좋아하는 사람은 하나도 없을 것이다.

25

25// 子曰, 君子는 易事而難說也이니 說之不以道면 不說也이요 及其使人也하얀 器之니라 小人은 難事而易說也이니 說之雖不以道라도 說也이요 及其使人也하얀 求備焉이니라

기지(器之) : 그릇은 각기 그 기량이 다르다. 이와 마찬가지로 사람도 각기 역량이 다름을 알아서, 그 역량에 맞추어서 일을 시킨다는 것을 비유했음.

공자께서 말씀하시기를, "군자는 섬기기는 쉬워도 기쁘게 하기는 어려우니라. 정도(正道)로써 기쁘게 하지 않으면 기뻐하지 않고, 사람을 부림에 있어서는 각기 그릇에 맞게 하느니라. 소인은 섬기기는 어려우나 기쁘게 하기는 쉬우니라. 정도가 아니라도 기뻐하게만 하면 기뻐하고, 사람을 부림에 있어서는 모든 것을 다 해주기를 바라느니라."

| 풀이 | 이 장은 군자의 무난함과 소인의 모순점을 예리하게 파헤친 글이라 하겠다. 바른길이 아님에도 기뻐하고 아랫사람에게 무조건 봉사만 요구한다는 것은 바로 모순의 근원이 아니겠는가. 폭정이나 악정의 밑에는 간신이 따르는 것도 다 이 때문이다.

26

26// 子曰, 君子는 泰而不驕하고 小人은 驕而不泰니라

공자께서 말씀하시기를, "군자는 태연하지만 교만하지 않고, 소인은 교만하지만 태연하지 못하니라."

| 풀이 | 군자는 마음가짐과 행동이 태연하지만 교만하지

않고, 소인은 태도와 마음가짐이 교만·방자하지만 실상은 태연하지 못하다. 공자가 또 군자와 소인을 구별하여 한 말이다.

군자는 항상 도(道)를 생각하고 행하므로 마음이 항상 편안하고 여유가 있다. 그러므로 교만한 마음이나 방자한 행동은 있으려야 있을 수 없다. 그러나 소인은 정도보다는 명예와 이해만 생각하고 따른다. 그러므로 언제나 마음이 안정되지 못하고, 또 일이 뜻대로 되는 날에는 교만한 마음이 생겨 방자한 행동을 하게 된다.

27

공자께서 말씀하시기를, "강직하고, 의연하고, 질박하고, 어눌함은 인(仁)에 가까우니라."

27// 子曰, 剛毅木訥이 近仁이니라

| 풀이 | 강직하여 불의에 굽힘이 없고, 의연하여 고난을 잘 참아내며, 성품이 꾸밈이 없고, 말이 무거움은 진실로 어짊에 가깝다. 사람의 태도로써 어짊의 정도를 측정한 공자의 말이다. 이 구절은 학이편(學而篇) 3의 '교언영색, 선의인(巧言令色, 鮮矣仁)'이란 말을 뒤집어 놓은 것이다.

28

자로가 묻기를, "어떻게 하여야 선비라 할 수 있습니까?"

28// 子路問曰, 何如라

야 斯可謂之士矣리잇고 子曰, 切切偲偲하며 怡怡如也이면 可謂士矣니 朋友切切偲偲이요 兄弟怡怡니라

절절(切切) : 아주 간절함.
시시(偲偲) : 서로 권면하고 격려하는 모양.
이이(怡怡) : 기뻐하여 화합하는 모양.

공자께서 말씀하시기를, "간절히 권하고 기뻐하여 화목한 듯하면 선비라 이를 수 있으니, 친구에겐 정(情)과 의로 간절히 권하고, 형제에겐 기쁘게 화목함이니라."

| 풀이 | "어떻게 하면 선비라 부를 수 있겠습니까?" 하고 자로(子路)가 물었다. "아주 절실하게 권하고, 기뻐하여 화합해야만 선비라 할 수 있다. 친구간에는 의(義)와 정(情)으로 간절히 권하고, 형제간에는 기뻐하여 잘 화합하는 것이다." 공자가 대답하였다.

선비에 관한 제자들의 물음은 이미 여러 번 나왔다. 그러나 그때마다 공자의 대답은 달랐다. 그러면 공자의 선비에 관한 뜻이 수시로 변했단 말인가. 그렇지는 않다. 그는 언제나 상대방의 성격이나 성품 등을 고려하여 그에 적절한 말을 했던 것이다. 자로는 성격이 활달하고 용맹이 있는 반면 남을 생각하지 않는 결점도 있었다. 그렇기 때문에 "말에 믿음이 있고, 행동에는 과단성이 있어야 한다."는 자공(子貢)의 물음에 대한 대답과는 달리 자로에게는 세밀하면서도 근면하고 기뻐하여 서로 화목할 줄 알아야 한다고 말하여 주었다. 자로의 결점을 지적해 준 것이다.

29// 子曰, 善人이 敎民七年이면 亦可以卽戎矣니라

29

공자께서 말씀하시기를, "선인(善人)이 백성을 7년 동안 교화시키면 가히 전쟁에라도 나아가게 할 수 있느니라."

| 풀이 | 선인(善人)이 백성을 교화시킨다는 것은, 의(義)와 정도(正道)로써 백성을 인도한다는 것이다. 그렇게 하여 불의의 침략을 받으면 정(正)을 지키기 위하여 의로써 맞서게 할 수 있다는 말이다.

　선인이 선정의 기반을 닦기 위해서는 최소한 3년이 걸린다고 하였지만, 이처럼 백성들 스스로가 나서게 할 수 있을 때까지는 적어도 7년이 걸린다고 하였다. 백성이 군사로 나가려면 먼저 정신적 무장이 되어야 함을 지적한 공자의 말이다.

즉융(卽戎) : '즉'은 나아감을 뜻하고, '융'은 군사를 뜻함.

30

　공자께서 말씀하시기를, "교화되지 않은 백성을 전쟁에 내보내는 것은 곧 그들을 버리는 것이니라."

| 풀이 | 정신이 무장되지 않은 백성을 병사로 전쟁터에 내보내는 것은 단지 그들을 희생시킬 뿐이다. 앞의 글과 같은 내용의 말이다. 무슨 일에든 행동에 앞서 마음가짐이 되어 있어야 함을 뜻한 것이다.

30// 子曰, 以不敎民戰이면 是謂棄之니라

기(棄) : 희생하다.

제 14 편
헌문(憲問)

1// 憲이 問恥한데 子
曰, 邦有道에 穀하며
邦無道에 穀이 恥也이
니라

헌(憲): 공자의 제자 원헌(原憲).
방유도(邦有道): 나라에 정도(正道)가 행하여짐을 뜻함.

1

헌(憲)이 부끄러움에 관하여 물었다. 공자께서 말씀하시기를, "나라에 도(道)가 있으니 녹을 받아야 할 것이나, 나라에 도가 없는데도 녹을 받는 것은 부끄러움이니라."

| 풀이 | 원헌(原憲)이 공자에게 수치에 관해 물었다. "나라에 바른 정치가 행하여질 때 벼슬을 하는 것은 마땅한 도리이겠으나, 그렇지 않고 나라에 도가 없는데도 벼슬을 하는 것은 수치스러운 일이다." 하고 공자는 대답했다.

선비가 학문을 배우고 도를 배우는 것은 자기 자신의 수양에도 뜻이 있지만, 그 목적은 어디까지나 국가에 기여하는 데에 있다고 하겠다. 옛날에는 학문을 익혀 국가에 힘이 되고자 한다면 벼슬길에 나가 정사에 종사하는 것밖에는 없었다. 그러나 그것도 바른 정치가 행하여질 때를 말한 것이지, 불의와 부정이 판치고 있는 세상에서는 오히려 부끄러운 일이라고 공자는 말했던 것이다. 학자로서 정(正)을 행하고 지조를 지켜야 함을 나타낸 말이다.

2

"남을 꺾고, 자신을 뽐내고, 남을 원망하고, 욕심 부리는 일을 하지 않는다면 인(仁)이라 할 수 있습니까?"

공자께서 말씀하시기를, "가히 어려운 일이거니와 그것이 인인지는 내 아직 알지 못하노라."

| 풀이 | "남을 꼭 이기려 들지 않고, 자신을 뽐내지 않고, 절대 남을 원망하지 않고, 헛된 욕심을 버린다면 인(仁)이라 할 수 있겠습니까?" 묻는 사람이 명시되어 있지 않고, 말투나 뜻으로 본다면 공자의 제자 중에 한 사람이 물은 말일 것이다. 그래서 앞의 글과 연결된 것이 아닌가 추측하기도 한다. 이 물음에 공자는, "그렇게 하기는 어려운 일이거니와 나는 그것이 진실로 인인지는 알지 못한다."라고 하였다. 무슨 일에든지 남을 이기려 들고 별것 아닌 일로써 자신을 뽐내려 하고, 그리고 일이 잘되지 않는다 하여 남을 원망하며, 괜히 헛된 욕심만 부린다면 그건 분명히 소인의 행동일 것이다. 그리고 거기에는 덕(德)을 베풀고 선(善)을 행한다는 인에 대하여서는 언급되어 있지 않았다. 또 그렇게 하기에는 실로 어려운 일이 아니겠는가.

2// 克伐怨欲을 不行焉이면 可以爲仁矣리잇고 子曰, 可以爲難矣어니와 仁則吾不知也이니라

벌(伐) : 정벌하다의 뜻으로 많이 쓰이나, 여기에서는 자신을 '자랑하다', '공치사하다'로 풀이함.

3

공자께서 말씀하시기를, "선비가 편안하게 거처한다면 선비라 하기에 부족하느니라."

3// 子曰, 士而懷居면 不足以爲士矣니라

| 풀이 | 여기에서 선비란 단순히 학문을 하는 사람을 뜻한 것이 아니고, 도(道)를 배우고 행하는 학자를 말한다. 그리고 '회거(懷居)'는 편안히 거처한다는 말로서 안일한 상태를 나타낸 것이다.

도를 행하는 학자가 편안함과 안일만 생각해서 되겠는가. 이보다는 의를 굳게 지켜서 도를 배우고 행하기 위하여 노력해야 할 것이니, 불타는 듯한 정열과 성의가 필요하다.

4

4// 子曰, 邦有道엔 危言危行하고 邦無道엔 危行言孫이니라

공자께서 말씀하시기를, "나라에 도가 있으면 높게 말하고 높게 행하며, 나라에 도가 없으면 홀로 정직하게 행하되 말은 공손해야 하느니라."

위(危) : 흔히 위태하다의 뜻으로 쓰이나, 여기서는 높다는 뜻에서 홀로 정직한 모양을 나타냈음.

| 풀이 | 나라에 정도(正道)가 행하여져 바른 정치가 베풀어지면 대담하게 말하고, 옳은 일이면 대담하게 행동해야 할 것이다. 그러나 나라에 도가 행하여지지 않는다면 행실을 홀로 정직하게 해나가되 말에 있어서는 항상 조심하고 겸손해야 한다. 도가 행하여질 때와 행하여지지 않을 때를 가려서 태도를 달리하라는, 선비에 대한 공자의 충고라 하겠다.

5

공자께서 말씀하시기를, "덕이 있는 사람은 반드시 말을 들을 만하지만, 말을 들을 만한 사람이라고 해서 반드시 덕이 있다는 것은 아니니라. 인자(仁者)는 반드시 용기가 있으나, 용기가 있는 사람이라고 해서 반드시 인(仁)하다는 것은 아니니라."

5// 子曰, 有德者는 必有言이어니와 有言者는 不必有德이니라 仁者는 必有勇이어니와 勇者는 不必有仁이니라

| 풀이 | 덕이 있는 사람은 도리에 맞는 말을 한다. 그러나 그럴듯하게 말을 하는 사람이라고 해서 반드시 덕이 있는 사람이라고는 말할 수 없다. 마찬가지로 어진 사람은 용기가 있으나 용기가 있는 사람이라고 해서 반드시 어진 마음을 가졌다고는 말할 수 없다. 이 글은 논리적으로도 상당한 차원의 말이라 하겠다. 현 표현법으로 본다면 필요 충분 조건의 여부를 따진 것이다. 덕이 있는 사람은 바른 도(道)의 말을 할 수 있는 충분한 바탕을 지니고 있으나, 반대로 그럴듯한 말을 한다고 해서 덕이 있는 사람이 될 필요 조건을 다 갖추고 있다고는 말할 수 없는 것이다. 어진 사람과 용기와의 관계도 마찬가지이다.

유언(有言): 언은 도리에 맞는 훌륭한 말을 뜻한 것으로, 들을 만한 말이 있다로 풀이한다.

6

남궁괄(南宮适)이 공자에게 묻기를, "예(羿)는 활을 잘 쏘고 오(奡)는 배를 끌었으나, 모두 제 죽음을 얻지 못하였습니다. 그러나 우(禹)와 직(稷)은 몸소 농사를 지었는데도

6// 南宮适이 問於孔子曰, 羿는 善射하고 奡는 盪舟하되 俱不得其死어늘 然이나 禹稷은

躬稼而有天下하시니이다 夫子不答이러시니 南宮适이 出커늘 子曰, 君子哉라 若人이여 尙德哉라 若人이여

천하를 차지하였습니다."

공자께서는 대답이 없으셨다. 남궁괄이 나가자 말씀하시기를, "군자로다, 그 같은 사람은 덕을 숭상하도다, 그 같은 사람은."

남궁괄(南宮适) : 공자의 제자로, 자는 남용(南容).
예(羿) : 하(夏)나라의 제후이며 유궁국(有窮國)의 군주로 명궁이었음. 무력으로 하나라의 군주 상(相)을 멸하고 왕의 자리를 빼앗았으나, 그의 신하 한착(寒浞)에 의해 죽었다.
오(奡) : 한착의 자(字). 힘이 강하여 육지에서 배를 잡아끌 정도였다고 함. 하나라 임금이었던 상(相)의 아들에게 죽음.
우(禹) : 하(夏)의 건국 시조. 원래 순(舜)의 신하로 홍수를 다스리고, 순을 뒤이어 임금이 된 사람.
직(稷) : 주(周)왕조의 먼 조상으로 백성들에게 농사를 가르쳤다 함.

| 풀이 | 남궁괄이 공자에게 물었다. "옛날 유궁국(有窮國)의 군주로 명궁(明弓)이었던 예(羿)와, 또 힘이 세어서 육지에서도 큰 배를 잡아끌었다는 오(奡)는 모두 제 명에 죽지 못하고 남의 손에 죽고 말았습니다. 그러나 아무런 욕심 없이 초야에 묻혀 농사나 짓던 우(禹)와 직(稷)은 마침내 천하를 얻었습니다. 무슨 까닭이겠습니까?"

공자는 아무 대답이 없었다. 너무나 타당한 제자의 질문을 대하였기 때문에 대답할 말이 없었다. 다만 속으로 감탄하고 있을 뿐이었다. 남궁괄이 자리를 물러나가자, 그제서야 공자는 "군자로다, 저런 사람은 덕을 숭상하는 사람이로다, 저런 사람은……." 하고 칭찬하였던 것이다.

예(羿)와 오(奡)는 무력으로 천하를 빼앗으려 했고, 또 불의로 윗사람을 죽인 사람이다. 그래서 결국 비참한 최후를 맞이하고 말았다. 이는 당시의 군주나 위정자를 가리킨 뜻도 있다고 본다. 공자 역시 제자 남용(南容)의 말에 공감을 가졌지만, 차마 입을 열어 말할 수는 없었던 모양이다. 그래서 남용이 물러난 뒤에야 공감을 표시했던 것이다.

7

공자께서 말씀하시기를, "군자이면서 어질지 않은 사람은 있겠으나, 소인이면서 어진 사람은 아직 없었느니라."

7// 子曰, 君子而不仁者는 有矣夫어니와 未有小人而仁者也니라

| 풀이 | 군자는 덕(德)이 있는 사람을 말하고 소인은 덕이 없는 사람을 말한다. 덕이라 함은 인의예지(仁義禮智)가 고루 갖추어진 것을 말한다. 그러므로 군자는 대부분이 어진 마음을 가지고 있다 할 수 있는 것이다. 그러나 군자 중에도 더러는 인의 마음이 부족한 사람이 있기도 하다. 이는 바로 의나 예, 또는 지의 방면으로 너무 치우쳤기 때문이라고 볼 수 있다. 그러나 소인은 자신의 이욕만 생각하기 때문에 의는 물론 인의 마음이 있으려야 있을 수 없다고 하겠다.

8

공자께서 말씀하시기를, "사랑한다면 수고시키지 않을 수 있겠는가. 충심이라면 일깨워 주지 않을 수 있겠는가."

8// 子曰, 愛之란 能勿勞乎아 忠焉이란 能勿誨乎아

| 풀이 | 공자가 말했다. "진정 사랑한다면 수고스럽게 하지 않을 수 없고, 진심이라면 가르치지 않을 수 있겠는가." 제자들을 가르치는 것에 관하여 한 말이다. 제자들을 사랑하기 때문에 학문과 도를 공부하도록 수고롭게 하고, 진심이기 때문에 깨우쳐 주지 않을 수 없다는 말이다.

9

9// 子曰, 爲命에 裨諶이 草創之하고 世叔이 討論之하고 行人子羽 修飾之하고 東里子産이 潤色之하니라

위명(爲命) : 명을 만들다. 여기서는 제후에 대한 외교 문서의 작성을 말함.
비침(裨諶) : 정(鄭)나라의 대부.
세숙(世叔) : 정나라의 대부 유길(游吉).
행인(行人) : 외교관(外交官)을 뜻함.
수식(修飾) : 더하고 감하여서 꾸밈.
동리(東里) : 지명.

공자께서 말씀하시기를, "명(命)을 만들 때 비침(裨諶)이 초안을 작성하면 세숙(世叔)이 검토하고, 행인인 자우(子羽)가 수식하고 동리(東里)의 자산(子産)이 문채를 더하여 아름답게 하였느니라."

| 풀이 | "정(鄭)나라에서는 다른 나라에 보내는 외교 문서를 작성할 때 대부 비침이 처음 초안을 작성하면, 그 다음 같은 대부인 세숙이 검토하고, 또 외교관 자우가 말을 더하고 감하여 적당히 수식한 다음 동리(東里)에 사는 자산이 거기에 문채를 꾸며서 아름답게 하였다." 공자가 정(鄭)나라의 외교 문서를 작성하는 과정을 가리켜 말한 것이다.

정나라는 중국의 중원(中原) 지방에 자리잡고 있던 작은 나라이다. 그리고 여기에 나온 인물인 자산 등은 모두 공자보다 한 세대 정도 앞선 인물들이다. 외교 문서 하나를 작성하는 데에도 그토록 많은 사람의 노력과 정성을 들였음을 공자가 심히 존경해 왔으므로 이렇게 말한 것이다.

10

10// 或이 問子産한데 子曰, 惠人也이니라 問 子西한데 曰, 彼哉여 彼哉여 問管仲한데 曰,

어떤 사람이 자산(子産)에 대하여 묻자 공자께서 말씀하시기를, "어진 사람이다."

자서(子西)에 대하여 묻자 말씀하시기를, "그저 그런 사

람이다."

　관중(管中)에 대하여 묻자 말씀하시기를, "인물이다, 인물이다. 백씨(伯氏)의 병읍(騈邑) 3백 호를 빼앗아 백씨를 평생토록 거친 밥을 먹게 하였으되, 백씨는 원망의 말이 없었다."

人也奪伯氏騈邑三百하여는 飯疏食沒齒하되 無怨言하니라

자서(子西) : 초(楚)나라의 공자(公子) 신(申). 왕위를 양보하여 아우를 소왕(昭王)으로 세웠으며, 자기는 그 대부가 되었음. 〈사기(史記)〉에는 소왕이 공자에게 서사(書社) 7백 리를 주어서 봉하려 하자 자서가 말렸다고 함.
관중(管中) : 제(齊)나라의 대부.
백씨(伯氏) : 이름은 언(偃). 제(齊)의 대부로 관중과 같은 시대의 인물.
몰치(沒齒) : 이가 빠지다의 뜻으로 평생토록을 뜻함.

| 풀이 | 어떤 사람이 공자에게 자산·자서·관중 등 세 사람의 인물에 대해 물은 것이다. 정(鄭)나라의 자산은 앞의 글에도 나온 바 있거니와 인애(仁愛)의 인품을 지닌 자로서 백성들을 사랑하여 나라를 잘 다스린 정치가였다. 그래서 공자도 그에 대하여서는 어진 사람이라고 평했다. 초(楚)나라의 자서는 왕위를 아우에게 양보하고 자신은 왕을 보필하는 신하가 되어 오(吳)나라의 침략으로부터 나라를 지켜 낸 사람이다. 그러나 그는 소왕(昭王)이 공자를 등용하려 했을 때 이유를 들어 반대한 적이 있었다. 공자의 도덕정치는 외세의 침략을 각오하여야 하는 초나라에는 오히려 좋지 않을 것이라고 반대했던 것이다. 그 일로 해서인지 공자는 자서에 대해 "그저 그런 사람이다."라고 평했다. 관중은 제(齊)나라 환공(桓公)을 도와 중국 천하를 통일한 당대 최고의 정치가였다. 그래서 공자는 "관중은 인물이다."라고 대답했다. 그리고 그 실증(實證)으로 백씨(伯氏)의 죄값으로 병읍(騈邑) 3백 호를 빼앗았으나, 백씨는 평생토록 관중을 원망한 일이 없었다는 것을 들었다.
　관중에 대한 인물평은 〈논어〉 중에서 팔일편(八佾篇)

22, 헌문편(憲問篇) 17, 18에도 나오는데, 그 내용이 모두 다르다. 팔일편 22에서는 그를 그릇이 작다고 했으나 이 글에서는 인물이라고 칭찬했으며, 또 본편(本篇) 18에도 그의 절개를 칭찬한 것이 나온다. 이로 본다면 그의 평은 묻는 사람과 보는 각도에 따라서 달라짐을 알 수 있다.

11// 子曰, 貧而無怨은 難하고 富而無驕는 易하니라

//

공자께서 말씀하시기를, "가난하면서 원망하지 않기는 어렵고, 부자이면서 교만하지 않기는 쉬우니라."

| 풀이 | 생활이 곤란하게 되면 누구에게나 근심과 걱정이 따르고 불평과 원망이 반드시 뒤따른다. 이는 어쩔 수 없는 것으로 아무리 어진 사람이고 마음이 넓은 사람이라 하더라도 마음속에서부터 일어나는 근심과 걱정, 그리고 불평과 원망을 억제할 수는 없다. 그래서 공자도 인간 본연의 심정인 가난함에서 오는 원망은 참아내기가 힘들다고 말했던 것이다.

그러나 부유하면서 교만하지 않기란 쉽다고 했다. 자신의 권세가 커지고 재산이 늘어나면 자연 교만한 마음이 생기게 되나 이는 다소의 예(禮)와 의리만 알아도 자제할 수 있다는 것이다.

12

공자께서 말씀하시기를, "맹공작(孟公綽)은 조씨(趙氏)나 위씨(魏氏)의 가신(家臣)이 되기에는 넉넉하지만, 등(滕)나라나 설(薛)나라의 대부는 될 수 없느니라."

| 풀이 | 맹공작은 노나라의 명문인 맹손씨가(孟孫氏家)의 출신으로 현인이라는 소리를 들을 정도로 어질었다 한다. 이 글에서 공자는 맹공작을 가리켜 진(晋)나라의 권신(權臣) 조씨나 위씨 집안의 가신 노릇을 한다면 잘해 낼 것이나, 등(滕)나라나 설(薛)나라와 같이 작은 나라에서라도 정사를 맡아 보는 대부 노릇을 해서는 안 된다고 하였는데, 그가 정치가로서 적합하지 않음을 평한 것이다. 정사를 맡아서 행하는 데에는 어질다고만 해서 되는 것이 아니라 어느 정도의 정치적 수완이 있어야만 한다. 그런데 공자가 그를 가리켜 작은 제후국의 대부 노릇도 할 수 없다고 한 것을 본다면, 그 맹공작의 인물 됨됨이가 한없이 좋기만 했지 남을 다스리는 데에는 적합하지 않다는 것을 짐작할 수 있다.

13

자로가 성인(成人)에 대해서 묻자 공자께서 말씀하시기를, "장무중(臧武仲)의 지혜와 맹공작의 무욕과 변장자(卞莊子)의 용기와 염구의 예(藝)를 갖추고, 예(禮)와 악(樂)으

12// 子曰, 孟公綽이 爲趙魏老則優어니와 不可以爲滕薛大夫니라

맹공작(孟公綽) : 노(魯)나라의 대부.
조위(趙魏) : 진(晋)나라의 대부인 조씨(趙氏)와 위씨(魏氏).
등설(滕薛) : 등(滕)나라와 설(薛)나라. 노(魯)나라의 이웃에 있던 작은 제후국.

13// 子路問成人한데 子曰, 若臧武仲之知와 公綽之不欲과 卞莊子之勇과 冉求之藝에 文

之以禮樂이면 亦可以
爲成人矣니라 曰, 今之
成人者는 何必然이리
오 見利思義하며 見危
授命하며 久要에 不忘
平生之言이면 亦何以
爲成人矣니라

성인(成人) : 인격이 완성된 사람.
장무중(臧武仲) : 장손흘(臧孫紇). 노(魯)나라의 대부였으나 계씨(季氏) 일파의 세력에 몰려 제(齊)나라로 망명했음.
변장자(卞莊子) : 맹손씨(孟孫氏)의 영지인 변(卞) 고을의 대부.

14// 子問公叔文子於公

로 꾸민다면 성인이라 할 수 있느니라."

또 말씀하시기를, "오늘날의 성인이란 어찌 그럴 필요까지 있겠는가. 이익을 눈앞에 두고 의를 생각하며, 위험한 시기를 당하여 목숨을 내놓고, 오랜 약속에 대하여 지난날의 말을 잊지 않는다면 또한 성인이라 할 수 있느니라."

| 풀이 | 성인(成人)이란 덕을 갖춘 고매한 인격의 소유자를 뜻한다. 이 성인에 관하여 물은 자로는 무슨 일이든 하고자 하면 반드시 실행해야 직성이 풀리는 성격의 소유자였다. 그러므로 공자는 자로의 성격이나 수준을 잘 감안해서 이야기해 주었던 것이다.

장무중(臧武仲)과 같은 박식과 맹공작 같은 욕심없는 마음에다 또 변장자(卞莊子) 같은 용기, 게다가 또 염구(冉求)의 재주를 지니고 있는 사람이 예(禮)와 악(樂)으로 꾸며져야만 성인이라 할 수 있다고 했다. 이렇게 말하고 난 공자는 자로의 성품 등을 생각했음인지 "그러나 지금의 성인이란 꼭 그렇게 해야만 된다고 할 수 없다. 단지 이익을 보면 의리를 생각할 줄 알고, 나라에 위기가 닥쳐오면 목숨을 버릴 줄 알고, 또 옛 약속을 평생 동안 잊지 않는다면 네가 말하는 성인이라 할 수 있다." 하고 말을 맺었다.

14

공자께서 공숙문자(公叔文子)에 대하여 공명가(公明賈)에게 물으시기를, "진실이오? 그분은 말하지 않고 웃지도 않고 취하지도 않는다는데."

공명가가 대답하기를, "전하여 말씀드린 것이 좀 지나쳤나이다. 그분은 때가 된 연후에야 말씀하시는지라 사람들이 그분의 말씀을 싫어하지 않으며, 즐거워진 후에야 웃으시는지라 사람들이 그분의 웃음을 싫어하지 않으며, 의(義)로운 것임을 안 뒤에야 취하시는지라 사람들이 그분의 취함을 싫어하지 않나이다."

공자께서 말씀하셨다.

"그러합니까, 어찌 그렇단 말씀이오."

| 풀이 | 공자가 위(衛)나라의 대부 공숙문자(公叔文子)에 대하여 공명가(公明賈)에게 물었다. "정말이오? 그분께서는 말하지도 않고, 웃지도 않고, 물건을 취하지도 않는다는 말이 참말이오?" 말투로 보면 공자는 공숙문자에 대하여 전부터 소문을 익히 듣고 있었던 모양이다. 공명가가 대답하기를, "그것은 말을 전하는 사람이 지나치게 과장했던 것입니다. 사실 그분은 말을 하지 않으시는 것이 아니고, 필요할 때만 말씀하시기 때문에 다른 사람들이 그분의 말씀을 싫어하지 않습니다. 그리고 기쁜 일이 있어야만 웃으시고, 물건을 취할 때도 취할 물건이 의로운 것인가를 알고 난 연후에만 취하십니다." 했다. 말을 다 듣고 난 공자는, "그게 사실이란 말씀입니까? 설마 그럴 리야……." 하고 반신반의하는 태도를 취했다.

明賈曰, 信乎아 夫子不言不笑不取乎아 公明賈對曰, 以告者過也로소이다 夫子時然後言이라 人不厭其言하며 樂然後笑라 人不厭其笑하며 義然後取하니 人不厭其取하나니이다 子曰, 其然가 豈其然乎리오

공숙문지(公叔文子) : 위(衛)나라의 대부. 이름은 기(技), 문(文)은 시호.
공명가(公明賈) : 위나라 사람.

공숙문자는 위나라의 현명한 대부로서 명성이 자자했고, 당대의 대부호로 알려진 사람이다. 공자도 그가 대부호라는 것을 잘 알기 때문에 공명가의 말에 미심쩍은 태도를 취했던 것이다.

15

15// 子曰, 臧武仲이 以防으로 求爲後於魯하니 雖曰不要君이나 吾不信也하노라

방(防) : 지명(地名).
위후(爲後) : 뒤를 이음.
요(要) : 강요.

공자께서 말씀하시기를, "장무중(臧武中)이 방성(防城)을 점거하여 노(魯)나라에 자기의 후계자를 세울 것을 요구한 때, 비록 다른 사람은 임금에게 강요하지 않았다 하나 나는 믿지 못하노라."

| 풀이 | 장무중은 지략이 뛰어난 노(魯)나라의 대부였으나, 맹손씨(孟孫氏)의 음모에 걸려 국외로 망명하였다. 뒤에 그는 망명처로부터 자기의 영지인 방읍(防邑)에 잠입해 들어와, 대대로 계승해온 방읍을 자기의 후손에게 이어가게 해 달라고 요구했다. 대부의 후계자는 원래 나라의 임금이 임명하였으며, 또 외국에 망명한 귀족의 영지는 국가에 귀속되는 것이 당시의 관례였다. 장무중의 행위는 왕을 무시하는 것이었으나 그가 반란을 일으킬 기세도 엿보였고, 또 그의 선대의 공로를 참작하여 노나라에서는 그의 요구를 들어주었다.

본편 13에서 공자는 장무중의 지혜를 칭찬한 바 있지만, 이 글에서는 법을 어기고 국왕을 무시한 그의 처사를

신랄하게 비판했다. 아무리 남의 계략에 몰려 억울하게 국외로 추방되었다 하나 그의 처사를 대의명분에 어긋나는 행위로 규탄할 수밖에 없다는 것이다.

16

공자께서 말씀하시기를, "진(晉)의 문공(文公)은 거짓이 있고 바르지 않았으나, 제(齊)의 환공(桓公)은 바르고 거짓이 없었다."

16// 子曰, 晉文公은 譎而不正하고 齊桓公은 正而不譎하니라

| 풀이 | 진의 문공이나 제의 환공은 다같이 춘추오패(春秋五覇)의 한 사람이다. 진의 문공은 초나라가 송(宋)나라를 공격하여 포위했을 때, 초나라와 깊은 교분이 있는 조(曹)와 위(衛) 두 나라를 공격했다. 문공이 그 두 나라를 공격한 것에는 정치적 계략이 있었던 것이다. 문공은 초나라의 공세를 늦춘 다음 송나라를 포위하고 있는 초의 군사가 철수하는 것과, 조·위 두 나라를 회복시켜 주는 것을 조건으로 내걸고, 암암리에 조·위 두 나라를 꾀어서 초나라와 절교하게 한 다음 초나라로 쳐들어갔다. 그리하여 문공은 승리를 거두게 되었고 중원(中原)의 패자가 되었다.

　제의 환공은 신하인 관중(管仲)의 힘을 얻어 주를 종주국으로 받드는 한편 제후들 중의 패자가 되었다. 당시 주의 왕실은 이름뿐이었고, 실제로는 여러 나라가 난립하여

문공(文公) : 이름은 중이(重耳). 오랜 기간 동안 외국을 방랑하다가 늦게 즉위함. 죽을 때까지 초(楚)에 대항하기 위하여 중원(中原)의 제후들을 규합하여 동맹을 조직하고 패자(覇者)가 되었음.
환공(桓公) : 이름은 소백(小白), 제(齊)나라의 군주. 신하 관중(管仲)의 보필에 힘입어 패자가 되었음.
휼(譎) : 속이다.

혼란을 빚어 내고 있었다. 그러므로 군주들 사이에는 동맹이 생기게 되었는데, 실제로 어느 정도의 평정 상태가 유지된 것은 이 동맹의 힘이었다. 이 군주들의 동맹에 지도적 위치에 선 제후를 패자라 불렀다.

그러나 같은 패자이지만 환공(桓公)이 초를 공격할 때는 진의 문공과 달리, 당시 천자인 주의 소왕(昭王)이 남정(南征)에서 돌아오지 않는 책임과 초나라에서 종주국에 공물을 바치지 않은 것 등을 이유로 물었다. 그러므로 공자는 진의 문공은 바른 도를 행하지 않았다고 했으며, 환공은 정도(正道)를 행했다고 하였던 것이다. 이 글은 대의명분을 무시하고 권모술수로 패자가 된 진의 문공과, 떳떳이 대의명분을 지킨 환공을 서로 비교하여 평한 것이다.

17

자로가 말하기를, "환공(桓公)이 공자 규(糾)를 죽이자 소홀(召忽)은 따라서 죽었으나 관중(管仲)은 죽지 않았으니, 말하자면 관중은 인(仁)하지 못한 것이겠지요?"

공자께서 말씀하시기를, "환공이 제후들을 규합하되 병거를 쓰지 아니함은 관중의 힘이었느니라. 누가 그의 인(仁)함과 같으리오."

| 풀이 | 공자 규(糾)는 제(齊)나라 양공(襄公)의 아들로 소백(小白), 즉 환공(桓公)의 형뻘이 된다. 양공이 몹시 포악

17// 子路曰, 桓公이 殺公子糾하자 召忽은 死之하고 管仲은 不死하니 曰, 未仁乎인저 子曰, 桓公이 九合諸侯하되 不以兵車는 管仲之力也이니 如其仁如其仁이리오

규(糾) : 제(齊)나라 양공(襄公)의 아들. 환공의 형.
소홀(召忽) : 공자 규(糾)의

무도했으므로, 규는 관중·소홀과 함께 노(魯)나라로 망명했으며, 동생 소백은 포숙아(鮑叔牙)와 함께 거(莒)로 망명했다. 그후 양공이 죽자 규는 관중·소홀과 함께 고국인 제나라로 돌아갔으나, 그때는 이미 소백이 먼저 왕위에 올라 있었다. 노나라에서 이를 알고 규를 도왔으나, 환공이 이를 반대하여 규를 죽이고 관중과 소홀을 제나라로 압송하게 했다. 그러나 소홀은 지조를 지키기 위하여 도중에서 자살하였고, 관중은 그대로 제나라에 잡혀갔다. 그런데 포숙자(鮑叔子)가 관중의 인품을 보아 다시 환공에게 추천하였기 때문에 관중은 대부가 되었다. 그후 관중은 환공을 보필하여 인정(仁政)을 베풀었을 뿐만 아니라, 초나라를 정벌하고 제일 먼저 패자(覇者)가 되게 하였다.

자로는 관중의 그런 태도를 지조가 없는 행동이라 간주하여 공자에게 물었으나, 공자는 무력을 쓰지 않고서도 제후들을 규합한 관중의 덕을 높이 평가한 것이다. 이로 본다면 공자의 인(仁)의 관념은 고정적인 것이 아니라 현실적이며, 고고한 수양보다 실제 생활에 실천함을 중요하게 여겼던 것이라 하겠다.

보(保).
구합(九合): 아홉 차례 제후들을 모아 회합했다는 말로 여러 번 모았다는 뜻임.

18

자공이 말하기를, "관중(管仲)은 인(仁)한 사람이 아니었습니까? 환공(桓公)이 공자 규(糾)를 죽였거늘 따라 죽지 못하였고 더욱이 돕기까지 하였으니."

18// 子貢이 曰, 管仲은 非仁者與인저 桓公이 殺公子糾어늘 不能死요 又相之온여 子曰,

管仲이 相桓公霸諸侯
하여 一匡天下하니 民
到于今이 受其賜하나니
微管仲이면 吾其被髮左
衽矣러니라 豈若匹夫匹
婦之爲諒也라 自經於溝
瀆而莫之知也리오

미(微) : 없음.
필부필부(匹夫匹婦) : 보잘
것없는 남녀. 즉, 보통 사람
을 뜻함.
량(諒) : 작은 믿음.
경(經) : 목매다.

공자께서 말씀하시기를, "관중이 환공을 도와서 제후들의 패자가 되게 하고 천하를 하나로 통일하여 바로잡았으니, 백성들은 지금도 그 혜택을 받고 있는 것이다. 관중이 없었다면 우리들은 머리를 풀고 옷깃을 외로 여몄을 것이다. 어찌 필부필부(匹夫匹婦)들이 조그만 신의를 위하여 스스로 개천에서 목매어 죽어도 알아주는 사람이 없는 것과 같으리오."

│ 풀이 │ 이 물음은 앞의 글인 자로의 물음이나 마찬가지의 뜻이라 하겠다. 이로 보면 관중이 환공을 섬긴 데에 대하여 당시의 지식인들 사이에 상당히 논란이 많았던 것으로 짐작된다. 이에 공자가 대답하기를, "관중은 환공을 도와 패자가 되게 하여 주(周) 왕실을 높이고 천하를 통일하여 바로잡았으므로 오늘에 이르기까지 그 혜택을 받고 있는 것이다. 만약 관중이 아니었다면 우리들은 머리를 풀고 옷을 왼쪽으로 여미는 오랑캐가 되었을 것이다. 그런데 어찌 보잘것없는 사람들의 작은 신의를 위하여 자살한 것과 비교가 되겠느냐." 하고 반박하였다.

절대적이고 맹목적이며 무조건의 헌신만이 국왕에 대한 충성이요 절개로 생각하던 당시의 틀에 박힌 관념을 초월한 공자의 사상이 나타나 있다. 명분을 지키는 것에도 실제와 비례하는 경중이 있다. 정의를 위한 명분이라면 모르겠으나, 그것이 허울만 좋은 명분일 때는 구태여 애써 지키려 할 필요가 없다는 것이다.

19

공숙문자(公叔文子)의 가신 대부 선(僎)이 문자(文子)와 함께 조정에 나아가 벼슬을 하자 공자께서 들으시고 말씀하시기를, "시호를 문(文)이라 할 만하구나."

19// 公叔文子之臣大夫 僎이 與文子로 同升諸公이러니 子聞之하시고 曰, 可以爲文矣로다

| 풀이 | 공숙문자(公叔文子)의 가신이었던 선(僎)이 문자(文子)의 추천으로 문자와 함께 조정에 나아가서 대부의 신분으로 정사를 맡게 되자, 공자가 그 소식을 듣고 공숙문자가 정말 '문(文)'이라는 시호를 받을 만하다고 칭찬한 말이다. 당시의 대부들은 유능한 사람을 보면 가신으로 삼아 자신의 세력을 펼치려 하였다. 그런데 자신이 가신으로 데리고 있던 사람을 추천하여 자기와 대등한 입장에서 같이 일을 본다는 것은 보통 사람으로서는 할 수 없는 일이었다. 그래서 공자는 공숙문자의 인격을 한층 더 높이 샀던 것이다.

선(僎) : 위(衛)나라의 대부.
공(公) : 제후국의 조정(朝廷).

20

공자께서 위(衛) 영공(靈公)의 무도함을 말씀하시자 계강자가 말하기를, "그와 같이 하는데 어찌 군주의 자리를 잃지 않나이까?"

공자께서 말씀하시기를, "중숙어(仲叔圉)는 빈객을 맡아 보고, 축타(祝鮀)는 종묘를 맡아 보고, 왕손가(王孫賈)는 군사의 지휘를 맡아 보고 있소. 이와 같이 하는데 어찌 왕의

20// 子言衛靈公之無道也러시니 康子曰, 夫如是로되 奚而不喪이니잇고 孔子曰, 仲叔圉는 治賓客하고 祝鮀는 治宗廟하고 王孫賈는 治軍旅하니 夫如是奚 其喪이리오

자리를 잃겠소?"

영공(靈公) : 위나라의 군주를 뜻함.
강자(康子) : 노나라의 대부인 계강자(季康子).
중숙어(仲叔圉) : 공문자(孔文子).
축타(祝鮀) : 위나라의 대부로서, 말재간으로 유명함.

| 풀이 | 공자가 위나라의 군주 영공의 무도함을 말하자, 노나라의 대부 계강자가 물었다. "말씀과 같이 무도하다면 그가 어찌하여 군주의 자리를 잃지 않았나이까?" 공자가 계강자의 말에 대답하기를, "영공은 무도하다 하겠으나 사람을 등용할 줄 알아서 공문자(孔文子)에게 국내외에서 오는 손님 접대를 맡기고, 축타(祝鮀)에게 종묘의 제사에 관한 일을 맡기고, 왕손가(王孫賈)에게 군사를 맡겼소. 그렇기 때문에 그가 자리를 유지하고 있는 것이오." 영공이 비록 무도한 군주였지만 인재를 잘 등용했기 때문에 왕위를 유지해 나갈 수 있었음을 말한 것이다.

21

21// 子曰, 其言之不怍이면 卽爲之也難하니라

공자께서 말씀하시기를, "그 말함을 부끄럽게 생각하지 않으면 실행하는 것이 어려우니라."

| 풀이 | 일을 행하기 이전에 호언장담만 한다면 실천하기가 어렵다는 말이다. 일을 행하기에 앞서 장담을 하는 사람이 있다. 그런 사람일수록 실제로 일을 실행함에 있어서는 그 말과 일치하는 것이 없다. 그래서 공자는 말을 화려하게 꾸미지 말고 부끄러울 정도로 하라고 했다. 말에는 반드시 그 말에 대한 책임을 져야 된다는 것이다.

22

진성자(陳成子)가 제(齊)나라의 간공(簡公)을 살해하였다. 공자께서 목욕하시고 조정에 나아가 애공(哀公)에게 고하여 말씀하시기를, "진항(陳恒)이 그의 군주를 살해하였으니 토벌할 것을 청하나이다."

공이 말하기를, "삼환(三桓)들에게 고해 보시오."

공자께서 말씀하시기를, "나는 대부의 말석을 차지하고 있는지라 감히 고하지 않을 수 없었는데, 임금께서는 삼환들에게 고하라 하시는구나."

삼환에게 고하셨으나 안 된다고 하자, 공자께서 말씀하시기를, "나는 대부의 말석을 차지하고 있는지라 감히 고하지 않을 수 없었느니라."

| 풀이 | 제나라의 대부 진성자가 그의 군주인 간공(簡公)을 죽였다. 기원전 481년의 일로 공자 말년이었다. 신하가 임금을 살해한다는 것은 용납될 수 없는 일이었으므로, 공자는 목욕을 하고 애공에게 나아가 제나라의 진항(陳恒)을 칠 것을 간청했다. 그러나 당시 노나라의 실권은 삼환(三桓)이 장악하고 있었으므로 애공은 결정을 내리지 못하고 삼환에게 상의해 보라고 말했다. 공자는 다시 실권자인 삼환, 즉 맹손(孟孫), 계손(季孫), 숙손(叔孫) 세 사람을 찾아갔다. 그러나 그들은 공자의 청을 허락해 주지 않았다.

'이오종대부지후, 불감불고야(以吾從大夫之後, 不敢不告

22// 陳成子弒簡公이어늘 孔子沐浴而朝하사 告於哀公曰, 陳恒이 弒其君하니 請討之하소서 公曰, 告夫三子하라 孔子曰, 以吾從大夫之後라 不敢不告也하니 君曰, 告夫三子者온여 之三子告한데 不可라 하여늘 孔子曰, 以吾從大夫之後라 敢不告也이니라

진성자(陳成子) : 제(齊)나라의 대부. 이름은 항(恒).
간공(簡公) : 제나라의 군주를 말함.
삼자(三子) : 노나라의 삼환가(三桓家). 계손(季孫), 맹손(孟孫), 숙손(叔孫)을 가리킴.

也'에서 '이(以)'는 '이위(易爲)'의 뜻으로, 해야 할 의무를 나타냈다. "나는 대부의 말석에 있는 신분이기 때문에 고하지 않을 수 없었다." 이는 공자가 전에 사구(司寇) 벼슬을 했었으므로 대부로서의 명분을 세우기 위한 말이다.

23

자로가 임금을 섬기는 일에 대하여 묻자 공자께서 말씀하시기를, "기만하지 말고 직언으로 간하여라."

23// 子路問事君한데 子曰, 勿欺也이요 而犯之니라

범(犯) : 범하다, 직언으로 간하다.

| 풀이 | 자로(子路)가 임금을 섬기는 일을 공자에게 물었다. 공자가 말하기를 속이지 말고 사실을 사실대로 아뢰라 하였다. 임금을 기만해서는 안 된다 함은 누구나 다 아는 말이다. 이렇게 평범한 말일수록 그 속에는 진리가 들어 있는 것이다. 그러나 그 진리는 말이나 글자의 뜻에 있는 것이 아니라 생활을 통해서 실천하는 데 있다. 이 문장도 간단한 것 같으나 보통 사람으로서는 실천하기가 매우 어려운 일이다. 임금의 잘못을 지적한다면 임금이 좋아할 리가 없다. 도리어 그 때문에 미움을 받기가 쉬운 것이다. 그러므로 간혹 임금이 하는 일에 그릇됨이 있다는 것을 알지만 임금의 비위를 건드리는 것이 두려워서 말을 하지 못하는 경우가 많다. 그러나 공자는 자로의 성격이 솔직하고 남달리 정의가 강하다는 것을 잘 알기 때문에 기만하지 말고 충간하라고 일러준 것이다.

24

공자께서 말씀하시기를, "군자는 위로 달(達)하고, 소인은 아래로 달하느니라."

| 풀이 | 학문과 도를 좋아하고 지켜 나가는 군자는 날이 갈수록 인격이 완성되어 가지만, 재물과 명예와 이익에만 마음을 둔 소인은 날이 갈수록 인간성이 허물어지고 타락할 뿐이다. 그러므로 군자는 점점 고상해지고 소인은 점점 천박해진다는 말이다.

24// 子曰, 君子는 上達하고 小人은 下達하느니라

25

공자께서 말씀하시기를, "옛날의 학자들은 자기를 위해서 하였는데, 오늘날의 학자들은 남을 위해서 하느니라."

| 풀이 | 옛날의 학자들은 자신의 수양을 위해서 공부하였는데, 지금의 학자들은 남에게 알리기 위해서 공부를 한다.
  공자가 당시의 학자를 그 이전의 학자들에 비교하여 한 말이다. 자신의 수양에 뜻을 둔 것이 아니고 표면적으로 남에게 보이기 위해서 학문을 한다면 그건 타락한 학자라는 말이다.

25// 子曰, 古之學者는 爲己러니 今之學者는 爲人이로다

26

26// 蘧伯玉이 使人於孔子어늘 孔子與之坐而問焉曰, 夫子는 何爲오 對曰, 夫子欲寡其過나 而未能也이니이다 使者出커늘 子曰, 使乎使乎여

거백옥(蘧伯玉)이 사자(使者)를 공자께 보내왔다. 공자께서 함께 앉아 물어 보시기를, "그분께서는 무엇을 하고 계시오?"

사자가 대답하기를, "그분께서는 과실을 적게 하려고 애쓰나 아직 충분하지 못하옵니다."

사자가 물러가자 공자께서 말씀하시기를, "사자로구나, 사자로구나."

거백옥(蘧伯玉) : 위나라의 대부로, 이름은 원(瑗), 백옥(伯玉)은 자.
사호(使乎) : 사자가 훌륭함을 나타낸 말.

| 풀이 | 거백옥(蘧伯玉)은 위(衛)나라의 대부로 수양이 깊은 현인이었다. 그 거백옥이 사자를 보내어 공자에게 안부를 전했다. 사자를 정중히 다루어 자리를 같이하여 앉은 공자가 묻기를, "그분께서는 무엇을 하고 계시오?" 사자가 대답했다. "그분께서는 잘못을 적게 하려고 노력하고 계시지만 잘 안 되시는 것 같습니다."

사자의 말로만 미루어 보아도 그 주인되는 사람의 인품을 가히 짐작할 수 있다. 남을 대하는 말투가 공손하며 주인을 칭찬하는 말은 조금도 들어 있지 않다. 다만 주인이 수양하고 있는 태도를 사실대로 말했을 뿐이다. 그래서 공자는 사자가 물러가자 자신도 모르게 칭찬의 말을 했던 것이다.

27

공자께서 말씀하시기를, "그 직위에 있지 아니하면 그 직무를 도모하지 말아야 하느니라."

27// 子曰, 不在其位면 不謀其政이니라

| 풀이 | 제8편 태백(泰伯)의 14와 동일한 내용이다.

28

증자가 말하기를, "군자는 생각함이 그 지위에서 벗어나지 않느니라."

28// 曾子曰, 君子는 思不出其位니라

| 풀이 | 이 구절은 앞 글과 같은 뜻이다. 자기의 위치는 생각하지 않고 지위에서 벗어나는 일을 도모하는 것을 삼가라는 말이다. 이 구절은 〈주역〉의 간괘(艮卦)의 상사(象辭)에도 나와 있다. '남의 일을 간섭하기 이전에 우선 자신의 임무부터 수행하라.'고 보는 것이 더 좋을 것이다.

29

공자께서 말씀하시기를, "군자는 자신의 말이 행동보다 지나침을 부끄럽게 여기느니라."

29// 子曰, 君子는 恥其言而過其行이니라

| 풀이 | 언행이 일치하기란 아주 어렵다. 혹은 이것만은 꼭 할 수 있다고 생각되어 말을 했지만, 본의 아닌 일 때

문에 말한 것을 실천하지 못하게 되는 수가 있다. 그러므로 한 말을 다 실행하기란 더욱 어려운 것이다. 그러나 한 마디의 말도 천근같이 무겁게 여기는 군자는 그 말을 실천하지 못할 경우엔 자신을 부끄럽게 여긴다고 했다.

30

30// 子曰, 君子道者三에 我無能焉하니 仁者는 不憂하고 知者는 不惑하고 勇者는 不懼니라 子貢曰, 夫子自道也삿다

공자께서 말씀하시기를, "군자의 도(道) 세 가지 중에 나는 할 수 있는 것이 하나도 없다. 인자(仁者)는 근심하지 않고, 지자(知者)는 사리에 미혹되지 않고, 용자(勇者)는 두려워하지 않느니라."

자공이 말하기를, "선생님께서는 스스로 겸손하여 말씀하십니다."

자도야(自道也) : 여기서 도는 '말하다'의 뜻으로 쓰였음. 스스로 자신을 낮추어 한 말이다.

| 풀이 | 이 글은 자공의 말대로 공자가 스스로를 낮추어 한 말이라 하겠다. 공자는 군자가 갖추어야 할 지(知)·인(仁)·용(勇) 등은 이미 모두 겸비하였기 때문이다. '지자불혹, 인자불우, 용자불구(知者不惑, 仁者不憂, 勇者不懼)'라는 구절은 자한편(子罕篇) 28에도 있다.

31

31// 子貢이 方人하더니 子曰, 賜也는 賢乎哉아 夫我則不暇로라

자공이 남을 비교하여 평하자 공자께서 말씀하시기를, "사(賜)는 현명하기도 하구나. 나는 그럴 여가가 없었노라."

방(方) : 비교하다, 견주다.
호재(乎哉) : 사실을 의심하는 뜻으로 사용됨.

| 풀이 | 자공(子貢)은 재주와 언변이 뛰어났는데, 곧잘 남을 들추어서 서로 비교하여 평하는 버릇이 있었던 모양이다. 그래서 어느 날 공자 앞에서 여러 사람을 마구 비평하다가 스승의 꾸중을 듣는 장면이다. 자신을 수양하여 덕을 쌓기에도 시간이 모자라는데 남을 평할 정도로 한가하냐는 책망이었다. 이 말을 들은 자공은 부끄러움에 사로잡혀 저절로 얼굴이 뜨거워졌으리라.

32

공자께서 말씀하시기를, "남들이 나를 알아주지 않음을 걱정하지 말고, 내가 그 능력이 없음을 걱정할 것이니라."

32// 子曰, 不患人之不己知요 患其不能也이니라

| 풀이 | 공자가 제자들의 학문적 태도를 견고히 하기 위하여 한 말이다. 이 글과 같은 내용은 학이편(學而篇) 16과 위영공편(衛靈公篇) 18에서도 볼 수 있다.

33

공자께서 말씀하시기를, "속일 것이라 미리 경계하지 않고, 남이 믿지 않을 것이라 미리 억측하지 않으면서, 일이 일어나면 잘못을 깨닫는 사람이야말로 현명한 사람이니라."

33// 子曰, 不逆詐하며 不億不信이나 抑亦先覺者是賢乎인저

역(逆) : 거스르다(不順)의 뜻으로 많이 쓰이나 여기에서는 맞이하다(迎)의 뜻으로 쓰임.

| 풀이 | 참된 현자를 가리킨 말이다. 아무리 믿지 못할 세상이라 할지라도 처음부터 남을 경계하거나 의심하고 대한다면, 그건 대인관계에 있어서 좋지 못한 결과를 가져온다. 상대방에게 그런 낌새를 보일 때, 상대방에서도 같은 태도로 나올 것은 물론, 나 자신의 마음도 부자연스럽기 때문에 항상 부담감을 가지게 된다. 그렇게 하고서도 남과의 관계가 원만하고 친밀하게 되기를 바랄 수 있겠는가.

그러므로 공자는 진실한 현자(賢者)라면 남을 의심하거나 경계하지 않아야 하며, 그러면서도 어떤 일이 발생하면 잘못된 점을 문득 깨달을 줄 알아야 한다고 했던 것이다. 속임수가 있고 거짓이라고 지레 짐작하여 경계하거나 의심하지 말고 성심으로 매사에 임하는 태도를 가지라는 것이다. 그러나 '억역선각자시현호(抑亦先覺者是賢乎)'의 현(賢)을 좋다(善), 낫다(勝)의 뜻으로 보아 '그렇지 않고 그것을 먼저 깨닫고 있는 자가 더 낫다'의 뜻으로 풀이하는 경우도 있다.

34

34// 微生畝謂孔子曰, 丘는 何爲是栖栖者與 無乃爲佞乎아 孔子曰, 非敢爲佞이라 疾固也이니라

미생묘(微生畝)가 공자께 이르기를, 구(丘)는 어찌하여 그리도 분주한가? 설마 구변으로 남의 마음을 사려는 게 아니냐?"

공자께서 말씀하시기를, "구변으로 남의 마음을 사 보

겠다는 것은 감히 생각지도 않습니다. 다만 고루함을 싫어하는 것뿐입니다."

| 풀이 | 미생묘(微生畝)가 공자에게 말했다. "구(丘)야, 너는 무엇이 그리도 분주한가. 설마 너의 구변으로 다른 사람의 마음을 사서 출세를 해보려는 뜻은 아니겠지." 미생묘란 어떤 사람인지 잘 모른다. 단지 이 글의 말투로 볼 때 공자보다 연로하고 학덕도 어느 정도 갖춘 사람으로, 공자의 고향 선배일 것이라 짐작될 뿐이다.

공자가 대답하기를, "그런 것이 아닙니다. 제가 감히 그런 생각을 하다니요. 단지 고루함이 싫어서 그렇게 했을 뿐입니다." 이 말에는 숨은 선비의 고집스러움을 풍자한 뜻이 담겨져 있는 것 같다.

공자의 주유천하(周遊天下)를 말재간이나 부려 벼슬 자리라도 얻으려는 속된 생각이라고 꼬집어 말한 미생묘의 말에 공자는 고루한 선비의 낡은 사상을 비유해서 일신의 안일함만 꾀하여 숨어 사는 상대방을 탓하였던 것이다.

미생묘(微生畝): 성은 미생, 이름은 묘.
서서(栖栖): 바쁜 모양을 나타내는 말로 사용됨.
녕(佞): 말재주, 구변.
질(疾): 미워함.

35

공자께서 말씀하시기를, "천리마(千里馬)는 그 힘을 일컬음이 아니라, 그 덕을 일컬음이니라."

| 풀이 | 하루에 천리를 달린다는 명마는 그 달리는 힘을

35// 子曰, 驥는 不稱其力이라 稱其德也이니라

기(驥): 하루에 천리 달

린다는 명마를 일컬음.

높이 평가하는 것이 아니라 그 품위를 높이 평가하는 것이라고 공자는 말했다. 이는 사람이 그 재주를 존경할 것이 아니라 덕행(德行)을 존경해야 함을 비유한 말이다.

36

36// 或曰, 以德報怨이 何如하리잇고 子曰, 何以報德고 以直報怨이요 以德報德이니라

어떤 사람이 말하기를, "덕으로 원한을 갚는 것이 어떠하나이까?"

공자께서 말씀하시기를, "그러시다면 덕은 무엇으로 갚겠소? 직도(直道)로 원한을 갚고 덕을 덕으로 갚아야만 하는 것이오."

| 풀이 | 어떤 사람이 공자에게 물었다. "원한을 은혜로 갚으면 어떻겠습니까?" 선한 마음에서 우러난 말이라 하겠다. 그러나 그것은 어디까지나 이상에 불과할 뿐 현실에 부합되는 것은 아니다. 그래서 공자는 "원한을 은혜로 갚는다면 은혜는 무엇으로 갚는단 말이오? 원한은 올바른 도로써 갚아야 하고 은혜는 은혜로 갚아야 하는 것이오." 하고 말했던 것이다. 인본주의(人本主義)에 입각한 공자의 사상이다. 원한을 은혜로 갚는다는 것은 도가(道家)의 주류를 이룬 노자(老子)의 사상이다. 그러나 그렇게 되면 은혜와 원한이 같이 취급되는 것이 아니겠는가.

37

공자께서 말씀하시기를, "나를 알아주는 사람이 없구나."
자공이 말하기를, "어찌 선생님을 알 사람이 없겠습니까?"
공자께서 말씀하시기를, "하늘을 원망하지 않고 남을 탓하지도 않으며, 아래로는 인사(人事)를 배우고 위로는 천리(天理)에 통달해 가노니, 나를 알아주는 것은 역시 저 하늘뿐이라."

| 풀이 | 공자가 한탄했다. "나를 알아주는 사람이 없구나!" 이 말을 들은 자공이 "선생님께선 어찌 선생님을 알아주는 사람이 없다고 하십니까?" 하고 말했다. 이는 공자의 깊은 학문과 높은 덕은 천하가 다 알고 있다는 것을 말한 것이다. 그러나 공자가 계속 한탄하기를 "하늘을 원망하지 않고 남을 탓하지도 않으며 살아가는 나는, 아래로는 인간의 도리를 배우고 위로는 천리에 통달해 가고 있다. 그러니 나를 알 수 있는 것은 오직 저 하늘뿐이라."고 하였다.

이 말은 품고 있는 원대한 포부인 인도사상(仁道思想)을 알아주는 군주가 없음을 한탄한 것이며, 동시에 자신의 고고함을 나타낸 말이라 하겠다. 혹자는 끝 구절의 고고함을 들어 이 글은 공자가 죽은 안회를 생각하여 한 말이라고도 한다.

37// 子曰, 莫我知也夫인저 子貢이 曰, 何爲其莫知子也리잇고 子曰, 不怨天하며 不尤人이요 下學而上達하노니 知我者는 其天乎인저

38

38// 公伯寮愬子路於季孫이어늘 子服景伯以告曰, 夫子固有惑志於公伯寮하나니 吾力이 猶能肆諸市朝니이다 子曰, 道之將行也與도 命也이며 道之將廢也與도 命也이니 公伯寮其如命何리오

공백료(公伯寮)가 자로를 계손씨에게 참소했다. 자복경백(子服景伯)이 이 일을 공자께 고하여 말하기를, "그분은 확실히 백료의 참소에 뜻이 흔들리고 있으나, 나의 힘은 그 공백료를 처단하여 시체를 시장이나 조정에 내걸게 할 수 있나이다."

공자께서 말씀하시기를, "장차 도(道)가 행하여지는 것도 천명(天命)이며, 도가 행하여지지 않는 것도 천명인데, 공백료가 그 천명을 어찌하리오."

공백료(公伯寮) : 노나라 사람. 성은 공백(公伯), 이름은 요(寮), 자는 자주(子周). 공자에게서 학문을 배우기도 했음.
계손(季孫) : 계무자(季武子)를 가리킴. 노나라의 실권을 쥐고 있던 사람.
자복경백(子服景伯) : 노나라 대부. 노나라 세도가 숙손씨(叔孫氏)의 일족인 자복씨(子服氏). 백은 자, 경은 시호. 이름은 하기(何忌).
유(猶) : 꾀하다(謀).

| 풀이 | 이 글은 공자가 제자 자로를 계무자(季武子)에게 추천하여 비성(費城)의 성주가 되게 한 다음, 당시에 횡포가 심한 삼환(三桓)들의 세력을 꺾고 왕권을 회복하려다 실패한 사건과 관련이 있다. 공백료(公伯寮)는 바로 이런 사실을 계무자에게 고해 바친 것이다. 그래서 당시 공자를 존경해 오던 자복경백(子服景伯)이 공자에게 사태를 말하고 그 수습책으로 "계손씨의 뜻이 공백료의 참소에 의하여 차츰 흔들리고 있으나, 저에게는 그 공백료를 처치할 능력이 있습니다." 하고 말했던 것이다.

자복경백 역시 당당한 삼환(三桓)의 일족인 숙손씨(叔孫氏)의 후예로 대부를 지내고 있었으므로, 보통 사람 하나쯤은 능히 처단할 수도 있었다. 그래서 그는 공백료를 죽여 없앰으로써 사전에 입을 막자는 의견을 공자에게 말한 것이다. 그러나 공자는 이에 대하여 동의의 뜻을 표하지

않고 다만 앞으로 일이 성공하고 성공하지 못하고는 전부 하늘에 달렸는데, 그 공백료가 천명을 어쩌겠느냐고 말했다. 찬성이라기보다 오히려 반대에 가까운 말이라 하겠다. 아무리 사태가 위태롭다 하더라도 소인과 같은 행위는 찬성할 수 없다는 태도를 취한 것이다.

39

공자께서 말씀하시기를, "현자(賢者)는 어지러운 세상을 피하고, 그 다음 가는 사람은 어지러운 지방을 피하고, 그 다음 가는 사람은 군주의 안색을 보고 피하고, 그 다음 가는 사람은 말을 피하느니라."

39// 子曰, 賢者는 辟世하고 其次는 辟地하고 其次는 辟色하고 其次는 辟言이니라

| 풀이 | 공자가 말했다. "현명한 사람은 도가 행하여지지 않는 어지러운 세상에서 피한다. 그 다음 가는 사람은 어지러운 나라를 떠난다. 또 그 다음 가는 사람은 옳지 못한 임금의 태도를 보고 피하고, 그 다음 가는 사람은 잘못을 간하여도 듣지 않는 임금을 보고 피한다." 어지러운 세상을 떠난다는 도피주의를 지지한 말이라 생각된다.

40

공자께서 말씀하시기를, "이것을 실천한 인물은 일곱 사람이로다."

40// 子曰, 作者七人矣로다

작(作) : 일하다〔作業〕, 실천하다.

| 풀이 | 일곱 사람이 실천하였다는 말은, 이같은 도피주의(逃避主義)를 실천한 사람이 일곱 명임을 말한 것이다. 그 일곱 사람에 대해서는 학자마다 의견이 서로 다르다. 그러나 대체로 일곱 명이라면, 〈논어〉에 나오는 백이(伯夷)·숙제(叔齊)·장저(長沮)·걸익(桀溺)·우중(虞仲)·유하혜(柳下惠)·소연(小連)을 꼽으며, 때로는 장인(丈人)·석문(石門)·하궤(下蕢)·의봉인(儀封人)·접여(接輿) 등을 일곱 명에 넣기도 한다.

41

41// 子路宿於石門이러니 晨門이 曰, 奚自오 子路曰, 自孔氏로다 曰, 是知其不可而爲之者與아

자로가 석문(石門) 근처에서 묵게 되었는데 문지기가 말하기를, "어디에서 오시는 거요?"
자로가 대답하기를, "공씨(孔氏) 댁에서 옵니다."
문지기가 말하기를, "바로 그 안 될 줄 알면서도 행하는 자 말이오?"

석문(石門) : 지명(地名).
신문(晨門) : 새벽과 저녁에 문을 여는 직책을 맡은 사람. 문지기.

| 풀이 | 자로가 석문 지방을 지나다가 그곳에서 묵게 되었다. 석문은 노(魯)의 성문이 있는 곳, 즉 도성에서 지방으로 가는 경계에 있던 성문으로 짐작된다. 문을 지키고 있던 문지기가 자로에게 물었다. "어디서 오시는 거요?" "공씨네 댁에서 옵니다." 하고 자로가 대답했다. 그러자 문지기는 "바로 안 되는 줄 알면서도 해보리라 애쓰는 사람 말이오?" 하였다.

문지기의 말로 미루어 본다면 당시 공자의 정치사상이 사회적으로 상당히 많은 논란을 불러일으켰던 것임을 알 수 있다.
　그래서 문지기를 하는 사람까지 공씨란 성만 듣고도 대뜸 공자임을 짐작할 수 있었던 것이 아니겠는가. 그러나 혹자는 이 글을 앞의 글과 관련시켜서, 문지기를 현명한 인물로 세상에서 은둔한 은자라 보기도 한다.

42

　공자께서 위(衛)나라에 계실 때 경쇠란 악기를 치시자, 삼태기를 지고 공자가 계신 집의 문 앞을 지나던 사람이 말하기를, "마음이 담겨 있도다, 경쇠 치는 소리는."
　다시 말하기를, "천박하도다, 경쇠의 소리가. 자기를 몰라주면 그만두면 그뿐인데. 깊으면 옷을 벗지 않고 건너고 얕으면 옷을 걷고 건너느니라."
　공자께서 말씀하시기를, "과감하도다. 그렇게 산다면 어려울 게 없느니라."

42// 子擊磬於衛러시니 有荷蕢而過孔氏之門者曰, 有心哉라 擊磬乎여 旣而曰, 鄙哉라 硜硜乎여 莫己知也이어든 斯已而已矣니 深則厲요 淺則揭니라 子曰, 果哉라 末之難矣니라

| 풀이 | 이 글에 나오는 허술한 옷차림에 삼태기를 등에 진 사람, 즉 무명의 '하궤(荷蕢)'도 은자의 한 사람으로 볼 수 있다. 공자가 위나라에 있으면서 경쇠라는 돌로 만든 악기를 치고 있는데, 등에 삼태기를 진 한 사람이 공자가 있는 집의 문 앞을 지나면서 한 말이다. "음, 이 소리는 분

경(磬) : 옥이나 돌로 만들어 매달아 놓고 치는 타악기.
궤(蕢) : 삼태기.
려(厲) : 옷을 벗지 않고 물을 건넘.
게(揭) : 옷을 걷고 건넘.
과(果) : 과감(果敢). 세상을 잊는 데 과감함을 뜻함.

명히 마음이 깃들인 것 같은데." 그는 귀가 솔깃하여 발길을 멈추었다. 이윽고 그가 다시 말하기를, "천박하구나, 저 소리는. 자신의 뜻을 몰라준다면 뜻을 버리면 그만일 텐데. 물이 깊으면 아랫도리를 벗지 않고 건너고, 물이 얕으면 바짓가랑이를 걷고 건넌다는 〈시경(詩經)〉의 말도 모른단 말인가." 공자가 그 말을 듣고, "과단성이 있구나. 그렇게만 한다면야 세상에 어려울 것이 없으련만." 하고 말하였다. 하궤의 말은 어딘지 모르게 세외고인(世外高人)의 체념적인 뜻이 풍긴다. 그러나 공자는 평생을 다짐해 온 높은 이상을 실행하고야 말겠다는 집념에서, 하궤의 그런 편리한 뜻을 받아들일 수 없었던 것이다.

43

43// 子張이 曰, 書云, 高宗이 諒陰三年을 不言이라 하니 何謂也잇고 子曰, 何必高宗이리오 古之人이 皆然하니 君薨커시든 百官이 總己하여 以聽於冢宰三年하니라

자장이 말하기를, "〈서경(書經)〉에 이르기를, '고종(高宗)께서는 부왕의 삼년상 동안 말하지 않았다.' 했으니, 무슨 뜻입니까?"

공자께서 말씀하시기를, "어찌 고종께서만 그러하였으리오. 옛 사람들이 다 그러하였으니, 임금이 돌아가시면 백관(百官)들은 각기 직책을 다하여, 3년 동안 총재(冢宰)의 지휘에 따랐느니라."

서(書) : 〈서경(書經)〉. '고종량음, 삼년불언(高宗諒陰, 三年不言)'이란 말은 지금

| 풀이 | 자장이 "〈서경〉에 이르기를, '옛날 은(殷)나라 고종(高宗)께서는 부왕의 상(喪)을 당하여 삼년상을 날 때까

지 말하지 않았다.'고 하였는데 이는 무엇을 뜻하는 것입니까?" 하고 물었다. 자장은 공자의 제자들 중에서 젊은 편에 속했다. 그가 〈서경〉을 배우다 의문나는 점을 스승에게 물은 것이다. 말뜻으로 짐작해 본다면 '천하를 다스리는 천자(天子)의 신분으로 3년 동안이나 말을 하지 않는다면 나라의 정사는 어떻게 되겠느냐.'는 것임이 분명하다. 그래서 공자는 "어찌 그 고종 한 사람뿐이겠느냐. 옛날의 어진 임금들은 다 그러했느니라." 하고 말하고 나서, 그 거상 중에는 나라의 정사가 행하여지지 않는 것이 아니라 총재(冢宰)가 왕을 대신하여 섭정하였음을 설명해 준 것이다. 옛 제도에 대해서 스승과 제자가 서로 문답을 나누는 장면이다.

의 〈서경〉에는 없고 다만 〈주서(周書)〉의 무일편(無逸篇)이나 〈고문상서(古文尚書)〉의 열명편(說命篇)에 기록되어 있을 뿐이다.
양음(諒陰) : 양암(諒闇)을 뜻하는 말로, 임금이 부모상(父母喪)에 거상할 때 있는 방이나 또는 그 기간. 여막(廬幕).
총기(總己) : 자기를 단속하여 직책을 다함.

44

공자께서 말씀하시기를, "윗자리에 있는 사람이 예를 좋아하면 아랫사람을 부리기 쉬우니라."

| 풀이 | 윗자리에 있는 사람이란 정사를 맡아서 다스리는 위정자를 뜻하고, 아랫사람이란 백성을 가리킨다. 위정자가 아랫사람을 부리기에 앞서 아랫사람이 본받을 수 있게 솔선수범하라는 말이다. 무조건 강압하는 명령보다 백성들을 감화시키도록 권장한 말이다.

44// 子曰, 上이 好禮면 則民易使也이니라

45// 子路問君子한데
子曰, 修己以敬이니라
曰, 如斯而已乎잇고
曰, 修己以安人이니라
曰, 如斯而已乎잇고
曰, 修己以安百姓이니
修己以安百姓은 堯舜
其猶病諸시니라

수기(修己) : 자신의 마음을 닦아 인격 완성에 힘씀.

45

자로가 군자에 대하여 묻자 공자께서 말씀하시기를, "마음을 경건히 하여 자기를 수양하는 것이니라."

말하기를, "그같이 할 뿐입니까?"

말씀하시기를, "자기 수양을 해서 남을 편안하게 해주는 것이니라."

말하기를, "그같이 할 뿐입니까?"

"자기 수양을 해서 백성들을 편안하게 하여 주는 것이다. 자기 수양을 해서 백성들을 편안하게 해주는 것은 요순(堯舜)도 오히려 부족하게 여기셨느니라."

| 풀이 | 자로가 군자에 대해 묻자, 공자는 이렇게 대답했다. "경건한 마음으로 자신을 수양하는 것이다." 이는 성심껏 학문과 도(道)를 체득하라는 뜻이다. 정성을 다하여 학문을 닦으라는 말은 전부터 익히 들어왔던 것이므로 자로가 다시 물었다. "그것뿐입니까?" 그러자 공자는 다음을 말해 주었다. "자신을 수양하여서 남을 편안하게 하는 것이다." "그렇게만 하면 됩니까?" 이렇게 묻는 자로의 말투에는 아직도 그것을 쉽게 생각하고 있는 면이 엿보인다. 그래서 공자는, "자기를 수양해서 백성 모두를 편안하게 해주는 것이다. 그러나 그렇게 하기란 생각처럼 그리 쉽지는 않다. 성왕(聖王)이신 요순께서도 자신을 수양해서 백성들 전체를 편안하게 해주는 일에는 자신의 힘이 부족함을 느끼셨다."고 말해 주었다. 군자의 목표는 우선 자신

을 수양하는 수신(修身)에서 시작하여, 그 다음은 제가(齊家), 치국(治國), 평천하(平天下)임을 말해 준 것이다.

46

원양(原壤)이 무릎을 세우고 앉아서 공자를 기다리니 공자께서 말씀하시기를, "어려서는 공손하지 못했고, 자라서는 칭찬받을 것이 없으며, 늙어서는 죽지도 않았으니 너야말로 도둑이로다."고 지팡이를 들어 그의 정강이를 치셨다.

46// 原壤이 夷俟러니 子曰, 幼而不孫弟하며 長而無述焉이요 老而不死니 是爲賊이라 하시고 以杖叩其脛하시다

| 풀이 | 원양은 노나라 사람으로 공자의 옛 친구라고 한다. 〈예기(禮記)〉에는 공자가 원양의 모친상을 위해 관을 손질해 줄 때, 그는 관 위에서 노래를 불렀다는 기록이 있다. 고대 중국의 생활은 지금과 같이 의자 생활이 아니라 바닥에 자리방석을 깔았다. 그리고 손님을 맞이할 때는 단정히 꿇어앉는 것이 통례였다. 그것이 불편하다고 하여 한쪽 무릎을 세우고 앉은 것은 불손한 자세였다. 이 글은 공자가 바로 원양의 이런 불손한 태도를 보고 타이르는 장면이다.

"어릴 때는 겸손하거나 공손하지 않았으며, 커서는 사람 구실도 제대로 못했고, 늙은 지금에 와서도 이 모양이니, 자네야말로 해충이네." 하고 지팡이로 원양의 정강이를 쳤다. 공자가 옛 친구의 지나치게 소탈한 행동에 대하여 진심어린 우정으로 타이른 것이다.

원양(原壤): 노나라 사람으로 공자의 옛 벗.
이(夷): 걸터앉음. 한쪽 무릎을 세우고 앉음.
사(俟): 기다림.

47// 闕黨童子將命이어늘 或이 問之曰, 益者與리잇고 子曰, 吾見其居於位也하며 見其與先生並行也하니 非求益者也라 欲速成者也이니라

궐당(闕黨) : 지명.
장명(將命) : 주객의 말을 중간에서 전함.
위(位) : 여기서는 선배, 연장자의 자리를 가리킨다.

47

궐당(闕堂)의 동자가 손님의 안내를 맡아 하고 있었는데 어떤 사람이 공자께 묻기를, "학문에 진취가 있는 사람입니까?"

공자께서 말씀하시기를, "나는 그 아이가 어른들 자리에 끼여 앉고, 선생과 나란히 걷는 것을 보았습니다. 그는 학문에 진취를 구하려는 사람이 아니라 빨리 이루어지기를 바라는 사람입니다."

| 풀이 | 궐(闕)이라는 마을의 아이가 공자에게 학문을 배우러 와서, 손님 안내를 맡아 보게 되었다. 어떤 사람이 주인과 손님의 말을 전달해 주고, 손님을 안내하는 그 아이에 대하여 물었다. "저 아이는 학문에 진전이 빠른 아이입니까?" 그는 손님의 안내를 맡을 정도면 그 동자의 학문이 상당할 것이라고 생각했기 때문에 공자에게 물었던 것이다.

그러나 공자의 생각은 그렇지 않았다. "아니오. 나는 그 아이가 어른이 앉는 자리에 마구 앉고, 또 무엇이나 선배와 함께하려 드는 것을 보았소. 그 아이는 학문에 진보를 보이려는 게 아니라 빨리 이루기를 바랄 뿐입니다. 그래서 저 아이에게 예절을 가르치려고 손님을 안내하는 일을 맡겼습니다." 하고 대답했다. 제자의 깨우침을 위해서 생활에까지 그 가르침의 범위를 넓힌 공자의 정성 어린 교육 방법을 엿볼 수 있다.

제 15 편
위영공(衛靈公)

1

위(衛)의 영공(靈公)이 공자께 진법(陣法)에 관하여 물으니 공자께서 말씀하시기를, "조두(俎豆)를 다루는 일에 관하여는 일찍이 들은 바가 있습니다만, 군사를 지휘하는 일은 아직 배운 바가 없나이다." 하고, 그 이튿날 길을 떠나셨다.

진(陳)나라에 계실 적에 양식은 떨어지고 따르던 사람들은 병들어 일어나지 못하니, 자로가 화를 내며 공자를 뵙고 말하기를, "군자도 곤궁한 때가 있습니까?"

공자께서 말씀하시기를, "군자는 곤궁을 굳게 견디어 나아가지만 소인은 곤궁해지면 과도하게 행동하느니라."

1// 衛靈公이 問陣於孔子한데 孔子對曰, 俎豆之事는 則嘗聞之矣어니와 軍旅之事는 未之學也라 하시고 明日에 遂行하시다 在陳絶糧하니 從者病하여 莫能興이러니 子路慍見曰, 君子亦有窮乎리잇고 子曰, 君子固窮이니 小人은 窮斯濫矣니라

| 풀이 | 공자가 위나라에 갔을 때, 영공(靈公)이 전술의 일종인 진법에 대하여 물었다.

전국시대의 혼란한 사회를 이끌어가는 한 나라의 군주로서 당연한 질문이었다.

그러나 공자의 뜻은 달랐다. 예로써 다스려 도의사회(道義社會)를 이룩한다면 몰라도 군대의 힘으로 나라를 부강

영공(靈公): 위나라 군주.
진(陣): 진법(陣法). 전술의 일종.
조두(俎豆): 제사에 쓰이는 나무로 만든 예기(禮器).
남(濫): 지나치다[過度]. 예의에 벗어난 행동.

하게 하려는 무력정치에는 아예 관심도 없었던 것이다.

 그래서 공자는 "군사를 지휘하는 일은 아직 배운 바가 없다."고 말하고, 이튿날로 그곳을 떠났던 것이다.

 공자는 천하를 두루 다니면서 갖가지 고난을 겪었다. 이 글의 마지막 구절은 공자 일행이 수난을 당했던 장면으로, 당시의 정경을 잘 나타낸 것이라 하겠다. 공자가 위(衛)나라를 떠나 채(蔡)나라로 가던 도중에 국경지방에서 고난을 당하게 된 것은 대략 기원전 492년의 일이라 한다. 공자가 지나게 된 진나라는 그때 오(吳)나라와 싸우고 있었기 때문에 큰 혼란에 빠져 있었다.

 그러한 상황에서 많은 수효의 사람들이 여행을 하는 데 곤란이 따른다는 것은 충분히 있을 수 있는 일이었다. 싸움을 벌이고 있는 병사들에 의하여 길이 막히자 자연히 식량이 부족할 수밖에 없었고, 공자를 수행하던 사람들은 허기에 지쳐 쓰러지게 되었다. 그러나 공자는 태연했다. 그러자 성미가 괄괄한 자로는 스승에게 달려가 불평을 터뜨렸고, 공자는 군자의 도로써 자로를 달랬던 것이다. 그리하여 결국 초(楚) 소왕(昭王)의 원병이 파견되어 그들 일행은 위기를 모면할 수 있었다.

2

2// 子曰, 賜也아 女以子로 爲多學而識之者 與아 對曰, 然하이다

공자께서 말씀하시기를, "사(賜)야, 너는 내가 많이 배워서 그것을 기억하고 있는 사람이라고 알고 있느냐?"

대답하기를, "그렇습니다. 그렇지 않사옵니까?"
  말씀하시기를, "그렇지가 않다. 나는 하나로써 관철하고 있느니라."

非與리잇고 曰, 非也라 子는 一以貫之니라

| 풀이 | 공자는 배운 것을 다 기억하고 있기 때문에 많이 알고 있는 것이 아니라고 했다. "나의 도(道)는 하나로 관철되어 있다."고 하리만큼 그의 학문의 이론이나 사상은 모두 한 가지 원리, 즉 인(仁)에서 우러나온 것이다.
  이인편(里仁篇) 15에는 '오도일이관지(吾道一以貫之)'란 말에 뒤이어, '부자지도, 충서이이의(夫子之道 忠恕而已矣)'란 증자(曾子)의 말이 나온다. 증자는 공자의 도의 원리를 '충서(忠恕)'로 풀었던 것이다. 즉, 성실을 다하고 남을 나처럼 아낀다는 정신이라 하겠다.

사(賜) : 자공(子貢)의 이름.
식(識) : 기억함.

3

공자께서 말씀하시기를, "유(由)야, 덕을 알아주는 사람은 드무니라."

3// 子曰, 由아 知德者 鮮矣니라

| 풀이 | 권리(權利)에 타락돼 가는 세인의 경향을 한탄한 말이다. 고주(古注)에는 본장(本章)이 본편(本篇)의 마지막 부분인 진(陳)에서의 위기에 자로를 달래기 위하여 한 말이라 되어 있다.

유(由) : 자로(子路)의 이름.
선(鮮) : 드물다.

4

4// 子曰, 無爲而治者는 其舜也與인저 夫何爲哉시리오 恭己正南面而已矣시니라

공자께서 말씀하시기를, "아무것도 하지 않고 천하를 잘 다스린 사람은 그 순(舜)임금이었을 것이다. 그분이 무엇을 하셨으랴. 자신을 공손히 하고 바르게 남면하셨을 뿐이니라."

| 풀이 | 공자는 천자로서 친히 아무것도 하지 않고 천하를 잘 다스린 사람은 오직 순임금뿐이라 했다. 자신을 공손히 하고 바르게 남면(南面)을 했을 뿐이라고 한 것은 훌륭한 인재를 적재 적소에 잘 앉혔다는 순(舜)의 덕을 칭송한 것이다. 윗사람이 예를 좋아하고 덕을 행하면 아랫사람이 스스로 따르게 된다는 것은 바로 이를 두고 한 말이다.

5

5// 子張이 問行한데 子曰, 言忠信하며 行篤敬이면 雖蠻貊之邦이라도 行矣어니와 言不忠信하며 行不篤敬이면 雖州里나 行乎哉아 立則見其參於前也요 在輿則見其倚於衡也이니 夫然後行이니라 子張이 書諸紳하니라

자장이 행(行)에 대하여 묻자 공자께서 말씀하시기를, "말이 성실하여 신의가 있고, 행동이 돈독하여 공경스러우면 비록 오랑캐의 나라에서라도 행할 수 있을 것이다. 말이 성실하지 못하여 신의가 없고, 행동이 돈독하지 못하여 공경스럽지 아니하면 비록 향리라 할지라도 행할 수 있겠느냐? 서 있을 때는 그것이 너의 눈앞에서 아른거리고, 수레에 탔을 때는 그 말이 멍에에 걸려 있음을 보리라. 그렇게 된 후에는 진실로 행함이 되리라."

자장은 이 말씀을 띠에 적었다.

| 풀이 | 행(行)은 바르고 뜻있게 세상을 살아가는 것을 뜻한다. 자장(子張)이 세상을 살아감에 대하여 공자에게 물었다. 공자는 이에 대하여 말을 성실하게 하고 행동을 돈독하게 하라고 일러주었다.

말을 성실하게 한다 함은, 말과 행동이 일치되는 것을 뜻한다. 그리고 행동을 돈독하게 한다 함은, 인정이 두텁게 행동하는 것을 뜻한다. 그러므로 '언충신, 행독경(言忠信, 行篤敬)'은 언행일치와 인(仁)을 말한 것이라 할 수 있겠다. 이런 말씀을 듣고 자장은 너무나 감복하여 그 여섯 글자를 잊지 않고 늘 스스로를 일깨우기 위하여 띠에 적어 두었다는 것이다.

행(行) : 행함. 뜻을 세워 세상을 살아감.
만맥지방(蠻貊之邦) : 만은 남만, 맥은 북적(北狄). 오랑캐의 나라.
신(紳) : 큰 띠.

6

공자께서 말씀하시기를, "곧은 사람이로다, 사어(史魚)여. 나라에 도가 있어도 화살같이 곧았고, 나라에 도가 없어도 화살같이 곧았도다. 군자로다, 거백옥(蘧伯玉)이여. 나라에 도가 있으면 벼슬을 했고, 나라에 도가 없으면 덕(德)을 거두어 숨길 수 있었느니라."

6// 子曰, 直哉라 史魚여 邦有道에 如矢하며 邦無道에 如矢로다 君子哉라 蘧伯玉이여 邦有道則仕하고 邦無道則可卷而懷之로다

| 풀이 | 공자가 위나라의 대부 사어(史魚)와 거백옥(蘧伯玉)을 평한 것이다. 이 사어와 거백옥에 대하여는 유명한 시간(屍諫)이란 고사가 있다. 위나라의 대부 사어는 현명할 뿐더러 성격이 몹시 강직한 사람이었다. 그가 거백옥

직(直) : 곧다, 바르다.
사어(史魚) : 위(衛)나라 대부. 사는 벼슬 이름. 어는 성. 이름은 추(鰌).
권(卷) : 거둠.
회(懷) : 감춤.

의 인물됨이 훌륭함을 알아 임금 영공(靈公)에게 추천하였는데, 영공은 어리석은 미자하(彌子瑕)를 등용했다. 그런 후에도 사어는 자주 거백옥을 등용할 것을 임금에게 간하였으나 임금이 듣지 않았다.

마침내 사어는 뜻을 이루지 못한 채 병에 걸려 죽게 되었다. 임종 때 그는 아들에게 유언하기를, "내가 임금의 옳지 못한 처사를 보고도 바로잡지 못하였으니, 죽어서 예(禮)를 찾을 필요가 없다. 그러니 내가 죽으면 나의 시체를 창 밑에 놓아 두어라."고 하였다. 아들은 시키는 대로 했다. 영공이 조문을 갔다가 이상하게 여기고 물었더니, 아들이 부언(父言)을 그대로 일러 주었다. 이에 영공은 크게 뉘우쳐 "과인의 잘못이다."라고 말하고, 미자하를 물리치고 거백옥을 등용했다는 것이다. 이른바 이것이 바로 사어의 시간(屍諫)이다.

그리고 거백옥에 대하여서는 그의 심부름꾼까지 훌륭하다는 말이 헌문편(憲問篇) 26에 나온다. 당시 살아 있던 사람에게는 군자란 말을 좀처럼 쓰지 않던 공자가 거백옥에게 군자라는 말을 쓴 것만 보더라도 가히 그의 인물됨을 짐작할 수 있을 것이다.

7

7// 子曰, 可與言而不與之言이면 失人이요 不可與言而與之言이면失

공자께서 말씀하시기를, "더불어 말할 만한 사람인데도 함께 더불어 말하지 않으면 사람을 잃고, 더불어 말할 수

제15편 _ 위영공 • 363

없는데도 함께 더불어 말하면 말을 잃는 것이 된다. 지자(知者)는 사람도 잃지 않고 말도 잃지 않느니라."

言이니 知者는 不失人하며 亦不失言이니라

| 풀이 | 서로 터놓고 이야기를 할 만한 지기(知己)를 얻는다는 것은 힘들다. 공자는 바로 지기인 줄 알면서도 그와 함께 이야기하지 않으면 그 사람을 잃고, 또 지기가 아닌데도 말을 하면 말을 잃게 된다고 했다. 그리고 지혜로운 사람이라면 절대 사람이나 말, 어느 쪽도 잃지 않을 것이라고 말했다. 그러나 우리는 각박한 생활 때문에 진정(眞情)을 말할 수 있는 지기를 얻지 못하고 있다. 그러니 자연 말마저 잃게 되고, 그러기에 이미 지인(知人)은 못 된다고 하겠다.

8

공자께서 말씀하시기를, "뜻이 있는 선비와 인자(仁者)는 삶을 구하여 인(仁)을 해치는 일이 없고, 몸을 죽여 인을 이루는 일은 있느니라."

8// 子曰, 志士仁人은 無求生以害仁이요 有殺身以成仁이니라

지사(志士) : 인(仁)에 뜻을 둔 선비.

| 풀이 | 인(仁)에 뜻을 둔 선비와 인덕(仁德)을 갖추고 있는 인자(仁者)는 마음이 항상 인에 머물러 있다. 그러므로 아무리 곤궁하고 위급한 경우를 당하더라도 불의를 저질러 덕을 해하는 일이 없다. 뿐만 아니라 불의를 보게 되면 정의를 위하여 목숨도 아낌없이 버린다. 그러면서 최후까

지 성실을 다한다. 그러나 이는 결코 삶을 가볍게 여긴다는 뜻이 아니고, 지자나 인자의 마음은 항상 인을 위하는 것을 강조한 말이다.

9

9// 子貢이 問爲仁한데 子曰, 工欲善其事인데 必先利其器니 居是邦也하며 事其大夫之賢者하여 友其士之仁者라

자공이 인(仁)을 행함에 대하여 묻자 공자께서 말씀하시기를, "장인(匠人)이 그 일을 잘하려 하면 반드시 먼저 그 기구를 예리하게 해야 한다. 현재 살고 있는 나라에서는 대부 중에 현명한 사람을 섬기고, 선비 중에 어진 사람을 벗으로 사귀어야 하느니라."

공(工) : 공장(工匠), 장인(匠人).
이(利) : 날카로움.
기(器) : 연장.

| 풀이 | 자공(子貢)이 인(仁)을 행하는 방법에 대하여 묻자, 공자는 이렇게 대답했다. 장인(匠人)이 일을 잘하기 위해서는 먼저 쓸 연장을 잘 갈고 다듬어 놓지 않으면 안 된다. 인을 행함에 있어서도 마찬가지이다. 그래서 우선 자기가 살고 있는 나라의 대부 중에서 현명한 사람을 받들어 섬겨야 하고, 선비 중에서 어진 사람을 택하여 벗으로 사귀어야 한다. 그래야만 인을 행할 수 있는 것이다. 모든 일을 행하기에 앞서 그 환경을 잘 조성해야 한다는 말이다.

10

10// 顔淵이 問爲邦한

안연(顔淵)이 나라를 다스림에 관하여 묻자 공자께서 말

씀하시기를, "하(夏)나라의 역법을 쓰고, 은(殷)나라의 수레를 타고, 주(周)나라의 면류관을 착용하고, 음악은 순(舜)의 소무(韶舞)를 해야 한다. 정(鄭)나라의 음악을 추방하고 말재주가 능한 사람을 멀리할 것이니, 정나라의 음악은 음탕하고 말재주가 능한 사람은 위험하니라."

| 풀이 | 여기에는 공자가 생각한 이상적인 나라의 구상이 적혀 있다. 나라가 서기 위해선 백성이 있어야 하고, 또 백성이 평안하기 위해선 백성들의 생활이 안정되어야 한다. 그래서 공자는 농사를 짓기에 편리한 하나라의 역법을 쓰도록 했던 것이다.

그리고 국민생활이 안정되면 지나친 사치가 생길 우려가 있기 때문에, 수레를 타더라도 실용적이고 화려하지 않은 은나라의 나무로 만든 큰 수레를 타라고 했고, 다음은 예가 행하여져야 하기 때문에 주대(周代)의 문물과 제도를 이어받고, 아울러 음악은 선(善)과 미(美)가 함께 구비된 순(舜)의 소악(韶樂)을 취하라고 했다.

이는 각 시대의 장점만을 택하여 취한 이상적인 정치형태의 구상이다. 그리고 음란한 정나라 음악을 몰아내라고 한 것은 안일 속에서 싹트는 저속한 퇴폐 풍조를 막자는 것이요, 아첨배를 멀리하라고 한 것은 정치의 그릇됨과 부패를 방지하라는 것이다.

데 子曰, 行夏之時하며 乘殷之輅하며 服周之冕하며 樂則韶舞요 放鄭聲하며 遠佞人이니 鄭聲은 淫하고 佞人은 殆니라

은지로(殷之輅) : 은(殷)나라의 임금이 타던 나무로 만든 큰 수레.
소무(韶舞) : 순(舜)임금의 악(樂)을 가리킴.
영인(佞人) : 간교하고 말 잘하는 사람. 아첨하는 사람.

11

11// 子曰, 人無遠慮면 必有近憂니라

공자께서 말씀하시기를, "사람은 멀리 생각하지 않으면 반드시 가까운 근심이 있느니라."

| 풀이 | 먼 앞날을 계획하고 살아가지 않으면 반드시 가까운 장래에 후회가 있다. 장래에 대한 목표가 설정되어 있는 계획적인 삶이 아니면 눈앞의 이익이나 향락에 치우치게 되고, 따라서 정상에서 약간만 벗어나는 불의의 사태를 당하더라도 혼란을 가져오고 우환에 빠지는 것은 명백한 사실이다.

12

12// 子曰, 已矣乎라 吾未見好德을 如好色者也케라

공자께서 말씀하시기를, "다되었구나. 내 아직 덕을 사랑하기를 여색을 좋아하는 것같이 하는 사람을 보지 못하였도다."

이의호(已矣乎) : 끝장이 났구나.

| 풀이 | 첫머리의 '이의호(已矣乎)'가 없다면 자한편과 같다. 덕을 좋아하는 정도를 본능인 색(色)에 비유한 것이다.

13

13// 子曰, 臧文仲은 其竊位者與인저 知柳下惠之賢을 而不與立也로다

공자께서 말씀하시기를, "장문중(臧文仲)은 그 벼슬 자리를 도둑질한 사람이로다. 유하혜(柳下惠)의 현명함을 알

면서도 그와 함께 서지 않았으니."

|풀이| 장문중(臧文仲)은 공자보다 두어 세대(世代) 전의 사람으로 나라를 잘 다스린 정치가이다. 그러나 그에게는 지나치게 권세를 내세우고, 유하혜와 같이 유능하고 덕이 있는 사람을 알면서도 천거하지 않았던 실책도 있었던 것이다. 공자가 장문중을 탓한 말은 공야장편(公冶長篇) 17에도 나온다.

장문중(臧文仲): 노나라의 대부로 문은 시호, 중은 이름의 항렬.
유하혜(柳下惠): 노나라의 대부. 유하읍(柳下邑)에 봉(封)함을 받았음. 혜는 시호.

14

공자께서 말씀하시기를, "몸을 스스로 책하기를 후히 하고, 남을 책하기를 가볍게 하면, 원망이 멀어지느니라."

14// 子曰, 躬自厚하며 而薄責於人이면 則遠怨矣니라

|풀이| 자기의 과실은 엄하게 책하고 남의 허물은 아량을 베풀어 가볍게 책하면 남의 원망이나 빈축을 사지 않는다는 것이다. 자신의 잘못은 뉘우칠 줄 모르면서 남에 대하여서는 호되게 꾸짖는, 인간의 결점을 지적한 것이라 하겠다.

15

공자께서 말씀하시기를, "어떻게 할까, 어떻게 할까 하고 말하지 않는 자는, 나도 어떻게 할 도리가 없느니라."

15// 子曰, 不曰如之何 如之何者는 吾末如之何也已矣니라

여지하(如之何) : 깊이 생각하는 모양.
말(末) : 도리나 방법이 없음을 말함.

| 풀이 | 무슨 일을 하는 데 있어 '어떻게 하면 좋을까, 어떻게 해야 될까.' 하고 깊이 생각하는 사람이 아니면 공자로서도 어떻게 해줄 수 없다고 했다. 자신에게 당면한 문제는 자신이 스스로 해결하도록 노력해 보고, 그러고도 되지 않으면 남에게 묻고 배워야 한다. 그렇지 않고 남을 의지하려고만 든다면 아무도 그에게 보탬을 줄 수 없다. 설마 한두 번쯤은 그냥 넘어갈 수 있다 하더라도 길게는 가지 못하는 것이다.

특히 학문을 함에 있어서 의심나는 점을 자기 자신이 스스로 해결하도록 노력하지 않는다면 다른 사람의 가르침을 듣는다 하더라도 결코 그 문제의 뜻을 이해하지 못하게 된다. 그래서 공자와 같은 훌륭한 학자요 스승도, 자신이 먼저 노력하지 않는 사람에게는 아무 보탬을 줄 수 없다고 한 것이다.

이 글은 남을 의존하려는 제자들에게, 자기 문제는 자기 자신이 스스로 해결할 것을 일깨워 준 말이라 하겠다.

16

16// 子曰, 群居終日에 言不及義요 好行小慧면 難矣哉라

공자께서 말씀하시기를, "종일토록 여럿이 모여 있으면서 이야기가 의(義)에 미치지 못하고 잔꾀만 부리고 있다면 학문을 이루기가 어려우니라."

| 풀이 | 여럿이 모여 하루 종일 이야기를 하면서도 쓸데

없는 잡담만 하고 의로운 이야기는 하지 않는다면, 학문을 하는 선비로서는 학문을 이루기가 어렵고, 수양을 하는 사람으로서는 덕을 쌓기가 어려울 것이다. 제아무리 재치있게 떠들어대고 웃고 하여도 의에 뜻을 둔 것이 아니라면, 인격을 완성하는 데 아무 보탬이 없을 뿐더러 공연히 허송세월만 보내는 결과가 된다.

군거(群居) : 여러 사람이 모여 있음.
난의(難矣) : 어렵다. 덕(德)을 지니기가 어렵다.

17

공자께서 말씀하시기를, "군자는 의로써 바탕을 삼고, 예로써 행하고, 공손한 태도로써 나타내고, 신의로써 이루어야만 진실로 군자로다."

17// 子曰, 君子義以爲質하고 禮以行之하며 孫以出之하며 信以成之하나니 君子哉라

| 풀이 | 군자는 덕을 갖춘 고매한 인격의 소유자를 가리켜 칭하는 말이다. 그러나 그런 군자는 실로 찾아보기가 드물지 아니한가. 그래서 공자는, "세상에서 군자는 찾아보지 못했다. 다만 군자다운 사람만이라도 만나본다면 족하겠다."라고 말하기도 했었던 것이다. 본장 또한 군자를 정의한 말이라 하겠다.

손(孫) : 겸손.

18

공자께서 말씀하시기를, "군자는 자기의 재능이 없음을 근심하지만, 남이 자기를 알아주지 않음을 근심하지 않느

18// 子曰, 君子는 病無能焉이요 不病人之不己知也이니라

니라."

| 풀이 | 자신에게 재능이 있고 없고 간에 사람은 누구나 남이 알아주지 않는 것을 섭섭히 여긴다. 그런데 하물며 큰 뜻을 품고 있고, 또 높은 학식을 지녔는데도 알아주지 않는다면, 군자의 덕을 갖춘 사람이라 한들 섭섭히 여기지 않을 수 있겠는가. 그러나 공자는 군자라면 남이 알아주지 않음을 근심하지 않고, 다만 자신의 재능이 없고 능력이 부족함을 근심한다고 했다.

이는 내가 남에게 알려지기에 앞서 실력을 충분히 쌓으라는 것이겠다. 그렇게 하면 언젠가는 남들이 알아줄 때가 있으니, 조급히 굴지 말고 현 과정을 이해하라는 것이다. 본장은 헌문편(憲問篇) 32의 '불환인지불기지, 환기불능야(不患人之不己知, 患其不能也)'와 같은 뜻에서 한 말이라 하겠다.

19

19// 子曰, 君子는 疾沒世而名不稱焉이니라

공자께서 말씀하시기를, "군자는 죽은 뒤에 이름이 칭송되지 않을까 걱정하느니라."

| 풀이 | 한 사람의 좋고 나쁨이 옳게 판단되어지는 것은 사람이 떠난 뒤라고 한다. 그렇게 되면 인간 관계의 감정으로 인한 오해가 풀려지고, 좋은 일은 좋은 대로 나쁜 것

은 나쁜 대로 남는다. 그래서 공자는 "군자는 죽은 다음에 이름이 칭송되지 않을까 근심한다."라고 했던 것이다. 여기서 이름이라 함은 물론 의로운 뜻에서의 이름이고, 악명이나 허명을 뜻하는 것은 아니다. 사람이 죽은 다음에 널리 이름이 나려면 덕을 닦고 그것을 실천하지 않으면 안 된다. 그리고 그것이 악명이나 추명이 아니고 수도자나 덕망가로서의 명성일 때는, 수양하고 덕행을 쌓지 않으면 안 되는 것이다. 전장의 취지와 같은 뜻으로 남에게 알려지기를 초조히 기다리는 것보다 자신을 수양하고 덕행을 쌓음에 충실할 것을 강조한 말이다.

20

공자께서 말씀하시기를, "군자는 자기에게서 구하고, 소인은 남에게서 구한다."

20// 子曰, 君子는 求諸己요 小人은 求諸人이니라

| 풀이 | 군자는 자기에게서 '무엇'을 구하고 소인은 남에게서 '무엇'을 구한다는 말에서, '무엇'이라는 이 말을 풀어야 뜻이 통한다. 구하는 것은 무엇인가. 이는 결코 한정된 말이나 뜻이 아니라, 군자와 소인의 사고방식의 차이점을 나타낸 것이다. 군자는 모든 것을 자기 자신에게서 찾으려 하고, 소인은 남에게서 찾으려 한다. 즉, 군자는 자기에게 허물이 없었는가를 반성하고, 소인은 잘못이 남의 탓이 아닌가 하고 들춰낸다는 것이다.

21// 子曰, 君子는 矜而不爭하며 群而不黨이니라

21

공자께서 말씀하시기를, "군자는 긍지를 지니면서도 다투지 않고, 무리와 어울리면서도 편당하지 않느니라."

|풀이| 군자는 의를 존중하기 때문에 자신의 뜻은 굳게 지켜 나가지만 사소한 일에 남과 쉽사리 경쟁하거나 다투지 않는다. 또 여러 사람을 똑같이 사랑하기 때문에 무리에 잘 어울려 화목하게 지내나, 몇몇이 어울려 파당을 만들거나 한편으로 치우치지 않는다. 눈앞의 실리에 현혹되어 친한 친구와도 마구 싸움을 벌이고, 다소의 세력을 위해서라면 서슴없이 파당을 조성하는 소인과는 근본적으로 다른 것이다.

22// 子曰, 君子는 不以言擧人하며 不以人廢言이니라

22

공자께서 말씀하시기를, "군자는 말로써 사람을 천거하지 않으며 사람으로써 말을 버리지는 않느니라."

|풀이| 군자는 말하는 것을 보고 사람을 천거하지 않고, 또 좋지 못한 사람이라고 해서 그 사람의 좋은 말까지 버리지는 않는다. 말을 잘한다고 해서 반드시 그 사람의 사람됨이 훌륭하지는 않다. 오히려 그런 사람일수록 언행이 일치하지 않는 수가 많다. 말을 잘한다고 해서 그것을 전부 그 사람의 인격으로 받아들여서는 안 된다는 말이다.

또 사람됨이 변변치 못하다고 해서 그의 말이 전부 옳지 않다고 단정해서도 안 된다. 아무리 보잘것없고 학식이 없는 사람의 말이라 할지라도 그 뜻이 바르고 이치에 맞는다면 버리지 말고 받아들여야 한다. 군자는 일시적인 기분이나 선입견에 따라 일을 처리하지 않음을 나타낸 것이다.

23

자공이 묻기를, "한마디의 말로 평생토록 실행할 만한 것이 있나이까?"

공자께서 말씀하시기를, "그것은 서(恕)일 것이다. 자기가 원하는 것이 아니면 남에게 베풀지 말아야 하느니라."

23// 子貢問曰, 有一言而可以終身行之者乎리잇고 子曰, 其恕乎인저 己所不欲을 勿施於人이니라

| 풀이 | 짧은 한마디의 말로써 평생을 지켜 나갈 만한 말이 있느냐고 물은 자공(子貢)의 질문에, 공자는 그것은 바로 '서(恕)'라고 대답했다. '서(恕)'란 다른 사람도 자신처럼 사랑하는 인(仁)의 마음이다. 공자는 이 서를 내가 원치 않는 일이면 남에게 베풀지 말아야 한다고 설명하고 있다. '기소불욕, 물시어인(己所不欲, 勿施於人)'은 안연편(顔淵篇) 2의 '인(仁)'에 대한 중궁(仲弓)의 질문의 대답 속에도 나온다. 또 이인편(里仁篇) 15에도 '부자지도, 충서이이의(夫子之道, 忠恕而已矣)'라는 증자의 말이 나온다. 이로 본다면 '일이관지(一以貫之)'의 도(道)가 서(恕)의 정신으로 통함을 알 수 있다.

24

24// 子曰, 吾之於人也에 誰毁誰譽리오 如有所譽者면 其有所試矣니라 斯民也는 三代之所以直道而行也이니라

훼(毁) : 헐다〔毁損〕, 비방하다.
예(譽) : 기리다, 칭찬하다.
3대(三代) : 하(夏), 은(殷), 주(周).

공자께서 말씀하시기를, "내가 사람에 대하여 누구를 헐뜯고 누구를 칭송하리오. 만일 칭송하는 사람이 있다면 그것은 시험해 본 바가 있느니라. 이 백성은 3대의 곧은 도를 행하고 있기 때문이니라."

| 풀이 | 공자는 사적인 감정에 의하여 남을 고의로 비방하거나 칭찬하지 않는다고 했다. 그리고 혹 칭찬하는 사람이 있다면 그건 반드시 그만한 증거가 있기 때문이라고 했다. 확증 없이는 평을 하지 않는다는 것이다. "이 백성은 3대의 곧은 도를 행하고 있기 때문이다."라고 한 것은 바로 칭송하는 사람들에 대한 이유로 든 말이라 하겠다. 사사로운 정이나 사사로운 이에 따라 함부로 남을 칭찬하거나 헐뜯는 소인배의 기질과는 판이하게 다른 것이다.

25

25// 子曰, 吾猶及史之闕文也와 有馬者가 借人乘之하니 今亡矣夫인저

공자께서 말씀하시기를, "나는 예전에는 그래도 사관(史官)이 의심나는 것을 기록해서 빼놓는 일과, 말을 가진 자가 남에게 빌려 주어서 타게 하는 것을 볼 수 있었다. 그러나 지금의 세상에는 그런 것들이 없구나!"

| 풀이 | 곧음과 의(義)에 대한 관념이 희박해 가고 있음을 개탄한 말이다. 누구의 간섭도 받지 않고 사실을 사실

대로 기록하여야 하는 사관이 애매하고 의심나는 점을 확인하기 위하여 기록하지 않는 것과, 말을 가진 사람이 말이 없는 다른 사람에게 빌려 준다 함은, 사실대로 말할 수 있는 직도(直道)의 마음과 두터운 인정에서 우러난 의(義)의 마음을 나타낸 것이다. 그러나 이런 말을 할 무렵에는 그런 미덕을 이제는 찾아볼 수 없게 되었다고 공자는 크게 한탄한 것이다.

26

공자께서 말씀하시기를, "교묘하게 꾸며대는 말은 덕을 어지럽히고, 작은 일을 참지 않으면 큰 계획을 어지럽히느니라."

26// 子曰, 巧言은 亂德이요 小不忍則亂大謀니라

│풀이│ 말을 듣기 좋게만 교묘하게 꾸며대면 허(虛)와 실(實), 위(僞)와 진(眞)을 분별할 수 없으며, 따라서 옳고 그름 자체도 망각하게 되어 인(仁)의 마음이 어지러워진다. 뿐만 아니라, 말을 마구 꾸며서 사실을 사실 이상으로 나타내려고 하는 사람은 그럴수록 덕심(德心)을 잃게 된다.

큰일을 이루고자 하는 사람은 무엇보다도 작은 불평을 참아 낼 수 있는 인내심을 가져야 한다. 사소한 일에 혈기를 참지 못하여 경솔하게 행동하면 오히려 중요한 일을 망치게 된다. 그러므로 뜻과 마음이 큰 군자의 가슴에는 '소탐대실(小貪大失)'의 정리를 간직해야만 한다. 근시안

적이고 신경질적인 현대의 젊은이들의 앞날을 위해서 좋은 교훈이라 보겠다.

27

27// 子曰, 衆惡之라도 必察焉하며 衆好之라도 必察焉이니라

공자께서 말씀하시기를, "여러 사람이 미워할지라도 반드시 살펴보아야 하며, 여러 사람이 좋아할지라도 반드시 살펴보아야 하느니라."

| 풀이 | 군중의 심리나 경향이란 때로 옳지 못한 것에 치우칠 수 있으니 무턱대고 중론을 따를 것만도 아니다. 사실에 입각하여 정확하게 관찰할 필요가 있다. 대중을 따름에도 자신의 주체의식을 가져야 함을 뜻한 것이다.

28

28// 子曰, 人能弘道요 非道弘人이니라

공자께서 말씀하시기를, "사람이 도(道)를 넓힐 수는 있으나, 도가 사람을 넓히는 것은 아니니라."

홍(弘) : 넓혀서 크게 만듦.

| 풀이 | 도란 인간을 위해서 존재하는 것이다. 사람을 떠난 도는 그 자체가 무의미하게 되고 만다. 그리고 그 도가 저절로 사람을 옳게 만드는 것이 아니라, 사람이 스스로 깨우치려고 노력하는 데서 얻어지는 것이다. 아무리 훌륭한 덕이 담겨진 도언(道言)이라 할지라도 사람이 그 참뜻

을 깨닫지 못한다면 한낱 몇 마디 말에 지나지 않는다.

29

공자께서 말씀하시기를, "잘못을 저지르고도 고치지 않으면, 그것이 곧 잘못이니라."

29// 子曰, 過而不改면 是謂過矣니라

| 풀이 | 사람인 이상 과실을 범하지 않을 수는 없다. 그러나 본장의 뜻은 그것을 말한 것이 아니고, 그 저지른 잘못을 다시 반복하지 않는다면 그것으로써 잘못은 없어지는 것이다. 그러나 자기가 저지른 잘못을 잘 알면서도 자존심이나 또는 남의 이목 때문에 고치기를 꺼려한다면 그 자체가 더욱 크고 돌이킬 수 없는 잘못으로 남게 된다는 것이다.

30

공자께서 말씀하시기를, "내 일찍이 종일토록 먹지 않고, 밤새도록 잠자지 않으며 사색한 일이 있었으나 유익함이 없는지라 배우느니만 못하였느니라."

30// 子曰, 吾嘗終日不食하고 終夜不寢하여 以思하니 無益이라 不如學也이로다

| 풀이 | 단식이나 불면으로 사색을 하여 보았으나 아무 것도 얻은 것이 없었다는 말이다. 그렇게 무의미하게 시간을 보낼 것이 아니라 차라리 옛 성현의 학문과 도를 배

우라는 것이다. 학문에 바탕을 두지 않은 사색이란 하잘 것없는 잡념에 지나지 않으니, 학문에 힘쓸 것을 강조한 것이다.

31

31// 子曰, 君子는 謀道요 不謀食하나니 耕也에 餒在其中矣요 學也에 祿在其中矣니 君子는 憂道不憂貧이니라

공자께서 말씀하시기를, "군자는 도를 얻고자 꾀하나, 먹을 것을 얻고자 꾀하지는 않는다. 농사를 지어도 그 가운데 굶주림이 있을 수 있으나, 학문에 힘쓰면 그 가운데 녹(祿)을 얻을 수도 있다. 군자는 도에 대하여 걱정하지 가난함에 대하여 걱정하지 않느니라."

경야(耕也) : 농사를 지음.
뇌(餒) : 굶주리다.

| 풀이 | 군자는 먹을 것을 얻기보다 도(道)를 얻기 위해서 노력하고 걱정한다. 그 예로써 먹을 것을 위하여 농사를 지어도 때아닌 재변을 만나면 굶주림을 당할 때가 있고, 도를 위해서 학문을 한다 하더라도 잘만 된다면 벼슬을 얻어 녹(祿)을 받을 수 있다고 했다. 이 비유는 실업을 경시한 결점도 없지 않지만 문장의 뜻에는 크게 문제가 되지 않는다. 곧 군자는 육체적·물질적인 면보다 정신적인 면을 중요하게 여긴다는 뜻이다.

32

32// 子曰, 知及之오도

공자께서 말씀하시기를, "지혜가 그 지위에 미친다 하

더라도 인(仁)이 아니면 지킬 수 없으며, 비록 얻었다 할지라도 반드시 잃게 되느니라. 지혜가 미치고 인으로 지킬 수 있다 할지라도 위엄으로 임하지 않으면 백성들이 공경하지 않느니라. 지혜가 미치면 인으로 그 지위를 지킬 수 있고, 위엄으로 임한다 할지라도 예로써 백성을 움직이는 것이 아니라면 아직 잘된 것은 아니니라."

| 풀이 | 공자가 위정자로서 반드시 지켜야만 할 도리를 말한 것이다. 남의 윗자리에 있는 사람은 지혜만 가지고 되지 않으며, 현명한 지혜로 정사를 처리한다 하더라도 어진 마음이 없으면 아랫사람을 잘 이끌어 나갈 수 없다. 또 어진 마음으로 아랫사람을 잘 이끌어 나간다 하더라도 위엄있게 대하지 않으면 백성들에게 공경을 받을 수 없고, 또 위엄있게 대한다 하더라도 위엄이 너무 지나치면 안 된다. 그러므로 모든 것을 예로써 조절하는 것이 아니라면 윗사람으로서의 훌륭한 태도라 할 수 없다.

이 글에서 '지(知)가 미치는 것'이 무엇이라고 명시하지는 않았으나, '수득지, 필실지(雖得之 必失之)'로 보아 그것이 지혜임을 짐작할 수 있다.

仁不能守之면 雖得之나 必失之니라 知及之하며 仁能守之오도 不莊以涖之면 則民不敬이니라 知及之하면 仁能守之하며 莊以涖之오도 動之不以禮면 未善也이니라

득지(得之) : 지위를 얻다.
이(涖) : 임하다. 백성에게 임함.
동지(動之) : 백성들을 동원한다는 뜻으로 쓰임.

33

공자께서 말씀하시기를, "군자에게는 작은 지혜를 기대할 수 없으나 큰일을 맡을 것을 기대할 수 있고, 소인에

33// 子曰, 君子는 不可小知而可大受也요 小人은 不可大受而可

小知也이니라

게는 큰일을 맡을 것을 기대할 수 없으나 작은 지혜를 기대할 수 있느니라."

| 풀이 | 군자는 뜻이 원대하고 시야가 넓기 때문에 어느 한 가지에만 전문적으로 통달해 있지는 않다. 그러나 매사를 두루 살필 줄 알고 인과 덕의 마음을 지니고 있으므로 여러 사람을 이끌어 나가는 큰일은 능히 해낼 수 있다. 소인은 이와 반대로 뜻이 작고 시야가 좁기 때문에 작은 지혜로써 처리하는 자질구레한 일에는 밝지만, 인덕(仁德)이 갖추어져 있지 않으므로 일을 원만하게 처리하지 못해서 큰일은 해낼 수 없다는 것이다. 사람에게는 각기 타고난 그릇에 크고 작음이 있다는 말이다. 위정편(爲政篇) 12의 '군자불기(君子不器)'의 뜻을 소인과 비교하여 나타낸 말이라 하겠다.

34

34// 子曰, 民之於仁也에 甚於水火하니 水火는 吾見蹈而死者矣어니와 未見蹈仁而死者也케라

공자께서 말씀하시기를, "사람들에게 있어 인은 물과 불보다 더 중요한 것이다. 나는 물과 불을 밟아서 죽은 사람은 보았으나, 아직까지 인을 밟아서 죽은 사람은 보지 못하였느니라."

| 풀이 | 물과 불이 없으면 사람은 잠시도 살 수가 없다. 그런데 인(仁)의 덕(德)이 사람에게 필요한 정도는 물과 불

보다 더하다. 물이나 불 때문에 목숨을 버리는 사람은 있어도 인으로 인해 목숨을 버리는 사람은 없다. 인의 중요성을 나타낸 절실한 비유이다. 눈앞의 작은 이익에만 급급하여 정의를 멀리하는 세상을 한탄한 말이라 하겠다.

35

공자께서 말씀하시기를 "인(仁)을 주장함에 있어서는 스승에게도 양보하지 말아야 하느니라."

| 풀이 | 겸양은 예의 표본으로 군자의 미덕이다. 가르침을 받고 있는 스승에게 겸손하고 양보하는 것은 제자로서 마땅히 지켜야 할 도리이다. 그러나 인을 주장하고 실천함에 있어서는 스승에게도 양보해선 안 된다는 것이다. 전장의 취지를 달리 표현하여 나타낸 것이다.

35// 子曰, 當仁하여 不讓於師니라

36

공자께서 말씀하시기를, "군자는 곧지만 덮어놓고 고집하지는 않는다."

| 풀이 | 군자는 의(義)를 사랑하고 신의를 사랑하고 신의를 굳게 지킨다. 사람은 때때로 의에 얽매여 작은 신의를 고집하는 옹졸한 태도를 보일 때가 있다. 그러나 공자는

36// 子曰, 君子는 貞而不諒이니라

양(諒) : 작은 신의를 고집함. 완고함.

이런 옹졸한 태도는 군자로서 취할 바가 아니라 했다. 작은 신의만을 고집하는 것은 벌써 중용(中庸)의 도(道)를 벗어난 상태가 아니겠는가.

37

37// 子曰, 事君하되 敬其事하고 而後其食이니라

경(敬) : 삼가서 성실히 행한다는 뜻임.
식(食) : 녹(祿).

공자께서 말씀하시기를, "임금을 섬김에 있어서는 그 직무를 성실히 하고 녹(祿)은 뒤로 미루는 것이니라."

| 풀이 | 과정이 있으면 결과가 있고, 또 일을 하면 반드시 그에 대한 대가가 따른다. 그러므로 책임만 완수한다면 대가는 자연히 따르게 될 것이나 공연히 미리부터 결과를 생각하여 일 자체를 그르치지 말라고 한 것이다. "먼저 최선을 다하고 보수는 뒤로 미룬다." 이는 현대의 우리들에게도 필요한 교훈이라 하겠다.

38

38// 子曰, 有敎면 無類니라

공자께서 말씀하시기를, "가르침에 있어서는 선인(善人)과 악인(惡人)의 구별이 없느니라."

| 풀이 | 교육의 목적은 선한 사람을 더욱 선하게 하고, 악한 사람을 선하게 만드는 데에 있다. 그러므로 개성에 따라 올바르게 가르치면, 선악의 차이는 없어지는 것임을

강조한 것이다.

39

공자께서 말씀하시기를, "길이 같지 않으면 서로 일을 계획하지 말아야 하느니라."

39// 子曰, 道不同이면 不相爲謀니라

| 풀이 | 뜻이나 이상이 같지 않은 사람과는 같이 손을 잡고 일할 수 없다. 공자는 평생을 통하여 자신의 정치 이념을 실현하고자 노력하였다. 그러나 그가 70세의 고령까지 살면서 결코 함께 일한 사람이 없었음은, 아마 뜻과 이상이 같은 사람을 만나지 못해서였을 것이리라. 하기야 우리와 같은 범인도 성격이나 취미만 달라도 함께 어울리기를 꺼려하고 있지 않은가.

도(道) : 지향하는 목적.

40

공자께서 말씀하시기를, "사(辭)란 뜻을 전달하는 것일 뿐이니라."

40// 子曰, 辭는 達而已矣니라

| 풀이 | 말이나 문장 등은 원래 의사 표시의 수단으로 생겨난 것이다. 그러므로 아무리 아름답게 꾸민 문장이라 할지라도 본래의 뜻을 제대로 전달하지 못했다면 그것은 문장으로서의 의미를 상실한 것이라 하겠다. 의사를 표현함

사(辭) : 언어와 문장.

에 있어서 지나치게 수식을 가하여 미사여구를 구사하는 것보다는, 자신의 뜻을 명확하게 나타내는 것이 중요하다.

41

악사(樂師) 면(冕)이 공자를 뵈러 찾아와 층계에 이르자, 공자께서 말씀하시기를, "층계요."

자리에 이르자 말씀하시기를, "자리요."

모두 자리에 앉자고 하며 말씀하시기를, "아무개는 여기에 있고, 아무개는 여기에 있소."

면이 물러가자 자장(子張)이 묻기를, "그것이 악사와 더불어 말하는 방법입니까?"

공자께서 말씀하시기를, "그렇다. 그것이 진실로 악사를 도와 주는 길이니라."

41// 師冕이 見할새 及階어늘 子曰, 階也라 하시고 及席이어늘 子曰, 席也라 하시고 皆坐어늘 子告之曰, 某在斯요 某在斯라 하시다 師冕이 出커늘 子張이 問曰, 與師言之道與리잇고 子曰, 然하다 固相師之道也이니라

사(師) : 악사(樂師).
면(冕) : 악사의 이름.
상(相) : 돕다.

| 풀이 | 옛날 궁중의 악사들은 모두 소경이었다. 한 맹인 악사가 공자를 만나러 와서 층계에 이르자, 공자가 "층계요." 하고, 자리에 이르면 "자리요." 하고 일러 주었다. 이는 악사라기보다 맹인에 대하여 인(仁)의 마음을 베푼 것이라 하겠다. 그렇기 때문에 그 악사가 물러간 뒤 "그것이 악사를 대하는 방법입니까?" 하고 물은 자장의 물음에, 공자가 서슴지 않고 수긍했던 것이다. 공자의 이런 태도야말로 남을 나 자신과 같이 생각하는 서(恕)의 정신에서 저절로 우러나온 행동이다.

제 16 편
계씨(季氏)

1

　계씨(季氏)가 전유(顓臾)를 정벌하려 함에 염유와 계로가 공자를 뵙고 말하기를, "계씨가 장차 전유에 일을 일으키려 하나이다."

　공자께서 말씀하시기를, "구(求)야, 그것은 바로 너의 과실이 아니냐? 전유는 옛 선왕께서 동몽산(東蒙山)의 제주(祭主)로 삼으셨고, 또 그 봉지(封地)는 노나라의 영역 안에 있느니라. 그는 나라의 사직지신(社稷之臣)인데 어찌 정벌하겠느냐?"

　염유가 말하기를, "그분께서 하고자 하는 것이지, 우리 두 신하가 하고자 하는 것이 아니옵니다."

　공자께서 말씀하시기를, "구야, 옛날 주임(周任)의 말에 '힘을 다하여 벼슬 자리에 나아가되 가능하지 않으면 물러난다.'는 것이 있느니라. 위태로운데도 도와 주지 않고, 넘어지는데도 붙잡아 주지 않는다면 그러한 보조(補助)를 장차 어디에 쓰겠는가? 또 네 말도 잘못이로다. 호랑이나 외뿔소가 우리 밖으로 뛰쳐나오고 귀갑(龜甲)이나 보옥(寶玉)이 궤 속에서 깨진다면 이것은 누구의 과실이겠느냐?"

1// 季氏將伐顓臾하니 冉有季路見於孔子曰, 季氏將有事於顓臾로소이다 孔子曰, 求야 無乃爾是過與아 夫顓臾는 昔者에 先王이 以爲東蒙主하시고 且在邦域之中矣라 是社稷之臣也이니 何以伐爲리오 冉有曰, 夫子欲之언정 吾二臣者는 皆不欲也로소이다 孔子曰, 求아 周任이 有言曰, 陳力就列하여 不能者止라 하니 危而不持하고 顚而不扶면 則將焉用彼相矣리오 且爾言이 過矣로다 虎兕出於柙하며 龜玉이 毁於櫝中이면 是誰之過與오 冉有曰, 今夫顓臾는 固而近於費니 今不取면 後世에 必爲子孫憂하리이다 孔子曰, 求아 君子는 疾夫舍曰欲之요 而必爲之辭니라 丘也聞有國有

家者는 不患寡而患不均하며 不患貧而患不安이라 하니 蓋均無貧이요 和無寡요 安無傾이니라 夫如是 故로 遠人이 不服則修文德以來之하고 旣來之則安之니라 今由與求也는 相夫子하되 遠人이 不服하며 而不能來也하며 邦分崩離析하며 而不能守也하고 而謀動干戈於邦內하니 吾恐季孫之憂不在顓臾요 而在蕭墻之內也하노라

전유(顓臾) : 풍씨 성을 가진 씨족들이 모여 살던 지역으로 노나라의 속국.
동몽주(東蒙主) : 동몽은 산의 이름이고, 주는 동몽산에서 제사를 지내는 제주. 즉, 전유를 다스리는 군(君)을 뜻한 것임.
사직지신(社稷之臣) : 사는 토지의 신, 직은 곡식의 신으로, 사직은 왕조나 국가를 상징함. 그러므로 사직지신은 국가의 신하란 말로 전유가 노나라의 속국임을 뜻함.
주임(周任) : 주(周) 문왕(文王) 때의 사관(史官).
진(陳) : 베풀다(張).
시(兕) : 외뿔소.
합(柙) : 우리.
독(櫝) : 궤.

염유가 말하기를, "지금의 전유는 견고한데다가 비읍(費邑)에 가까이 있어서, 만일 지금 취하여 두지 않는다면 반드시 후세에 우환거리가 될 것입니다."

공자께서 말씀하시기를, "구야, 군자는 욕망을 솔직하게 말하지 않고 말로 꾸며대는 것을 미워한다. 내가 듣건대 '나라가 있고 가문을 지니고 있는 자는 사람의 숫자가 적음을 걱정하지 않고 고르지 않음을 걱정하며, 가난함을 걱정하지 않고 편안하지 않음을 걱정한다.'고 하였다. 대체로 고르면 가난함이 없고, 화합하면 부족함이 없고, 안정되면 기울어짐이 없느니라. 그렇기 때문에 먼 데 사람이 복종하지 않으면 학문과 덕으로써 교화시켜 따라오게 하고, 이미 왔으면 편안하게 하여야 한다. 지금 유와 구는 그분을 돕고 있으면서 먼 데 사람이 복종하지 않는데도 오게 하지 못하고, 나라가 갈라져서 무너지고 흩어져서 쪼개지는데도 능히 지키지 못하며, 오히려 나라 안에서 창과 방패를 움직일 것을 꾀하고 있으니, 나는 계손씨의 근심이 전유에 있지 않고 소장(蕭墻) 안에 있을까 두려워하노라."

| 풀이 | 노나라의 대부이며 권세가인 계손씨(季孫氏)가 전유(顓臾)를 정벌하려고 하자, 계손의 가신으로 있던 염유(冉有)와 자로(子路)가 이 사실을 공자에게 알리러 와서 스승인 공자로부터 꾸중을 듣는 장면이다.

당시의 계가는 가문에서 잡은 세력을 이용해서 노나라

분실(分室)의 절반을 차지하고 있었으면서도 이제 또 노나라의 속국인 전유를 토벌하려고 한 것이다.

전유는 풍씨(風氏) 성을 가진 씨족들이 모여서 이룬 작은 부족국가로, 나라를 다스리는 군(君)에게 고대 주의 선왕이 동몽산(東蒙山)의 제주(祭主)를 봉하였던 것이다.

공자는 바로 이런 역사적 사실을 들어 전유는 사직지신이니 마땅히 군주의 나라에서 보호받을 필요가 있는데, 어찌 함부로 칠 수 있느냐고 반박했던 것이다. 이에 당황한 염유는 자신의 입장을 변명하였다. 전유의 성벽이 철통같이 견고하고, 또 그 지역이 비읍(費邑)과 가깝기 때문에 후환을 없애기 위해서였다고 변명하자 공자의 노여움은 한층 더했다. 염유의 말에는 오히려 계손씨의 입장을 정당화시키려는 뜻까지 들어 있었던 것이다.

그뒤로 계속되는 공자의 말은 본장의 진의가 담긴 말이라 할 수 있을 것이다.

"나라를 다스리고 집안을 이끌어 나가는 사람은 백성의 수효가 적음을 걱정하지 않고 모든 일이 공평하게 행하여지지 않음을 걱정한다. 대개 모든 일이 균일하게 이루어지면 가난하지 않고, 적은 수의 백성이라도 서로 화합만 하게 되면 적은 것이 아니고, 안정만 되면 나라가 기울어지지 않는다. 그러므로 먼 곳의 사람이 복종하지 않는다면 학문과 덕(德)으로 감화시켜 스스로 따라오게 하고, 그들이 온다면 안정을 시켜 주어야 하는 것이다. 그런데도 지금 유와 구는 그 계씨를 도와서 무력을 동원할 계책을

고(固) : 성이 견고함.
비(費) : 계손씨(季孫氏)의 사사 고을.
소장(蕭墻) : 문 안에 있는 담장.
토벌(討伐) : 병력으로 공격하여 없앰.

하고 있으니 한심한 노릇이다. 방금 유는 전유를 치지 않으면 자손에게 후환이 있을 것이라 하였는데, 나는 그토록 부정(不正)하고 불의(不義)한 계씨의 담장 안에 후환이 생기지 않을까 두려워한다."

이 구절은 공자가 정당한 도리를 내세워서 염유와 자로를 꾸짖은 것일 뿐만 아니라, 계씨의 옳지 못한 계획을 크게 비판한 것이다.

이 글은 계씨가 전유를 치려 한다는 문제를 놓고 공자와 염유, 자로가 서로 의견을 주고받은 것이다. 문장이 너무 길고 또 내용이 비약되는 부분이 있다. 염유가 자로와 함께 계씨의 의도를 알리는 것에서 염유의 변명 내용, 고대 사관(史官) 주임(周任)의 말을 인용해서 공자가 제자를 꾸짖는 장면, 오히려 계씨의 입장을 정당화시키고 있는 염유의 변명에 더욱 신랄한 비판을 가하고 있는 공자의 말이 그것이다.

2

공자께서 말씀하시기를, "천하에 도(道)가 있으면 예악(禮樂)과 정벌(征伐)에 대한 명령이 천자에게서 나오고, 천하에 도가 없으면 예악과 정벌에 대한 명령이 제후에게서 나온다. 명령이 제후에게서 나오면 대체로 10대 안에 망하지 않음이 드물고, 대부에게서 나오면 5대 안에 나라가 망하지 않음이 드물며, 배신(陪臣)이 국권을 잡는다면 3대

2// 孔子曰, 天下有道면 則禮樂征伐이 自天子出하고 天下無道면 則禮樂征伐이 自諸侯出하나니 自諸侯出이면 蓋十世에 希不失矣요 自大夫出이면 五世에 希不失矣요 陪臣이 執國命이면 三世에 希

안에 나라가 망하지 않음이 드무니라. 천하에 도가 있으면 정권이 대부에게 있지 않고, 천하에 도가 있으면 서민들이 나랏일을 의논하지 않느니라."

| 풀이 | 그 당시는 전국시대였으므로 세상의 질서가 극도로 문란하였다. 세력이 있는 제후가 나타나서 천자의 행세를 하려 들고, 제후가 세력을 잡아 군주의 권한까지 무시하고, 심지어는 가신이 섬기고 있던 대부를 위협하여 정권을 잡는 등 예(禮)로써는 있을 수 없는 사건이 비일비재하였다. 그러자 이때까지 계속하여 내려오던 주(周)의 봉건제도도 그 존속에 위협을 받기 시작했다. 이리하여 천자의 권한은 허울 좋은 이름뿐이고, 실권은 제후들을 이끌고 있는 패자(제후들의 우두머리)가 잡고 있는 형편이었다.

이 글은 공자가 이런 어지러운 나라의 형세를 보고 자기의 생각을 표명한 것이라 하겠다. 나라에 바른 정치가 행하여지면 예악(禮樂)이나 무공(武功)에 관한 명령은 천자로부터 나오고, 나라에 바른 정치가 행하여지지 않으면 예악과 무공에 대한 명령이 제후로부터 나온다. 제후로부터 명령이 나오면 그 나라는 10대를 가지 못하여 망하고, 대부로부터 나오면 5대도 못 간다. 그리고 대부의 배신(陪臣)이 국권을 잡는다면 그 나라는 3대 정도도 유지되기가 어렵다. 나라에 바른 법도가 행하여진다면 정권이 절대 일개 대부에게 있을 수 없다. 또 천하에 바른 법도가 행하여진다면 백성들이 국사를 논하며 불평불만을 일삼지 않

不失矣니라 天下有道면 則政不在大夫하고 天下有道면 則庶人不議니라

예악(禮樂) : 예절과 음악. 예는 백성들의 질서를 바로잡고, 악은 민심을 화합한다는 뜻.
십세(十世) : 10대. 1대는 30년.
배신(陪臣) : 제후의 가신(家臣)

을 것이다. '천하유도, 서인불의(天下有道, 庶人不議)'라는 구절은 백성이 정치에 관심을 두는 것을 꺼려서 한 말이라기보다, 그렇게 되면 오히려 백성들의 불평불만을 조장하게 될 것을 우려한 뜻으로 보아야겠다.

3

3// 孔子曰, 祿之去公室이 五世矣요 政逮於大夫가 四世矣니 故로 夫三桓之子孫이 微矣니라

공자께서 말씀하시기를, "녹(祿)을 주는 권한이 공실(公室)을 떠난 지도 이미 5대요, 정권이 대부에게 돌아간 지도 4대이다. 그러므로 저 삼환(三桓)의 자손도 쇠잔해 가는 것이니라."

오세(五世) : 선공(宣公), 성공(成公), 양공(襄公), 소공(昭公), 정공(定公).
사세(四世) : 계무자(季武子), 계도자(季悼子), 계평자(季平子), 계환자(季桓子).
삼환(三桓) : 환공(桓公)의 자손. 계손(季孫), 맹손(孟孫), 숙손(叔孫).

| 풀이 | 노나라의 군주 문공(文公)이 죽자, 양중(襄仲)이 왕자 적(赤)을 살해하고 선공(宣公)을 세운 뒤로부터는 정치의 실권이 삼환(三桓)들에게 넘어갔다. 여기서 말한 5세는 그 선공으로부터 성공(成公), 양공(襄公), 소공(昭公), 정공(定公)까지의 5대이다. 한편 삼환의 계씨가 국권을 잡게 된 것은 계무자 때부터 시작되었으니, 계도자(季悼子), 계평자(季平子), 계환자(季桓子)까지 4대째가 되는 셈이다. 그리고 공자가 한창 활약하던 시기는 대개 정공과 애공(哀公)의 시대였으며, 정공 5년에 계씨의 가신인 양호(陽虎)의 반역 사건이 일어났다. 그가 계환자를 잡아 가두고 정권을 탈취한 것이 오래 가지는 못하였으나, 그래도 삼환의 세도에는 많은 영향을 끼쳤던 것이다. 이 글은 전장의 논

리를 역사적 사실로 증명한 것이라 하겠다. 그리고 앞장의 말이 논리적이고 본장은 역사적 사실을 증명한 것이니만큼, 앞장의 말은 본장을 근거로 하여 체계화시킨 것이라 볼 수 있다.

4

공자께서 말씀하시기를, "유익한 벗이 셋 있고, 해로운 벗이 셋 있느니라. 정직한 사람을 벗으로 사귀고, 진실한 사람을 벗으로 사귀며, 견문이 넓은 사람을 벗으로 사귀면 유익하니라. 아첨하는 사람을 벗으로 사귀고, 굽신거리기를 잘하는 사람을 벗으로 사귀며, 말을 잘 둘러대는 사람을 벗으로 사귀면 해로우니라."

4// 孔子曰, 益者三友요 損者三友니 友直하며 友諒하며 友多聞이면 益矣요 友便辟하며 友善柔하며 友便佞이면 損矣니라

다문(多聞) : 견문이 넓고 도리에 밝음.
편벽(便辟) : 남의 뜻을 잘 맞추려 들며 아첨을 함.

| 풀이 | 이 글은 친구를 선택하는 방법에 대하여 언급한 것이라 할 수 있다. 사귀어서 유익함이 있는 벗이 세 종류가 있고, 사귀어서 해가 되는 벗도 세 종류가 있다. 정직한 사람, 진실한 사람, 견문이 넓고 도리에 밝은 사람 등은 사귀어서 유익하다고 했다.

그러나 사람을 대하는 것이 간사한 사람, 겉으로는 굽신거리며 속으로는 딴마음을 먹고 있는 사람, 모든 것을 말로만 처리하려는 사람 등은 사귀어서 해롭다고 했다. 정직하고 진실하고 도리에 밝은 사람은 가까이하고 아첨하고 굽신거리고 말로만 떠벌리는 사람은 멀리하라는 뜻이다.

5

5// 孔子曰, 益者三樂이요 損者三樂이니라 樂節禮樂하며 樂道人之善하며 樂多賢友면 益矣요 樂驕樂하며 樂佚遊하며 樂宴樂이면 損矣니라

공자께서 말씀하시기를, "유익한 즐거움이 세 가지 있고, 해로운 즐거움이 세 가지 있느니라. 예악(禮樂)으로 절제함을 즐기고, 사람의 착한 점을 말하기를 즐기고, 어진 벗을 많이 갖기를 즐기면 유익하니라. 그러나 교만한 쾌락을 즐기고, 편안하게 놀기를 즐기고, 연락(宴樂)을 즐기면 해로우니라."

낙교악(樂驕樂) : 화려하고 교만한 악(樂)을 즐김.
일유(佚遊) : 하는 일 없이 놀기만 함.
연락(宴樂) : 주색의 향락.

| 풀이 | 사람이 즐기는 것에는 유익한 것도 있고 해로운 것도 있다. 예(禮)와 악(樂)으로 모든 것을 절제하고, 남의 좋은 점을 입에 올리고, 훌륭한 벗을 많이 사귀는 것 등은 즐기면 즐길수록 이롭다. 그러나 예로 절제를 하지 않은 교만한 악을 즐기고, 하는 일 없이 시간을 보내고, 주색의 향락 등을 즐기면 해롭다. 그러므로 유익한 것은 힘쓰고 해로운 것은 하지 않도록 노력해야 한다.

6

6// 孔子曰, 侍於君子에 有三愆하니 言未及之而言을 謂之躁요 言及之而不言을 謂之隱이요 未見顏色而言을 謂之瞽니

공자께서 말씀하시기를, "군자를 모실 때 세 가지의 과실이 있다. 말이 미치기도 전에 먼저 말을 꺼내는 것은 조급함이요, 말이 미쳤는데도 말하지 않음은 숨김이요, 안색을 살피지 않고 말함은 눈치가 없는 것이니라."

건(愆) : 허물.

| 풀이 | 덕(德)이 높은 군자를 옆에 모시고 있을 때 주의

할 점이 세 가지가 있다. 상대방이 묻지도 않았는데 불쑥 말을 꺼내는 경망된 행동, 상대방이 물었는데도 말하지 않고 숨기는 것, 상대방의 태도나 표정을 살피지도 않고 마구 지껄여대는 주책없는 짓 등이다. 공자는 이 세 가지를 군자와 함께 있을 때는 반드시 생각하고 있어야 한다고 했다. 남이 묻기도 전에 불쑥 말을 꺼내고, 또 묻는 말에는 대답을 않고, 필요하지 않는 말들을 자기 기분 내키는 대로 마구 떠벌리는 것 등은 대인관계에 있어서도 꼭 삼가야 할 일이다.

고(瞽) : 소경. 눈치가 없음.

7

공자께서 말씀하시기를, "군자가 경계해야 할 세 가지가 있다. 젊었을 때는 혈기가 안정되어 있지 않으므로 여색을 경계하고, 장년기에 이르러서는 혈기가 방강(方剛)하므로 싸움을 경계하고, 노년기가 되어서는 혈기가 이미 쇠잔했으므로 이득을 경계하여야 하느니라."

7// 孔子曰, 君子有三戒하니 少之時에 血氣未定이라 戒之在色이요 及其壯也하여 血氣方剛이라 戒之在鬪요 及其老也하여 血氣旣衰라 戒之在得이니라

| 풀이 | 군자가 지켜야 할 금제(禁制)를 말한 것이다. 젊었을 때는 혈기가 안정되지 않으므로 여색을 주의해야 하고, 나이가 들어서 장년기가 되었을 때는 혈기가 강하기 때문에 싸움을 조심해야 하고, 그리고 혈기가 쇠퇴해졌을 때는 물욕을 조심해야 한다. 이 글은 공자가 생리적 기운의 변화를 인간의 심리에 결부시켜 이를 이치로써 다스리

미정(未定) : 안정되지 않음을 뜻함.
방강(方剛) : 비할 데 없이 강함.

고자 한 것이라 하겠다.

8

공자께서 말씀하시기를, "군자에게는 세 가지 두려워하는 것이 있느니라. 천명을 두려워하고, 대인(大人)을 두려워하고, 성인의 말씀을 두려워하느니라. 그러나 소인은 천명을 모르기 때문에 두려워하지 않고, 대인에게 압근(狎近)하며, 성인의 말씀을 업신여기느니라."

| 풀이 | 여기서 두려워함이란 엄하게 삼감으로써 그것을 잃지 않는 것이다. 천명은 천도(天道), 즉 하늘이 인간에게 내려준 도리를 뜻한다. 그리고 대인은 덕이 높아 존경할 수 있는 사람이다. 그러므로 군자는 하늘이 인간에게 내린 도리를 어기지 않고 언제나 순리를 따라 행동하며, 덕이 높은 사람을 존경하고, 경서(經書)에 씌어진 성현의 말씀을 배우고 익힌다. 그러나 소인은 천명을 모르기 때문에 천리에 어긋나는 행동을 하며, 덕이 있는 훌륭한 사람에게 함부로 대하며, 눈앞의 이득이 없으므로 성현의 말씀을 업신여긴다.

9

공자께서 말씀하시기를, "태어나면서 아는 사람은 제일

8// 孔子曰, 君子有三畏하니 畏天命하며 畏大人하며 畏聖人之言이니라 小人은 不知天命而不畏也라 狎大人하며 侮聖人之言이니라

압(狎) : 버릇없이 가까이 다가붙음.
모(侮) : 업신여김.

9// 孔子曰, 生而知之

위요, 배워서 아는 사람은 그 다음이요, 괴로움을 참아 가며 애써 배우는 사람은 또 그 다음이니라. 그러나 애써 배우지도 아니한다면, 이는 곧 최하의 사람이니라."

| 풀이 | 재능에 따라 사람의 부류를 네 등급으로 나눈 것이다. 배우지도 않고 저절로 아는 사람을 최상급으로 보았고, 그 다음은 배워서 아는 사람, 또 그 다음은 다소 머리는 나쁘더라도 고난을 참아 가며 애써 배우는 사람으로 나누었다. 그러나 머리도 영리하지 않으면서 애써 배우려고도 하지 않는 사람은 최하의 사람이라 했다.

이는 단지 총명의 정도에 따라 등급을 나눈 것이라고는 하나, 그 재능 자체보다는 알고 있는 것을 중시한 것이라 보아야겠다. 그러므로 들어서 알 수 없는 자는 반복해서 배우고, 그래도 알 수 없는 사람은 고난을 극복해 가며 열심히 배워야 함을 뜻한 것이다.

者는 上也요 學而知之者는 次也요 困而學之는 又其次也이니 困而不學이면 民斯爲下矣니라

곤이학지(困而學之) : 고심하면서도 배우겠다는 의지를 가지고 배우는 사람을 가리킴.

10

공자께서 말씀하시기를, "군자에게는 아홉 가지 생각하는 일이 있느니라. 보는 데는 명백히 보기를 생각하고, 듣는 데는 총명하게 듣기를 생각하고, 낯빛은 부드럽게 하기를 생각하고, 모양은 공손하게 하기를 생각하고, 말은 성실하게 하기를 생각하고, 일에는 조심하기를 생각하고, 의심나는 것에는 묻기를 생각하고, 분이 날 적에는 어려

10// 孔子曰, 君子有九思하니 視思明하며 聽思聰하며 色思溫하며 貌思恭하며 言思忠하며 事思敬하며 疑思問하며 忿思難하며 見得思義니라

움을 당할 것을 생각하고, 이득을 보면 의로운가를 생각하느니라."

┃풀이┃ 군자는 다음과 같은 아홉 가지를 늘 생각하고 있다. 사물을 볼 때는 명백히 보고, 일을 들을 때는 총명히 듣고, 표정은 부드럽게 하고, 태도는 공손히 하고, 말은 성실하게 하고, 일에는 신중을 기하고, 의심나는 것이 있으면 남에게 묻고, 분이 날 때는 뒤에 환난이 닥쳐올 것을 생각하고, 눈앞에 이득이 있으면 반드시 의로운 것인가를 생각한다. 여기서의 사(思)는 여러 가지 뜻으로 쓰인 것이다. 모든 일을 하기에 앞서 사고·사색·추리하며, 일을 당하여서는 판단하고, 또 일을 하고 나서는 반성한다는 뜻이 포함되어 있다. 인의예지(仁義禮智) 등 모든 덕의 요소가 두루 갖추어져 전인적 인격자에 가까운 군자이건만 무슨 일을 행함에 있어서는 보통 사람 이상으로 생각한다는 것이다. 보고 듣고 하는 사소한 것에서부터, 심지어 자기의 표정까지 늘 생각을 게을리하지 않기 때문에 다른 사람의 모범이 될 수 있고, 또 그것을 지켜야만 군자가 될 수 있다는 것을 말하였다.

11//

11// 孔子曰, 見善如不及하며 見不善如探湯을 吾見其人矣오 吾聞

공자께서 말씀하시기를, "선한 일을 보면 미치지 못할 것 같이 하고, 선하지 않은 것을 보면 끓는 물에 손이 닿은 것

같이 하라. 나는 그런 사람을 보았고, 그런 사람이 있었다는 말을 들었다. 은거(隱居)하면서 자기의 뜻을 추구하고, 의를 행하여 자기의 도를 달성한다. 나는 그런 사람이 있다는 말은 들었어도 아직까지 그런 사람을 보지 못하였노라."

其語矣로라 隱居以求其志하며 行義以達其道를 吾聞其語矣오 未見其人也로라

| 풀이 | "선(善)을 보면 마치 달아나는 것을 쫓듯이 아무리 쫓아도 미치지 못할 것같이 하고, 선하지 않은 것을 보면 뜨거운 물에 손을 넣은 것처럼 빨리 빼야 한다."

이는 예로부터 내려오는 명언인 것 같다. 공자는 그런 사람이 있음을 보았고, 또 그런 사람이 있다는 말을 들었다 했다. 또한 "나라의 도가 행하여지지 않을 때 숨어 살면서 자신의 높은 뜻을 추구하며 지조를 지키고, 나라에 도가 행하여질 때는 벼슬을 하여 의를 행하고 자신의 이상을 달성한다."는 옛말과 같은 그런 사람이 있다는 말은 들었지만 실제로 그처럼 행하는 사람은 아직까지 보지 못하였다고 했다. 전자의 말이 일시적이고 또 자신의 수양에 치우친 것이라면, 후자의 말은 지속적이고 국가나 민족을 위한 것이다.

그러므로 몸과 마음을 닦아서 자신의 인격을 완성한 수도자라면 결코 자신의 혼자 몸만을 만족할 것이 아니라, 널리 국가와 민족을 위해서 헌신할 것에도 뜻을 두어야 함을 나타낸 말이라 하겠다.

여불급(如不及) : 따라가지 못할 것처럼 애써 따라가기에 힘씀.
구기지(求其志) : 그 뜻을 구함.

12

12// 齊景公이 有馬千駟하되 死之日에 民無德而稱焉이요 伯夷叔齊는 餓於首陽之下하되 民到于今稱之하나니라 其斯之謂與인저

제(齊)나라 경공(景公)은 말이 천 사가 있었으되 죽었을 때 백성들이 그의 덕을 칭송하지 않았고, 백이(伯夷)와 숙제(叔齊)는 수양산(首陽山) 밑에서 굶어 죽었으되 백성들은 지금에 이르기까지 그들의 덕을 칭송하고 있느니라. 그것은 바로 이를 두고 이르는 말이로다.

경공(景公) : 제(齊)나라 임금.
사(駟) : 말 네 필(匹). 천 사(千駟)는 4천 필.

| 풀이 | 의미상으로 보아 본장은 앞장에서 계속 되는 말이라 하겠다. 제나라의 경공(景公)은 말 모으기를 좋아하여 천자만이 가질 수 있는 3,456필보다 많은 4천 필을 가졌으나 그가 죽은 다음 후세 사람들로부터 덕을 칭송받지 못하였고, 백이(伯夷)와 숙제(叔齊)는 비록 수양산 기슭에서 굶어 죽었으나 후세 사람들은 지금까지 그들의 지조와 덕을 칭송하고 있다는 것이다. 그리고 마지막 구절의 '기사지위여(其斯之謂與)'는 앞 글의 뜻을 가리킨 것이다.

13

13// 陳亢이 問於伯魚曰, 子亦有異聞乎아 對曰, 未也로라 嘗獨立이시거늘 鯉趨而過庭이러니 曰, 學詩乎아 對曰, 未也로이다 不學詩면 無以言이라 하시거늘 鯉退而學詩호라 他日에 又獨立이시거늘

진항(陳亢)이 백어(伯魚)에게 묻기를, "당신은 선생님에게서 별다른 말씀을 들은 것이 있습니까?"

대답하기를, "없었습니다. 한 번은 홀로 계실 때 제가 종종걸음으로 뜰을 지나가는데 '시를 배웠느냐?' 하고 말씀하셨습니다. '아직 배우지 않았나이다.' 하고 말씀드렸더니, '시를 배우지 않으면 이야기할 것이 없느니라.' 하

고 말씀하셨습니다. 저는 물러나와 시를 배웠습니다.

다른 날에 또 홀로 계실 때 제가 종종걸음으로 마당을 지나가는데 '예를 배웠느냐?' 하고 말씀하셨습니다. '아직 배우지 않았나이다.' 하고 여쭈었더니 '예를 배우지 아니하면 남 앞에 설 수가 없느니라.' 하고 말씀하셨습니다. 저는 물러나와서 예를 배웠습니다. 이 두 가지 말씀을 들었습니다."

진항이 물러나와 기뻐하며 말하기를, "한 가지를 물었는데, 세 가지를 배웠도다. 시를 듣고 예를 듣고, 또 군자는 그 자식을 멀리한다는 것을 들었도다."

| 풀이 | "당신은 아버님에게 남달리 특별한 가르침을 들은 것이 있습니까?" 공자의 제자인 진항(陳亢)은 공자가 친아들에게는 문인(門人)들에게 가르쳐 주는 것 이외에도 달리 교훈을 일러 준 것이 있나 하여 이렇게 물어 본 것이다. 공자의 아들 백어는 "그런 것은 없습니다. 한 번은 아버님께서 혼자 서 계시는 앞을 지나게 되었는데, '시를 배웠느냐.' 하고 물으신 적이 있습니다. 그래서 '아직 배우지 않았습니다.' 하고 말씀드렸더니, '시를 배우지 않으면 남과 더불어 이야기할 것이 없다.'고 말씀하셨습니다. 저는 그 길로 물러나와 시를 배웠습니다. 또 다른 날 아버님께서 홀로 서 계시는 앞을 지나게 되었는데 '예를 배웠느냐.' 하고 물으셨습니다. 그래서 저는 '아직 배우지 않았습니다.'고 여쭈었더니, '예를 배우지 아니하면 남 앞에

鯉趨而過庭이러니 曰, 學禮乎아 對曰, 未也로이다 不學禮면 無以立이라 하시거늘 鯉退而學禮호라 聞斯二者로라 陳亢이 退而喜曰, 問一得三하니 聞詩聞禮하고 又聞君子之遠其子也호라

진항(陳亢) : 공자의 제자. 자는 자금(子禽).
백어(伯魚) : 공자의 아들. 이름이 이(鯉). 백어는 자.
이문(異聞) : 남다른 특별한 가르침.

설 수가 없다.'고 말씀하셨습니다. 저는 그 길로 물러나와 예를 배웠습니다. 저는 이제까지 이 두 가지 말씀을 들었을 뿐입니다." 하고 대답하였다.

  군자는 자식을 서로 바꾸어 가르치는 것이 당시의 통례였다. 부자지간(父子之間)의 정이 학문의 가르침에 방해가 된다고 생각한 것이다. 그래서 중국의 고례(古禮)에는 사(士) 이상은 부자가 다른 채에 떨어져 살도록 되어 있었다. 공자도 대부의 신분이므로 아들과 같은 채에 살지 않았던 것이며, 그래서 백어가 홀로 계시는 아버님 앞을 지나게 되었다고 말한 것이다.

채 : 집의 덩이를 세는 단위를 말함.

14

국군(國君)의 아내를 군주가 부를 때는 부인(夫人)이라 하고, 부인이 스스로 말할 때는 소동(小童)이라 하고, 그 나라 사람들이 부를 때는 군부인(君夫人)이라 하고, 다른 나라 사람에게 말할 때는 과소군(寡小君)이라 하며, 다른 나라 사람이 부를 때는 역시 군부인이라 하느니라.

14// 邦君之妻를 君이 稱之曰, 夫人이요 夫人이 自稱曰, 小童이요 邦人이 稱之曰, 君夫人이요 稱諸異邦曰, 寡小君이요 異邦人이 稱之에 亦曰, 君夫人이니라

| 풀이 | 군주의 아내에 대한 호칭법이다. 소동, 과소군 등은 다같이 자신을 낮춘 말이라 하겠다.

제 17 편
양화(陽貨)

1

양화(陽貨)가 공자를 뵙고자 하였으나 공자께서 만나지 아니하셨더니 그가 공자께 돼지를 보내 왔다. 공자께서는 그가 없는 틈을 타 사례를 하시고 돌아오시는 길에 그를 만나셨다.

그가 공자에게 말하기를, "오시오, 내 당신에게 말을 좀 하리이다." 또 말하기를, "그 보배로운 재능을 품속에 품고 있으면서 나라를 어지럽게 버려 두는 것을 인(仁)하다고 말할 수 있겠소?"

공자께서 대답하기를, "그렇다고 할 수 없소이다." "정치에 종사하기를 좋아하면서도 자주 그 기회를 잃는 것을 지혜롭다고 말할 수 있겠소?" 대답하기를, "그렇다고도 할 수 없소이다." "날과 달은 지나가고, 세월은 우리들을 기다려 주지 않소이다." 하고 말했다. 그러자 공자께서 말씀하시기를, "그렇소이다. 나는 장차 벼슬을 하리이다."

| 풀이 | 양화는 계씨의 가신으로 노(魯)나라 정공(定公) 5년에 무력으로 들고 일어나 대부 계손씨를 가두고 국정을

1// 陽貨欲見孔子어늘 孔子不見하신대 歸孔子豚이어늘 孔子時其亡也而往拜之러시니 遇諸塗하시다 謂孔子曰, 來하라 予與爾言하리라 曰, 懷其寶而迷其邦을 可謂仁乎아 曰, 不可하다 好從事而亟失時를 可謂知乎아 曰, 不可하다 日月이 逝矣라 歲不我與니라 孔子曰, 諾다 吾將仕矣하리라

양화(陽貨): 이름은 호(虎), 화는 자. 계씨(季氏)의 가신이었는데 노(魯)의 정공(定公) 5년에 계손씨를 가두고 정권을 잡았다.
미기방(迷其邦): 나라를 어지러운 채로 버려 둠.

전단했다. 그런 양화가 공자를 만나자고 하였으니 공자가 응할 리 없었다. 그래서 양화는 공자에게 삶은 돼지 한 마리를 선사했다. 그가 삶은 돼지를 공자에게 보낸 것은 공자가 사례하러 자기 집에 올 것을 미리 계산한 술책에 지나지 않았다. 공자는 그에게 선물을 받고도 모르는 척할 수 없어, 양화가 집에 없는 틈을 타서 그의 집에 사례하러 갔었는데, 집으로 돌아오는 길에 양화와 마주치게 되었다. 양화는 벌써부터 준비가 있었는지 서슴지 않고 말을 꺼냈다. "어서 오시오, 내 긴히 할 말이 있소이다." 하면서 공자를 조용한 곳으로 안내하더니, "자기의 보배로운 지혜를 품안에 감추어 두고서 자기 나라의 어지러운 정세를 지켜보기만 해서야 되겠습니까. 그래 그것이 어진 사람이라고 할 수 있소이까?" 하고서 그는 공자의 표정을 살폈다. 그의 이런 말 속에는 공자를 이끌어 보려는 뜻이 들어 있다고 하겠다. 공자는 너무 어이가 없어 차마 대답을 할 수가 없었다. "물론 그렇다고 할 수 없을 것이오." 이는 양화의 물음에 대한 부정의 대답을 한 것이다. 그 다음에도 양화의 말은 계속 되었다.

  정치에 뜻을 펴보려 하면서도 자주 기회를 놓치고 있으니 어찌 지혜로운 사람이라고 할 수 있느냐, 때는 사람을 기다리지 않는다고 하면서 공자에게 결정을 내릴 것을 재촉했다. 공자는 그런 양화와 옳고 그름을 가릴 필요도 없고 또 그럴 마음도 없었다. 그래서 공자는 "그렇소이다. 나도 앞으로 기회를 보아 벼슬을 하리다." 하고 막연한 말로 대꾸하고 자리를 피했던 것이다. 이는 공자가 벼슬을 싫어한 것이 아니고 양화를 도와서 일하기가 싫다는 뜻을 간접적으로 나타낸 것이다.

2

공자께서 말씀하시기를, "사람의 천성은 서로 비슷하지만 습관에 의하여 서로 멀어지느니라."

2// 子曰, 性相近也이나 習相遠也이니라

| 풀이 | 사람이 타고난 천성은 서로 비슷하지만 습관에 의하여 심한 차이가 생긴다는 것이다. 습관은 제2의 천성이라고도 불리며 환경과 교육 등의 영향을 많이 받는다고 한다.

3

공자께서 말씀하시기를, "오직 가장 지혜로운 사람과 가장 어리석은 사람은 변하지 않는다."

3// 子曰, 唯上知與下愚는 不移니라

| 풀이 | 가장 지혜로운 사람은 의와 도리를 잘 알기 때문에 사리에 현혹되어 마음이나 뜻이 변하지 않고, 아주 어리석은 사람은 아무것도 모르기 때문에 원래 지니고 있는 마음이 변하지 않는다는 것이다. 상지(上知)와 하우(下愚)에 대하여서는 전편(前篇) 9의 '생이지지자(生而知之者)'와

'곤이불학(困而不學)'을 보았으므로 이해할 수 있을 것이다. 그러므로 천재는 아무리 해도 어리석게 만들 수 없고, 바보는 아무리 해도 지혜롭게 만들 수 없다는 것이다.

4

공자께서 무성(武城)에 가셨을 때 현악(絃樂)에 맞추어 부르는 노랫소리를 들으셨다.

공자께서 빙그레 웃으시며 말씀하시기를, "닭을 잡는 데 어찌 소 잡는 칼을 쓰겠느냐?"

자유가 대답하기를, "전에 저는 선생님께서 '군자가 도를 배우면 사람을 사랑하고, 소인이 도를 배우면 부리기 쉬우니라.'고 말씀하신 것을 들은 적이 있습니다."

공자께서 말씀하시기를, "애들아, 언(偃)의 말이 옳다. 아까 한 말은 농담이니라."

4// 子之武城하사 聞弦歌之聲하시다 夫子莞爾而笑曰, 割鷄에 焉用牛刀리오 子游對曰, 昔者에 偃也聞諸夫子하니 曰, 君子學道則愛人이요 小人은 學道則易使也라 호이다 子曰, 二三子아 偃之言이 是也이니 前言戲之耳니라

무성(武城) : 노나라의 고을 이름.
현(弦) : 거문고와 비파.
완이(莞爾) : 가볍게 웃는 모양.
언(偃) : 자유(子游)의 이름.
이삼자(二三者) : 제자들을 부른 말.

| 풀이 | 공자가 노나라의 무성(武城)이란 고을에 갔을 때, 사방에서 거문고 소리와 비파 소리, 그리고 악기에 맞추어 부르는 노랫소리가 들려왔다. 그때는 자유(子游)가 그 지방의 읍재(邑宰)로 있었는데, 그는 읍재가 되면서부터 그 지방의 사람들에게 예악(禮樂)을 가르쳐 왔던 것이다. 이에 공자는 흐뭇한 마음을 금치 못하여 빙그레 웃으면서 "애야, 닭을 잡는 데 어찌 소 잡는 칼을 쓸 필요가 있겠느냐?"라고 말했다. 이같은 작은 고을을 다스리는 데

무슨 예악이 필요하냐는 뜻이었다. 자유가 대답하기를 "아닙니다. 저는 전에 선생님에게 군자는 도를 배우면 아랫사람을 사랑하고, 소인이 도를 배우면 윗사람이 부리기 쉽다고 하신 말씀을 들었습니다." 이는 자유가 도로써 아랫사람을 다스리고 있음을 뜻한 것이다. 사람이란 항상 냉철한 지혜를 지니고 있다고 할 수 없다. 공자가 한 말도 바로 그런 것으로, 단지 제자의 대견스러움을 흐뭇해하면서 한마디 해본 것에 지나지 않는다. 그런데 이제 다시 자유의 말을 듣고 보니 모든 것은 전부 뜻과 이치로써 행하여지는 것이었다. 그래서 공자는 제자를 불러 모으고 "언(偃)의 말이 옳다. 내가 조금 전에 한 말은 농담이었다." 하고 말을 다시 고쳤던 것이다. 자유가 무성의 읍재를 하였다는 것은 옹야편(雍也篇) 12에도 나와 있다.

5

공산불요(公山弗擾)가 비읍에서 반란을 일으키고 부르니, 공자께서 가시려 했다. 자로가 못마땅하게 생각하여 말하기를, "가실 곳이 없으시면 그만두실 것이지 하필이면 공산씨에게로 가시려 합니까?"

공자께서 말씀하시기를, "나를 부르는 자가 어찌 함부로 부르겠느냐? 나를 써 주는 사람이 있다면 나는 그 나라를 동쪽의 주(周)나라로 만들리라."

5// 公山弗擾以費畔하여 召어늘 子欲往이러시니 子路不說하여 曰, 末之也已니 何必公山氏之之也시리잇고 子曰, 夫召我者는 而豈徒哉리오 如有用我者인대 吾其爲東周乎인저

공산불요(公山弗擾) : 계씨(季氏)의 가신으로 비(費)의 읍재. 자는 자예(子洩).
동주(東周) : 동쪽 주(周)나라. 옛날 주(周)의 문왕(文王)과 무왕(武王)이 도를 주의 동쪽, 즉 노나라에서 행하였음을 뜻함.

| 풀이 | 노나라 대부 계씨(季氏)의 가신이며 비(費) 지방의 읍재로 있던 공산불요(公山弗擾)가 비 지방을 근거로 하여 반란을 일으키고 사람을 보내어 공자를 초빙했다. 공자가 응하고 가려 하자, 자로는 그에 불만을 표시하여 "갈 곳이 없으면 아무 데도 가지 않으면 그만이지, 왜 하필이면 그 공산씨(公山氏)에게로 가려 하십니까?" 하고 말했다. 그는 공산불요가 반기를 든 자체를 못마땅하게 생각한 것이다. 그러나 전부터 삼환(三桓)의 횡포를 제거하고 왕권을 회복시켜 인정을 베풀 것을 염원하고 있던 공자는 반기 자체보다도 그 삼환의 세력을 꺾자는 데 공감이 간 것이라 하겠다. 그래서 공자는 "적어도 나를 초빙하는 사람이라면 아무 생각 없이 함부로 부르지는 않았을 것이다. 만약 나에게 정사를 맡긴다면 내 반드시 그 나라를 동쪽의 주(周)나라로 만들고 말리라."고 하였다.

여기서 동주(東周)라 한 것은 문왕(文王)과 무왕(武王)이 주나라의 동쪽, 즉 노나라에서 정치의 도(道)를 편 것처럼, 공자 자신도 정치의 도를 펴리라는 뜻을 말한 것이다. 그러나 혹자는 높은 덕을 지닌 공자가 반란을 일으킨 공산불요의 초청에 결코 응하지 않았을 것이라는 이의를 내세워 이 글 자체를 부정하기도 한다.

6// 子張이 問仁於孔子

6

자장이 공자께 인(仁)에 대하여 여쭈어 보자 공자께서

말씀하시기를, "다섯 가지를 천하에 행할 수 있는 것이 인이니라."

자장이 그 다섯 가지에 대하여 듣기를 청하자 말씀하시기를, "공손, 관대, 신의, 민첩, 은혜이니라. 공손하면 모욕을 당하지 않고, 관대하면 여러 사람의 지지를 얻고, 신의가 있으면 남들이 일을 맡기고, 민첩하면 공적을 올리게 되고, 은혜로우면 사람을 부릴 수 있게 되느니라."

| 풀이 | 자장의 인(仁)에 대한 물음에 공자가 대답했다. "공손함, 관대함, 신의, 민첩함, 은혜로움 등 다섯 가지를 세상에 행할 수 있어야 인자(仁者)가 될 수 있다." 그리고 그 다섯 가지를 실천해야 하는 이유를 들었다. "공손하면 다른 사람에게 모욕을 당하지 않고, 관대하면 여러 사람이 따르고, 신의가 있으면 남들이 일을 맡기고, 민첩하면 공적을 쌓을 수 있고, 은혜로우면 아랫사람을 부릴 수 있다." 이는 인(仁)을 행동으로 옮길 때의 구체적 실천 사항을 말한 것이다.

7

필힐(佛肸)이 부르니 공자께서 가시려 하자 자로가 말하기를, "전에 저는 선생님께서 '직접 그 자신이 악한 짓을 한 사람의 집에 군자는 들어가지 않느니라.'고 말씀하시는 것을 들었습니다. 필힐이 중모읍(中牟邑)에서 반기를

한데 孔子曰, 能行五者 於天下면 爲仁矣니라 請問之한데 曰, 恭寬信敏惠니라 恭則不侮하고 寬則得衆하고 信則人任焉하고 敏則有功하고 惠則足以使人이니라

득중(得衆) : 여러 사람을 얻음. 여러 사람이 따름.
인임(人任) : 남이 믿고 일을 맡김.

7// 佛肸이 召어늘 子欲往이러시니 子路曰, 昔者에 由也聞諸夫子하니 曰, 親於其身에 爲不善者어든 君子不入也라 하시니 佛肸이

以中牟畔이어늘 子之
往也는 如之何잇고 子
曰, 然하다 有是言也이
니라 不曰堅乎아 磨而
不磷이니라 不曰白乎아
涅而不緇니라 吾豈匏
瓜也哉라 焉能繫而不
食이리오

필힐(佛肸) : 진(晉)나라 사람. 대부 조간자(趙簡子)의 가신으로 중모읍(中牟邑)의 읍재였으나 후에 조씨에게 반기를 들었음.
중모(中牟) : 지명.
포과(匏瓜) : 박.

들었는데도 선생님께서 가시려 하니 어찌 된 일입니까?"

공자께서 말씀하시기를, "그렇다. 그런 말을 한 적이 있느니라. 갈아도 엷어지지 않는다면 굳다고 말할 수 있지 않겠느냐? 검게 물들여도 검어지지 않는다면 희다고 할 수 있지 않겠느냐? 내 어찌 박과 같으리오. 어찌 매달려 있기만 하고 먹히지 않을 수 있으리오."

| 풀이 | 필힐(佛肸)은 진(晉)나라의 대부 조간자(趙簡子)의 가신으로 중모읍(中牟邑)의 읍재(邑宰)로 있었다. 중모에는 또 범인(范寅)의 세력도 뻗쳐 있었는데, 조간자가 이 범씨(范氏)의 세력을 꺾기 위해 위나라를 정벌하던 끝에 중모를 포위하자 필힐은 이에 반기를 들고 항거하였던 것이다. 필힐은 조간자에 반기를 들고 나선 뒤 공자를 초빙했다. 공자가 가려 하자 자로가 말리며 "전에 제가 선생님께 들은 바로는 군자는 나쁜 짓을 행한 자의 집에는 가지 않는다고 하셨습니다. 필힐은 지금 중모 지방에서 모반했는데 선생님께선 무엇 때문에 가시려 합니까?" 하였다.

공자는 자신이 그런 말을 한 일이 있었노라고 시인했다. 그러나 그것은 수양이 미숙하여 다른 사람의 영향을 받기 쉬운 사람을 말한 것이지, 이미 수양이 깊어 자아 완성의 도(道)가 확립된 사람은 관계없다고 하였다. "갈아도 갈아지지 않으면 굳다고 아니할 수 있으랴. 검게 물들여도 검어지지 않으면 희다고 아니할 수 있으랴. 내 어찌 박처럼 매달려 있기만 하고 먹히지 않을 수가 있겠는가." 정

제17편 _ 양화 • 409

신만 확고하다면 아무리 나쁜 것에도 영향을 받지 않을 수 있으니, 써 주는 사람만 있다면 나서서 일하겠다는 뜻을 나타낸 것이다.

8

공자께서 자로에게 말씀하시기를, "유(由)야, 너는 육언육폐(六言六蔽)를 들었느냐?"

대답하여 말하기를, "아직 듣지 못했나이다."

"앉거라. 내 너에게 말하여 주리라. 인(仁)을 좋아하면서 배우기를 좋아하지 않는다면 그 폐단은 어리석어지고, 그 지혜를 좋아하면서 배우기를 좋아하지 않는다면 그 폐단은 방탕하여지고, 신의를 좋아하면서 배우기를 좋아하지 않는다면 그 폐단은 의를 해치게 되고, 정직함을 좋아하면서 배우기를 좋아하지 않는다면 그 폐단은 가혹하여지고, 용기를 좋아하면서 배우기를 좋아하지 않는다면 그 폐단은 난폭하여지고, 굳세기를 좋아하면서 배우기를 좋아하지 않는다면 그 폐단은 망령되는 것이니라."

| 풀이 | 공자가 자로에게 말했다. "유(由)야, 너는 육언육폐(六言六蔽)란 말에 대해서 들은 적이 있느냐?" 자로는 자리에서 벌떡 일어나며, 아직 들은 적이 없다고 대답하였다. 공자는 일어나는 자로에게 다시 앉으라고 말하고 그 육언육폐란 말에 대해서 설명을 해주었다. "인(仁)을 좋아

8// 子曰, 由也아 女聞六言六蔽矣乎아 對曰, 未也로이다 居하라 吾語女하리라 好仁不好學이면 其蔽也愚오 好知不好學이면 其蔽也蕩이요 好信不好學이면 其蔽也賊이요 好直不好學이면 其蔽也絞오 好勇不好學이면 其蔽也亂이요 好剛不好學이면 其蔽也狂이니라

육언(六言) : 6가지 말. 즉, 인(仁)·지(知)·직(直)·신(信)·용(勇)·강(剛).
육폐(六蔽) : 6가지 폐단. 즉, 우(愚)·탕(蕩)·적(賊)·교(絞)·란(亂)·광(狂).

하면서 배우기를 싫어한다면 어리석어지는 폐단이 있고, 지혜로움을 좋아하면서 배우기를 싫어한다면 방탕하여 무절제하여지는 폐단이 있고, 신의 있는 것을 좋아하면서 배우기를 싫어한다면 의를 해치게 되는 폐단이 있고, 정직하게 굴기를 좋아하면서 배우기를 싫어한다면 행함이 가혹해지는 폐단이 있고, 용맹하게 굴면서 배우기를 싫어한다면 난폭해지는 폐단이 있고, 굳세지기를 좋아하면서 배우기를 싫어한다면 무모해지는 폐단이 있다.

　인(仁)·지(知)·신(信)·직(直)·용(勇)·강(剛)은 모두 군자가 갖추어야 할 덕목에 속하는 것들이다. 그러나 그것도 학문적인 뒷받침이 없으면 오히려 폐단이 된다고 한 것이다. 여기에서 뜻한 학문적 뒷받침이란 선인의 도(道)를 말한 것으로, 이와 같은 덕목을 실행하는 데에는 반드시 선인의 도가 뒷받침이 되어야 비로소 덕행(德行)이 될 수 있다는 것이다.

9

9// 子曰, 小子는 何莫學夫詩오 詩는 可以興이며 可以觀이며 可以群이며 可以怨이며 邇之事父며 遠之事君이요 多識於鳥獸草木之名이라

　공자께서 말씀하시기를, "너희들은 왜 〈시경〉을 배우지 않았느냐? 〈시경〉의 시는 감흥을 일으키며, 사물을 살필 수 있게 하고, 무리와 어울릴 수 있게 하며, 불의를 원망할 수 있게 하고, 가까이는 부모를 섬기고 멀리는 임금을 섬길 수 있게 하며, 새와 짐승, 풀과 나무의 이름을 많이 알게 하느니라."

| 풀이 | 〈시경〉의 시를 평한 공자의 시론이다. 시는 사람의 감흥을 일으켜 정서를 순화시켜 주고 사물을 올바로 관찰할 수 있게 하며, 여러 사람과 어울릴 수 있게 하며, 불의를 보면 침착하게 원망할 수 있는 냉정을 길러 주며, 부모를 효로 섬기게 하고 임금을 충으로 섬기게 하는 도심(道心)을 길러 주며, 온갖 새나 짐승, 그리고 기이한 초목의 이름을 알게 한다는 것이다.

공자가 〈시경〉의 시를 칭찬한 말은 위정편(爲政篇) 2에도 나온다.

10

공자께서 백어(伯魚)에게 말씀하시기를, "너는 〈시경〉의 주남(周南)과 소남(召南)을 공부하였느냐? 사람으로서 주남과 소남을 공부하지 않는다면, 그것은 마치 담을 마주 대하고 서 있는 것과 같으니라."

10// 子謂伯魚曰, 女爲周南召南矣乎아 人而不爲周南召南이면 其猶正牆面而立也與인저

| 풀이 | 〈시경〉 국풍(國風) 첫머리에 있는 주남과 소남 두 편의 시는 문왕(文王)의 후비(后妃)의 감화가 미친 지방의 민요를 모은 것이라 한다. 주남은 문왕(文王)의 왕비의 감화가 남방 여러 나라에 미친 것을 읊은 시이고, 소남은 비둘기가 까치집에 들어가 있는 아름다운 자연을 읊은 노래에서 시작되어 남방의 여러 제후와 대부의 부인들이 문왕의 후비의 감화를 받은 이야기를 읊은 것으로, 수신제가

위(爲) : 배움.
주남(周南) · **소남**(召南) : 〈시경〉 국풍(國風)의 처음 두 편의 이름. 문왕(文王)의 후비(后妃)의 감화가 미친 지방의 민요를 모은 것이라 한다.

(修身齊家)하여 덕의 감화로 치국평천하(治國平天下)하는 도를 서술한 것이라 하겠다. 공자는 아들 백어(伯魚)에게 이 주남과 소남의 시를 모르면 마치 담벽을 정면으로 마주 대하고 있는 것같이 세상의 모든 일에 어두울 것이라고 하였던 것이다.

11

11// 子曰, 禮云禮云이나 玉帛云乎哉아 樂云樂云이나 鐘鼓云乎哉아

공자께서 말씀하시기를, "예(禮)라 예라 하지만 어찌 옥과 비단을 말하는 것이리오? 악(樂)이라 악이라 하지만 어찌 종과 북을 말하는 것이리오?"

옥백(玉帛) : 옥은 오옥(五玉)이라 하여 공후백자남(公侯伯子男)의 계급에 따라 천자가 주는 것이요, 백은 삼백(三帛)이라 하여 제후의 세자와 공의 세자와 속국의 군주에게 천자가 내려 주는 것. 조회 때의 예의 형식이다.

┃풀이┃ 예의 근본은 공경하는 데 있고 악의 근본은 화락하는 데 있다. 공경과 화락을 제외한다면 예악은 본의를 상실하고 만다. 그러므로 공자는 "예라 예라 하지만 예의 근본은 공경하는 데 있는 것이지 오옥(五玉)의 형식을 쓰는 데 있는 것이 아니고, 악이라 악이라 하지만 악의 근본은 화락하는 데 있는 것이지 종과 북을 울리는 데 있는 것이 아니다."라고 말하였던 것이다.

12

12// 子曰, 色厲而內荏을 譬諸小人컨대 其猶穿窬之盜也與인저

공자께서 말씀하시기를, "얼굴빛은 위엄이 있으면서 속이 유약한 것을 소인들에게 비유한다면 마치 벽을 뚫고

담을 넘는 것과 같으니라."

| 풀이 | 겉만 위엄있는 체 꾸미고 있는 사람은 도둑과 다를 바가 없다는 말이다. 위선을 가장한 표리부동(表裏不同)한 인간은 사실 도둑보다 더 나쁜 존재가 아니겠는가.

여(厲) : 위엄이 있는 모양.
내임(內荏) : 속이 유약함.
유(窬) : 담을 넘어 들어감.

13

공자께서 말씀하시기를, "향인(鄕人)으로부터 덕이 있는 사람이라고 칭송을 받으나 실제로 그렇지 못한 사람은 도덕의 도둑이니라."

13// 子曰, 鄕原은 德之賊也이니라

| 풀이 | 순박한 시골 사람들로부터 덕이 있는 군자라는 말을 듣고 있으나 실제로 그렇지 못한 사람은 도덕을 해치고 있는 도둑이라고 한 것이다. 그러나 향(鄕)을 비속한 사람들이 모여 사는 곳으로 보아, 이 글의 뜻을 비속한 소인들 사이에서 점잖다고 칭찬을 받는다는 것은 덕을 해치는 것이라고 풀이하는 사람도 있으나, 이는 의미상으로 약간 미흡한 느낌이 든다. 고주(古註)에는 향원(鄕原)을 시골 사람이 근후한 사람이라고 한 것으로 보아 팔방미인적(八方美人的) 존재로 풀었다. 그래서 그러한 사람은 생각 없이 날뛰고 세속에 아첨하는 사람이기 때문에 도리어 덕을 해치는 사람이라고 하였던 것이다.

14// 子曰, 道聽而塗說
이면 德之棄也이니라

도(道) : 넓은 길.
도(塗) : 좁은 길.
기(棄) : 버리다.

14

공자께서 말씀하시기를, "큰 길에서 듣고 작은 길에 와서 이야기한다면 덕을 버리는 것이니라."

| 풀이 | 남에게서 들은 것은 충분히 생각하고 음미해서 자기의 것으로 소화시켜야만 참다운 삶이 되는 것이다. 그러나 남에게서 들은 것을 아무런 생각도 없이 또 다른 사람에게 떠들어대서 잘난 체한다면 그것은 경박한 행위로 자신의 인격을 스스로 포기하는 것이다. 큰 길에서 들은 것을 작은 길에 가서 이야기한다면 언제 충분히 음미할 수 있겠는가.

15

15// 子曰, 鄙夫는 可與
事君也與哉아 其未得
之也엔 患得之하고 旣
得之하면 患失之하나
니 苟患失之면 無所不
至矣니라

공자께서 말씀하시기를, "비속한 사람과는 함께 임금을 섬길 수 없도다. 지위를 얻기 전에는 그것을 얻지 못하여 걱정을 하고 이미 얻었으면 잃지 않으려고 걱정을 한다. 참으로 그것을 잃지 않으려고 걱정을 한다면 못하는 짓이 없게 되느니라."

비부(鄙夫) : 비속한 사람.
환(患) : 근심하다.

| 풀이 | 비부(鄙夫)는 소인 중에서 최하의 인간을 뜻한다. 오직 명리에만 눈이 어둡고, 그 명리를 위해서라면 의와 불의를 가리지 않고 못하는 일이 없다는 것이다. '그것을 얻지 못해서는(其未得之也)'의 그것이란 말은 명리에

해당되는 것이면 어느 것이나 다 통한다. 여기서는 앞 구절의 사군(事君)이란 말과 연관시켜서 '지위(地位)'란 말로 풀이했다.

16

공자께서 말씀하시기를, "옛날에는 사람들에게 세 가지 병폐가 있었는데 지금에는 그것마저 없어진 것 같다. 옛날의 뜻이 큰 사람은 작은 예절에 구속되지 않았으나 지금의 뜻이 큰 사람은 방탕한 것 같고, 옛날의 뽐내는 사람들은 행동이 모난 것 같았으나 지금의 뽐내는 사람들은 분노를 터뜨리며 날뛰고, 옛날의 어리석은 자는 정직했으나 지금의 어리석은 자는 속임수가 있을 뿐이로다."

16// 子曰, 古者에 民有 三疾이러니 今也에 或 是之亡也로다 古之狂 也肆러니 今之狂也는 蕩이요 古之矜也는 廉 이러니 今之矜也는 忿 戾오 古之愚也는 直이 러니 今之愚也는 詐而 已矣로다

| 풀이 | 사람이 살아가는 데에는 자연히 여러 가지 병폐가 따르게 마련이다. 옛날 사람이라고 해서 지금의 사람과 다를 수는 없다. 그러나 공자가 말한 옛 사람의 병폐란 것은 단순히 결점만을 뜻하는 게 아니라 한편으로는 장점도 되는 것이다. '광(狂)'이란 것은 품은 뜻이 워낙 높아 광기가 흐르고 있음을 뜻하는 것인데, 옛날 사람들은 너무나 소탈하여 사소한 예절 따위는 우습게 여기는 결함이 있었으나 지금 사람들은 오직 방탕으로 흐르고 있다. 그리고 자신을 굳게 지키는 '긍(矜)'만 하더라도 옛날 사람은 너무 염치와 결백을 주장하기 때문에 행동에 모가 난

광(狂) : 뜻이 지나치게 큼.
사(肆) : 작은 예절에 거리끼지 않음.
긍(矜) : 자랑함.
염(廉) : 행동에 모가 난 것.

것같이 생각될 정도였는데, 지금의 사람들은 남을 비평하거나 투쟁을 하기 위해서 고자세를 취한다. 또 '우(愚)'만 하더라도 옛날 사람은 우직하였는데 지금 사람들은 남을 속이기 위해서 일부러 어리석은 척한다는 것이다. 세시풍속과 함께 인간으로서의 진실성이 사라지고 있음을 개탄한 말이다.

17// 子曰, 巧言令色이 鮮矣仁이니라
※15쪽 학이편(學而篇) 3과 같음.

17

공자께서 말씀하시기를, "교묘하게 꾸며 대는 말과 보기좋게 꾸미는 표정에는 인(仁)이 드무니라."

18// 子曰, 惡紫之奪朱也하고 惡鄭聲之亂雅樂也하며 惡利口之覆邦家者하노라

18

공자께서 말씀하시기를, "나는 자주색이 붉은색을 뺏는 것을 미워하고, 정(鄭)나라의 음악이 아악(雅樂)을 어지럽힌 것을 미워하며, 약삭빠르게 둘러댄 말이 나라를 뒤엎음을 미워하노라."

이구(利口) : 약삭빠르게 둘러대는 말.
방가(邦家) : 나라와 대부의 집을 말함.

| 풀이 | 자줏빛은 청색과 적색의 혼색으로 이루어진 것이나, 붉은색보다 아름답다. 정(鄭)나라 음악은 음탕하면서도 인간의 비애만 자아내게 하는데 오히려 아악(雅樂)보다 사람의 마음을 더욱 현혹시킨다. 나라를 다스리는 데에는 반드시 옳은 말을 따라야 하나, 때로는 한 순간만을

모면하려고 둘러대는 말에 의하여 모든 것이 행하여지기도 한다. 이것은 모두 사(邪)가 정(正)을 뒤엎는 예라 할 수 있는데, 그것이 공자가 미워한 까닭이다.

19

공자께서 말씀하시기를, "나는 말을 아니하고자 한다."
자공이 말하기를, "선생님께서 말씀하지 않으시면 저희들은 어떻게 도를 배우고 전하나이까?"
공자께서 말씀하시기를, "하늘이 무엇을 말하더냐? 사시(四時)가 운행되며 만물이 생겨난다. 하늘이 무엇을 말하더냐?"

19// 子曰, 予欲無言하노라 子貢曰, 子如不言이시면 則小子何述焉이리잇고 子曰, 天何言哉시리오 四時行焉하며 百物生焉하나니 天何言哉시리오

| 풀이 | 공자가 말했다. "나는 지금부터 말을 안하려고 한다." 무슨 뜻에선지 그는 별안간 묵비설(默秘說)을 내세웠다. 그러자 자공(子貢)이 "선생님께서 장차 말씀을 하시지 않는다면 저희들은 어떻게 도를 배우고 전하겠습니까?" 하고 물었고, 이에 공자는 "저 하늘을 보라. 지금 이 시간에도 천체는 변함없이 운행되고 있으며, 사시(四時)의 순환도 끊임없다. 말은 하지 않지만 벌써 모든 도를 알려 주고 있는 것이다." 하고 말하였던 것이다.
도와 학문은 남에게 배우는 것도 중요하지만 그것을 옳게 깨닫기 위해서는 자신이 스스로 생각하고 느끼지 않으면 안 된다. 제자들에게 스스로 도를 느끼고 깨칠 수 있는

여지를 주기 위함이었던 것이다.

20

20// 孺悲欲見孔子어늘 孔子辭以疾하시고 將命者出戶커늘 取瑟而歌하사 使之聞之하시다

유비(孺悲)가 공자를 뵙고자 찾아오니 공자께서 몸이 편찮으시다는 이유로 거절하셨다. 그러나 명(命)을 전달하는 사람이 문을 나가자, 비파를 타시면서 노래를 불러 유비로 하여금 듣게 하셨다.

유비(孺悲) : 노나라 사람. 애공(哀公)의 신하로 일찍이 공자에게 사상례(士喪禮)를 배운 적이 있음.

│풀이│ 애공(哀公)의 신하인 유비(孺悲)란 사람이 공자를 뵙고자 하였다. 그러나 공자는 몸이 불편하다는 이유로 면회를 거절했을 뿐만 아니라, 명을 전하는 사람이 밖으로 나가자 비파를 타면서 노래를 불러 유비에게 듣게 하였다. 본문에서 유비에 대하여 자세히 나오지 않기 때문에 그가 어떠한 인물인지는 알 수 없으나, 어쨌든 공자가 만나기를 꺼려한 사람이니만큼 사람됨이 훌륭한 것 같지는 않다.

21

21// 宰我問 三年之喪이 期已久矣로소이다 君子三年을 不爲禮면 禮必壞하고 三年을 不爲樂이면 樂必崩하리니 舊穀이 旣沒하고 新

재아가 묻기를, "삼년상은 기간이 너무 오래인 것 같습니다. 군자가 3년 동안이나 예(禮)를 차리지 않는다면 예는 반드시 무너질 것이며, 3년 동안이나 악(樂)을 다루지 않는다면 악도 반드시 무너질 것입니다. 묵은 곡식이 다

없어지고 새 곡식이 나오고 불을 일으키는 나무를 새로 뚫어 불도 고치게 되었으니, 1년이면 그칠 만하나이다."

공자께서 말씀하시기를, "쌀밥을 먹고 비단옷을 입으면 너는 편하겠느냐?"

말하기를, "편하나이다."

"네 마음이 편하다면 그대로 해라. 군자는 상중에는 좋은 음식을 먹어도 맛이 없으며, 음악을 들어도 즐겁지 않으며, 거처하는 것이 불안하기 때문에 그렇게 하는 것이다. 이제 네가 편하다면 그대로 하여라."

재아가 나가자 공자께서 말씀하시기를, "재아는 어질지 못하구나. 자식은 낳은 지 3년이 지난 후에야 부모의 품에서 벗어난다. 그러기에 삼년상이 온 천하에 공통된 상례이거늘, 재아도 그 부모에게서 3년 동안의 사랑이 있었으련만……."

| 풀이 | 재아(宰我)가 공자에게 삼년상의 기간이 너무 기니 1년으로 단축하는 것이 어떠냐고 물었다. 그 이유로는 3년 동안이나 예(禮)와 악(樂)을 폐지한다면 상당한 퇴보를 가져오지 않겠느냐는 것이었다. 그리고 또 햇곡식이 나오고 사람들도 불을 다시 고쳐서 쓰니, 자연의 이치로 따지더라도 1년이면 족하다고 강조하기까지 한 것이다.

그러나 공자는 정면으로 공박하지 않고 "너는 그 기간 동안에 쌀밥을 먹고 비단옷을 입으면 편하겠느냐?" 하고 질문을 했다. 재아는 그렇다고 솔직하게 대답했다. 그제

穀이 旣升하며 鑽燧改火하나니 期可已矣로소이다 子曰, 食夫稻하며 衣夫錦이 於女여 安乎아 曰, 安하나이다 女安則爲之하라 夫君子之居喪에 食旨不甘하며 聞樂不樂하며 居處不安故로 不爲也하나니 今女安則爲之하라 宰我出커늘 子曰, 予之不仁也여 子生三年然後에 免於父母之懷하나니 夫三年之喪은 天下之通喪也이거늘 予也有三年之愛於其父母乎아

찬수개화(鑽燧改火) : 불을 일으키는 나무에 구멍을 뚫고 불을 고침. 옛날에는 나뭇조각에 구멍을 뚫고 거기에 나무 막대를 꽂아 비벼서 불을 일으켰음. 봄에는 느릅나무와 버드나무, 여름에는 대추나무와 살구나무, 가을에는 갈참나무와 섭나무, 겨울에는 느티나무와 박달나무 등을 사용했음.
기가이(期可已) : 1주년, 즉 만 1년으로 끝냄이 좋음. 돌의 뜻.

서야 공자의 불호령 같은 꾸지람이 시작되었다. "네가 편안하면 편안한 대로 하여라. 그러나 군자는 그 기간 동안에 맛있는 음식을 먹어도 맛을 모르고, 풍악을 들어도 즐겁지 않으며, 어디에 거처하든지 마음이 편안하지 않기 때문에 3년 동안을 상으로 보내는 것이다. 너는 1년 후에 쌀밥을 먹으면 맛이 있고 비단옷을 입으면 몸이 편안하다니 너 하고 싶은 대로 하여라."

말이 여기에 이르자 재아는 더 이상 이견을 내세우지 못하고 물러갔다. 재아가 물러간 뒤에 공자는 재아의 어질지 못함을 한탄했다. "사람은 태어난 후에도 3년이 지난 다음이라야 부모의 품에서 벗어난다. 그러므로 삼년상이 정해졌고 또 그것은 만천하에 통하는 예이다. 재아는 3년 동안 부모의 사랑을 받지 않았단 말인가."

여기서 공자는 3년이란 형식보다는 사랑해 주고 애통해 하는 부모와 자식 사이의 정리를 말한 것으로 보아야 하겠다. 부모가 죽은 다음에 애통하는 마음이 1년이면 1년 동안 상복을 입고, 10년이면 10년 동안 상복을 입을 수 있음을 의미한 말이다. 그러나 인간의 정리로 따진다면 적어도 3년 동안은 애통한 마음을 간직해야 어진 사람이라고 할 수 있다는 것이다.

이 글은 후세에서 삼년상을 합리화시키기 위해 논어에 삽입한 것이라는 설도 있다.

22

공자께서 말씀하시기를, "종일 배불리 먹고 마음 쓰는 데가 없다면 어려운 노릇이다. 장기와 바둑이 있지 않느냐? 그런 것이라도 하는 게 오히려 나을 것이니라."

| 풀이 | 공자는 제자들이 항상 무엇인가 노력하는 사람이 되기를 바랐던 모양이다. 그래서 할 일이 없으면 바둑이나 장기를 두는 편이 그래도 낫다고 한 것이다. 무위도식(無爲徒食)이 인간에게 해가 된다는 것은 누구나 잘 알고 있는 바이다.

22// 子曰, 飽食終日하여 無所用心이면 難矣哉라 不有博奕者乎아 爲之猶賢乎已니라

23

자로가 말하기를, "군자도 용기를 숭상하나이까?"
공자께서 말씀하시기를, "군자는 정의를 가장 높이 숭상해야 한다. 군자가 용기만 있고 정의가 없으면 난동을 부리게 되고, 소인이 용기만 있고 정의가 없으면 도둑질을 하게 되느니라."

| 풀이 | 여기서 군자란 덕이 높은 사람이라기보다 단순히 지체가 높아 남의 윗자리에 있는 사람으로 보아야겠다. 사람에게 용기가 없으면 비겁하게 된다. 그러나 용기에는 반드시 정의감이 바탕에 깔려 있어야 난동이나 도둑질을 하지 않게 된다. 항상 용기가 넘쳐 있으나 이성이 부족한

23// 子路曰, 君子尙勇乎리잇고 子曰, 君子義以爲上이니 君子有勇而無義면 爲亂이요 小人有勇而無義면 爲盜니라

자에게 교훈을 준 말이다.

24

자공이 말하기를, "군자도 미워하는 것이 있나이까?"

공자께서 말씀하시기를, "미워하는 것이 있느니라. 나의 악함을 떠들어대는 것을 미워하고, 아랫자리에 있으면서 윗사람을 비방하는 것을 미워하고, 용맹스러우면서 무례한 것을 미워하고, 과감하면서 막힌 것을 미워하느니라."

말씀하시기를, "사야, 너도 미워하는 것이 있느냐?"

"저도 미워하는 것이 있나이다. 남의 눈치만 살핌으로써 지혜로운 체하는 사람을 미워하고, 용기만 가지고 윗사람에게 불손을 저지르는 사람을 미워하고, 남의 비밀을 폭로함으로써 정직한 체하는 사람을 미워하나이다."

24// 子貢이 曰, 君子亦有惡乎리잇고 子曰, 有惡하니 惡稱人之惡者하며 惡居下流而訕上者하며 惡勇而無禮者하며 惡果敢而窒者니라 曰, 賜也아 亦有惡乎아 惡徼以爲知者하며 惡不孫以爲勇者하며 惡訐以爲直者하노이다

산(訕) : 비방하거나 헐뜯는 말을 뜻함.
질(窒) : 통하지 못함.
요(徼) : 엿보아 살핌.

| 풀이 | 여기에서 자공(子貢)이 물은 군자는 덕이 높은 사람을 뜻하는 것으로 공자를 가리킨 말이다. 그는 군자도 미워하는 것이 있느냐고 물었다. 군자는 덕이 높아 여러 사람을 고루 사랑한다. 하지만 그래도 사람인 이상 미워하는 것이 없을 리 없다. 공자는 악행·무례·불의 등을 미워한다고 했다. 그러자 자공은 자신도 미워하는 것이 있다고 했다. 그는 비열한 위선이나 허위 따위를 미워한다고 했다. 과감하면서 막힌 것은 과단성 있게 시시비비는 가리지만 경우에 따라 용서할 줄 모르는 것이다.

25

공자께서 말씀하시기를, "여자와 소인은 다루기 어렵다. 가까이하면 불손하게 굴고, 멀리하면 원망하느니라."

| 풀이 | 생각하는 범위가 좁으면서 단순한 여자와 소인은 다루기가 힘들다는 말이다. 여자란 대개 감정적이어서 사소한 일에도 눈물과 웃음을 교차하며 또 남을 오해하기를 잘한다. 소인 역시 마찬가지라 하겠다. 조금만 가까이하면 버릇없이 굴고, 조금만 멀리하면 원망을 한다.

25// 子曰, 唯女子與小人이 爲難養也이니 近之則不孫하고 遠之則怨이니라

26

공자께서 말씀하시기를, "나이 사십이 되어서도 남에게 미움을 받는다면 그것은 마지막이니라."

| 풀이 | 공자는 나이 사십이 불혹(不惑)이라고 했다. 그런데 사십이 되도록 남에게 미움만 받는다면 앞으로 더 바라볼 것이 없다는 뜻이다.

26// 子曰, 年四十而見惡焉이면 其終也已니라

제 18 편
미자(微子)

1

1// 微子는 去之하고 箕子는 爲之奴하고 比干은 諫而死하니라 孔子曰, 殷有三仁焉이니라

미자(微子)는 떠나고, 기자(箕子)는 종이 되고, 비간(比干)은 간하다가 죽었다.

공자께서 말씀하시기를, "은(殷)나라에 세 인자(仁者)가 있었느니라."

미자(微子) : 은(殷)나라 주왕(紂王)의 서형(庶兄)으로 이름은 계(啓).
기자(箕子) : 주왕의 숙부. 주왕의 난정을 간해도 듣지 않으므로 머리를 풀어헤쳐 미친 것처럼 가장하고, 노예의 무리 속에 들어가 종적을 감추었다고 함.
비간(比干) : 주왕의 숙부. 주왕을 격렬히 비판했기 때문에 왕의 노여움을 사서 처형되었음.

| 풀이 | 은(殷)나라의 마지막 임금인 주왕(紂王)은 무도하기로 이름이 높다. 서형(庶兄)인 미자(微子)는 주왕의 포악 무도함을 간하였으나 듣지 않았기 때문에 주왕의 곁을 떠나갔으며, 기자(箕子)는 일부러 미친 것같이 하여 노예들 속으로 들어가 숨어 버렸고, 비간은 직간을 하다가 주왕의 노여움을 받아 사형을 당하였다. 공자는 이 세 사람을 칭하여 인자라 하였으며, 그가 이런 말을 하게 된 이유는 난세에 처하는 군자의 태도를 밝히고자 한 것이다.

2

2// 柳下惠爲士師하여

유하혜(柳下惠)가 사사(士師)가 되어 세 차례나 쫓겨나자, 어떤 사람이 그에게 말하기를, "당신은 다른 나라로 갈 수 없었던가요?"

말하기를, "곧은 도리로 사람을 섬기자면 어디에 간들 세 차례쯤은 쫓겨나지 않겠소? 정도(正道)를 굽혀서 사람을 섬길진대 어찌 꼭 조국을 떠나야 한단 말이오?"

三黜이어늘 人이 曰, 子未可以去乎아 曰, 直道而事人이면 焉往而不三黜이며 枉道而事人이면 何必去父母之邦이리오

| 풀이 | 노나라의 대부인 유하혜는 죄인을 맡아 다스리는 사법관의 벼슬을 맡으면서 세 차례나 쫓겨났다. 그래서 어떤 사람이 그의 처지를 딱하게 여겨 "왜 이런 나라를 떠나시지 않습니까? 떠날 수가 없어서 그러시는 것입니까?" 하고 말했다. 유하혜의 억울함을 동정해 주는 말이었다. 그러나 유하혜는 조금도 서운한 기색을 나타내지 않고 "정도(正道)로써 사람을 섬기려면 어디에 간들 서너 번쯤은 쫓겨나지 않겠습니까? 그렇지 않고 도를 굽혀서 사람을 섬긴다면 조상이 있는 이 노나라에 있을 것이지, 왜 다른 나라로 갈 필요가 있단 말이오?" 하고 자신의 뜻을 굳게 밝혔다.

이 글에서 특이한 점은 공자나 그의 제자의 말이 조금도 언급되어 있지 않다는 점이다. 유하혜란 인물에 대하여서는 당시 노나라의 대부였으며 현인이란 것밖에 알려져 있지 않다. 그러나 공자의 제자들이 유하혜에 대한 이야기를 〈논어〉에 기록했다는 것은, 악한 정권에서도 자신의 뜻을 굽히지 않고 정도를 지켜 나간 그를 현인(賢人)의 전형으로 삼은 것이라 하겠다.

유하혜(柳下惠) : 노나라의 대부. 현인이란 평을 들을 정도로 훌륭했다고 함. 성은 전(展).
사사(士師) : 옥관(獄官). 즉, 죄인을 다스리는 벼슬.
출(黜) : 내쫓김을 당함. 물리침을 받는 것. 파면을 당하는 것.

3// 齊景公이 待孔子 曰, 若季氏則吾不能이 어니와 以季孟之間으 로 待之하리라 하고 曰, 吾老矣라 不能用也 라 한데 孔子行하시다

계씨(季氏) : 노나라 삼환 (三桓)의 일족.
맹씨(孟氏) : 삼환의 일족으 로 계씨 다음 가는 귀족.

3

제(齊)의 경공(景公)이 공자를 대우하는 일에 관하여 말하기를, "계씨(季氏) 정도로 대우하지는 못하겠지만 계씨와 맹씨의 중간쯤은 대우해 주리라." 하고 말했다가, "내 늙었으니, 쓸 수 없구나."

그러자 공자께서 제나라를 떠나셨다.

| 풀이 | 제(齊)나라 군주 경공(景公)이 공자를 쓸 생각으로 신하와 더불어 공자의 대우 문제를 가지고 논의했다. "내 그를 노나라 최고 귀족인 계씨 정도의 대우는 못해 줄 망정, 그 계씨와 맹씨의 중간 대우는 해주리라." 그러나 깊이 생각해 본 후 "나는 이미 늙었도다. 그래서 도저히 그를 쓸 수 있을 것 같지가 않구나." 하고 말을 고쳤다. 공자는 이 말을 전해 듣자 즉시 제나라를 떠났다.

본장은 어떻게 본다면 경공과 공자와의 직접적인 대화 같이 생각되기도 하지만, 말투의 흐름이나 내용면으로 보아 직접적인 면담은 아니었을 것이다.

4// 齊人이 歸女樂이어 늘 季桓子受之하고 三 日不朝한데 孔子行하 시다

4

제(齊)나라 사람들이 여악사(女樂士)들을 보내왔다. 계환자(季桓子)가 이를 받아들여 3일 동안 조회를 열지 않자, 공자께서 떠나셨다.

제18편 ___ 미자 • 427

| 풀이 | 공자가 노나라의 대사구(大司寇)란 벼슬을 하여 날로 치적이 올라가고 있을 때였다. 제(齊)나라에선 이것을 두려워하여 미녀들로 구성된 무악(舞樂)을 노나라에 보내왔는데, 이를 계환자(季桓子)가 받아들여 3일간이나 조회를 열지 못할 지경에 이르렀다. 조회를 열지 않았다는 것은 정사를 폐한 것이나 다름이 없다고 하겠다. 그러므로 공자는 그런 상태로서는 정치를 바르게 행할 수 없다고 생각하여 결국 고국인 노나라를 떠나게 되었던 것이다.

여악(女樂) : 기녀로 구성된 무악(舞樂).
계환자(季桓子) : 노나라의 대부.

5

초(楚)나라의 광인인 접여(接輿)가 공자의 앞을 지나치면서 노래하여 말하기를, "봉황새야, 봉황새야, 어쩌다가 덕이 쇠하였는가. 지난 일은 말릴 수 없지만, 오는 일을 따를 수 있거니 그만두어라, 그만두어. 지금의 벼슬길을 따른다면 위태롭거니."

공자께서 내려가 그와 말씀하시고자 했으나, 급히 도망쳐 말씀을 나누지 못하셨다.

5// 楚狂接輿歌而過孔子曰 鳳兮鳳兮여 何德之衰오 往者는 不可諫이어니와 來者는 猶可追니 已而已而어라 今之從政者殆而니라 孔子下하사 欲與之言이시러니 趨而辟之하니 不得與之言하시다

| 풀이 | 접여는 초(楚)나라 사람으로 미치광이로 가장하여 세상을 살아가던 은사(隱士)이다. 그는 공자가 묵고 있는 집 앞을 지나면서 기이한 노래를 불렀다고 한다. 그것은 공자에게 정치로부터 손을 떼라는 충고였다. 여기서 봉황이란 공자를 비유한 말로, 천하가 태평한 세대에 나

접여(接輿) : 초(楚)나라 사람. 성은 육(陸), 이름은 통(通), 접여는 자. 일부러 미친 척하여 어지러운 세상을 피하였음.

타나서 어지러워지면 숨는다는 영조(靈鳥)이다. 미친 사람의 말이라고는 하나 말 속에는 범인을 능가하는 뜻이 들어 있었다. 그래서 공자가 급히 내려와 만나 보려 했으나 그가 워낙 빨리 피하는 바람에 함께 말을 나누지 못하였다는 이야기이다.

6

6// 長沮桀溺이 耦而耕이어늘 孔子過之하실새 使子路로 問津焉하신데 長沮曰, 夫執輿者爲誰오 子路曰, 爲孔丘시니라 曰, 是魯孔丘與아 曰, 是也시니라 曰, 是知津矣니라 問於桀溺한데 桀溺이 曰, 子爲誰오 曰, 爲仲由로라 曰, 是魯孔丘之徒與아 對曰, 然하다 曰, 滔滔者天下皆是也이니 而誰以易之리오 且而與其從辟人之士也론 豈若從辟世之士哉리오 하고 耰而不輟하더라 子路行하여 以告한데 夫子憮然曰, 鳥獸는 不可與同群이니 吾非斯人之徒를 與오 而誰與리오 天下有道면 丘不與易也이니라

장저(長沮)와 걸익(桀溺)이 함께 밭을 갈고 있는데 공자께서 지나시다가 자로에게 나루터가 어딘지 알아 오게 하셨다.

장저가 말하기를, "저 수레에 앉아 고삐를 잡고 있는 사람이 누구요?"

자로가 대답하기를, "공구(孔丘)라는 분입니다."

"저 사람이 바로 노나라의 공구라는 분이오?"

말하기를, "그렇습니다."

"그렇다면 나루터쯤은 알고 있을 텐데……."

걸익에게 물으니 말하기를, "당신은 누구요?"

말하기를, "중유(仲由)올시다."

"바로 노나라 공구의 제자요?"

대답하기를, "그렇습니다."

말하기를, "도도한 물결에 온 천하가 다 휩쓸려 있거늘 이를 누구의 힘으로 바꾸리오? 또 당신은 사람을 피하는 선비를 따르기보다는 세상을 피하여 사는 선비를 따르는

것이 어떻겠소?" 하고 고무래로 흙을 덮어가는 것을 멈추지 않았다.

자로가 돌아와서 이 일을 말씀드리자 공자께서 말씀하시기를, "새나 짐승과는 함께 떼지어 살 수 없으니, 내가 사람들과 함께 살지 않으면 누구와 함께 산단 말인가? 천하에 도가 있다면 나는 구태여 바꾸려 들지도 않았을 것이니라."

| 풀이 | 장저와 걸익 두 은사가 밭을 갈고 있었다. 공자 일행은 그들이 밭을 갈고 있는 옆을 지나게 되었고, 공자는 자로(子路)를 시켜 그들에게 가서 나루터가 있는 곳을 알아 오게 하였다. 명을 받은 자로가 두 사람에게로 다가가자, 장저가 먼저 물어 왔다. "저기 수레 위에서 말고삐를 잡고 있는 사람이 뉘시오?" 자로가 대답했다. "공구(孔丘)라는 분입니다." 구(丘)는 공자의 이름이다. 공자의 덕과 학문은 널리 알려졌기 때문에 당시에 모르는 사람이 없을 정도였다. 장저는 공구라는 말을 듣자 약간 놀라며 다시 한번 물었다. "바로 노나라의 공구란 말씀이오?" "그러하오." "그렇다면 내가 대답하지 않아도 나루터쯤은 알고 있을 텐데······." 대답을 회피하는 말에 공자를 야유하는 뜻이 들어 있다.

자로는 더 물어 보았자 소용이 없다고 생각되어 이번에는 걸익에게 물었는데, 걸익은 오히려 반문했다. "당신은 뉘시오?" "중유(仲由)라 하옵니다." 하고 자로가 대답했

장저 · 걸익(長沮桀溺) : 두 사람 모두 은사(隱士)임.
도도(滔滔) : 큰 물이 흘러가는 모양. 시대의 조류에 따라감.
무연(憮然) : 뜻을 잊어 멍청한 모양.

다. "그렇다면 당신은 바로 노나라 공구의 제자요?" "그렇사옵니다." 걸익의 눈길은 자로의 얼굴을 똑바로 응시하면서 자로의 대답이 끝나자마자 이렇게 말했다. "도도히 흘러 막을 길 없는 탁류는 강물만이 아니라, 온 천하의 도리가 다 그에 휩쓸리고 있소. 그런데 누가 감히 이를 막을 수 있단 말이오? 그리고 또 당신은 사람을 피하여 숨어 다니는 선비를 따르는 것보다 차라리 세상을 피하여 살아가는 우리 같은 사람을 따르는 게 어떻겠소?" 하면서 씨 뿌린 밭에 고무래질하는 것을 멈추지 않았다.

자로가 급히 돌아가 공자에게 이 사실을 고했다. 공자는 어이가 없는 표정을 지으며 "사람이 새나 짐승과 함께 무리를 지어 살 수는 없는 것인데, 내가 사람을 피하여 산다면 누구와 함께 산단 말인가? 천하에 도가 행하여진다면 내 구태여 방향을 바꾸려 하지도 않았을 것이다." 하고 말했다.

여기에 나오는 장저와 걸익이란 인물이 어떤 사람인지는 자세히 알 수 없으나, 다만 난세를 피하여 초야에 숨어 사는 은자(隱者)라고만 짐작된다. 그들이 번갈아 가며 자로와 주고받은 이야기는 공자를 존경하는 뜻보다는 비웃고 있는 듯한 느낌을 준다.

이 글은 자신의 뜻을 펴고자 천하를 두루 돌아다닌 공자와 도교적(道敎的) 사상을 지니고 있는 두 숨은 은자의 체념적인 처세관이 부딪친 일화라고 생각된다.

7

자로가 공자를 수행하다가 뒤처졌는데, 지팡이에 대바구니를 매달아 어깨에 걸친 노인을 만났다.

자로가 묻기를, "영감님께서는 우리 선생님을 보셨는지요?"

노인이 말하기를, "손발을 부지런히 놀리지도 않고 오곡(五穀)을 분별할 줄도 모르는 사람 말인가, 누가 선생이란 말인가?" 하고 지팡이를 땅에 꽂고 김을 매기 시작했다. 자로는 두 손을 마주잡고 경의를 표한 채 그대로 자리에 서 있었다. 노인은 자로를 만류하여 묵게 하고, 닭을 잡고 기장밥을 대접하였으며, 두 아들을 인사시켰다. 이튿날, 자로가 달려가 공자에게 이 사실을 고하였다.

공자께서 말씀하시기를, "은자일 것이다." 하고 자로로 하여금 다시 한번 만나 보게 하셨다. 자로가 노인의 집에 이르러 보니 노인은 떠나고 없었다.

자로가 말하기를, "벼슬을 하지 않는 것은 의롭지 못한 일입니다. 어른과 아이의 예절도 폐할 수 없는 것인데, 하물며 임금과 신하의 의를 어찌 폐할 수 있겠습니까? 자기 몸만 청결하게 하고자 한다면 큰 인륜이 어지럽게 됩니다. 군자가 벼슬살이를 한다는 것은 자기의 의리를 행하는 것이며, 도가 행하여지지 않는다는 것은 이미 알고 있습니다."

| 풀이 | 자로(子路)가 공자를 수행하다가 뒤에 처지게 되

7// 子路從而後러니 遇丈人이 以杖荷蓧하여 子路問曰, 子見夫子乎아 丈人이 曰, 四體를 不勤하며 五穀을 不分하나니 孰爲夫子리오 하고 植其杖而芸하더라 子路拱而立한데 止子路宿하여 殺鷄爲黍而食之하고 見其二子焉이어늘 明日에 子路行하여 以告한데 子曰, 隱者也이로다 하시고 使子路로 反見之하시니 至則行矣러라 子路曰, 不仕無義하니 長幼之節을 不可廢也이니 君臣之義를 如之何其廢之리오 欲潔其身而亂大倫이로다 君子之仕也는 行其義也이니 道之不行은 已知之矣시니라

장인(丈人) : 노인.
공이립(拱而立) : 두 손을 마주잡고 섬. 경의를 표하는 모양.
지숙(止宿) : 만류하여 묵게 하는 것.

었다. 그런데 그때 마침 대바구니를 지팡이에 꿰어 어깨에 걸친 한 노인을 만났다. 자로는 노인에게 다가가 공손히 물었다. "노인장께선 혹시 우리 선생님을 보셨는지요?" 이에 노인이 비웃는 듯 대답했다. "수족이 아까워서 부지런히 일하지 않고 곡식도 분별하지 못하는 딱한 사람 말인가, 도대체 그대의 선생이 누구란 말인가?" 자로는 이 노인이 보통 사람이 아님을 느끼고 두 손을 모아 공경하는 태도를 취한 채 그 자리에 서 있었다. 그러자 노인은 자로를 자기 집으로 데리고 가서 묵게 하고, 닭을 잡고 기장밥을 지어서 대접한 후 자기의 두 아들을 인사시켜 주었다.

이튿날, 자로가 공자의 일행을 따라가 이 사실을 이야기하였다. 공자는 그 노인이 은자일 것이라고 말하고 자로에게 다시 찾아가 보게 하였다. 자로가 다시 노인의 집에 찾아갔을 때 노인은 이미 어디론지 가버리고 없었다. 그래서 자로가 이렇게 말했다.

"세상에 나와 벼슬하지 않음은 의를 저버리는 것입니다. 어른과 어린이에 있어서의 예절도 버릴 수 없거늘 하물며 군신의 의리를 어찌 저버릴 수가 있겠습니까? 내 한 몸을 깨끗이 하기 위하여 대의를 어지럽히는 것이나 마찬가지입니다. 군자가 세상에 나아가 벼슬함은 대의를 행하기 위한 것이며, 천하에 정도(正道)가 행하여지지 않는 것은 이미 다 알고 있는 바입니다."

이 구절은 공자의 뜻을 자로가 전하여 말한 것으로, 세상을 피하여 숨어 살면서 자신의 고결함만을 지키려 하지 말고 좀더 뜻을 넓혀 대의를 실천하도록 노력하라는 충고라 생각된다.

8

은사에는 백이(伯夷)·숙제(叔齊)·우중(虞仲)·이일(夷逸)·주장(朱張)·유하혜(柳下惠)·소연(少連) 등이 있다.

공자께서 말씀하시기를, "그 뜻을 굽히지 않고 그 몸을 욕되게 하지 않음은 백이와 숙제였다."

유하혜와 소연에 대하여 말씀하시기를, "뜻을 굽히고 몸을 욕되게 하였으나 말이 도리에 맞고 행동이 법도에 맞았으니 그들은 이렇게 살아갔을 뿐이니라."

우중과 이일에 대하여 말씀하시기를 "숨어 살며 거침없이 말했지만 몸가짐이 깨끗하였고 세상을 버리는 것이 시세에 맞았다. 나는 그들과 달라 옳은 것도, 옳지 않은 것도 없도다."

| 풀이 | 백이·숙제·우중·이일·주장·유하혜·소연 등 7명의 은사(隱士)에 대하여 공자가 평한 것이다. 백이와 숙제는 지조를 굽히지 않고 몸을 욕되게 하지도 않았으며, 유하혜와 소연은 때를 가리지 않고 뜻을 굽혀 가면서 벼슬을 하여 몸을 욕되게 하였지만, 말이 도리에 맞고 행동이 법도에 맞았다고 하였다.

그리고 우중과 이일은 초야에 숨어 살면서 거리낌없이

8// 逸民은 伯夷와 叔齊와 虞仲과 夷逸과 朱張과 柳下惠와 少連이니라 子曰, 不降其志하며 不辱其身은 伯夷叔齊與인저 謂柳下惠少連하사대 降志辱身矣나 中言倫하며 行中慮하니 其斯而已矣니라 謂虞仲夷逸하사대 隱居放言하나 身中清하며 廢中權이니라 我則異於是하여 無可無不可호라

일민(逸民) : 은사(隱士). 초야에 묻혀 사는 사람.
우중(虞仲) : 중옹(仲雍). 태백(泰伯)의 아우.
이일·주장(夷逸朱張) : 미상(未詳).
소연(少連) : 동이(東夷) 사람으로 예절에 매우 밝았다고 함.
윤(倫) : 도리(道理), 의리의 차례.

여(慮) : 생각.

말을 하였으며, 행동거지가 깨끗하고 알맞은 때 지위를 버렸다고 말했다. 끝으로 공자는 자신의 뜻은 그들과 달라, 꼭 그래야 하는 것도 그래서는 안 된다는 것도 없다고 말했다. 이는 중용(中庸)의 도리를 굳게 지켜 나감으로써 무도나 불의와는 타협하지 않되 자신의 뜻을 알아주는 현군을 만난다면 꿈꾸고 있는 정치사상을 펴보겠다는 집념을 나타낸 것이라 하겠다.

9

9// 大師摯는 適齊하고 亞飯干은 適楚하고 三飯繚는 適蔡하고 四飯缺은 適秦하고 鼓方叔은 入於河하고 播鼗武는 入於漢하고 少師陽과 擊磬襄은 入於海하니라

태사(大師) 지(摯)는 제(齊)나라로 가고, 아반(亞飯) 간(干)은 초(楚)나라로 가고, 삼반(三飯) 요(繚)는 채(蔡)나라로 가고, 사반(四飯) 결(缺)은 진(秦)나라로 갔다. 북치는 방숙(方叔)은 황하(黃河) 유역으로 들어가고, 소고를 흔드는 무(武)는 한수(漢水) 유역으로 들어갔다. 소사(小師) 양(陽)과 경(磬)을 치는 양(襄)은 섬으로 들어갔다.

태사(大師) : 노나라 악공(樂工)의 장.
지(摯) : 인명(人名).
아반(亞飯) : 두 번째 식사 때 악장(樂章)을 맡은 악관. 옛날 중국의 천자는 하루에 4회 식사했으며 식사 때마다 악관이 풍악을 연주했음.
간(干) : 인명.
삼반(三飯) : 세 번째 식사 때 악장을 맡은 악관.

| 풀이 | 공자는 학문과 덕이 높았을 뿐만 아니라 육예(六藝)의 기예(技藝)에도 통달했었다. 그는 예(禮)에 못지않게 악(樂)도 몹시 존중했다. 본문에 나오는 악사들은 모두 공자 당시의 노나라 악사들이었는데, 노나라에 머물러 있지 못하고 모두 외지로 뿔뿔이 흩어졌다. 이는 아마 노(魯) 소공(昭公) 25년경의 일이라 짐작된다.

궁중의 악을 책임지던 태사는 제나라로 가고, 임금의 식

사 때 악장(樂章)을 맡던 사람들도 각기 초·채·진나라로 뿔뿔이 흩어져 갔으며, 심지어 북을 치는 사람, 보조 악관까지 먼 지방이나 섬으로 들어갔다. 본장의 글은 공자의 말이 아니라, 당시 노나라가 점점 무도해져 가고 있음을 제자들이 기록한 것이라고 보는 것이 타당할 것이다.

결(缺) : 인명.
고(鼓) : 북치는 것.
방숙(方叔) : 인명.
하(河) : 황하(黃河).
파(播) : 흔드는 것.
도(鼗) : 작은 북.
무(武) : 인명.
한(漢) : 한수(漢水).
소사(小師) : 태사를 돕는 보조 악관.
격경(擊磬) : 경(磬)을 치는 악사.

10

주공(周公)이 노공(魯公)에게 일컬어 말씀하시기를, "군자는 자기의 친척을 버리지 아니하며, 대신들로 하여금 원망하지 않게 하며, 오랫동안 일해 온 사람은 큰 사고가 없으면 버리지 아니하며, 한 사람에게서 모든 재능이 구비되기를 구하지 말아야 하느니라."

10// 周公이 謂魯公曰, 君子不施其親하며 不使大臣으로 怨乎不以하며 故舊無大故則不棄也하며 無求備於一人이니라

| 풀이 | 주공은 주(周) 문왕(文王)의 아들이며, 무왕(武王)의 아우이기도 하다. 그는 아버지인 문왕을 도와 선정을 베풀었고, 또 형인 무왕을 도와 은(殷)의 주왕(紂王)을 토벌하고 천하를 통일하였다. 그래서 무왕이 노나라를 그에게 봉하여 주었으나 그는 제후국의 군주로 나가지 않고, 계속하여 어진 조카인 성왕(成王)을 도운 주초(周初)의 공신이다. 이 글은 그의 아들 백금(伯禽)이 아버지 대신 노공(魯公)이 되어 봉지(封地)인 노나라로 떠나게 되자 타이른 교훈이다. 친척을 버리지 말아라, 신하들로 하여금 자기들의 의견을 써 주지 않는다고 원망하게 하지 말아라. 즉,

주공(周公) : 주(周)나라 초기의 명신. 성은 희(姬), 이름은 단(旦).
노공(魯公) : 노나라의 시조, 백금(伯禽). 주공의 아들.
이(以) : 쓰다[用]의 뜻으로 쓰였음.

올바른 의견과 옳지 못한 의견을 잘 분간하여 언제나 신하들의 의견을 존중하라는 말이다. 오랫동안 일해 온 신하는 다소 잘못이 있더라도 큰 잘못이 아니면 버리지 말아라. 오랫동안 사귄 신의를 사소한 일로 인하여 저버려서는 안 된다는 것이다. 한 사람에게서 모든 재능이 완비되기를 기대하지 말아라. 인간의 능력에는 한계가 있고 각기 그 장단이 있으므로, 인재를 잘 등용하여 적재적소에 배치하라는 것이다.

11

11// 周有八士하니 伯達과 伯适과 仲突과 仲忽과 叔夜와 叔夏와 季隨와 季騧니라

주(周)나라에 여덟 선비가 있었는데, 백달(伯達), 백괄(伯适), 중돌(仲突), 중홀(仲忽), 숙야(叔夜), 숙하(叔夏), 계수(季隨), 계왜(季騧)이니라.

| 풀이 | 주나라에 여덟 선비가 있었다는 이야기이다. 그러나 백달과 백괄, 중돌과 중홀, 숙야와 숙하, 계수와 계왜에 대하여서는 전혀 아는 바가 없다. 일설에는 백(伯)은 장남, 중(仲)은 차남, 숙(叔)은 삼남, 계(季)는 사남을 뜻하는 말이므로 한 어미가 네 쌍둥이를 낳은 것이라고도 한다. 이는 주(周) 문왕(文王) 때의 일이라고 하나 상상에 지나지 않는 말이다.

제 19 편
자장(子張)

본 자장편 25장은 모두 공자의 제자의 말을 기록한 것으로, 공자의 말씀을 근거로 한 것이 많다. 특이한 점은 다른 편에선 일체 볼 수 없었던 공자와 자공(子貢)과의 비교 평이 나오고 있다.

1

자장(子張)이 말하기를, "선비가 위태함을 보면 목숨을 내놓고, 이득을 보면 의를 생각하고, 제사에는 공경함을 생각하고, 상사에는 슬픔을 생각한다면, 그만하면 되느니라."

1// 子張이 曰, 士見危致命하며 見得思義하며 祭思敬하며 喪思哀면 其可已矣니라

치명(致命) : 목숨을 바침.

|풀이| 자장이 말했다. 나라가 위기에 놓여 있을 때는 목숨을 내걸어 구하려 하고, 이익이 눈앞에 있을 때는 반드시 의로움을 따진 다음에 취하고, 조상의 제사에는 공경과 정성을 다하고, 상사가 있을 때는 진심으로 애통해야 한다. 이 네 가지만 지킨다면 그래도 선비로서 족하다고 할 것이다.
　자장의 이 말은 헌문편(憲問篇) 13에 공자가 자로(子路)

의 성인(成人)에 대한 질문에 답한 말 중에서, 공자가 자로의 재질 등을 생각하여 답한 '견리사의견위수명(見利思義 見危授命)'이란 뜻을 반영시킨 것이다.

2

2// 子張이 曰, 執德不弘하며 信道不篤이면 焉能爲有며 焉能爲亡이리오

자장이 말하기를, "덕을 지니되 넓지 못하고, 도를 믿되 두텁지 못하다면 어찌 덕과 도가 있다고 할 수 있으며, 어찌 없다고 할 수 있으리오."

┃풀이┃ 덕을 지니되 넓지 못하고, 도를 믿되 두텁지 못하면, 그런 사람에게는 덕이나 도가 있으나마나이다. 덕의 요소는 다양하다. 인의예지(仁義禮智)가 다 덕에 포함되는 것이며, 이는 또 때와 장소에 따라 여러 가지 형태로 달라진다. 그러므로 때로는 선행이 덕이 될 수도 있고, 또 예가 덕이 될 수도 있다. 그리고 인간이 도를 믿으면 말이나 뜻에서 끝나는 것이 아니고, 반드시 실생활에서 도를 실천하는 데에 그 진의가 있는 것이다. 그러므로 덕행(德行)의 범위를 넓게 가지고 도를 굳게 지켜 도의(道義)를 실행하여야 한다.

3

3// 子夏之門人이 問交

자하의 제자가 자장에게 교우(交友)에 관하여 물으니 자

장이 말하기를, "자하는 무엇이라 하였는가?"

"자하께서는 '좋은 사람과는 사귀고 좋지 못한 사람은 멀리 하라.'고 하셨나이다."

자장이 말하기를, "내가 들은 것과는 다르구나. 군자는 현자(賢者)를 존경하고 여러 사람들을 포용(包容)하며, 선한 사람을 칭찬하고 그렇지 못한 사람을 불쌍하게 여긴다. 내가 현자라면 사람들에게 용납되지 못할 것이 무엇이 있겠는가? 내가 현자가 아니라면 사람들이 나를 거절할 것인데, 어찌 남을 거절할 수가 있겠는가."

| 풀이 | 자공(子貢)의 제자가 자장(子張)에게 사람과 교제하는 태도에 관하여 물었다. 자공은 이에 선뜻 대답하지 않고, 먼저 자하가 무어라고 말하더냐고 물었다. 자하의 제자는 옳은 사람은 사귀고 옳지 못한 사람과는 사귀지 말라고 했다고 대답했다. 이는 자기보다 못한 사람은 벗으로 사귀지 말라고 한 공자의 교훈을 지켜서 한 말이겠다. 이에 반하여 자장은 어진 이를 존경하되 대중을 포용하며, 선한 사람을 칭찬하되 선하지 않은 사람을 동정하라고 했다.

그리고 그 이유로는 만약 내가 잘난 사람이라면 다른 사람에게 포용되지 못할 것이 무엇이 있겠으며, 내가 잘나지 못한 사람이라면 벌써 남이 나를 거부할 것인데, 어찌 내가 남을 멀리할 수가 있겠느냐는 것이다. 자장의 이 말 역시 공자의 말이다. 즉, 널리 대중을 사랑하여 어진

於子張한데 子張曰, 子夏云何오 對曰, 子夏曰, 可者를 與之하고 其不可者를 拒之라 하더이다 子張이 曰, 異乎吾所聞이로다 君子는 尊賢而容衆하며 嘉善而矜不能이니 我之大賢與인데 於人에 何所不容이며 我之不賢與인데 人將拒我니 如之何其拒人也리오

용(容) : 포용(包容).
긍(矜) : 불쌍히 여김.
여지(與之) : 더불어 사귄다는 뜻.

사람을 가까이하라는 교훈에 그 뜻을 둔 것이라 하겠다. 논리적으로 본다면 후자인 자장의 말이 훨씬 논리적인 것 같으나, 전자인 자하의 말도 결코 틀린 것은 아니겠다.

그리고 보면 공자는 제자의 개성이나 정도에 따라 각기 필요한 것만 말하여 주었던 것이 아니겠는가.

4

4// 子夏曰, 雖小道나 必有可觀者焉이어니와 致遠恐泥라 是以로 君子不爲也이니라

자하가 말하기를, "비록 소도(小道)라 할지라도 반드시 볼 만한 것이 있다. 그러나 원대한 뜻을 이루는 데 방해가 될까 두려우므로, 군자는 이를 하지 않느니라."

소도(小道) : 일기(一技). 한 가지의 전문적인 특기.
니(泥) : 통하지 아니하다.

| 풀이 | 자하가 말했다. 한 가지 전문 분야의 기술에도 볼 만한 것이 있다. 그러나 이런 일에 빠지면 군자로서의 원대한 목표를 달성하는 데 지장을 초래할 우려가 있으므로, 군자는 그런 한 가지 전문적인 일에 마음을 쓰지 않는다. 이 글은 '군자불기(君子不器)'의 뜻에 근본을 둔 말이다.

5

5// 子夏曰, 日知其所亡하며 月無忘其所能이면 可謂好學也已矣니라

자하가 말하기를, "날로 모르던 것을 알아 가고, 달로 할 수 있는 것을 잊지 않는다면, 배우기를 좋아한다고 말할 수 있느니라."

제19편 ... 자장 • 441

| 풀이 | "나날이 스스로 알지 못하는 것을 알려고 하고, 다달이 자기가 능히 할 수 있는 것을 잊지 않기 위해서 복습한다면, 학문을 좋아하는 자라고 할 수 있다." 학문이란 일시에 끝나는 것이 아니라 끊임없이 노력해야 한다는 뜻으로 학문을 하는 태도를 밝힌 말이다.

6

자하가 말하기를, "배움을 넓게 하고 뜻을 독실하게 하며, 간절히 묻고 가까이 생각하면 인(仁)이 그 가운데 있느니라."

6// 子夏曰, 博學而篤志하며 切問而近思하면 仁在其中矣니라

| 풀이 | 학문이란 넓을수록 좋다. 그러나 박학할 뿐 뜻이 독실하지 않다면 실생활에 실천할 수 있는 산지식이 되지 못한다. 그러므로 그 앎을 명확히 하고, 뜻을 독실히 하기 위해서 의심나는 것은 묻는 습관을 갖는다. 그리고 새로운 것을 듣거나 어려운 일에 부딪히게 되면 해결점을 먼 데서 찾으려 하지 말고, 자신을 중심으로 하여 생각한다면 이것이 곧 도를 올바로 아는 길이며, 인(仁)을 구하는 태도라고 한 것이다.

절문(切問) : 모르는 것을 간절히 물음.
근사(近思) : 가까운 것에서 생각함.

7

자하가 말하기를, "모든 공인(工人)들은 거사(居肆)에서

7// 子夏曰, 百工이 居

肆하여 以成其事하고
君子學하여 以致其道
니라

백공(百工) : 모든 장공(匠工)을 말함.
사(肆) : 물품을 제조하는 작업장.

그 일을 이루어 내고, 군자는 학문으로써 그 도를 달성하느니라."

| 풀이 | 모든 기술자는 작업장에서 그 일을 이루어 내고, 군자는 학문으로써 그 도를 달성한다. 기술자가 그 작업장을 떠나서는 일을 할 수 없듯이 군자는 학문을 떠나서는 도를 이룰 수 없다는 말이다.

8

8// 子夏曰, 小人之過也는 必文이니라

자하가 말하기를, "소인은 과실을 저지르면 반드시 그럴듯하게 꾸민다."

문(文) : 꾸미다. 변명하여 정당화시키려 함.

| 풀이 | 잘못이 있으면 반드시 고쳐야 한다. 그러나 보통 사람들은 자기에게 잘못이 있으면 숨기려 들고, 또 그것이 남에게 발각되면 변명하여 자신을 정당화시키려 한다. 이는 자신의 발전을 막을 뿐만 아니라 불의의 구렁텅이 속으로 끌어넣는 행위이다. 그래서 자하는 잘못을 저지르고서도 고치려 들지 않고 변명하려 드는 사람을 소인(小人)이라고 한 것이다.

9

9// 子夏曰, 君子有三

자하가 말하기를, "군자는 세 가지 변함이 있다. 멀리서 바라보면 근엄하고, 가까이 다가가면 온화하고, 그 말을 들으면 엄정하니라."

| 풀이 | 군자에게는 범인과 다른 세 가지의 면이 있다. 멀리서 바라보면 근엄하고, 가까이 다가가면 기색이 부드럽고, 말을 들으면 그 뜻이 도리에 어긋남이 없어 명확하다고 했다. 이 글은 술이편(述而篇) 37의 '온이려, 위이불맹, 공이안(溫而厲, 威而不猛, 恭而安)'이란 공자의 모습을 자하가 군자의 전형으로 삼아 말한 것이다.

變하나니 望之儼然하고 卽之也溫하고 聽其言也厲이니라

려(厲) : 엄정(嚴正)함. 말의 뜻이 바르고 확실함.

10

자하가 말하기를, "군자는 신뢰를 받고 난 뒤에야 백성을 부린다. 신뢰를 받기도 전에 백성을 부리면 자기를 심하게 부린다고 여기느니라. 신임을 받은 뒤에 또한 간해야 한다. 신임을 받기도 전에 간하면 자기를 비방한다고 여기느니라."

10// 子夏曰, 君子信而後에 勞其民이니 未信則以爲厲己也이니라 信而後에 諫이니 未信則以爲謗己也이니라

| 풀이 | 자하(子夏)의 말이다. 백성을 다스리는 군자는 백성들에게 수고를 끼치기에 앞서 지성으로 백성들을 대하여야 할 것이다. 만약 그렇지 않고 백성들에게 먼저 수고를 끼치면 백성들은 자기들을 괴롭힌다고 불만을 품으며 원망하게 될 것이다. 신하로서 임금을 섬기는 일도 마찬가지이다. 평소에 신임을 얻은 후에 잘못을 간하면 충

성스럽다고 인정을 받겠으나, 신임을 받기도 전에 간하기만 한다면 군주는 도리어 자기를 비방하는 것이라 생각하게 될 것이다. 정치를 하기 위해서는 먼저 상하로부터 신임을 받은 다음에 말이 뒤따라야 한다는 뜻이다.

11

11// 子夏曰, 大德이 不踰閑이면 小德은 出入이라도 可也니라

자하가 말하기를, "큰 덕이 한계를 벗어나지 않는다면 작은 덕은 변동이 있어도 괜찮으니라."

대덕(大德) : 윤리, 도덕을 일컬음.
유한(踰閑) : 법도를 벗어남. 여기서의 한(閑)은 법(法).
소덕(小德) : 작은 예절.

| 풀이 | 대덕(大德)은 인간 생활의 근본이 되는 윤리를 말하는 것으로 군신간의 충절, 부자(父子)간의 윤리를 말한다. 그리고 소덕(小德)이라 함은 평소의 인사치레나 몸가짐 등 사소한 예절을 말한다. 대의를 위해서는 소의를 버릴 수도 있다는 말로, 이것 역시 공자의 견해를 반영시킨 것이다.

12

12// 子游曰, 子夏之門人小子는 當洒掃應對進退則可矣나 抑末也라 本之則無하니 如之何오 子夏聞之曰, 噫라 言游過矣로다 君子之道孰先傳焉이며 孰後

자유(子游)가 말하기를, "자하(子夏)의 제자들은 물을 뿌리고 쓸고, 부르는 데 응하고, 묻는 데 대답하고, 나아가고 물러가고 하는 예절 따위에는 제법이지만, 그런 것들은 말단의 일들이다. 근본이 되는 학문이 없으니, 어찌하리오?"

제19편 ＿ 자장 • 445

자하가 듣고 말하기를, "아아, 자유의 말은 잘못이로다. 군자의 도를 전함에 있어서 어느 것을 먼저 전하고 어느 것을 뒤로 미루어 게을리하겠는가? 초목에 비유컨대 종류에 따라서 분별이 되는 것이니, 군자의 도야 어찌 속일 수 있으리오? 처음도 있고 끝도 있는 사람은 오직 성인뿐이리."

倦焉이리오 譬諸草木컨대 區以別矣니 君子之道를 焉可誣也리오 有始有卒者는 其惟聖人乎인저

| 풀이 | 자유가 "자하의 제자들은 평소 마당에 물을 뿌리고 쓸어 청소하고, 손님을 접대하고, 일의 진퇴를 알아서 나아가고 물러가는 일 등은 잘한다. 그러나 그것은 사소한 예절에 속하며, 군자로서 근본 바탕이 되는 학문이 없으니 한심한 노릇이다." 하고 자하의 교육 방침을 탓하였다. 자하는 이런 자유의 말을 전해 듣고 "아아, 자유는 큰 착각을 하고 있구나. 천하의 모든 것이 도인데, 어찌 군자의 도를 가르침에 있어서 먼저 전하고 나중 전하는 것에 잘잘못이 있단 말인가. 초목에 비유한다면, 각 품종별로 파종하는 것과 같은 것이 아닌가. 그리고 인재의 대소장단을 알아보지도 않고 심오한 도리만 먼저 가르친다면, 그 어찌 군자의 도를 기만하는 행위가 아니겠는가. 처음과 끝을 가리지 않고, 한꺼번에 가르칠 수 있는 사람은 오직 성인뿐이리라." 하고 말했다.

이 글은 자유와 자하가 교육의 관점의 차이에서 상호 비판적인 대립을 나타낸 장면이라 하겠다. 자하는 주변의 흔하고 가까운 일에서부터 시작함을 교육 방침으로 삼았고, 자유는 학문적 진리에 중점을 둔 것이다.

쇄소(洒掃) : 물을 뿌리고 비로 쓺.
억말야(抑末也) : 말단적(末端的)인 하찮은 일.
무(誣) : 속이다.
유시유졸(有始有卒) : 처음과 끝을 아울러 지니고 있음. 졸은 종(終)과 뜻이 통한다.

13// 子夏曰, 仕而優則學하고 學而優則仕니라

13

자하가 말하기를, "벼슬하면서도 여력이 있으면 배우고, 배우면서도 여력이 있으면 벼슬을 해야 하느니라."

| 풀이 | 선비는 벼슬을 하면서도 남는 힘이 있으면 배우고, 배우고도 남는 힘이 있으면 벼슬을 해야 할 것이다. 이 글은 학이편 6의 '행유여력, 즉이학문(行有餘力, 則而學文)'에 근본을 둔 것이다.

14// 子游曰, 喪은 致乎哀而止니라

14

자유가 말하기를, "상사를 당해서는 슬픔을 다하는 데서 그칠 것이니라."

| 풀이 | 상사를 당하여 예(禮)를 갖춤은 무엇보다도 죽은 사람을 애도하는 데에 있다. 그러므로 상을 당해서는 진심으로 슬픔을 다하는 것으로 족할 뿐이지 구태여 정도를 넘어서까지 애써 형식을 차리려고 할 필요는 없다.

15// 子游曰, 吾友張也는 爲難能也이나 然而未仁이니라

15

자유가 말하기를, "내 벗 자장(子張)은 어려운 일을 해내지만, 그러나 아직 어질지는 못하니라."

| 풀이 | 자유가 자장을 평한 말이다. 자장은 어려운 일은 잘 해내지만, 그렇다고 해서 어질다고는 할 수 없다.

16

증자가 말하기를, "당당하도다, 자장이여. 함께 어울려서 인(仁)을 실천하기는 어렵도다."

16// 曾子曰, 堂堂乎라 張也여 難與竝爲仁矣로다

당당(堂堂) : 위엄있고 훌륭한 모양. 위의(威儀)가 대단한 모양.

| 풀이 | 증자가 자장을 평한 말이다. "위의가 당당하도다, 자장은. 그러나 그와 함께 어울려 인을 실천하기는 어렵구나."
앞의 자유의 평과 이 글로 미루어 본다면 자장은 학문과 언변이 뛰어나고 위풍이 당당한 인물이나, 인자한 면은 부족하다는 것을 짐작할 수 있다.

17

증자가 말하기를, "내 선생님께 들으니 '사람이란 스스로 진심을 다하는 일이 없지만 친상(親喪)을 당하여서만은 이를 볼 수 있다.'고 하셨느니라."

17// 曾子曰, 吾聞諸夫子하니 人未有自致者也이나 必也親喪乎인저

| 풀이 | 사람들은 자기 스스로 진심을 다하여 인정을 베풀려 들지 않지만, 부모님의 상을 당하여서는 그렇지 않다는 말이다. '필야친상호(必也親喪乎)'는 뜻을 강조하기

위하여 반어법으로 쓴 것이다.

18

18// 曾子曰, 吾聞諸夫子하니 孟莊子之孝也其他는 可能也어니와 其不改父之臣과 與父之政이 是難能也이니라

증자가 말하기를, "내가 선생님께 들으니 '맹장자(孟莊子)의 효는 다른 것은 해낼 수가 있겠으나, 그가 아버지의 가신(家臣)과 정책을 바꾸지 않는 점은 그대로 해내기가 어려우니라.' 고 하셨느니라."

맹장자(孟莊子) : 노나라의 대부. 성은 맹(孟), 이름은 속(速). 장(莊)은 시호.

┃ 풀이 ┃ 맹장자는 아버지 맹헌자(孟獻子)가 죽은 후 4년 동안이나 노나라의 대부로서 아버지의 가신을 그대로 쓰고, 아버지의 정책도 변경시키지 않았다고 한다. 그 맹장자의 효에 대해 공자에게서 들은 것을 증자가 전한 말이다.

부모가 죽은 후 함부로 부모의 뜻이나 하던 일을 바꾸지 말아야 효가 된다는 것은 이미 학이편 11에 '3년무개어부지도, 가위효의(三年無改於父之道, 可謂孝矣)'라고 공자가 말한 바 있다. 그러나 요즈음에는 다소 무리한 느낌이 드는 것 또한 부인할 수가 없고, 유교적 색채가 짙어 보인다.

19

19// 孟氏使陽膚로 爲士師라 問於曾子한데 曾子曰, 上失其道하여 民散이 久矣니 如得其

맹씨(孟氏)가 양부(陽膚)에게 사사(士師)를 시킨지라 양부가 증자에게 물었다. 증자가 말하기를, "윗사람이 정도(正道)를 잃어 민심이 흩어진 지 오래이니, 만일 그 실정을 알

게 된다면 슬퍼하고 불쌍히 여길 것이며 기뻐하지 말아야 하느니라."

情則哀矜而勿喜니라

| 풀이 | 맹손씨(孟孫氏)의 추천으로 증자의 제자인 양부(陽膚)가 사법관이 되자, 스승인 증자에게 앞으로 주의해야 할 일에 대하여 가르침을 청했다. 노나라는 일찍부터 삼환(三桓)의 대부들이 정권을 잡고 있었으므로 당시의 백성들은 몹시 시달리고 있었다. 그러므로 죄인의 잘못을 알아내게 되더라도 그 죄목을 밝혀 낸 것을 기뻐할 것이 아니라, 위정자에게 시달려 범죄를 저지르게 된 그들의 입장을 잘 감안하여, 죄인을 다스리라고 한 말이다.

맹씨(孟氏) : 노(魯)의 대부 맹손씨(孟孫氏).
양부(陽膚) : 증자의 제자.
사사(士師) : 사법관(司法官)에 해당하는 직위.

20

자공이 말하기를, "주왕(紂王)의 악함이 그처럼 심한 것은 아니다. 그러므로 군자는 하류(下流)에 처하여 있기를 싫어한다. 천하의 모든 것이 다 그리로 돌아가기 때문이니라."

20// 子貢이 曰, 紂之不善이 不如是之甚也이니 是以로 君子는 惡居下流하나니 天下之惡이 皆歸焉이니라

| 풀이 | 은(殷)나라의 마지막 임금 주(紂)는 물론 악인이다. 그러나 그의 악함도 세상 사람들이 떠들어대는 것같이 그토록 심한 것은 아니다. 다만 그의 악함이 당시 매우 대단했기 때문에 천하의 모든 악명이 마치 강의 하류로 물이 모이듯이 모여들었던 것이다. 그러므로 군자는 이런

주(紂) : 은(殷)나라의 마지막 임금.

악이 모여드는 하류 같은 곳에는 발을 들여놓지 않는다는 것이다. 인간의 평판에 대한 여론의 형성 과정을 강의 흐름에 비유하여 나타낸 자공의 재치있는 말이다.

21

21// 子貢이 曰, 君子之過也는 如日月之食焉이라 過也에 人皆見之하고 更也에 人皆仰之니라

자공이 말하기를, "군자의 과실은 마치 일식이나 월식과 같다. 과실을 저지르면 사람들이 모두 보고, 고치면 모두 우러러보느니라."

|풀이| 군자는 모든 사람의 윗자리에 있는 사람으로, 일거일동이 모두 아랫사람의 주목을 받고 있다. 그러므로 자그마한 실수라도 저지르면 모든 사람들이 다 알게 된다. 그러나 자신이 과오를 범한 것을 깨닫는 순간 주저없이 고친다면 사람들은 그를 존경하게 된다는 것이다. 인간이 잘못을 저지르지 않을 수는 없겠으나, 잘못을 알면서 그것을 교묘하게 꾸며 합리화 시키려 하지 않고, 즉각 고칠 줄 아는 것이 군자의 태도임을 강조한 말이다.

22

22// 衛公孫朝問於子貢曰, 仲尼는 焉學고 子貢이 曰, 文武之道未墜於地하여 在人이라 賢

위(衛)나라의 공손조(公孫朝)가 자공에게 묻기를, "중니(仲尼)께서는 어디서 배우셨습니까?"
자공이 말하기를, "문왕(文王)과 무왕(武王)의 도(道)가

아직 땅에 떨어지지 않고 사람들 사이에 남아 있는지라, 현자(賢者)는 그 큰 것을 기억하고 현명하지 못한 사람은 작은 것을 기억하고 있으니, 문왕과 무왕의 도가 없는 곳이 없는 것입니다. 저의 선생님께서야 어디선들 배우지 않은 데가 있었겠습니까? 그리고 어찌 또한 일정한 선생이 있었겠습니까?"

者는 識其大者하고 不賢者는 識其小者하여 莫不有文武之道焉하니 夫子焉不學이시며 而亦何常師之有리오

공손조(公孫朝) : 위(衛)나라의 대부.
중니(仲尼) : 공자의 자.

| 풀이 | 위나라의 대부 공손조가 자공에게 공자는 누구에게서 학문을 배웠느냐고 물었다. 자공이 대답하기를, 문왕(文王)과 무왕(武王)의 도가 아직 세상에서 사라지지 않고 사람들 사이에 남아 있다. 훌륭한 현자는 문왕과 무왕이 남긴 큰 것을 알고 훌륭하지 못하고 어리석은 사람이라도 작은 것이나마 성왕의 도를 알고 있다. 그러므로 선생님께선 어진 사람이나 어질지 못한 사람을 가리지 않고 배우셨기 때문에 일정한 스승이 없었다고 하였다.

사실 공자에게는 정해진 스승이 없었다. 훌륭한 선인의 말씀이면 가리지 않고 모으고, 또 그것을 정리하고 연구해서 독자적인 학문의 체계를 세웠던 것이다. 그러기에 당시의 사람들 사이에는 공자에 대해 '선이지지자(先而知之者)', 즉 배우지 않고 저절로 안 사람이란 평이 나돌았고, 또 공자 자신이 "나는 배우지 않고 저절로 안 것이 아니다. 배운 것을 잊지 않으려고 노력했을 뿐이다."라고 자신을 해명한 적도 있지 않은가.

23

23// 叔孫武叔이 語大夫於朝曰, 子貢이 賢於仲尼하니라 子服景伯이 以告子貢한데 子貢이 曰, 譬之宮牆컨데 賜之牆也及肩이라 窺見室家之好어니와 夫子之牆은 數仞이라 不得其門而入이면 不見宗廟之美와 百官之富니 得其門者或寡矣와 夫子之云이 不亦宜乎아

숙손무숙(叔孫武叔): 노나라의 대부. 이름은 주구(州仇)이다.
자복경백(子服景伯): 노나라의 대부. 성(姓)은 자복(子服), 이름은 하(何), 경백은 자.
급견(及肩): 어깨 정도의 높이.
규(窺): 엿보다.
인(仞): 길, 키, 신장.

숙손무숙(叔孫武叔)이 조정에서 한 대부에게 말하기를, "자공이 중니(仲尼)보다 더 현명하다."

자복경백(子服景伯)이 이 말을 자공에게 전하자 자공이 말하기를, "궁궐의 담에 비유한다면 저의 담은 겨우 어깨에 차서 방과 집의 좋은 것을 다 엿볼 수 있습니다. 선생님의 담은 몇 길이나 되어서 그 문을 찾아 들어가지 않는다면 종묘의 아름다움과 백관(百官)의 부함을 보지 못합니다. 그러나 그 문을 찾아 들어간 자가 아주 적은지라, 그분께서 그렇게 말씀하시는 것도 당연한 일이 아니겠습니까?"

| 풀이 | 노나라의 대부 숙손무숙(叔孫武叔)이 조정에서 다른 대부들에게 공자보다는 그의 제자 자공이 더 훌륭하다고 말했다. 이 말을 같은 대부인 자복경백(子服景伯)이 듣고 자공에게 전했다. 이에 자공이 말하기를 사람의 지혜와 심기(心機)는 원래 크고 작고 넓고 좁은 바탕이 있으나, 다른 사람이 보기에는 크고 넓은 것보다 작고 좁은 것을 더 잘 이해한다고 했다. 그 이유로는 크고 넓은 것은 실제로 체험하고 느끼기 전에는 도저히 알 수가 없다고 했으며, 자공은 이를 궁궐의 담에 비유했다. 자신의 덕과 학문은 겨우 어깨 정도밖에 차지 않는 얕은 담장이라서 밖에서도 그 안의 좋은 것을 훤히 들여다볼 수 있지만, 스승인 공자의 덕과 학문은 몇 길이나 되는 높은 담장이라서 밖에서는 도저히 들여다볼 수 없으며, 반드시 문을 통

해서 들어가야만 그 안의 모든 실정을 안다고 했다. 그러므로 공자의 학문을 이해할 수 있는 사람은 극히 드물며, 따라서 숙손무숙이 그렇게밖에 말할 수 없는 것도 무리는 아니라고 평했다. 자신을 무리하게 낮추거나 부정하지 않으면서도 스승과 자기의 차이를 잘 나타낸 자공의 재치있는 말이었다.

24

숙손무숙(叔孫武叔)이 공자를 헐뜯자 자공이 말하기를, "그렇게 해 보아도 소용이 없다. 공자는 감히 헐뜯을 수가 없다. 다른 현자라면 언덕이나 산과 같아서 그래도 넘을 수가 있겠지만, 공자께서는 마치 해와 달과 같은지라 도저히 넘을 수가 없다. 사람들이 비록 해와 달과 스스로 인연을 끊으려 하나 그렇게 한들 해와 달을 어떻게 손상시키겠는가? 자신의 지각없음을 훤히 드러낼 뿐이로다."

| 풀이 | 숙손무숙(叔孫武叔)이 공자를 헐뜯었다. 이 말을 전해 들은 자공이 한탄하여 말했다. "소용없는 짓이로다. 다른 현자라면 언덕이나 산과 같아서 그래도 넘을 수가 있겠지만, 공자께선 마치 해와 달과 같으니 도저히 넘을 엄두도 못 낼 것이다. 사람들이 비록 해와 달과 인연을 끊으려 하나 그렇게 한들 해와 달을 어떻게 손상시킬 수 있겠는가? 그것은 오히려 자신의 지각 없음을 드러낼 뿐이

24// 叔孫武叔이 毁仲尼커늘 子貢이 曰, 無以爲也하라 仲尼는 不可毁也이니 他人之賢者는 丘陵也라 猶可踰也어니와 仲尼는 日月也라 無得而踰焉이니 人雖欲自絶이나 其何傷於日月乎리오 多見其不知量也로다

훼(毁) : 헐뜯다.
지량(知量) : 지각(知覺).

로다." 이번에도 자공은 비유법을 썼다. 비유는 상대방에게 뜻을 빨리 이해시키고 실감을 불러일으킨다. 하늘 높이 떠 있는 해와 달에 비유한 공자의 인격은 누구라도 금방 짐작할 수가 있지 않은가.

25

진자금(陳子禽)이 자공에게 말하기를, "선생님께서 겸손한 것입니다. 공자가 어찌 선생님보다 현명하겠습니까?"

자공이 말하기를, "군자는 한마디로 지혜로워지고, 한마디로 지혜롭지 않게도 되는 것이니, 말은 조심하지 않을 수 없느니라. 선생님에게 미칠 수 없는 것은 마치 층계를 밟고 하늘에 오를 수 없는 것이나 마찬가지이니라. 선생님께서 제후국이나 큰 가문을 맡아 다스린다면, 이른바 '세우면 서고, 인도하면 가고, 어루만지면 모이고, 움직이면 조화를 이룬다.' 는 말 그대로여서, 그가 살아 계시면 영광으로 여기고 그가 돌아가시면 슬퍼할 것이니, 어찌 그분에게 미칠 수 있으리오?"

| 풀이 | 진자금(陳子禽)은 공자의 제자라고 하나 혹자는 자공과의 대화가 빈번한 것으로 미루어 자공의 제자라고 보기도 한다.

진자금이 자공에게 말했다. "선생님께서 겸손해서 그렇지, 공자께서 어찌 선생님보다 현명하시단 말입니까?" 이

25// 陳子禽이 謂子貢曰, 子爲恭也이언정 仲尼豈賢於子乎리오 子貢이 曰, 君子一言에 以爲知하며 一言에 以爲不知니 言不可不愼也이니라 夫子之不可及也는 猶天之不可階而升也이니라 夫子之得邦家者인데 所謂立之斯立하며 道之斯行하며 綏之斯來하며 動之斯和하여 其生也榮하고 其死也哀니 如之何其可及也이리오

진자금(陳子禽): 공자의 제자. 자공의 제자라는 설도 있음.
방가(邦家): 제후의 나라나 대부의 집.

렇게 함부로 말하는 자금에 대하여 자공은 먼저 군자로서의 신중한 태도를 일러 주었다.

"한마디의 말로 인하여 군자가 현명하여지기도 하고 어리석어지기도 하는 것이니, 군자는 말을 삼가야 한다. 내가 선생님께 미칠 수 없는 것은 마치 사다리를 타고 하늘에 오를 수 없는 것이나 마찬가지이다. 만약 선생님께서 제후의 나라나 큰 집안을 맡아 다스리게 된다면, 그야말로 도를 세우면 나라에 도가 서고, 덕(德)으로 백성들을 교화시키면 따라오고, 선정(善政)을 베풀어 백성들을 편안하게 해 주면 먼 곳에서도 사람들이 모여들고, 도리로써 백성을 부리면 순종하여 조화를 이룬다는 말과 같을 것이다. 그러니 그가 살아 계실 때는 사람들이 영광으로 생각하여 존경해야 되고, 그가 죽으면 마치 친어버이를 잃은 것같이 슬퍼해야 할 것이다. 그런데 공자와 같은 성인에게 어찌 감히 내가 비교라도 될 수 있단 말인가?"

본편의 23과 25의 내용으로 본다면 안연(顔淵)이 죽은 이후는 자공이 공자의 뒤를 이은 것이라 생각된다. 그리고 자공이 스승인 공자보다도 훌륭하다는 소문이 나돌고 있었음을 아울러 짐작할 수 있겠다. 그러나 그는 그런 말이 자기에게 들릴 때마다 적당한 비유를 들어 자신을 낮추고 스승을 높였던 것이다.

제20편
요왈(堯曰)

1

요(堯)임금이 말씀하시기를, "아아, 너 순(舜)아. 하늘의 역수(曆數)가 너의 몸에 와 있으니 진실로 그 중용(中庸)을 잡을지니라. 사해(四海)가 곤궁해지면 하늘의 녹(祿)이 영영 끊어지리라."

순임금께서도 이 말씀을 우(禹)임금에게 일러 주셨다.

〔걸왕(桀王) 이전까지 줄곧 아무 탈이 없이 선정(善政)이 이어져 내려왔다. 그러나 걸왕 때에 이르러 다시 정치가 어지러워지고 무도하여지자, 탕왕(湯王)이 무력을 일으켜 하(夏)나라를 정벌하였다. 그때 탕왕이 천제(天祭)를 지내면서 다음과 같은 말로 천지신명께 고하였다.〕

은(殷)나라 탕왕께서 말씀하셨다.

"나 어리석은 이(履)는 검은 황소를 제물로 바쳐 감히 높고 위대하신 천제(天帝)께 밝히어 고하옵나이다. 죄 있는 자는 감히 사면할 수 없으며, 천제의 신하들을 감히 버려 둘 수가 없으니 이를 선택함은 오직 천제의 마음에 달려 있나이다."

〔이어 걸왕을 토벌하기 위하여 모인 여러 제후들에게 다음과 같은 말을 하였다.〕

1// 堯曰, 咨爾舜아 天之曆數在爾躬하니 允執厥中하라 四海困窮하면 天祿이 永終하리라 舜이 亦以命禹하시니라 曰, 予小子履는 敢用玄牡하여 敢昭告于皇皇后帝하노니 有罪를 不敢赦하며 帝臣不蔽니 簡在帝心이니이다 朕躬有罪는 無以萬方이요 萬方有罪는 罪在朕躬하니라 周有大賚하신데 善人이 是富하니라 雖有周親이나 不如仁人이요 百姓有過는 在予一人이니라 謹權量하며 審法度하며 修廢官하신데 四方之政이 行焉하니라 興滅國하며 繼絕世하며 擧逸民하신데 天下之民이 歸心焉하니라 所重은 民食喪祭이시다 寬則得衆하고 信則民任焉하고 敏則有功

"짐(朕)이 지은 죄는 만방의 여러 백성들에게 있는 것이 아니요, 만방의 여러 백성들이 지은 죄는 오로지 짐에게 그 죄가 있는 것이니라."

〔탕왕이 은나라를 세우고부터 주왕(紂王) 때까지 내려왔다. 주왕 때에 정치가 다시 포학무도해지자, 주(周)나라 무왕(武王)이 주왕을 멸하였다.〕

그때 무왕이 다음과 같은 말을 하였다.

"주나라에는 하늘이 내려 주신 큰 은혜가 있어서, 선량한 사람들이 많은 것이니라. 비록 은나라의 주왕(紂王)에게 많은 지친(至親)이 있다 하나, 그것은 주나라의 인(仁)한 사람이 많은 것만 못하다. 백성들이 지은 죄는 나 한 사람에게만 있는 것이니라."

무왕은 저울 추와 말〔斗〕을 엄중히 다스리고 모든 제도를 자세히 살피고, 폐지했던 관서(官署)를 다시 세웠다. 그러자 천하 사방의 정사가 바르게 시행되었다. 멸망한 나라를 다시 일으키고, 끊어진 대를 이어주고, 초야에 묻힌 인재를 등용하자 천하의 민심은 그에게로 돌아섰다. 백성과 양식과 상사(喪事)와 제사를 소중히 다스렸다.

관대하면 백성들의 지지를 얻고, 신의가 있으면 백성들이 신임하고, 근면하면 업적을 이루고, 공정하면 기뻐할 것이니라.

| 풀이 | 이 글은 각기 내용이 다른 네 개의 단락으로 되어 있다. 첫 단락은 요(堯)임금이 순(舜)임금에게 왕위를 물려줄 때 교훈으로 한 말이다. "순아, 하늘이 내려주신

하고 公則說이니라

천지역수(天之歷數) : 하늘이 명하는 왕의 차례.
천록(天祿) : 하늘이 내려준 천자의 지위.
이(履) : 탕왕(湯王)의 이름.
현모(玄牡) : 제사의 희생물로 쓰이는 검은 황소.
황황(皇皇) : 높고 위대한 모양.
제신(帝臣) : 천제(天帝)의 신하. 천하의 모든 어진 사람을 가리킨 말.
대뢰(大賚) : 하늘이 내려주신 큰 선물.
법도(法度) : 예악(禮樂)과 제도.
절세(絶世) : 대를 이을 자손이 끊어짐.
일민(逸民) : 초야에 묻혀 사는 인재.

다음 왕의 차례는 너에게 있으니, 너는 천명을 받들어 나라를 다스리되 반드시 중용(中庸)의 도를 행하도록 하여라. 만일 천명을 저버리고 천하의 여러 백성을 곤궁에 빠뜨린다면 하늘이 내린 왕위는 영원히 끊어지고 말리라."

순은 요의 교훈을 지켜 나라를 잘 다스렸으며, 그가 다시 왕위를 우(禹)임금에게 물려줄 때 이 교훈을 일러 주었다. 이리하여 우왕이 세운 하(夏)나라는 오랫동안 잘 다스려지다가 마지막 임금인 걸왕(桀王) 대에 이르러서 천명을 잊고 무도한 정치가 행해졌다. 그러자 은나라 탕왕(湯王)이 무력을 일으켜 하나라를 정벌했다. 그 다음 말은 바로 탕왕이 걸왕을 멸할 때, 검은 황소를 잡아 천제(天帝)를 지내면서 천지신명께 고한 말이다.

"어리석은 이(履)는 검은 황소를 희생물로 바치고 감히 천제께 고하나이다. 천명을 어기고 백성을 곤궁에 빠뜨린 폭군을 저의 마음대로 용서할 수는 없었습니다. 그리고 천제의 신하이며 아들이신 어진 사람들을 버려 둘 수도 없었나이다. 그러나 이를 선택함은 천제님의 마음에 달려 있으며, 저는 오직 천명을 따를 뿐입니다." 이어 걸왕을 토벌하기 위하여 모인 제후들을 향하여, "이번 거사로 인해서 죄가 된다면 그건 백성에게 있는 것이 아니라 나에게 있는 것이오. 또 백성에게 죄가 있다 하더라도 그건 오직 나의 죄가 되는 것입니다."라고 말하였다. 모든 책임은 탕왕(湯王)이 혼자서 전부 지겠다는 말인 것이다.

탕왕은 은나라를 세우고부터 주왕 때까지 천명을 받들

어 정치를 잘하여 내려왔다. 그러나 주왕 때에 이르러 천도(天道)는 다시 땅에 떨어졌으며, 세상은 포학무도하여졌다. 그래서 주나라 무왕이 은의 주(紂)를 멸하였는데, 다음 말은 바로 무왕이 주를 멸할 때 한 것이다.

"주나라에는 하늘이 내려주신 큰 은혜가 있어 도처에 선량한 사람들이 많다. 비록 은나라에는 미자(微子)·기자(箕子)·비간(比干) 등 어진 친척들이 많다고 하나, 그들은 모두 주왕의 포학무도함으로 인하여 마음이 떠나 있으므로 우리 주나라의 어진 사람들만 못하다. 만일 이번 거사로 인하여 과실이 있다면 그것은 전부 짐의 부덕한 탓이지 여러분의 죄는 아니오."

무왕 역시 거사의 책임은 자기 한 사람에게 있다고 말하였다. 이리하여 무왕은 천하를 통일한 뒤에도 나라를 잘 다스렸다.

그 다음은 모두 무왕이 선정을 베푼 치적을 칭송한 글이라 하겠다. 도량형(度量衡)과 예악(禮樂)과 문물과 제도를 마련하고 폐지되었던 관서(官署)를 다시 세우자, 어지러운 정사는 바르게 시행되었다. 그리고 대가 끊어진 제후의 나라에 어진 사람을 가려서 대를 잇게 하고, 초야에 묻혀 있던 인재를 널리 등용하자 천하의 민심은 무왕에게로 쏠리게 되었다. 그리고 무왕은 무엇보다도 백성과 양식과 상사(喪事)와 제사에 중점을 두어 다스렸다.

관대하면 민중의 지지를 얻고, 신의가 있으면 백성들이 신임하고, 근면하면 업적을 이루고, 공정하면 백성들이 기뻐한다. 이 문장은 무왕의 기록이 아니라, 천하를 맡아 다스리는 제왕이나 위정자에게 내리는 공자의 교훈을 기록한 것이다.

2

자장이 공자께 여쭙기를, "어떻게 하여야 정치에 종사할 수 있나이까?"

공자께서 말씀하시기를, "다섯 가지의 미덕(美德)을 존중하고 네 가지의 악덕(惡德)을 물리칠 수 있다면 정치에 종사할 수 있느니라."

자장이, "무엇을 다섯 가지 미덕이라 하나이까?"

공자께서 말씀하시기를, "군자는 은혜를 베풀되 낭비하지 아니하며, 수고를 시키되 원망을 사지 아니하며, 하고자 하되 탐욕을 내지 아니하며, 태연하되 교만하지 아니하며, 위엄이 있되 사납지 않아야 하느니라."

자장이 말하기를, "은혜를 베풀되 낭비하지 않는다 함은 무엇을 말합니까?"

공자께서 말씀하시기를, "백성의 이로운 바에 따라서 이로움을 행한다면, 이 또한 은혜를 베풀면서도 낭비하지 않는 것이 아니겠느냐? 가히 수고할 만한 것을 가려서 백성들을 수고시킨다면, 또 그 누가 원망을 하겠는가? 인(仁)을 베풀고자 하여 인정(仁政)을 이루어 냈다면, 이 어찌 탐욕스러운 것이겠는가? 군자가 사람이 많거나 적거나,

2// 子張이 問於孔子曰, 何如라야 斯可以從政矣니잇고 子曰, 尊五美하며 屛四惡이면 斯可以從政矣리라 子張이 曰, 何謂五美리잇고 子曰, 君子는 惠而不費하며 勞而不怨하며 欲而不貪하며 泰而不驕하며 威而不猛이니라 子張이 曰, 何謂惠而不費리잇고 子曰, 因民之所利而利之니 斯不亦惠而之費乎아 擇可勞而勞之어니 又誰怨이리오 欲仁而得仁이어서 又焉貪이리오 君子無衆寡하며 無小大하며 無敢慢하나니 斯不亦泰而不驕乎아 君子正其衣冠하며 尊其瞻視하며 儼然人望而畏之하나니 斯不亦威而不猛乎아 子張이 曰, 何謂四惡이리잇고 子曰, 不敎而殺을 謂之虐이요 不戒視成을 謂之

작거나 크거나를 가리지 않고 감히 소홀하게 다루는 일이 없다면, 이 또한 태연하되 교만하지 않은 것이 아니겠는가? 군자는 자기의 관을 단정히 하고, 바라봄을 엄숙히 하면, 그 엄숙한 모양을 사람들이 바라보고 두려워하는 것이니, 이 또한 위엄이 있되 사납지 않는 것이 아니겠느냐?

자장이 말하기를, "무엇이 네 가지 악덕이니이까?"

공자께서 말씀하시기를, "가르치지 않고 죽이는 것은 잔학하다고 이르며, 미리 경계하지 않고서 일의 완성을 재촉하는 것은 난폭하다고 이르며, 소홀하게 명령해 놓고 시기를 재촉하고 기대하는 것을 해친다고 이르며, 마땅히 나누어 주어야 할 것을 내주기에 인색하게 구는 것을 유사(有司)라고 이르니라."

| 풀이 | 자장(子張)이 선정을 행함에 대해 묻자, 공자는 다섯 가지 미덕을 받들어 행하고 네 가지 악덕을 버리라고 일러 주었다. 먼저 다섯 가지 미덕을 말했다. 백성의 이로운 바에 좇아서 이로움을 행한다. 이것이 곧 은혜를 베풀되 낭비하지 않는다는 것으로, 그 첫째이다. 백성들이 수고해야 될 일만을 가려서 백성들에게 수고를 시킨다. 이것이 곧 수고를 시키되 원망을 사지 않는다는 것으로, 그 둘째이다. 진실로 인(仁)을 베풀고자 하는 마음에서 인을 베푼다. 이것이 곧 하고자 하되 탐욕을 내지 않는다는 것으로, 그 셋째이다. 군자는 사람의 수를 가리지 않고 소홀하게 다루는 일이 없어야 한다. 이것이 곧 태연하되

暴이요 慢令致期를 謂之賊이요 猶之與人也로되 出納之吝을 謂之有司니라

엄연(儼然) : 위엄이 있는 모양을 나타냄.
시성(視成) : 이루어진 결과만 보고 따짐.
치기(致期) : 기한을 독촉하는 것을 말함.
유지(猶之) : 유는 흔히, 오히려란 뜻으로 많이 쓰이나 여기서는 마땅함을 뜻함.
유사(有司) : 회계를 맡은 관리, 창고를 지키는 관리와 같이 좁은 식견을 가진 사람을 가리킨 말.

교만하지 않는다는 것으로, 그 넷째이다. 군자는 의관을 단정히 하고 바라보는 눈매를 엄숙하게 한다. 이것이 곧 위엄이 있되 사납지 않은 것으로, 그 다섯째이다.

이어서 네 가지 악덕에 대하여 공자는 다음과 같이 말했다. 백성을 교화시키지 않고 엄한 벌로 다스리는 것을 잔학함이라 한다. 미리 경계하지 않고서 일의 결과만 보고 따지는 것을 난폭함이라 한다. 명령은 소홀히 하고서도 일의 완성을 독촉하는 것을 해침이라 한다. 마땅히 내주어야 할 것을 내놓기에 인색한 사람을 창고지기라 한다고 하였다. 이상의 네 가지를 정치를 하는 사람들이 속히 버려야 할 악덕이라고 한 것이다.

3

3// 子曰, 不知命이면 無以爲君子也오 不知禮면 無以立也오 不知言이면 無以知人也이니라

무이입야(無以立也) : 남 앞에 나설 수 없다. 세상에 나서서 처세를 할 수 없다는 뜻임.
부지언(不知言) : 좋은 말과 나쁜 말을 가려내지 못함.

공자께서 말씀하시기를, "천명을 알지 못하면 군자가 될 수 없고, 예를 알지 못하면 남 앞에 설 수 없으며, 말을 알지 못하면 남을 알 수가 없느니라."

| 풀이 | 천명을 이해하지 못하면 군자가 될 수 없다. 예를 알지 못하면 세상에 나서서 처세할 수 없다. 말의 선악을 분별하지 못하면 인물을 알아보지 못한다. 〈논어〉에서는 본장이 마지막 장이며, 앞서 나왔던 내용을 반복 기록하였다. 이는 명(命), 예(禮), 언(言)의 세 항목은 늘 군자가 새기고 있어야 할 바라고 생각했기 때문이다.

동양 고전으로 미래를 읽는다 003
논 어

초판 발행_1983년 11월 30일
개정판 중판 발행_2022년 2월 20일

역해자_이기석·한백우
펴낸이_지윤환
펴낸곳_홍신문화사

출판 등록_1972년 12월 5일(제6-0620호)
주소_서울시 동대문구 안암로50-1(용두동) 730-4(4층)
대표 전화_(02) 953-0476
팩스_(02) 953-0605

ISBN 89-7055-753-9 03140

ⓒ Hong Shin Publishing Co. Printed in Korea
*값은 뒤표지에 있습니다.
*잘못 만들어진 책은 바꾸어 드립니다.